KB219396

동산의 샘

동산의 샘

THE FOUNTAIN OF GARDEN

제시카 윤

규장

* 일러두기
본문의 성구는 개역한글 판에서 인용함

주님의 피 값으로 새 생명을 주신

하나님의 은혜에 감사하며…

내 사랑하는 예수님,

어머니 윤귀순 권사,

남편 토니 목사,

그리고 딸 미셸에게 이 책을 바칩니다.

Dedicated to my beloved Lord Jesus Christ,

Loving mother and elder, Kwi Soon Yoon,

Supportive husband Tony,

& Beloved daughter Michelle.

지금 하나님께서 우리에게 무슨 말씀을 하길 원하실까?

지금 주님의 말씀을 누구를 통해 말씀하고 계시는가?

나는 이 영역을 두고 항상 민감하게 기도하며 응답을 기다린다.

주님은 언제나 인간의 예상과 기대를 무력화시키신다. 세상이 기대하는 인물과 단체가 아니라, 전혀 예상치 못한 볼품없고 보잘것없어 보이는 사람과 기관을 사용하셔서 시대를 향한 주님의 마음을 나눠주실 때가 많다.

> 무명한 자 같으나 유명한 자요 죽은 자 같으나 보라 우리가 살고 징계를 받는 자 같으나 죽임을 당하지 아니하고 근심하는 자 같으나 항상 기뻐하고 가난한 자 같으나 많은 사람을 부요하게 하고 아무것도 없는 자 같으나 모든 것을 가진 자로다 고후 6:9,10

이 말씀을 묵상하며 기도할 때, 이름 없는 한 선교사님을 주목하게 하셨다. 큰 영향력이 있는 목회와 사역을 하는 유명한 분이 아닌, 가장 낮은 곳에서 주님 음성에 순종하여 가장 낮고 버려진 자들을 섬기는 이였다. 주님은 그 무명자에게 기름부으셔서 말씀과 사랑을 흘려보내셨다. 그의 인생 전반은 캘리포니아 뒷골목의 처참한 노숙자와 중독자들을, 후반은 아프리카 케냐의 장애아들과 고아들을 먹이고 입히고 말씀으로 양육하게 하셨다. 주님께서는 뜨거운 사랑의 기름부음을 그에게 부으셨고, 그 마음을 전 세계로 나누게 하셨고, 계속 그 일을 이루길 원하신다.

궁금하다. 기대된다. 하나님이 가장 기뻐하시는 일을 하는 자에게만 들려주시는 그분의 말씀이, 기름부으신 무명자를 통해 전해질 주님의 마음이….

여진구 규장 대표

제시카 윤 목사님의 글을 읽고 있노라면, 신랑과 신부가 신방에서 대화하는 소리를 엿듣는 것 같은 마음이 듭니다. 가장 사랑하는 이에게, 가장 가까운 친구에게 마음을 터놓고 이야기하듯, 주님께서 당신의 신부이며 벗인 제시카 윤 목사님에게 비밀스런 속마음을 풀어놓으시는 것만 같습니다. 여기 우리가 들을 만한 이야기가 있습니다. 굳어진 신앙과 죽어가는 믿음을 새롭게 할 첫사랑의 묘약이 있습니다. 이 글을 읽는 분마다 신부의 신앙으로 회복되리라 믿습니다.

사나 죽으나

저자 서문

내 영이 황폐하던 시절

나는 목회의 전반전 몇십 년의 세월을 실패로 마무리한 나이롱 삯꾼 목사다. 남편 토니 목사와 나는 평생 동안 복음을 전하는 목회와 중독자와 노숙자에게 의식주를 제공하는 특수 사역을 병행했다.

하는 일이 사람을 먹이고 살리는 일과 직접 연관이 있어서 교회 일에만 쫓겨 살았다. 늘 이 고된 사역에 필요한 재정을 마련하느라 전전긍긍했다. 그러다 보니 특수 사역이 어느새 우상이 되고, 나는 마치 대형 교회가 운영하는 자선 단체의 업무 능력 출중한 지부장 같은 존재가 되었다. 재정과 셈에 아주 빠르고 영악한 일 중독자가 된 줄도 모른 채.

사람을 섬기는 사역에 온 힘을 쏟다 보니, 내게 예수님과 친밀한 교제를 나눌 시간이나 갈망이 남아있지 않았다. 결국 주님과의 동행 없이 그저 내 의를 정당화하기 급급한 잘 포장된 종교인 목사로 변질되었다. 내 영은 황폐해졌지만, 그조차 깨닫지 못하고 스스로 목회의 길을 열심히 잘 가고 있다는 가짜 신념에 꽁꽁 매여 살았다.

만약 자비로우신 주님께서 나를 불쌍히 여겨 내 이름을 다시 불러주시지 않았다면, 난 지금 어떻게 되었을까? 아마 21세기의 서기관과 바리새인이 되어 예수님은 안중에도 없고 내 의를 내세우기 바빴을 것이다. 그러다 유황 개천에 떠내려가 불 속에서 샤워하는 존재가 되었을지도 모른다(불행하게도 이 시대 크리스천 중에 이와 같은 염소 무리에 속한 이들이 부지기수다).

잃어버린 첫사랑의 회복

그런데 목회 말년에 접어든 인생 후반전에 은혜로우신 주님께서 마지막 기회를 주셨다. 회개하고 다시 한번 하나님의 사람답게, 주님의 종답게 살라고 말이다.

우리 삶에는 가던 길을 멈추고 자신의 신앙을 한 번쯤 돌아보는 시간이 정말 필요하다. 이 책의 모든 독자가 마음에 감동과 찔림을 받아 그런 시간의 관문을 거치게 될 것을 나는 진실로 믿는다.

어긋난 세월의 화살로 과녁을 정확하게 맞힐 수는 없다. 활시위를 이미 떠난 어긋난 화살은 아무리 타고난 명궁도 어쩌질 못한다. 차라리 새 화살을 준비해 새 과녁에 다시 쏘는 게 낫다. 그리고 전처럼 어긋나지 않게 정조준하여 혼신의 힘으로 마지막 시위를 당겨야 한다.

몇 개월간 생명을 건 눈물의 회개 이후, 주님께서는 내게 그 옛날 주님과의 신선하고 아름다운 첫사랑을 회복시켜주셨다. 은혜의 주님께서 수십 년 전에 허락하셨던 영의 은사도 되살아나게 하셨다. 사랑하는 주님의 음성이 내 속사람에게 진한 감동으로 들리기 시작했다. 이것은 엄청나게 놀라운 기적이었다. 그분은 내게 당신과의 대화를 기록하라고 하셨다. 그리고 이 기록을 주님과의 첫사랑을 떨궈버린 그분의 수많은 신부에게 알려서 다시 첫사랑의 불씨를 일으키게 하라고 명하셨다.

그 순종의 열매로 《잠근 동산》, 《덮은 우물》, 《봉한 샘》 세 권의 책이 탄생했다. 그리스도와 철없는 신부가 잃어버린 첫사랑에 대해 나누는 대화, 그리고 주님의 육성이 담긴 회개의 고백록이다. 또한 영의 세계에 입장하는 문이 되는 책이다.

이후 네 번째 책인 이 《동산의 샘》에 이어 《생수의 우물》, 《레바논의 시내》도 쓰고 있다. 그리스도와 사랑을 회복하며 성장하는 신부가 주님과 나누는 대화, 그리고 주님의 육성이 생생히 담긴 성화의 기록이며, 영의 세계에 존재하는 차원의 문을 열 수 있는 책이다.

그리스도의 신부를 위한 지침서

주님께서는 이 일련의 책들이 모두를 위한 기록은 아니라고 말씀하셨다. 이 세대의 서기관과 바리새인인 종교인들로부터 핍박과 박해를 감수해야 할 기록이라고 하셨다. 무릇 그리스도 예수 안에서 경건하게 살고자 하는 자는 기꺼이 박해를 받으리라.

이 책은 좁은 길을 발견하길 간절히 원하며 삶의 경건을 선포하는 그리스도의 신부들을 위한 지침서다. 오래되어 화석화된 종교관에 진동과 균열을 일으킬 책이다. 그래서 당연히 마귀의 표적이 될 책이다. 그러나 기억하라! 사람의 눈에 승진은 주님의 눈에 좌천이고, 사람의 눈에 좌천은 주님의 눈에 승진이라는 사실을.

이 땅에 존재하는 그리스도의 신부들이여, 주님과 마지막에 함께 웃는 자가 진정한 '이긴 자'다. 예수님을 사랑하는 것보다 더 큰 행복은 없고, 그분께 사랑받는 것보다 더 큰 성공은 없다. 헤아릴 수 없는 그분의 사랑이 우리의 허물을 가려주고 끝까지 용서하기 때문이다.

그리스도를 영원히 연모하는
제시카 윤 목사

1 PART 열리는 동산의 샘

2 PART 천국은 침노하는 자의 것이다

3 PART 죽음의 문턱에 다녀오다

4 PART 다시 보는 붉은 사막

5 PART 영의 학교에 입학하다

6 PART 차원의 문을 여는 자

열리는 동산의 샘

1
PART

THE FOUNTAIN OF GARDEN

01 아이들 곁에서 엄마로

양떼의 발자취-간증

세계에서 1년 내내 날씨가 쾌적하고 풍요로운 최고의 컴퓨터 문명의 메카는 어디일까? 대부분은 상식적으로 미국의 실리콘밸리를 먼저 떠올린다. 정반대로 세계에서 1년 내내 무덥고 문명의 혜택이 가장 부족한 곳은 어디일까? 사람들은 흔히 적도가 관통하는 아프리카라고 생각한다. 그렇다. 인간적인 눈으로 볼 때, 나는 세계 최고로 과학과 산업이 발전한 실리콘밸리에서 그 정반대인 아프리카로 왔다.

물론 하나님의 눈에는 '세상에서 최고'라는 게 얼마나 하찮게 보이겠는가! 그것을 머리로는 잘 알지만 난 내가 사는 아프리카의 열악하기 짝이 없는 시골 환경을 별로 좋아하지 않는다. 평소에 늘 익숙하게 사용했던 여러 가지 생활용품이나 즐겨 먹던 음식이 없으니 하나부터 열까지가 다 불편하다. 특히 에어컨도 히터도 없으니 날이 덥고 추울 때 매우 아쉽다.

내가 사역하는 케냐 장애청소년 재활원교회의 대문을 나서면 거리나 시장의 광경은 대부분 불결하고 지저분하다. 미국에서 외출할 때는 신용카드 하나만 달랑 가지고 다니는 게 너무나 익숙했다. 그런데 여기는 주로 현찰 거래다. 외출해서 휴지같이 더러운 돈을 만지고 나면 손에 세균이 묻은 것 같아 돌아와서 손을 씻고 또 씻는다. 그런데 물조차 귀해서 못 씻는 경우가 더 많다.

뜨거운 적도의 햇볕으로 내 얼굴은 기미와 잡티로 거뭇거뭇하게 변하고, 양 손등에는 갈색 반점이 생기기 시작했다. 물이 귀해서 샤워를 자주 못 하니 손톱 밑에는 때가 까맣게 끼어있다. 자동차가 없어서 항상 뚜벅이가 되어 걸어 다니다 보니 운동화는 아무리 털어도 먼지가 수북하고, 구두는 아무리 닦아도 붉은 흙으로 덮여있다.

게다가 지병인 골다공증 약을 계속 복용하지 못한 탓에 뼈에서 칼슘 성분이 조금씩 빠져나가는지 매일 뼈마디가 쑤신다. 가끔 거울을 보면 그 안에 익숙하지 않은 시커먼 얼굴과 머리카락에 기름이 잔뜩 낀 늙은 여자가 나를 흠칫하는 눈길로 바라보고 있다.

'옴마야! 누구지? 저 노숙자 같은 행색의 아줌마는…?'

그래서 언제부턴가 거울을 거의 보지 않게 되었다.

이 모든 악조건에도 불구하고 한 가지 뼈저리게 느끼는 건, 지금 내 주위에 있는 아프리카 원주민은 누구를 막론하고 내가 먼저 다가가야만 한다는 거다. 그러려면 이 생소한 환경과 이해되지 않는 사회 제도에 속히 익숙해져야 하는데, 도통 빨리 적응이 되질 않는다.

'내가 너무 나이가 들어 선교사로 낯선 대륙에 자원해서 그런가, 아니면 부끄럼이 많은 낯가리는 성격 탓인가?'

이유를 찾아보지만, 어찌 되었든 나는 낯선 아프리카의 환경에 갇혀서 조속하고 원만한 적응을 위해 전쟁을 치르고 있다. 또한 평생 나를 꽁꽁 둘러싸고 있던 아주 익숙하고도 견고한 성벽인 자아와도 전투를 치르는 중이다. 그 와중에도 바뀐 환경에 신속히 적응하지 못하는 나 자신이 때로 밉고 한심하다.

'내 눈에도 철이 없어 보이는데 하나님 눈에는 얼마나 철딱서니 없어 보일까?'

하나님께 나라는 존재가 짐만 되는 것 같아 너무 죄송하다. 주님의 마음을 시원케 해드리지 못하고 맨날 마귀의 마음을 통쾌하게 하며 사는 게 정말 부끄럽다. 그래서 하늘만 보면 눈물이 난다. 주변 환경이 좋지 않아서가 아니다. 바뀐 환경에 신속하게 적응하지 못하는 느려 터진 내 순종심 때문에 주님께 부끄럽고 송구해서다.

그럼에도 주님께서 허락하신 영적인 환상을 새벽에 보고 나면 그 기억이 실로 생생하다. 모든 묵상 중의 이상(그 장면이 의미하는 뜻을 아는 것)이 마치 실존하는 세계처럼 선명하게 보인다. 또한 부드럽고 절실한 주님의 음성까지도 내 마음에 뚜렷하게 잘 들린다. 지난 몇십 년의 목회 인생의 어느 때, 어느 장소에서보다도 말이다.

생각해보니, 잃었던 주님과의 첫사랑을 회복한 지난 수년은 내게 엄청난 변화가 요구된 시간이었다. 고된 미국 이민 인생 40년의 어느 때보다 힘들었다. 하나님의 뜻을 간절히 찾고 그분의 뜻대로 살아내기 위한 피 흘리는 몸부림의 대가를 치르는 순간들이었으니까. 하지만 그 어느 때보다 행복했다.

크리스천이 귀하신 예수 그리스도의 신부로 거듭나는 사건은 마치 신데렐라 이야기 같다. 회색 재를 뒤집어쓰고 부엌에서 일하던 천덕꾸러기 전처의 딸이, 어느 날 왕자님을 만나 돌연 신분이 바뀌는 이야기 말이다. 주군인 왕자님을 만나 하루아침에 부름의 영광 속에 거하는 신분으로 바뀌는 기적의 이야기.

나 역시 시커먼 죄를 덮어쓰며 세상 부엌에서 일하던 비천한 계집종의 신분이 아니었는가. 그런데 우주의 주인인 왕자님께 낙점을 받아 그분의 음성을 듣고 기록하며, 그분의 현존하는 임재 안에서 동행하는 순간들을 누리게 되었다.

어느 봄날, 겨울도 지나고 비도 그치고 지면에는 꽃이 피는 날에 주님께서 오셨다. 새가 노래할 때가 이르러 산비둘기 소리가 우리 땅에 들릴 때였다. 무화과나무에는 푸른 열매가 익었고, 포도나무에는 꽃이 피어 향기를 토하는 날이었다. 그분은 나무 아래에서 죽음보다 깊은 잠에 빠진 나를 찾아오셨다. 그리고 나를 바라보며 거룩한 입맞춤을 하면서 그윽하게 속삭여 주셨다.

나의 사랑, 나의 어여쁜 자야 일어나서 함께 가자 아 2:10

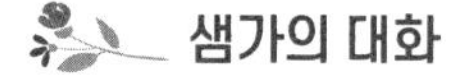

샘가의 대화

제시카 예수님, 최고로 멋있는 나의 주님, 어쩌자고 저 같은 걸 택하셔서 아프리카로 보내셨어요? 못난 자격지심으로 적도의 하늘을 보기조차 두렵습니다. 주님께 미안해요. 참으로 송구합니다. 고향에 남겨두고 온 딸 미셸도 사무치게 보고 싶습니다. 참 많이 힘듭니다.

당신께서는 야곱을 '지렁이 같은 너 야곱'이라고 부르셨지요? 그게 지금 제 모습입니다. 벌건 진흙탕 속에서 아직도 살아 꿈틀거리는 자아를 이기지 못해 흐늘거리며 하루를 사는 지렁이 제시카입니다.

하지만 제 겉모습이 아무리 초라하고 추하게 변해도 이제야 제 마음 깊이 당신을 조금씩 품어가고 있습니다. 아무리 참으려 해도 이 글을 쓰는 지금, 눈물이 멈추질 않습니다. 우는 모습을 당신께 보여드리고 싶지 않은데, 눈물이 왜 자꾸 제 마음을 배신하지요?

예수님 **귀한 자의 딸이여, 그럼에도 견뎌줄 수 없겠느냐? 여기 내 곁에서, 이 붉은 사막에서 말이다. 너를 필요로 하는 이곳의 장애가 있는 아이들 곁에서 엄마로 말이다.**

제시카 당연히 그렇게 해야지요. 이제는 당신의 뜻이 제 뜻입니다. '당신과 마음이 합한 자'라는 의미를 천만 분의 일쯤 알아가는 나날을 보내고 있습니다. 오직 당신만을 진실로 사랑합니다. 예수님, 이 여종을 기억하시고 속히 오시옵소서. 마라나타!

영의 세계

나는 커다란 교회와 흡사한 건축 양식으로 지어진 강당의 2층에 있었다. 그때 내 영이 영의 세계로 온 걸 알았다. 넓은 공간에 밝은 빛이 감돌았다. 실내는 마치 대형 교회 주일학교의 어느 축제처럼 많은 남녀노소가 북적였다. 그들은 모두 크리스천이었다.

나는 오늘 처음 개강하는 수업에 참석하려고 강의실을 찾고 있었다. 그런데 빽빽한 인파 때문에 좀처럼 발걸음을 뗄 수 없었다. 그러다 한참 후에야 겨우 강의실에 들어섰다. 교실 안에는 아주 크고 긴 직사각형 책상이 있었는데, 열여덟 명 정도의 학생이 둘러싸고 앉아 있었다. 내 영은 세어보지 않았음에도 그 수를 알았다.

긴 직사각형 책상의 앞쪽에는 선생님인 듯 보이는 머리가 짧은 백인 중년 남자가 서있었다. 그는 하나님을 믿는 사람의 인생의 성장 단계를 열정적으로 설명하는 중이었다. 가르치는 내용을 학생들에게 쉽게 풀어서 설명하고 이해시키려고 매우 노력하는 그의 진지한 마음이 내게 전달되었다.

'혹시 선생님이 천사인가?'

이 환상을 볼 당시, 나는 아직 영이 미숙한 상태였다. 영의 세계 안에서 나와 다른 피조물의 정확한 신분을 알 능력도 없었고, 그런 훈련도 되지 않았었다. 그렇지만 새로운 세계에서 모든 걸 천천히 조금씩 그러나 확실하게 배워나갔다.

강의실을 둘러보니 칠판이 없었다. 칠판이 있어야 할 자리에 닫힌 문이 있었다. 문설주의 10센티미터쯤 위쪽에는 수평 방향으로 결이 선명히 보이는 긴 나무 막대기 1개가 박혀있었다. 그 막대기 위에는 4개의 대못이 일정한 간격으로 박혀있었다. 그리고 대못 위에는 아주 길고 가는 흰색 천이 걸려있었다. 그 천은 오른쪽에서 시작하여 왼쪽 방향으로 박혀있는 못 1개를 휘감고 다음 못으로 가는 식으로 걸려있었다. 그래서 4개의 못이 다 천으로 단단하게 휘감긴 채 나무에 깊이 박혀있었다.

선생님은 천에 감겨있는 못의 위치 하나하나가 하나님을 믿는 사람의 인생에 의미심장한 전환점을 나타낸다고 했다.

첫째 못은 사람의 육신이 태어난 시점,

둘째 못은 주님에 의한 구속의 시점,

셋째 못은 구원을 이루는 성화의 시점,

넷째 못은 부활의 시점이라고 했다.

또한 그는 성도의 신앙을 담은 여러 다른 크기와 용도의 그릇에 대해 가르쳤다. 영적인 시야에서 보는 비밀스러운 관점을 쉽게 풀어 설명했다. 진지하고 열심히 가르치는 그를 보면서 어떻게든 그와 친분을 쌓고 싶은 마음이 들었다. 그를 통해 더 많은 걸 습득하고 싶은 배움의 욕구가 불일 듯 일었다.

이 외에도 여러 가지 중요한 진리의 말씀을 배웠으나, 영의 세계에서 깨어난 후에는 내용이 전혀 기억나지 않았다.

> 못이 단단한 곳에 박힘같이 그를 견고케 하리니 그가 그 아비 집에 영광의 보좌가 될 것이요 그 아비 집의 모든 영광이 그 위에 걸리리니 그 후손과 족속 되는 각 작은 그릇 곧 종지로부터 항아리까지리라
>
> 사 22:23,24

수업을 마치고 일어나려는데 손에 쥐고 있던 전화기가 미끄러지면서 땅바닥에 세게 떨어졌다. 깜짝 놀란 나는 전화기를 급히 들어 올렸다. 그런데 화면이 완전히 박살 나서 복구가 불가능해 보였다.

'비록 오래되었지만 비싼 전화기인데 어쩌면 좋지? 다시 살 형편도 못 되는데….'

나는 울상이 되었다. 그때 내 오른쪽에 앉아있던 한 남학생이 말했다.

"걱정하지 마세요. 나는 전화기 전문 수리공이어서 수리 장비와 기구를 가방에 항상 넣어 다닙니다. 금방 새 화면으로 고쳐드리겠습니다."

그의 말에 안심이 되어 기뻐하며 전화기를 얼른 건네주었다. 그때 내 영안이 열렸다. 이 강의실에 있는 사람들은 모두 본인만 간직한 아주 특별한 달란트가 있었다. 영의 세계에서 전화기는 하나님께 올라가는 기도와 직결된 상징이라는 걸 알았다.

'그렇다면 나는? 내 달란트는 무엇일까?'

실제로 나는 다룰 줄 아는 악기도 없고, 노래도 못 한다. 요리도 못 하고 운동은 더 못 한다. 나처럼 아무것도 못 하는 사람도 참 드물 거다.

그런데 신기하게도 나는 허리띠를 찬 복장을 하고 있었다. 내 허리띠의 오른쪽에는 조롱박 형태의 투명한 기름 주머니 하나가 달랑거리며 달려있었다. 그리고 내 손에는 투명한 빨대가 있었다. 나는 빨대 끝부분을 주머니 안의 기름에 적셔서 하늘을 향해 입으로 훅 불었다. 그러자 예쁘고 투명한 무지갯빛 비눗방울들이 마구 쏟아져 나왔다. 크고 작은 방울들이 허공으로 동동 떠오르기 시작했다.

그때 정말 놀랄 일이 벌어졌다. 한 소녀가 내 앞으로 뛰어나왔다. 나는 아이의 머리 위에다 빨대를 불었다. 아이 머리 위에 조그만 비눗방울들이 소복이 쌓였다. 그런데 그 비눗방울들이 조금씩 자라더니 갑자기 그 안에서 작은 초록색 싹들이 돋아나기 시작했다. 그러고는 싹이 자라 잎이 커지고 줄기가 굵어지더니 형형색색의 아름다운 꽃들로 피어났다. 순식간에 소녀는 크고 아름다운 꽃들로 이루어진 화관 모자를 쓰고 있었다. 마치 만화영화를 보는 것 같았다.

그때 또 한 소년이 내 앞으로 뛰어나왔다. 나는 소년의 머리 위에 기름으로 적셔진 빨대를 불었다. 그러자 그의 머리 위에도 무지갯빛 비눗방울들이 쌓이더니 그 안에서 싹이 났다.

순식간에 싹이 자라 줄기가 굵어지고 꽃이 피더니 형형색색의 아름답고 싱싱한 열매들로 변했다. 소년은 여러 가지 색과 맛을 가진 싱싱한 과일로 장식된 챙이 넓은 멋진 모자를 쓰고 있었다. 나는 너무나 신기하고 놀라서 입이 쩍 벌어질 정도로 기뻤다.

'흠… 잘은 모르겠지만 나도 달란트가 하나는 있구나.'

이 안도의 위로가 나를 행복하게 해주었다. 흐뭇한 마음으로 그 강의실에서 나왔다.

큰 강당 안에 사람들은 여전히 북적댔고, 내 주위에는 아이들이 많았다. 나는 들뜬 마음에 내 앞으로 오는 어른과 아이의 머리 위로 기름을 적신 빨대를 불었다. 소망의 말씀이 담긴 비눗방울이 쌓일 때마다 평생 보지 못한 아름다운 꽃들이 사람들의 마음에 피어나고, 진귀한 선행의 열매들이 사람들의 삶에 열리는 광경을 보았다. 내 얼굴에도 웃음꽃이 피어나며 조금씩 행복해졌다.

이 신기한 영의 세계의 장면이 무엇을 상징하는지는 모른다. 그러나 이것을 보여주시는 분이 주님이라는 사실을 내 영은 알았다. 그리고 영의 세계에서 깨어났다.

'주님, 예쁜 것들을 보여주셔서 감사합니다. 그리고 사랑합니다.'

03 성령님이 하신 신부를 위한 기도

샘가의 대화

예수님 **바다를 낀 벌판 위 붉은 흙밭에 홀로 동그마니 피어있는 노란 가자니아 꽃 같은 나의 신부야. 삶이 불편해도 마음이 평안한 생명의 길이 있고, 삶이 편안해도 마음이 불편한 사망의 길이 있다.**

제시카 제 그리운 주님이십니까? 저는 주님께서 저를 잊으신 줄 알았습니다.

예수님 **죄로 인해 마음이 둔해지지 말거라. 어찌 생명의 좁은 길에 서서 마음에 흠집을 내느냐? 이 길은 처음부터 평안한 길이 아니란다. 그러나 그대가 가길 소망했던 길이 아니냐?**

제시카 네, 맞습니다. 제 마음이 피를 흘려도 이 길에서 멈추거나 뒤돌아보지 않을 것입니다. 당신을 기쁘시게 하는 길을 이제 겨우 알았는데, 다시는 멸망의 편한 길로 되돌아가지 않을 겁니다. 그 넓은 길로 갈 바에야 죽음을 선택하겠습니다. 하루라도 이 땅에 사는 날이 줄어들면 제가 지을 죄의 양도 줄어들 테니까요.

당신의 백성의 신분으로 사는 하루가 마귀의 여왕으로 사는 천년보다 낫습니다. 제 여생에는 당신과 저를 위해 묵묵히 걷는 이 좁은 길 위에서, 제 초점을 찬란하게 빛나는 시온성에 맞추는 행위만이 존재할 뿐입니다.

거룩한 이시여, 저를 도우소서.
흔들리는 제 무릎을 곧게 하시고
휘어져 가는 제 등을 세우소서.
제 입을 성령의 숯으로 태우사 정결케 하소서.
세상 말이 나온다면 차라리 함구하게 하소서.
골방의 침묵 속에서 당신을 발견하게 하소서.
처절한 외로움 속에 오직 당신만 의지하게 하소서.

양손에 가득 움켜쥐어서
당신의 옷자락을 잡을 손이 없지 않게 하소서.
모든 것을 베풀고 흩어 나눠주게 하소서.
당신을 기쁘시게 하는 일이 무엇인지
항상 제 마음을 시험하여 행하는 법을 알게 하소서.

순종을 목에 걸고 매 순간 자아를 죽여서
형체가 없이 세상에서 사라지게 하소서.
오직 당신께서 원하시는 그곳에서만
제가 발견되게 하소서.

가장 작은 자를 넉넉히 품는 마음을 허락하소서.
가장 낮은 곳을 지극히 편히 여기는 마음을 허락하소서.
마땅히 하찮게 여겨야 할 걸 하찮게 여기고,
마땅히 귀히 여겨야 할 걸 귀히 여기도록 도와주소서.
제 영이 졸지 않도록 자신을 쳐서
복종시키는 법을 배우게 하소서.
마음의 모든 소욕이 눈 녹듯 사라지고,
녹은 눈 뒤에 드러나는 더럽고 추한 진흙탕이
저 자신임을 깨닫게 하소서.

세상 모든 것에서 소망을 제하시고
오직 당신의 거룩하신 은혜만 의지하게 하소서.
저는 흩어지고 쇠퇴하여 낮아질 테니
오직 당신만이 영광을 취하시고 높은 거룩함에 거하소서.
더욱 낮고 깊은 골방으로 들어가는 길을 알게 하소서.
모든 세상의 빛을 가리시고 계달의 장막으로
저를 덮으사 여호와의 빛만이
제 속에서 뿜어져 나오게 하소서.

추하고 모난 저를 고난의 망치와 인내의 끌로 빚으사
오직 당신께서 원하시는 형상으로만 재탄생하게 하소서.
당신의 안약을 발라주셔서

보이는 것보다 보이지 않는 것에
더욱 가치를 두는 눈을 허락하소서.
제 영의 들숨인 말씀을 깨우치게 하시고,
제 영의 날숨인 기도를 쉬지 않게 하소서.
형통한 날에는 겸손하게 하시고,
환난 날에는 당신의 섭리를 찾아내는 지혜를 허락하소서.

가까이 둘 자와 멀리할 자를 구분하는
지혜를 허락하시고,
영을 구분하는 물 같은 맑음이 제게 있게 하소서.
과거의 끈은 다 끊어버리고 미래의 창고를
제 생각 속에 쌓지 않게 하소서.
오늘 단 하루의 빵과 물에 감사하는 법을 배우게 하소서.
제 입에 재갈을 물리시고
침묵 안에서 당신의 음성을 듣는 귀를 허락하소서.
세상에 존재하나 세상에 속한 자 되지 않게 하소서.
장차 사라질 이 지구 안에서도
영원한 천국을 볼 줄 아는 축복의 눈을 허락하소서.

당신의 변치 않으시는 사랑을 의심치 않게 하소서.
당신의 임재를 사모하여 눈물짓는
당신의 신부가 되게 하소서.

헛된 영광에 분요(紛擾)치 않게 하시고(시 39:6)

마땅히 취해야 할 낮은 자리를

빼앗기지 않고 굳게 붙들게 하소서.

세상이 원치 않는 자리에서

제가 당신의 눈에 발견되게 하소서.

이 가난한 영혼을 당신의 의의 길로 인도하소서.

인생의 모든 것을 제 뜻대로 마시고

당신의 뜻대로만 이루소서.

제 뜻은 세상에 길들여진 썩은 뜻이니

조금도 염두에 두지 마소서.

그리하여 먼 훗날 처음부터 당신께서 원하셨던

그 신부의 모습으로 재탄생되게 허락하소서.

존귀하신 성령님, 이 아침에 제 기도를 인도해주셔서 고맙습니다. 당신을 기쁘시게 하는 자가 되길 간구하오니 계집종에게 은혜를 베푸소서. 못난 계집종 때문에 가시 채를 쓰시고 채찍을 맞으시며 거친 나무 위 대못에 박혀주신 제 신랑이신 예수 그리스도의 이름만 의지하며 이 모든 걸 구하옵니다, 아멘.

예수님 **내가 그대의 날숨에 귀를 기울이는 것을 아느냐?**

제시카 제가 그 사실을 믿고 알았사옵니다.

예수님 **이 날숨은 그대에게서 나온 게 아니다. 그대 안의 성령으로부터 뿜어져 나온 날숨이니라.**

제시카 미천한 계집종이 믿나이다.

예수님 **지존자로 그대의 거처를 삼은 자여, 내가 그대를 나의 깃으로 덮으리니 그대가 나의 날개 아래에 피할 것이다. 나의 구원을 그대에게 보이리라. 그대의 믿음대로 될지어다. 내가 영원 장수함으로 그대의 영혼을 만족케 하리라. 귀한 나의 신부여, 그대는 이 척박한 붉은 흙 위에서 자라고 있다. 이제는 노루와 같이 뛰어가고 있다. 내 손을 잡고 비틀거리며 한 걸음씩 걸음마를 하던 그대가 허송한 세월을 만회하듯 조금씩 뛰는구나. 장하다. 수고하였다. 나의 어여쁜 신부야, 오늘 내 마음이 흡족하구나.**

제시카 예수님, 진실로 사랑과 존귀를 받으실 나의 님이여. 만약 제게 면류관이 있다면 당신의 발아래 두었을 것입니다.

예수님 **그런 순간이 그대에게 허락되어 있다. 나는 그날을 기다린다.**

제시카 만군의 주시여, 감사와 송축함을 받으소서. 속히 이 땅에 임하소서. 영원히 현존하시는 당신을 기다립니다. 당신은 나의 반석, 나의 요새이시며 깊은 수렁에서 나를 건지는 분이십니다. 아멘. 마라나타!

04 여덟 천사의 방문

영의 세계

나는 우리 집 작은 방 안에 서서 유리 창문을 통해 바깥 정원을 바라보고 있었다. 그때 돌연히 왼쪽 하늘의 허공에서 여러 천사가 정원 위로 날아왔다. 그들은 오른쪽으로 미끄러지듯이 두 줄로 푸른 잔디 위에 착륙했다. 한 줄에 네 명씩, 두 줄로 나란히 섰다. 또한 창문 안에서 바라보는 나를 보지도, 아는 척도 하지 않았다.

그런데 땅에 착륙한 여덟 천사는 그저 범상한 남자와 여자처럼 보였다. 보통 때 내가 보았던 천사처럼 완벽하게 단장한 머리와 흰옷이나 예복을 입고 있지 않았다. 머리 스타일도 평범했고 인간이 입는 일상복을 입고 있었다.

바로 눈앞에서 벌어진 이 광경이 정말 놀라웠다. 언뜻 눈을 떴다. 내가 방 안에서 성경을 읽다가 깜빡 잠이 들었었다.

'우와… 저런 천사들이 우리 중에 거하면 주님 말씀처럼 우리는 부지중에 천사를 영접할 수도 있겠다. 그런데 여덟이나 되는 천사가 왜 우리 집 앞으로 왔을까?'

그들이 모두 나와 연관된 천사인 건 알았다. 나는 이전에 그들과 천국에서 피크닉을 간 적이 있는데, 그날 주님께서 나와 연관된 천사의 숫자와 임무를 가르쳐주셨었다.

'나는 그 정도로 중요한 존재도 아닌데, 혹시 영적 전쟁이 다시 시작되었나? 이제 겨우 한고비를 넘었는데….'

(《잠근 동산》 157. 영적 세계의 나이 그리고 여덟 천사 참조)

손님 대접하기를 잊지 말라 이로써 부지중에 천사들을 대접한 이들이 있었느니라 히 13:2

05 내가 악을 행치 아니하였다

샘가의 대화

예수님 **바나나 이파리 위에서 아침 햇살을 즐기며 꼬물거리는 작은 하얀 개미 같은 내 신부야, 잘 잤느냐?**

제시카 아니요. 잘 못 잤습니다. 요즘은 저녁부터 《잠근 동산》의 번역을 시작해서 새벽 3시가 넘어야 잠자리에 듭니다. 그래도 아침에는 사역 때문에 일어나야 하니 늘 잠이 모자라는 것 같아요. 짧은 시간 자는데 잠도 설치고요. 나이가 들어서 그런가요? 항상 졸립니다.

예수님 **그대의 영이 졸고 있어서 그렇단다. 내 신부가 세상이나 환경에 타협하지 않고 외롭더라도 꿋꿋하게 잘 서있어 주는 게 내 바람이다. 어제도 그런 일이 있지 않았느냐?**

제시카 잘못했습니다. 제가 확실히 졸았습니다. 어제 나이로비에 가서 총회를 마치고 돌아오는 차 안에서의 저를 보고 계셨군요.

예수님 **그렇다. 내가 사랑하는 자인데 내 눈이 어찌 그대를 떠나겠느냐. 레바논의 백합화가 바람에 흔들리는데 내가 어찌 모른 척하겠느냐.**

제시카 주님, 저를 용서하소서. 퇴근 시간이라서 자동차가 고속도로 진입로 앞에서 많이 밀렸어요. 그런데 어떤 원주민 남자 거지가 눈에 띄었어요. 그가 마치 개처럼 손과 발로 걸으면서 위험한 찻길 사이를 헤집고 다니는 걸 보았습니다. 측은한 마음에 그가 곁을 지나갈 때 남편 토니에게 서행을 부탁하고 창문을 열어 돈을 주었습니다. 그런 후에 저는 선을 행할 기회를 주신 주님께 감사하며 찬양을 올리고 있었어요.

그런데 조금 있으니 한쪽 다리가 없는 다른 남자 거지가 차 사이를 두리번거리며 돌아다니는 게 보였어요. 그러다가 제가 외국인인 걸 보자마자 갑자기 몸을 빠르게 돌려 저희 차 쪽으로 뛰어왔어요. 그러고는 창문을 부술 듯이 손바닥으로 막 두드려 댔지요.

그런데 돈을 요구하는 모습이 너무 당당하기도 하고, 제가 겁을 먹어 창문을 내릴 용기가 없었습니다.
이 도시에는 구걸하는 거지들이 너무 많아요. 가만히 구걸하는 거지는 돈을 주고 싶은 마음이 듭니다. 그런데 제가 외국인이어서 당연히 돈을 줘야 한다고 생각하는지 거친 행동을 일삼는 거지는 무섭고 얄미운 마음이 들어서 주기가 싫습니다. 구걸할 때 자비에 의지해야지, 어떻게 그리 당당하게 요구합니까. 저는 그런 태도의 거지는 싫습니다. 그래서 두 번째 거지에게는 돈을 주지 않았어요. 제가 그들에게 빚진 사람은 아니거든요.

예수님 **그렇다면 내 심정은 어떻겠느냐? 주고 또 주어도 감사하지 않고, 어쩌다 기도한답시고 내 이름을 부를 때는 빈 곳을 채워달라는 기도만 하는 내 백성들 말이다. 아무런 감사 없이 내 깊은 뜻을 헤아릴 줄도 모르고, 입만 열면 자기의 형편이나 팔자타령만 하는 그들 말이다. 또한 육신의 병을 낫게 해달라는 기도 외에는 하지 않는 그들 말이다. 모든 걸 달라고 요구하는 그런 자들이 내 앞에서 죄를 지을 때는 어찌 그리 당당하게 짓느냔 말이다. 내가 그들에게 빚을 졌느냐?**

제시카 아니요, 주님은 누구에게도 빚지지 않으셨습니다.

예수님 **그럼에도 나는 내 앞에서 무릎을 꿇고 통회하는 누구에게나 은혜와 자비를 베풀길 기뻐한다. 그러나 그런 이후에**

스스럼없이 또 죄를 짓는 무리에게 내가 어떻게 하는 게 좋겠느냐? 그대는 대답해보라.

하와가 선악과를 먹고 난 직후의 언행을 알려주지 않았느냐. 그녀는 선악과를 먹고는 마치 아무 일도 없었던 것처럼 방금 먹은 입을 씻고 회개하지 않았다. 그러고는 "내가 악을 행치 아니하였다"라고 말하였느니라.

제시카 옴마야! 주님, 제가 정말 잘못했습니다! 어제 사실 제가 찬양에 깊이 잠겨 들어가는데 창문을 거칠게 두드리며 깨우는 거지가 무섭고 싫었습니다.

또 제 지갑에는 자동차에 기름을 넣으려고 가져온 지폐밖에 남아있지 않았습니다. 그래서 창문을 두드려 대는 두 번째 거지 앞에서 눈을 감고 찬양하며 모른 척했습니다. 제가 크게 잘못했습니다.

처음 거지와 두 번째 거지에게 저는 동일하게 돈을 주어야만 했습니다. 제가 어리석었습니다. 제 못남 때문입니다. 제가 당당하게 주님 앞에서 죄를 저질렀습니다.

아아… 주인님, 이 세상에서 당신의 뜻대로 살기가 어찌 이리도 힘든지요. 못난 죄인을 용서해주십시오. 다 제 잘못입니다. 저는 아직도 선한 행실이 요구될 때 환경과 상대의 태도에 좌우됩니다. 선한 일을 할 때는 상대를 의식하지 말고 불꽃 같은 눈으로 주시하시는 당신만 의식해야 하는데 제가 아직도 미성숙한 신앙에 머물러있습니다. 제 마음이 정결케 되길 구합니다. 연약한 의지를 가진 저를 도와 주세요. 앞으로 그러지 않길 바랍니다.

예수님 (주님은 말없이 나를 찬찬히 바라보시다가 이윽고 입을 여셨다) **내가 용서한다. 일흔 번씩 일곱 번이라도 그대를 용서한다. 그럼에도 그대는 내 사람이다. 나의 여인이다. 귀한 자의 딸이여, 귀한 자답게 존귀하게 처신하거라. 세상이 보여주는 겉모습에 좌우되지 말거라. 무엇보다도 사람의 속에 있는 영을 보거라. 내가 이것을 그대에게 훈련시키지 않았느냐.**

귀하게 보이나 실상은 천한 자가 있고, 천하게 보이나 실상은 귀한 자가 있느니라. 그대의 육의 눈을 감고 안약을 바르거라. 그래야만 바른 것이 올바르게 보이기 시작한다. 그대는 내게서 이 안약을 매일 사야 한다. 회개의 정결한 눈물이 그대가 치를 대가다. 눈의 비늘을 매일 벗겨야 한다.

어찌 어제 끼어있던 눈의 비늘 위에 오늘 새 비늘이 끼게 해서 더욱 두꺼운 비늘이 되게 하느냐? 그대의 마음과 행실을 끊임없이 고치거라. 좁은 길에 선 자는 좁은 길에 합당한 삶을 살아야 한다. 좁은 길은 유턴이 없는 길이라고 이르지 않았느냐. 귀한 자가 어찌 천한 행동을 하려느냐! 죄에서 멈추거라, 나의 딸이여.

제시카 잘 알겠습니다. 다시는 그러지 않겠습니다. 오늘부터는 일부러 큰돈을 깨서 잔돈을 많이 지니고 다니겠습니다. 그리하여 제 눈에 띄는 필요한 사람들에게 주저하지 않고 나눠주겠습니다. 회개에 합당한 열매를 맺겠습니다. 제 물질은 제 것이 아닌데 처한 환경이 궁색하다 보니 깜빡 잊었습니다. 저를 깨워주셔서 고맙습니다.

예수님 **그대는 잠이 든 게 아니라 졸고 있었느니라.**

제시카 이제는 졸지도 않겠습니다. 착하고 선한 당신의 딸이 되길 원합니다.

예수님 (주님은 그제야 싱긋이 웃으셨다. 아아… 저 미소, 저 웃음, 내 생명 다 주어도 전혀 아깝지 않은 저 미소 때문에 나는 산다. 그리고 매일 죽는다. 할렐루야!) **하얀 개미같이 열심히 더듬이를 움직이며 나를 찾는 내 어여쁜 신부여, 그리하라. 그대의 잘못을 망각의 강 위에 내가 던졌으니 이제 기억하지 않을 것이다. 구원이라는 건 삶으로 이어지지 않으면 가짜니라. 얼마나 많은 가짜 종과 가짜 성도가 있는지 아느냐? 그러니 그대는 무엇이 내 마음을 기쁘게 할지 항상 스스로를 시험하여 내 길로 행하거라. 이것이 내 눈에 아름다운 번제란다.**

제시카 네, 그리하겠습니다. 살아가기 힘든 이 세상, 당신과 동행하는 것만이 제게는 광명이고 천국입니다. 보고 또 보아도 사무치게 그리운 이시여, 마라나타! 어서 오시옵소서.

음녀의 자취도 그러하니라 그가 먹고 그 입을 씻음같이 말하기를 내가 악을 행치 아니하였다 하느니라 잠 30:20

06 보좌 앞의 저울추는 언제 움직이는가?

샘가의 대화

제시카 주님, 제가 당신의 눈물의 가치를 지닌 자입니까?

예수님 **진실로 그러하다.**

제시카 왜요? 저는 매일 허망한 것을 좇고 죄지을 생각만 하고 사는 죄인인데요.

예수님 **너를 향한 나의 사랑에는 이유가 없다. 처음부터 너는 사랑을 받기 위해 창조된 나의 피조물이다. 아무도 너를 향한 이 사랑을 끊을 수 없단다. 설령 어떤 환난이나 곤고나 박해나 기근이나 적신이나 위험이나 칼일지라도 너를 향한 나의 사랑은 변함없이 부어진다. 너 역시 이 모든 일을 겪을 때 너를 사랑하는 나로 말미암아 넉넉히 이길 수 있단다.**

제시카 저는 연약하기 짝이 없어요. 매일 원수의 영에게 꼬임을 받아서 당신의 마음에 실망을 끼치고 삽니다. 주님, 정말 죄송합니다. 자꾸 울고만 싶습니다. 저 자신이 한심하고 밉습니다.

예수님 **내가 사랑하는 자여! 기억하거라. 사망이나 생명이나 천사나 마귀나 현재 일이나 장래 일이나 능력이나 높음이나 깊음이나 다른 어떤 피조물이라도 너를 나와 아버지의 사랑에서 분리할 수 없단다. 나는 참말을 하고 거짓말을 하지 아니하노라.**

너는 이제 육신의 자녀가 아니다. 너는 내 아버지의 자녀다. 오직 약속의 자녀만이 종자 씨로 여김을 받을 것이다. 나 주 예수 그리스도가 함께하는 귀한 동행을 헛되게 만드는 삶을 살지 마라. 내게 실망을 끼치는 말과 행동을 하지 마라.

쟁기를 손에 들고 밭을 가는 자여! 예전의 모든 생각과 가치관을 갈아엎어 버려라. 네 삶은 매 순간 저울 위에 놓여 있다. 저울추의 한쪽은 죄악의 천칭이고, 다른 한쪽은 의의 천칭이다. 그 중앙에 네 심령이 얹혀있다. 너는 항상 의의 저울추의 눈금의 수가 올라가게 하라. 단 한 순간도 원수의 저울추의 눈금이 올라갈 틈을 주지 마라. 그것은 네 선택이다.

그러나 결국 너는 이 모든 걸 넉넉히 이길 것이다. 너는 약

하더라도 네 안에 거하는 내가 강하기 때문이다. 내가 말했으니 내 능력으로 성취하고 이룰 것이다. 나는 입술의 열매를 맺는 자다. 또한 저울접시에 올라갔을 때 너는 나의 질문을 기억하여라.

제시카 어떤 질문입니까?

예수님 첫째, 너는 네 구원의 속옷을 매일 꺼내서 보느냐?

둘째, 너는 지금 세상과 구별된 삶을 살고 있느냐?

셋째, 너는 지금 거룩한 신부의 좁은 문을 향해 걸어가고 있느냐?

넷째, 너는 하나님을 위한 순종의 삶을 살고 있느냐?

다섯째, 네가 나를 네 생명보다 더욱 사랑하고 있느냐?

제시카 다섯 가지 질문의 천칭 저울에서 가장 추를 많이 움직일 수 있는 분동(分銅)은 무엇입니까?

예수님 이미 기울어버린 모든 것을 반전시킬 수도 있는 마지막 저울추를 움직이는 가장 큰 분동을 기억하거라. 그 분동은 다섯째 질문이다. 네가 마음과 뜻과 성품을 다하여 나를 사랑하는 것이다. 사랑할 때 그 모든 저울추의 눈금이 돌변해버린단다.

각 질문은 다른 무게를 지니고 있다. 이 비밀의 진리를 내가 네게 밝히는 이유가 있다. 나는 나의 신부들이 모두 이긴 자들이 되어 혼인 잔칫날 내 보좌 옆에 함께 앉기를 원하기 때문이다. 이 보좌는 내 나라를 다스릴 왕권 신부들이 앉을 자리다. 각 보좌의 크기는 동일하나 그 모양은 다르다. 보좌는 각 왕권 신부의 영적 성장과 장성도에 따라 영광의 단장함이 다를 것이다.

수많은 세월 동안 추수해온 십사만사천 명의 세상과 원수의 영을 이긴 자가 신실한 나의 왕권 신부들이다. 그들이 내가 준비한 영광의 보좌 위에 앉을 것이다. 그리고 각자의 행성을 다스릴 것이다. 하늘에 속한 자와 땅에 속한 자의 영광은 따로 있느니라. 그러니 각 보좌의 영광은 모두 다르다. 해와 달과 별의 영광이 다 다르다.

또한 별과 별의 영광이 다르다. 한 별을 다스릴 왕도 있고, 다수의 별을 다스릴 왕도 있다. 각 왕권 신부가 다스릴 행성은 그들이 이 땅의 삶에서 전도했던 자들로 채워진다. 그들로 인하여 삶이 확실하고 온전하게 변화된 사람들이 백성으로 주어진다.

나 주 예수 그리스도의 삶을 따르는 인도함을 받고 순종한 사람들만이 각자의 백성이 될 것이다. 그리하여 많은 사람을 죄에서 돌이키게 한 자는 자신의 행성에서 다스리는 자가 되어 별과 같이 빛날 것이다. 내가 천국을 침노하라고 명하지 않았느냐.

세례 요한의 때부터 지금까지 천국은 침노를 당한다. 침노하는 자는 빼앗느니라. 많이 힘쓰고 애써서 더욱 많이 침노한 자가 더욱 많은 천국 영토를 넓히고 영광을 취할

것이다. 보라, 나는 이 진리를 은밀한 곳에서 말하지 않았다. 나는 광명한 곳에서 모두에게 밝혔다. 이 진리의 복음이 세상 끝까지 전파되었을 때, 내가 다시 지구로 돌아올 것이다.

제시카 세상 끝이 어디입니까? 사람들이 저더러 북한이라고 하더이다.

예수님 **아니다. 이스라엘 민족이다. 그들은 장자의 나라요 원(原) 백성이다. 접붙인 가지의 숫자가 차고 난 이후에 원 가지들에게서 참 메시아인 나 예수 그리스도를 영접하는 자가 나오기 시작하는 날이 올 것이다. 그 정한 숫자가 차는 시점이 다시 돌아올 것이다. 나는 내 종 아브라함에게 했던 약속을 반드시 성취할 것이다. 천년왕국에서 어떤 일이 벌어지는지 그대는 보게 될 것이다.**

보라! 천국 밭의 참 보화인 나 주 예수 그리스도를 발견한 자가 몇이나 되느냐? 만약 발견했다면 네 인생에 가진 모든 걸 다 팔아서 나를 사거라. 이와 같이 천국의 영토인 밭을 사기 위해 보화에 대한 땀과 눈물의 정당한 대가를 치르는 삶을 산 자만이 그 밭을 살 수 있다. 왜냐면 그 밭 안에 나 주 예수 그리스도가 보화로 존재하고 있기 때문이다.

나는 이 땅에 속건제물로 와서 나 자신을 바쳤다. 속건제물은 배상 제물인 걸 잊지 마라. 제물을 태우고 난 이후에

반드시 합당한 배상을 치러야만 내 아버지께 온전하게 열납된 제사로 마쳐진다. 그러니 나의 제자가 되기 위해 그 밭을 산 자는 많은 배상으로 심거라.

많이 심은 자는 많이 거두고, 적게 심은 자는 적게 거둘 것이다. 각자는 이 땅의 삶을 살 때 자신의 마지막 추수 날을 기억하고 살거라.

아무것도 심지 않고 혼자 땅에 단 한 냥을 묻어두고 제 영혼 하나 겨우 건져온 자는 내가 기뻐하지 않는다. 그 같은 자는 내 나라에 합당하지 않다.

기억하거라, 내 신부야. 두 사람이 밭에 있으매 한 사람은 내가 데려가고 한 사람은 이 땅에 버림을 당한다. 너희의 삶이 언제 끝나며 내가 어느 날에 임하는지 너는 알지 못하느니라.

마음에 온유와 겸손을 품고 나의 온 집에 신실하고 충성된 청지기가 되거라. 늘 깨어있어라.

하늘에 속한 형체도 있고 땅에 속한 형체도 있으나 하늘에 속한 자의 영광이 따로 있고 땅에 속한 자의 영광이 따로 있으니 해의 영광도 다르며 달의 영광도 다르며 별의 영광도 다른데 별과 별의 영광이 다르도다 고전 15:40,41

07 천사가 목욕시키는 아기

영의 세계

나는 마치 회사원처럼 단정한 정장을 입고, 커다란 병원 건물 안에 있었다. 병원은 그전에도 영의 세계에서 몇 번 방문한 장소였다. 실내와 침상이나 가구들이 아주 익숙해 보였다.

여러 갈래로 나있는 복도에는 간호사와 직원들이 책상이나 카운터에서 업무를 보며 바쁘게 움직였다. 병원 안은 사람들로 붐볐으나 의사들은 수가 턱없이 모자란지 별로 보이질 않았다.

각 병동에는 방문한 환자들도 있고 입원해서 침대에 누워있는 환자들도 있었다. 나는 전에 몸을 치료하기 위해 이곳에 환자 신분으로 몇 번 방문했지만, 오늘은 이 병원의 한 분야에서 업무를 맡아 일하는 직원으로 있었다. 나는 내 사무실을 두리번거리며 찾았다.

그때 어깨까지 내려오는 짙은 밤색 머리의 젊은 백인 여자같이 보이는 천사가 내게 다가와서 말을 걸었다.

"신부님, 본인의 사무실을 찾고 계시지요? 제가 안내해드리겠습니다."

나는 그녀의 친절함이 반가워서 뒤를 따라나섰다. 천사가 인도하는 병원 복도는 약간 어둑했다. 긴 복도를 따라가다가 또 다른 복도를 몇 번 돌더니 한 사무실 문 앞에 천사가 멈췄다. 그녀는 정중하게 두 손으로 문을 가리키며 말했다.

"이곳이 바로 당신의 사무실입니다."

나는 천사에게 목례하며 말했다.

"안내해주셔서 감사합니다."

그리고 약간은 설레는 마음으로 문을 열면서 사무실 안으로 들어갔다. 그런데 이게 웬일인가. 그 안은 깨끗하게 정리되어 있지 않았다. 마치 이삿짐을 싸는 중인 것처럼 여기저기 크고 작은 상자가 어지럽게 널려있고, 잡동사니가 구석구석에 떨어져 있었다. 반쯤 열린 서랍 안에는 아직 개봉하지 않은 일회용 컵이나 냅킨이 군데군데 들어있었다.

더욱 놀라운 건 별로 크지도 않은 사무실 한가운데에 아주 크고 둥근 목욕통이 떡하니 놓여있었다. 지름이 5미터, 깊이가 1미터 정도로 보이는 목욕통 안에는 투명하고 맑은 물이 가득 차있었다. 목욕통 안쪽 둥근 가장자리를 따라 물 안에서 사람이 앉을 수 있도록 되어있었다.

맑은 물을 보자 내 몸을 씻을 필요가 있다고 느꼈다. 그러고는 마치 당연한 것처럼 정장을 입은 채 목욕통 안으로 천천히 걸어 들어갔다. 물은 내 몸이 상쾌하게 느낄 정도로 따뜻하게 잘 데워져 있었다. 나는 목까지 물에 잠기게 앉은 후에 눈을 감고 평화로운 휴식을 잠시 즐기려 했다.

바로 그때 내가 들어온 문의 맞은편 문이 열렸다. 열린 문 앞에는 금발 곱슬머리를 단발로 기른 단정하고 예쁜 외모의 젊은 천사가 아주 어린 남자 아기의 손을 잡고 서있었다. 그 천사는 내게 가볍게 목례하더니 사무실 안으로 들어왔다. 나는 마치 그들의 방문을 예상한 것처럼 묵묵히 바라보았다. 남자 아기는 걸음마를 막 시작한 듯 보였고 돌이 조금 지난 것 같았다. 금발의 천사가 내게 말을 걸었다.

"이 아기는 아버지가 아주 높으신 분입니다. 저는 그분으로부터 아기를 목욕시킨 후에 잘 돌보라는 명령을 받고 여기에 왔어요."

금발 머리에 파란 눈을 가진 남자 아기는 아직 말이 서툰지 나를 빤히 바라만 보았다. 순간, 아기의 영이 약간 건방지게 느껴졌다. 아기가 어떻게 그런 영을 가졌는지 나는 모르지만, 내 영은 하나님께서 허락하시는 순간에만 타인의 영을 읽는다.

천사는 아기를 자신의 품에 소중하게 안더니 옷을 입은 채로 목욕통 안으로 천천히 걸어 들어왔다. 그러고는 키가 작은 아기를 욕조 안의 둥근 가장자리 좌석에 조심스럽게 세웠다. 아기는 몸에 꼭 맞는 희고 얇은 속옷을 입고 있었다.

천사는 미소를 띤 채 아기와 눈을 맞추어가며 정성껏 아기의 몸을 씻기기 시작했다. 나는 목욕통 안에서 천사의 옆에 함께 앉아 아기의 얼굴을 찬찬히 바라보았다.

그런데 이게 웬일인가! 놀랍게도 내가 아는 아기였다. 그는 아주 오래전에 음란 포르노의 집에서 데리고 나오지 못한 형제의 영이 아닌가! 그때가 처음 형제의 영을 본 날이었다. 영적 전쟁터에서 나만 겨우 부끄럽게 탈출한 처참한 패배의 날에 봤던, 그때 육의 세계에 속했던 바로 그 형제의 영이었다. 그 형제의 영이 하나님 안에서 중생하여 자라 영의 세계에서 이 아기의 나이가 된 것이다. (《덮은 우물》 85. 음란포르노의 집 참조)

이후 세월이 흘러 나는 그를 다시 보았다. 진주문 안에 심긴 만국을 소성시키는 생명나무의 이파리를 태우는 약초 냄새를 맡으며 깨어나는 그를 보았다. 그것이 그의 영을 본 두 번째 날이었다. (《봉한 샘》 91. 생명나무의 잎사귀 참조)

그러고 보니 오늘이 그 형제를 세 번째로 본 날이다. 하나님께서 그에게 새 생명을 주시고 영혼의 세계로 인도하기 시작하신 것 같았다. 나는 자비하신 하나님의 크나큰 은혜에 감복하여 가슴이 떨렸다.

'내 영혼아, 한량없는 자비를 가지신 거룩하신 우리 주 여호와를 찬양하라! 여호와라고 하는 영화롭고 두려운 이름을 경외하라!'

나는 숨을 깊이 들이마시며 눈을 떴다. 환상이었다. 영의 세계 중 하나인 궁창의 아주 작은 한 부분에 다녀온 것을 알았다.

궁창은 지구처럼 또 다른 지역의 지도를 형성하고 있다. 모든 공중에는 영들에게 각각의 영토가 있다. 그곳을 다스리는 악한 영 역시 각각 다른 이름이 있다. 궁창은 지구보다 훨씬 큰 또 하나의 세계다. 다른 점은 지구는 보이는 세계이고, 궁창은 보이지 않는 세계일 뿐이다.

보이는 세계는 보이지 않는 세계의 지배를 받는다. 궁창은 지구보다 훨씬 더 질서 있고 정립된 체제를 갖고 있다. 피조물은 영적 계급이 높을수록 더욱 질서 있는 계급 체제로 다스려진다. 사람은 아무리 악해도 마귀 이상으로 악할 수 없다. 또한 아무리 선해도 하나님의 천사 이상으로 선할 수 없다. 사람은 이 지구를 정복하며 다스리고, 영들은 궁창을 정복하며 다스린다.

우리는 하나님이 축복하신 위계 질서를 잘 알아야 한다. 무식하면 용감하다고 때로 자기의 분수를 과대평가하여 영의 세계를 향해 설치는 자들이 있다. 그런 자들이 지구의 삶에서 치르는 대가는 처절하다. 그러나 그들은 왜 그런 일들이 닥치는지 모른다. 이는 영의 세계에서 일어난 일의 결과가 이 땅에 반추되는 것이다.

'만군의 여호와'라는 이름을 기억하면 우리 주님께서 하늘 군대를 얼마나 정확하고 섬세하게 통솔하시고, 질서 있게 다스리시는지 조금은 짐작할 수 있다. 쉬운 예로 여자의 머리는 남자다. 남자의 머리는 예수 그리스도시다. 그리스도의 머리는 만물을 창조하신 위대한 하나님이시다.

08 신부의 미장원과 기도의 전화기 가게

영의 세계

나는 우리 집 대문을 닫으며 밖으로 나왔다. 집의 규모와 구조가 엄청나게 크고 긴 대형 주상복합주택과 흡사했다. 우리 집은 건물 2층에 아파트처럼 위치해 있었다. 대문 바깥은 거대한 실내로, 곧장 커다란 상가처럼 여러 가게가 줄지어 있었다. 나는 상가의 복도에서 각 가게의 크고 넓은 유리창 너머로 내부를 잘 볼 수 있었다.

대문 앞 오른쪽에는 긴 벽을 따라서 규모가 큰 미장원이 있었다. 화려하지는 않지만 깔끔하고 기능적으로 잘 꾸며진 가게였다. 벽 쪽으로는 거울과 캐비닛 등이 있고, 중간에는 작은 물고기들이 헤엄치는 예쁜 어항도 있었다. 군데군데 화초를 심은 화분들도 보였다.

미장원 안에는 하얀 가운을 걸친 미용사들이 손님들에게 서비스를 제공했다. 머리를 감기고 모양새 있게 잘라주고, 눈썹을 다듬어 신부 화장을 해주고, 손발을 다듬어주는 등 여러 미용사가 분주하게 일에 전념하는 듯 보였다.

바로 그때 미장원 입구의 카운터 쪽에 하얀 가운을 걸친 매니저로 보이는 한 여직원과 눈이 마주쳤다. 그녀는 마치 나를 아는 것처럼 벌떡 일어나 내가 서있는 복도 쪽으로 걸어 나왔다. 그리고 깍지 낀 두 손을 배에 대고 공손하게 인사하며 내게 말을 걸었다.

"안녕하세요, 신부님. 저는 이곳을 지키고 관리하는 천사입니다. 이 미장원은 당신의 것입니다."

나는 깜짝 놀라서 입이 쩍 벌어졌다.

"네? 저는 목사예요. 미장원은 소유하지 않았는데요."

그녀가 대답했다.

"신부님, 우리 중에는 《잠근 동산》, 《덮은 우물》, 《봉한 샘》 이 세 권의 영서를 통해 주님의 은혜를 체험한 사람들이 많습니다. 그들은 주님 앞에서 영적으로 좀 더 깨끗이 씻기를 원하고, 또 빚어져서 다듬어지길 사모합니다. 지금 이 영혼의 미장원에서 서비스를 제공받는 고객들이 바로 그들입니다. 앞으로 수많은 사람이 이곳에서 주님 앞에 아름다운 신부의 모습으로 깨끗하고 단정하게 빚어질 것입니다. 이런 은혜의 경로를 허락해주신 예수님을 찬미합니다."

주님이시다! 그분은 당신의 신부들이 다시금 첫사랑을 회복하고 영성이 아름답게 다듬어지길 간절히 소망하신다.

나는 대문 앞 복도에 서서 왼쪽으로 고개를 돌렸다. 그곳에는 전화기를 파는 큰 가게가 있었다. 창문 앞 유리 선반에는 각양각색의 멋지고 예쁜 클래식 전화기들이 층층이 진열되어 있었다. 가게 안쪽의 유리 상자 안에는 최신식 휴대전화기도 잘 정리되어 있었다. 가게 안에는 사람들이 많았지만 미장원만큼 붐비진 않았다.

바로 그때 입구에 서있던 매니저인 듯한 한 남직원이 내 쪽으로 걸어왔다. 그 역시 내 앞에 서더니 공손하게 인사하며 말을 걸었다.

"안녕하세요, 신부님. 저는 이곳을 지키고 관리하는 천사입니다. 이 가게는 당신의 것입니다."

나는 또 한 번 깜짝 놀라서 대답했다.

"저는 전화기 가게를 소유하지 않았어요. 저는 그냥 교회에서 일하는 목사예요."

천사가 대답했다.

"신부님, 우리 중에는 《잠근 동산》, 《덮은 우물》, 《봉한 샘》을 통해 주님과 새로운 의사소통의 교신이 열린 사람들이 많습니다. 그들은 주님과 영적으로 좀 더 깊이 교통하길 원하며 기도로써 교제하길 사모합니다. 지금 이 전화기 가게에서 새로운 전화기의 서비스를 제공받는 고객들이 바로 그들입니다.

앞으로도 수많은 사람에게 이 영적인 전화기 가게를 통해 주님 앞에 기도의 통신선이 열리게 될 것입니다. 그들은 주님의 음성을 듣고 그분과 대화하기 시작할 것입니다. 새롭게 들리는 성령의 음성에 순종하여 주님의 부르심에 귀가 밝은 정결한 신부의 모습으로 빚어질 것입니다. 또한 방언을 통해 천국에 직통 전화를 올리는 자들도 있을 겁니다. 이런 자비를 허락해주신 예수님을 찬미합니다."

역시 우리 주님이시다! 그분은 당신의 잃어버렸던 신부들이 더럽혀지고 무너진 영적 성벽을 다시 쌓길 원하신다. 또한 우리가 주님 앞에서 소통의 교신을 알리기 위해 울리는 은 나팔로 빚어지길 간절히 소망하신다. 나는 복도의 두 천사 사이에 서서 위쪽을 올려다보며 속삭였다.

"주님의 말씀은 신실하고 참되십니다. 예언자와 선지자의 영들의 주인이신 당신께서 종들에게 장차 될 일을 보이길 원하시는군요. 그들을 돕는 당신의 천사들을 보내주셔서 감사합니다. 아멘, 주 예수여. 어서 오시옵소서!"

나는 숨을 깊이 들이쉬며 영의 세계에서 깨어났다.

샘가의 대화

제시카 주님, 저는 다시 2층에 있었습니다. 어찌 자꾸 2층에 다녀오는 것입니까?

예수님 **그대는 궁창에 다녀온 것이다.**

제시카 아이고, 주님. 저는 천국을 보고 싶습니다. 이왕이면 아름다운 천국을 보여주시지, 왜 악한 영과 선한 영이 대적하며 진을 치고 공존하는 궁창을 보여주십니까? 저도 사도 바울처럼 삼층천에 다녀오고 싶습니다.

예수님 (빙긋이 웃으시며) **곧 그런 날이 올 것이니 인내하며 기다리거라.**

제시카 제 가장 큰 약점이 인내하지 못하는 성격인 줄 아시지 않나요. 제 성정대로라면 저는 이 세상에서 살아서는 셋째 하늘을 못 볼 것 같아요. 포기할 수밖에 달리 방도가 없겠네요.

예수님 **회개하여 마음이 청결한 자는 아버지를 볼 것이니라. 그대가 금식한 이후에 내가 천국 방문을 허락한 적이 종종 있었느니라. 그대가 기억을 다 못 할 뿐이니 포기하지 말거라. 진정과 신령으로 예배를 올릴 줄 아는 자가 내 아버지의 마음을 움직이는 자다. 그러면 천국을 볼 수 있는 은혜가 깃드느니라.**

제시카 제가 어떻게 하면 그렇게 됩니까? 알려주소서.

예수님 **예배를 올릴 때 그대 인생에 마지막 예배라고 생각하고 생명을 다해 올려드리라. 찬양과 기도와 헌물 역시 매 순간의 드림이 마지막이라고 생각하고 마음과 뜻과 정성을 다해서 올려라. 그리하면 우리가 받으리라.**

제시카 우리가 누구입니까?

예수님 **아버지와 나, 그리고 성령이니라.**

제시카 그렇게 순종하겠습니다. 그런데 제가 영의 세계에서 미장원과 전화기 가게를 소유하고 있었습니다. 저는 상업에 재능이 있는 사람이 못 되는데요.

예수님 **지금 그대가 출입하는 곳은 영의 세계의 아주 작은 일부분이다. 나는 그대가 이 세상에서 알고 있는 말이나 지식의 한도 내에서 보여준다. 그리하여 그대가 보고 듣고 깨달아 지혜를 간직할 수 있도록 하려는 것이다. 그렇지 아니**

하면 그대가 영으로 보고 들을 때 알지 못하니 내가 보여 준 것에 대해 어찌 '아멘' 하고 응답할 수 있겠느냐?

제시카 제가 본 영의 세계는 때로 상징적인 것이 많은데 제가 지혜가 부족하여 기록의 표현이 미흡합니다. 어떻게 하지요? 그저 제 짧은 소견으로 전화기 가게는 당신께 올리는 기도의 장소이고, 미장원은 묵상을 통해 다듬어진 회개와 선행의 장소를 뜻하는 것 같아요.

예수님 **흡족하다. 사람의 말로 그 정도 표현하면 되었다. 사람은 기록된 말씀을 몰라서 행실을 고치지 않는 게 아니다. 순종을 거부해서 행실을 고치지 않는다. 순종은 복종 이전의 행위인 것을 알라. 순종과 은혜의 아름다운 조화를 잘 보거라. 순종은 아래에서 올라오고 은혜는 위에서 내려오느니라. 이 둘이 잘 조화되어야 신부의 믿음이 장성한다.**

사랑하는 자여, 내가 그대에게 요구하는 게 무엇이냐? 나를 경외하여 모든 도를 순종함으로 행하라. 나를 사랑하며 마음을 다하고 성품을 다하여 섬기라. 또한 내가 오늘날 내 신부의 행복을 위해 그대에게 명하는 명령과 규례를 모두 지켜라.

제시카 당신께서 제 앞에 생명과 사망, 복과 화를 제 선택으로 두셨습니다. 주님의 요구를 순종함으로 행하여 당신께 은혜 받기를 구합니다. 아멘!

09 불씨는 나눌 때 더욱 커진다

샘가의 대화

예수님 **목욕장에서 나온 털 깎인 암양 같은 나의 어여쁜 자여, 일어나 함께 가자.**

제시카 주인님, 함께 가는 길이 기쁘고 행복해야 하는데 너무 힘듭니다. 어제 바다 건너의 딸 미셸이 울면서 전화했습니다. 잠시 머물던 집에서 나와야 하는데 오갈 데가 없다고 목놓아 울더이다. 늙고 병든 개까지 데리고 있으니 누가 반기겠습니까?

미셸은 무남독녀입니다. 저희 부부가 아이 혼자 남겨두고 먼 길을 떠나 아프리카로 왔는데 어쩌면 좋습니까! 제 평생에 자식 놓아둘 곳이 없어서 눈물 흘리는 일이 닥칠 줄은 몰랐습니다. 제 못난 모습을 당신께 보여드려서 죄송합니다. (오늘은 금식하는 날이라서 그런지 내 영이 몹시 예민해져 있다. 씨방 속에 씨앗을 잔뜩 머금고 익은 봉선화처럼 조금만 건드리면 툭 터져버릴 것 같은 심정이다. 눈물 보따리가 한껏 부풀어있다. 모든 게 귀찮고 서럽다. 심심산골 같은 아프리카의 생활은 창살 없는 감옥살이 같다.

집 앞에만 나가면 낯선 곳의 낯선 사람들이다. 나는 이방인이다. 그래서 부득이한 일이 아니면 아예 외출도 하지 않는다. 목양관이 교회 부지 안에 있으니 시장을 볼 게 아니면 나갈 일도 없다. 밖에 나가면 지나가는 원주민들이 나를 흘낏거린다. 어떤 아이들은 날 보고 울음을 터뜨리기도 했다. 아마 난생처음 본 외국인이 무서운 동물 같았나 보다.

남편 토니 목사의 말마따나 우리는 커다란 열린 감옥 안에 살고 있다. 우리가 사는 이곳도 시골이지만, 여기보다 더 오지인 어떤 원주민 교회에 토니가 강사로 초청되어 설교하러 간 적이 있다. 그가 설교를 마치고 내려와서 친교 시간을 가질 때였는데, 귀여운 꼬마 여자아이가 다가오더니 그를 물끄러미 올려다보았다. 그러고는 작은 두 손을 비비며 질문했다.

"혹시 당신이 예수님이세요?"

꼬마는 어디선가 백인 예수님 사진을 보았는지, 태어나 처음으로 백인을 실제로 만나자 그런 질문을 하는 것 같았다. 나더러 마리아냐고 물어주지 않아서 정말 고마웠다. 우리는 이런 곳에 살고 있다)

예수님 **너는 못났든지 예쁘든지 나의 사람이니 상관없다. 나의 눈에 변함없이 아름다운 신부다. 그러나 자식의 일로 울지 말거라. 너는 미셸을 네 가슴속에서 파내어 내게 주었다고 하지 않았더냐?**

제시카 네, 그랬습니다. 제 전화기에 저장된 미셸의 이름이 무엇인지 아시지요? '가파버'입니다. '가슴에서 파내어 버린 아이'라는 뜻으로요. 아이에게 미안해서 말도 못 하고 저 혼자만 암호처럼 간직하고 다짐하는 이름입니다.

그런데 왜 제가 어제는 아이를 주님께 맡겼다가, 오늘은 도로 찾아왔다가, 내일은 다시 주님께 아이를 드렸다가, 모레는 도로 찾아왔다가 하길 반복하는지 모르겠습니다. 제가 너무 한심하지요?

예수님 (피식 웃으시고 나를 찬찬히 보시더니 입을 여셨다) **아니다. 꽃이 시들지 않고 어찌 열매를 맺겠으며, 나비가 고치를 부수지 않고 어찌 날겠느냐? 그 모든 것이 네가 빚어지는 과정이니라. 좋은 그릇은 빚을 때 시간과 정성이 더 들어간다. 성화의 과정은 포기하는 자가 갖는 특권이 아니다. 끊임없이 자신을 살피고 성찰하여 고치며 인내하는 자가 누리는 특권이다. 이는 모든 사람의 것이 아니니라. 그러니 나는 괜찮다. 너도 괜찮았으면 좋겠구나.**

제시카 저는 마음이 좀 아프지만 견딜 수 있습니다. 미셸을 전능하신 당신의 날개 그늘 아래 남겨두고 왔으니까요. 아이가 당신의 자비와 은혜의 장중에 있는 걸 조금도 의심치 않습니다. 그럼에도 영상 통화로 아이의 눈물을 보니 제 마음이 아픕니다.

주님, 이 세상의 얼마나 많은 부모가 자식의 일로 당신 앞에서 눈물을 뿌리며 기도합니까. 자식 때문에 당신 앞에서 수심에 잠겨 한숨을 내쉽니까. 자식의 눈에서 눈물이 나면 부모의 가슴에는 피눈물이 납니다. 저도 예외가 아닙니다. 자식은 아무리 장성해도 부모 눈에는 물가에 내놓은 철없는 어린아이 같은 것 아시지요?

예수님 **그런 부모를 바라보는 아버지인 내 심정은 어떻겠느냐. 내가 아비인데, 생명을 주지도 않은 원수의 영을 제 아비라고 착각한다. 원수의 영의 말에 귀 기울이고, 좋아하고, 청종하며 따라가는 걸 보는 내 심정을 생각해본 적 있느냐. 세상에서 수치를 가리지도 못한 적신으로 버려져 울고 있는 자를 데려와 내가 정성을 다해 키우고 나면 엉뚱한 원수의 영이 낚아채 달아난다. 그걸 보는 내 심정은 어떻겠느냐. 정성스레 흰죽을 쑤었는데 개가 날름 먹어버리는 걸 보는 내 심정을 짐작하겠느냐! 내 자녀들을 속이고 취하는 원수의 영이 뭐라고 주절거리는지 아느냐? 원수의 영은 탁란(托卵)을 일삼는 자이니라.**

제시카 저는 영의 세계를 잘 모릅니다. 알려주소서.

예수님 **원수가 외치길 "나의 손으로 열국의 재물을 얻은 것은 새의 보금자리를 얻음 같다. 온 세계를 얻은 것은 내어버린 알을 주움 같았으나 그의 자식들은 날개를 치거나 입을 벌리거나 지저귀는 것이 하나도 없었다"라고 하였느니라.**

제시카 아아… 너무나 참담한 말입니다. '그의 자식들은'은 당신의 백성인 저희를 일컫는 말 아닙니까. 마귀가 자기 알의 새끼는 살려두고 우리를 날름 주워 삼켜도 우리는 날개를 치는 반항도 하지 않고, 입을 벌려 기도하지도 않고, 지저귀며 의문을 품지도 않습니다. 그런 채로 원수의 영과 팔짱을 끼고 추종하며 따라갑니다. 마귀가 외치는 말조차도 참담합니다.

어찌 원수의 도끼가 찍는 자에게 스스로 자랑합니까. 어찌 원수의 톱이 켜는 자에게 스스로 큰 척합니까. 원수 마귀의 언행이 마치 막대기가 자기를 드는 자를 움직이려 함과 같나이다. 몽둥이가 나무 아닌 사람을 치기 위해서 스스로 들려고 하는 것과 같습니다.

주인님, 원수의 영에 속아 사는 저희가 어찌 그리 당신의 마음에 매 순간 못을 박는지요. 제 번복하는 고범(故犯) 죄악들로 인해 당신 앞에 용서를 구하기도 민망합니다. 낯이 뜨듯하여 차마 고개를 들 수가 없습니다.

예수님 **그러니 나의 진노로 인해 마지막 날 이 땅이 소화(燒火)될 것이니라. 이스라엘의 빛은 불이다. 거룩하신 내 아버지는 불꽃이시다.**

원수의 백성들은 불에 타는 섶나무같이 될 것이니라. 세상의 마지막 때, 환란과 재앙이 닥칠 참담한 순간을 너는 기록하거라. 사람이 자기의 형제를 아끼지 아니하며 오른손으로 움켜쥐어도 주릴 것이고, 왼손으로 먹어도 배부르지 않을 것이며, 각각 자기 팔의 고기를 먹을 날이 올 것이다.

이 땅의 남은 자들이 굶주릴 그날에 성읍들은 황폐하며 거민이 없을 것이다. 가옥에는 사람이 없고 토지가 전부 폐하여질 것이다. 사람들이 나로부터 멀리 옮겨질 것이다. 이 땅 가운데 폐한 곳이 많을 것이니라.

그때 내가 사람을 정금보다 희소하게 하며 인생을 오빌의 순금보다 희귀하게 하리로다(사 13:12). **그나마 생명을 겨우 부지하고 남은 자들은 마치 감람나무를 흔들 때 가장 높은 가지 꼭대기에 실과 몇 개만 남음과 같이 희귀할 것이다.**

우편으로 움킬지라도 주리고 좌편으로 먹을지라도 배부르지 못하여 각각 자기 팔의 고기를 먹을 것이며 사 9:20

제시카 옴마야… 참으로 무서운 일입니다. 주님, 그날이 오기 전에 저와 제가 지극히 사랑하는 이들을 반드시 기억해주옵소서. 제 간절한 소원입니다.

예수님 **너, 나의 마당의 곡식이여, 나의 타작한 알곡이여. 그것이 네 소망이면 내가 그리하마. 그러니 끝까지 나를 믿어라. 그리해야만 너와 네 집이 구원을 얻으리라. 내가 네 집의 식구를 열국 중에서 취하여 내어주마. 또한 열국 중에서 모아 데리고 고토(故土)에 들어가게 해주마.**

그 이후에 맑은 물을 그들에게 뿌려서 정결케 할 것이다.

곧 모든 더러운 것과 우상 섬김으로부터 정결케 할 것이다. 새 영을 너희 속에 두고 새 마음을 너희에게 주마. 너희 육신에서 굳은 마음을 제하고 부드러운 마음을 줄 것이다. 또한 내 신을 너희 속에 두어 내 율례를 삶에 실천하게 할 것이다.

너희는 영원히 내 규례를 지켜 행할 것이다. 기생 라합이 제 부모와 형제와 아비의 가족에게 닥칠 멸문지화(滅門之禍)를 피하려 자기 집 창에 매어 늘어뜨린 붉은 줄을 기억하는가? 그 줄이 내 흐르는 붉은 피를 뜻하는 것을 기억하거라. 그녀는 믿음으로 순종치 아니한 자들과 함께 멸망치 아니하고, 기생의 신분으로 나의 계보에 참여하지 않았느냐.

해 아래는 새것이 없느니라. 라합이 믿음으로 자기의 피붙이를 지켰다면 너도 그럴 수 있단다. 장차 붉은 줄인 보혈의 의미로 다가와 행해질 가족 구원의 진리를 믿는 건 네 선택이다.

제시카 제 선택은 당신 외에는 아무것도 없나이다. 설령 다른 선택이 존재한다 해도 저는 당신만 사랑하는데 어떻게 곁눈을 팔 수 있습니까!

울던 딸아이와 늙고 병든 개 진도를 생각해서 그런지 오늘따라 금식이 유난히 힘듭니다. 소금기 가득한 식수를 마시고 살아서 늘 목이 바짝 타는 느낌입니다. 적도의 찌는 더위에 가만히 있어도 땀이 줄줄 흘러내립니다. 시원한 에어컨 바람이 너무 그립습니다.

몇 주 전에 샤워실에서 통곡하는 저를 보셨습니까? 흰머리 때문에 염색약을 머리에 바른 채 헹구려고 하는데 물이 갑자기 끊겨버렸어요. 수도국에서 갑자기 단수를 해서요. 얼마나 놀랐는지 모릅니다. 붉은 염색약이 머리끝에서부터 온 얼굴로 줄줄 흘러내려서 눈이 따가워 뜰 수도 없는 지경이었어요.

원주민들에게 모두 나눠주고 몇 개 안 남은 마른 수건에 얼룩이 질까 봐 얼굴을 잘 닦지도 못했습니다. 그저 우두커니 선 채로 다시 물이 나오길 기다리고 있었어요. 그런데 샤워장 바깥 건너편 벽에 있는 작고 오래된 거울에 제 모습이 비친 걸 보고 가슴이 섬뜩했습니다. 머리부터 시작해서 온몸으로 붉은 피를 뚝뚝 흘리는 공포 영화의 주인공 같았어요.

따가운 눈을 반쯤 뜨고 서서 거울을 보다가 너무 놀라서 샤워장 바닥에 짐승처럼 벌거벗은 채로 주저앉아 엉엉 울었습니다. 아무도 보지 않는다고 생각하니 참았던 눈물이 봇물 터지듯 쏟아졌어요. 한참을 차가운 시멘트 바닥에 홀로 주저앉아 울다가 결국 마른 수건으로 붉은 염색약을 대충 닦고 샤워실을 나왔어요.

딱히 이유는 모르겠는데 제가 처한 환경 때문에 억울하고 서러웠습니다. 그런 장면을 자주 보면 우울증에 걸릴 것 같았어요. 그런데 오늘 아침에도 샤워장에서 몸에 비누칠을 하고 난 직후에 물이 멎어 또 식겁했습니다. 마른 수건으로 대충 비누만 닦아내고 나왔는데 비누가 마르니 온몸이 가렵습니다. 몇 년간 거의 하루건너 한 번씩 겪는 불편함인데 왜 익숙해지지 않는지 모르겠습니다. 아무리 적응하려고 해도 쉽지가 않아요.

게다가 지금은 금식하여 힘이 없으니 축 늘어진 채로 자꾸 졸리기만 합니다. 육신의 소욕을 이기는 것이 어찌 이리도 힘든지요. 그래도 저는 여전히 당신을 사모합니다. 환경이 어려우면 어려울수록 더욱 당신만 생각합니다. 모든 여건이 저를 힘들게 할수록 더욱 당신만 의지하게 됩니다.

그럼에도 당신을 마음 깊이 품을 때, 그 좁은 길은 형언할 수 없는 아름다운 길로 변화되는 걸 알았습니다. 그 길은 자신을 온전히 정결케 함으로써 제 심중에 가라앉은 은 찌꺼기를 제거하는 길입니다. 은 찌꺼기는 제 바리새인 같은 옛 성품 속에 잘 감춰진 불순물입니다. 그 길은 제가 예전에 기뻐하던 영적인 잎사귀인 마른 상수리나무 아래에서 돈 우상에 절을 해대던 저를 파쇄하는 길입니다.

설령 이 힘든 여정을 처음부터 다시 시작해야 한대도 여전히 당신을 위해 이 길을 선택할 것입니다. 제 삶에 당신 외에 더 이상 바랄 게 무엇이 있겠습니까.

사모하는 나의 주인님, 언제든지 제 영을 취하소서. 무정한 이 땅에서 제가 사랑하는 이들의 구원까지 약속받았으니, 여종은 더 바랄 소망이 아무것도 없나이다.

예수님 **나의 신부들이 혼인 잔치에 모두 입장하는 바로 그날 그 시에 네 모든 아픔이 사라질 것이다. 감춰진 모든 것이 드러나고 황금 길 위에 네 발이 닿을 때 네 선택에 대해 내 아버지께 감사와 영광을 돌릴 것이다.**

여섯 날개를 지닌 스랍들 앞에서 그들과 함께 창화할 것이다. "거룩하다 거룩하다 거룩하다!"라고 말이다. 그때 내 아버지의 영광이 온 우주에 충만하리라.

제시카 아멘. 그날을 사모합니다, 주님. 오갈 데 없는 딸 미셸을 인도해주소서.

예수님 **그 아이는 지금 거주하는 곳보다 더 나은 장소로 옮길 것이니라. 미셸은 남겨진 자로 내 마음이 기억하는 아이이다. 부모가 생존한 채로 고아의 삶을 걷는 아이이다. 내게로부터 앎의 축복을 입은 아이이다.**

부모가 그 영혼을 남겨두고 나를 위해 떠나지 않았느냐. 자의든 타의든 어차피 부모가 받는 고난에 동참하는 게 그 아이의 분복이니라. 모든 것이 행위록에 기록될 것이니 지금 흘리는 눈물이 먼 훗날 아이가 받을 상이 될 것이다. 그러니 염려를 거두거라.

네가 아프리카로 떠나는 날, 공항으로 가는 길을 나는 잊

지 않았다. 네가 아이를 버리는 그 순간에 나의 두 천사가 아이를 받았다. 나는 그때 아이가 연신 두 손으로 훔치는 뜨거운 눈물을 보았다. 기억하는가? (《봉한 샘》 52. 마지막으로 보는 자식의 뒷모습 참조)

제시카 제가 어찌 그 순간을 잊겠습니까. 눈을 감아도 그 순간이 떠올라 가슴이 울렁거리고 뜨거운 눈물이 치솟습니다.

예수님 **너는 눈물을 닦거라. 이 일로 아이의 믿음이 자랄 것이다. 또한 기도의 능력을 체험하며 인생을 의지하지 않는 법을 배우게 될 것이다. 호흡이 코에 있는 인간의 존재를 더 이상 수로 계산할 가치로 두지 않을 것이다. 더욱 강하게 성장할 것이다.**

두려움과 아픔이 없는 곳에서 무슨 믿음이 자라겠는가. 미셸의 모든 것이 내 옷자락 안에 있고, 아이의 심장 안에 내 현존하는 임재의 황금 불씨가 들어있다. 너를 통해 아이에게 내 불씨를 안수한 것을 잊었는가? 불씨는 남에게 나눌 때 더욱 커진다. 나의 나라는 남에게 줄 때 더욱 후히 도로 돌아오는 것이 법칙이다. 세상의 셈법과 정반대란다. (《덮은 우물》 57. 영의 세계에서 참 안수란 무엇인가? 참조)

제시카 할렐루야! 제가 환란과 고통 속에 신음할 때 제 눈물을 닦으시는 분이 바로 당신이십니다. 주님이야말로 참된 구원 주십니다. 제 기억은 어찌 이리도 짧은지요. 이제는 울지 않을게요. 나의 님이신 예수님, 진심으로 고맙습니다.

10 화면 중독자들이 거하는 영의 감옥을 보다

영의 세계

한낮의 햇빛이 쏟아지고 있는 야외에 무대 세트가 보였다. 마치 한국의 텔레비전에서 생방송으로 열리는 전국노래자랑 행사라도 하는 듯했다. 야외에는 화려한 무대가 우뚝 솟아있고, 무대 위에는 가수처럼 보이는 세 명의 중년 남자가 있었다. 그들은 무대 의상 같은 현란한 양복을 입고 순번을 바꿔가며 세상 유행가를 쉴 새 없이 열심히 불렀다.

관중은 모두 흙바닥에 퍼질러 앉아있었다. 그들의 상태는 완전히 혼이 나간 듯 보였다. 다들 넋 놓고 가수들을 쳐다보며 함께 박수치며 노래를 따라 부르고 있었다. 수많은 청중은 앞뒤 좌우로 끝이 보이지 않을 만큼 많았다.

드높이 설치된 무대를 바라보기 위해 사람들은 고개를 불편할 정도로 위로 젖힌 채 앉아있었다. 그들은 웃고, 즐기며, 노래를 듣고 부르는 데 미친듯이 심취했다.

그런데 이상하게도 나는 흙바닥에 앉아있지 않았다. 무대의 맨 앞 왼쪽 가장자리에 멀찍이 따로 서서 이 광경을 바라보고 있었다. 수많은 인파가 앵무새처럼 부르고 또 불러대는 노래는 내가 전혀 모르는 언어의 노래였다. 그제야 내가 영의 세계의 한 공간에 들어와 있음을 알았다.

'가만있자. 언젠가 이런 비슷한 공간에 방문한 적이 있었는데….'

불현듯 뇌리에 떠오른 장면은 무대 위를 왕래하던 호랑이처럼 생긴 뿔 달린 장님 짐승의 모습이었다.

'그래, 그곳은 돈의 노예 된 자들의 영이 갇혀있는 장소였지.'

그렇다면 이곳 역시 텔레비전이나 영화관, 컴퓨터 스크린의 오락 게임이나 각종 게임기, 드라마나 포르노 등의 화면 중독에 걸린 사람들의 감옥이었다. 그러나 그들은 감옥인 줄 모르고 갇혀있었다. 이 장소는 영적 세계의 아주 작은 일부분이었다. (《봉한 샘》 11. 뿔 달린 장님 짐승 참조)

바로 그때 한 아기의 날카로운 울음소리가 노랫소리를 뚫고 들려왔다. 그 아기가 남자 아기임을 내 영은 알았다. 조금도 쉬지 않고 울어대는 울음소리에 결국 무대 위의 남자 가수의 형상을 한 악한 영이 노래를 멈추었다. 그는 인상을 쓰며 마이크에 대고 외쳤다.

"누구야? 도대체 어느 집 자식이 우리 작업을 방해하고 시끄럽게 울어대는 거야?"

순간, 모두의 눈길이 그 아기에게로 쏠렸다. 한 젊은 여자가 두 살이 채 안 되어 보이는 아기를 포대기로 업고 있었다. 아기는 계속 자지러지게 울었다. 여자는 검고 긴 머리를 단정하게 빗어 올림머리를 하고 있었다. 갑자기 남자 가수 형상의 악한 영이 고함을 질렀다.

"아줌마, 아기 우는 소리가 너무 시끄러워서 분위기 망치니까 빨리 나가요!"

악한 영의 짜증 섞인 말이 떨어지자마자 여자는 기다렸다는 듯 벌떡 일어났다. 그리고 아기를 업은 채 빠른 걸음으로 내가 서있는 쪽으로 빠져나왔다. 그녀가 내 옆을 지나가며 마치 아는 사람처럼 말을 걸었다.

"저는 이 장소를 싫어합니다. 그러나 아기가 이곳을 너무 좋아해서 나갈 수가 없었어요. 그러나 이 아기의 영을 가진 사람이 기도를 시작했습니다. 지금 아기가 우는 건 하나님의 은혜입니다. 그러니 저들이 나가라고 할 때 빨리 이곳을 빠져나갑시다."

그러면서 나를 앞서서 도망을 치듯 빠른 걸음으로 뛰다시피 걸어나갔다. 나도 서둘러 그녀의 뒤를 쫓아 나왔다. 우리는 조금도 멈추지 않고 뒤도 돌아보지 않은 채 발걸음을 재촉했다. 한참이 지나 우리가 아주 멀리 왔다고 생각했을 때, 조금 한적한 곳에 음식점이 보였다. 그 여자가 말했다.

"저는 이 아기와 동행하는 천사입니다. 아기와 저는 당분간 여기서 지낼 겁니다. 제가 들어가서 주인을 만나는 동안 아기를 잠시 부탁합니다."

내가 승낙하기도 전에 천사는 아기를 감싼 포대기를 풀었다. 그러고는 아기를 내 등에 올려놓더니 음식점 안으로 서둘러 들어가 버렸다.

'이건 초면에 좀 무례한 것 아닌가?'

이런 생각을 하면서 나는 아기를 찬찬히 살펴보았다. 신기한 건 어느새 내가 아기를 업고 있었다. 그런데 내가 뒤를 돌아보지 않았는데도 아기의 얼굴이 보였다. 아기를 본 순간, 나는 깜짝 놀랐다. 이 아기는 전에 내가 목욕통 안에서 만났던 아기였다. 금발 머리에 파란 눈을 가진 약간 건방져 보였던 바로 그 남자 아기.

그런데 그동안 무슨 일이 있었는지 아기의 얼굴이 몹시 지저분했다. 콧물이 줄줄 흐르고 얼굴 군데군데에 얼룩 같은 검은 때가 묻어 있었다.

'그때 내가 만난 천사는 금발 머리의 예쁘고 젊은 천사였는데 그동안 아기의 수호천사가 바뀌었나?'

이 아기는 음란 포르노의 집에서 탈출하지 못했던 그 형제의 영인데, 오늘 네 번째로 보았다. 세월이 흘렀는데도 그동안 영이 별로 성장하지 못했는지 아직도 나이와 덩치가 예전과 비슷했다.

아기가 더러운 얼굴과 콧물을 내 등에 비벼댔다.

'아이고, 더럽게시리!'

그때 아기의 천사가 음식점 문을 열면서 나왔다. 나는 얼른 아기를 내려서 천사에게 돌려주었다.

"천사님, 아기를 씻겨야겠어요. 이 아기 때문에 제 옷이 더러워졌어요."

천사는 미소를 띠면서 대답했다.

"아기가 신부님을 좋아하고 잘 따르네요."

"네, 그런데 저는 갈 길이 바빠서 지금 이곳을 떠나야 합니다. 안녕히 계세요."

서둘러 아기를 천사에게 건네주며 작별 인사를 하고 그 장소를 나왔다. 그러면서 생각했다.

'왜 내게 저 아기가 종종 나타나지?'

나는 그 이유를 몰랐다.

11 영혼의 동전

영의 세계

한참을 걸었다. 목적지가 어딘지는 모르지만 나는 무작정 걸었다. 영의 세계 어딘가 다른 장소로 이동 중이라는 걸 느꼈다. 주위를 둘러보았다. 낮도 아니고 밤도 아닌, 어둑한 곳이었다.

아주 좁은 흙길을 종종걸음으로 걸었다. 나는 걸을 때 땅을 보며 걷는 습관이 있는데, 목적지도 모르는 길에서 발걸음을 재촉하다가 무심코 오른쪽으로 고개를 돌리자 흙 위에 무엇인가 반짝이는 게 눈에 들어왔다.

'저게 뭐지?'

나는 잠시 멈춰 서서 땅으로 몸을 구부렸다. 그것은 지름 3센티미터쯤 되는 아주 오래돼 보이는 은 동전이었다. 동전을 주워서 자세히 보니 값진 골동품 은화였다.

그런데 이게 웬일인가. 흙의 한 군데에 집중적으로 여러 다른 동전이 삐죽삐죽하게 나온 상태로 파묻혀 있었다. 하나를 파면 또 다른 게 보였다. 나는 신이 나서 열심히 흙을 파기 시작했다. 마침내 은, 구리, 납 등으로 된 골동품 동전 수십 개를 파냈다. 모든 동전은 크기와 새겨진 형상과 가치가 달랐다.

채집한 동전을 들고 있기에 손이 부족했다. 그래서 호주머니에 하나씩 주워 넣기 시작했다. 동전을 파면 팔수록 흙구덩이가 점점 깊어졌다. 조금씩 밑으로 파고들수록 흙이 점점 어두운 색깔을 띠면서 오물이 섞인 듯한 더러운 흙으로 변했다.

나는 손이 더러워지는 게 싫어서 동전을 그만 파고 싶었다. 그때 한 여자가 다가와서 옆에 쭈그려 앉더니 나처럼 흙을 파며 동전을 줍기 시작했다.

'저 여자는 누구지?'

우리는 각자 하는 일에 집중하느라 아무 말도 하지 않았다. 그때 내 영이 문득 깨달았다. 내가 흙 속에서 파내는 동전 하나가 바로 한 사람의 영혼이라는 사실을. 그리고 환상에서 깼다.

성경의 마태복음 25장에는 어떤 사람이 타국에 갈 때 종에게 한 달란트의 금화를 주고 떠난 이야기가 나온다. 한 달란트는 은화 6,000데나리온으로 당시 노동자의 6,000일 품삯에 해당한다. 오늘날의 화폐 가치로 치면, 일반적인 일꾼이 하루도 쉬지 않고 16년 동안 노동한 대가다.

나는 영의 세계에서 이 환상을 보고 난 후에 주인의 한 달란트를 땅에 감추어 두었다가 아무것도 남기지 않고 도로 가지고 온 악하고 게으른 종이 떠올랐다. 이전에는 그 종이 단 하나 간직하고 있던 동전 한 푼이라도 잃어버리지 않고 주인에게 잘 가져왔다고 생각했다. 그래서 주인의 처사가 좀 잔혹하다고 느꼈다.

그러나 주님께서 내게 첫사랑을 회복시켜주시고 난 후에 성경을 읽으니 모든 말씀이 확연히 달리 보이기 시작했다.

'아이고, 주님이시여! 땅에 묻어둔 그 동전 하나는 바로 죽어 땅에 묻힌 그 종 자신의 영혼이군요?'

제 영혼 하나 겨우 건진 게으른 종은 주인에게 책망과 체벌을 받는다. 그 후 종은 바깥 어두운 데로 내어 쫓겨서 슬피 울며 이를 갊으로 최후를 맞는다.

얼마나 많은 사람의 영혼이 오래된 동전이 되어 죄악의 오물 가득

한 세상의 땅속에 파묻혀 주님과의 마지막 심판의 날을 기다리고 있을까. 주님이 보여주신 영의 세계에서는 흙 속에 깊이 묻히면 묻힐수록 더러운 배설물이 더욱 많이 섞여있었다. 주인을 위해 별로 남긴 것이 없는 채로 말이다.

그러나 우스운 건, 본인은 주인을 잘 안다고 착각하며 산다는 것이다. 주인이 굳은 사람이라 심지 않은 데서 거두고 헤치지 않은 데서 모은다고 오해하며 산다. 즉, 자신은 악함 가운데 적당히 게으름을 피우면서도 저 혼자서는 나름 생각하길 마땅히 갈 길을 잘 가고 있다고 여기며 사는 것이다. 같은 시간에 다른 종들은 주인을 위해 자신의 달란트의 몇 배를 남기고 있다는 사실을 모른 채 말이다.

게으른 종은 돌아온 사람이 자신의 주인인 줄 몰라서 최후 정산을 하는 날에 바깥 어두운 데로 내쫓겼는가? 아니다. 마찬가지로 우리가 예수님이 우리 주님인 줄 몰라서 바깥 어두운 데로 내쫓기겠는가? 당연히 아니다.

우리가 주님을 안다고 생각한다고 해서 천국 문에 들어갈 수 있는 게 아니라고 예수님이 선포하신 것이다. 이 사실은 내 심령에 원자폭탄을 떨어뜨리는 듯한 굉음을 내며 참으로 두렵고 떨리는 말씀으로 다가왔다. 마귀나 귀신들도 예수님을 알았다. 2천 년 전 무덤 가운데서 살던 군대 귀신이 들린 자도 예수님이 누구신지 안다고 고백했다.

지금도 마찬가지다. 우리는 주님의 존재를 알더라도 각자의 행위에 정당한 상과 벌을 주시는 공의의 하나님을 기억해야만 한다. 주님이 농담으로 "바깥 어두운 데"(마 25:30)를 말씀하셨다고 착각하면 안 된다. 이 장소는 실제로 존재한다. 주님은 거짓말하는 분이 아니시고, 없는 장소를 지어내는 분은 더더욱 아니시다. 이 예화의 바깥 어두운 장소는 예수께서 직접 언급하신 곳이다.

우리는 성경 말씀을 대충 상징적으로만 예측한다. 그렇게 머릿속으로 상상만 하다가 돌연히 죽음을 맞이하는 자들이 얼마나 많은지 모른다. 우리 주님은 없는 것을 지어내는 분이 절대 아니시다.

우리는 성경의 말씀을 머리로는 알면서도 정작 삶에서는 적당히 부인하며 산다. 사랑의 주님 운운하며 자신의 악한 게으름을 변명하고, 보상을 정당화시킨다. 말씀을 삶에 적용하기를 게을리한다. 하다못해 '설마가 사람 잡는다'라는 세상 말조차 무시하면서 말이다.

만약 우리가 밑이 보이지 않는 깜깜하고 미끄럽고 우묵한 구덩이를 실제로 보았다면 절대로 지금과 같은 삶을 살지 못할 것이다. 참으로 소름 끼치게 무서운 일이다.

《잠근 동산》, 《덮은 우물》, 《봉한 샘》으로 인해 흙에 파묻혀 있던 수많은 잠자던 영혼이 땅을 빠져나오고 있나 보다. 주님은 그 사실을 내게 깨우쳐 주시고자 영의 세계에서 명확하게 보여주셨다.

'예수님! 당신과 마지막 셈을 해야만 하는 최후의 참혹한 순간까지 우리를 기다리지 않으시고 땅에 묻혀있던 영혼들을 당신의 육성이 담긴 세 권의 책을 통해 먼저 깨워주셔서 고맙습니다. 자비하신 우리의 왕이시여, 세세 무궁토록 영광과 경배를 받으옵소서, 아멘.'

땅의 티끌 가운데서 자는 자 중에 많이 깨어 영생을 얻는 자도 있겠고 수욕을 받아서 무궁히 부끄러움을 입을 자도 있을 것이며 단 12:2

의를 좇으며 여호와를 찾아 구하는 너희는 나를 들을찌어다 너희를 떠낸 반석과 너희를 파낸 우묵한 구덩이를 생각하여보라 사 51:1

이 무익한 종을 바깥 어두운 데로 내어쫓으라 거기서 슬피 울며 이를 갊이 있으리라 하니라 마 25:30

12 번개 맞은 거목과 천국을 침노하는 방법의 의미

샘가의 대화

예수님 **입술은 홍색 실 같고 입은 어여쁜 그대 아름다운 자여, 이제 깨어나거라.**

제시카 주님, 깨어있나이다. 깨어서 오직 사모하는 당신의 얼굴만 간절히 찾고 있습니다. 현존하시는 당신의 임재를 기다리고 있습니다. 종이 오늘도 주위의 작은 소자들 안에서 당신을 보기를 원합니다.

예수님 **그대의 눈을 끊임없이 흐르는 회개의 눈물로 씻어라. 그리하여 영혼을 정결케 하라. 그리하면 내가 보이기 시작하리라.**

제시카 주님, 매일 눈물이 흘러야 하는데 제 마음이 강퍅하여 눈물이 한 방울도 나오질 않습니다. 무정하고 차가운 이 마음을 어떻게 하면 좋습니까! 당신과 이웃을 매 순간 사랑하고 싶은데 오직 마음만 원할 뿐 행위는 잘하지 못합니다. 저는 마귀에게 늘 조소 거리만 제공하는 삶을 살고 있나 봅니다.

예수님 **'깅가와 가릿두'를 잘 기억하거라.**

제시카 그 뜻이 무엇입니까?

예수님 **영의 세계에서 자주 사용하는 전법 중의 하나다. 원수의 영을 거부하고 내어 쳐서 쫓아내는 것을 의미한다.**

제시카 아이고, 주님. 연약하기 짝이 없이 흐물거리는 제가 실행하기에는 너무나 어려운 전법입니다. 오히려 제가 마귀에게 내침을 당하고 쫓겨날 게 틀림없습니다.

예수님 **그렇지 않다. 그대는 그대가 생각하는 것보다 영의 세계에서 강하다. 전투에 능하고 높은 계급을 간직하고 있느니라. 적의 궤계를 꿰뚫는 안약을 바른 눈을 가지고 있다. 적의 비웃는 소리를 듣는 할례받은 귀도 가지고 있다. 이제는 그대를 함정에 빠뜨릴 수 있는 입놀림에 함구하는**

법을 연습하고 있다. 그 연습은 온몸에 씌운 굴레를 벗는 전법이란다.

제시카 어젯밤 꿈에 제가 거실에서 우리 집 대문이 활짝 열린 걸 보고 있었습니다. 그런데 돌연히 큰 사자가 왼쪽에서 어슬렁거리며 오더니 열린 대문 앞에 앉았습니다. 사자는 저와 눈이 마주쳤는데 꿈쩍도 하지 않고 앉은 채로 저를 노려보기만 했어요. 문 안으로는 못 들어왔고요. 한참을 서로 기선 제압하듯이 눈싸움만 한 것 같아요. 결국 사자가 일어나더니 다시 어슬렁거리며 왔던 길의 반대쪽으로 갔습니다. 혹시 그 열린 문이 함구하지 못한 제 열린 입이었는지요?

예수님 **영의 세계를 잘 보았구나. 그렇다.**

제시카 그 사자는 누구입니까?

예수님 **그 사자는 우리의 대적이다. 그대는 근신하고 깨어있거라. 그대의 대적 마귀가 우는 사자같이 두루 다니며 삼킬 자를 찾느니라. 그대는 믿음을 굳게 하여 적을 대적하거라. 원수의 영을 대적함으로 내가 받았던 것과 동일한 고난을 당하리라. 그때가 닥치면 그대를 부른 나를 기억하거라. 내가 친히 그대를 온전케 할 것이다. 그대를 굳게 하고 강하게 하여 그대가 침노해야 할 천국의 터를 견고케 할 것이니라.**

제시카 그 사자가 어찌 열린 대문 안으로 침입을 못 했습니까?

예수님 **그대가 금식을 했기 때문이다.**

제시카 저는 사자와 싸우지도 않았는데, 어떻게 그냥 일어나서 가버렸는지요?

예수님 **그대가 잠이 들기 전까지 방언으로 기도했던 걸 기억하느냐?**

제시카 네, 주님. 최근에 당신께서 주신 새 방언이 신기하고 아름다워서 자꾸 합니다.

예수님 **그 기도의 힘으로 그대의 천사 싱애가 그대를 삼키려고 온 사자를 쫓아낸 것이다. 그들이 싸운 흔적이 그 자리에 있었을 것이니라.**

제시카 에구머니, 주님! 오늘 아침 일찍 남편 토니가 밖에 나갔다가 들어오더니 집 대문 앞에 있던 거목이 반 토막이 나있었다고 했습니다. 제가 나가서 보니 마치 번개를 맞은 듯했습니다. 밤새 번개가 치고 큰바람을 동반한 비가 내렸는데, 바로 영들의 전투가 대문 앞에서 벌어졌었군요.

아아… 이리도 무식한 저를 용서하소서. 저는 그냥 우연히 번개가 나무에 친 줄로 여겼습니다.

예수님 **영의 세계에는 우연이 없다. 사람들이 자기가 믿고 싶은 대로 그렇게 여길 뿐이다.**

제시카 저를 전투에 참여시켜주신 주님을 찬양합니다. 권력이 세세 무궁토록 당신께 있습니다. 진실로 여호와는 만군의 하나님이십니다. 그런데 제가 조금씩 전투에 익숙해지고 있습니까?

예수님 **그렇단다. 그대는 적의 불화살을 막는 방패도 제법 사용할 줄 안다.**

제시카 방패라니요? 저는 그런 것을 가진 적이 없는데요.

예수님 **내가 주었다. 그대가 취한 것은 믿음의 방패다. 그것으로 능히 저 사악한 자의 모든 불화살을 막거라. 내가 방패를 준 이유는 원수의 영의 졸개들이 쏘아대는 불화살에 그대를 대응시키기 위해서다. 그 화살을 한 번 맞으면 마음에 화인(火印)이 찍혀 선한 양심이 굳어져 버린다. 더 이상 선에 지혜롭지 않고 무뎌져서 오히려 악에 지혜롭게 되기 시작한다. 결국 미혹하는 영과 귀신의 가르침을 좇기 시작하느니라. 많은 거짓 선지자나 가짜 예언자들이 이에 속한다. 첫사랑을 떨구고 변질된 자가 부지기수다.**

제시카 불에 뜨겁게 달군 열 도장을 사람에게 찍는다는 사실은 생각만 해도 끔찍합니다. 화인은 한 번 맞으면 양심에 굳은살이 박여서 끝나는 겁니까?

예수님 **많은 경우에 그렇다. 그러나 성도가 굳은 양심을 회개하여 눈물을 흘리기 시작하면 그 화인의 맹독이 조금씩 해독되느니라. 내 앞에서 많이 울고 죄를 고백하며 통회 자복할수록 화인이 속히 제거된다. 그러나 이것은 사람의 힘으로는 불가능하며, 성령의 감동 감화가 있어야만 가능하단다. 그대는 항상 성령과 가깝게 동행하는 삶의 여정이 되**

어야 할 것이다. 힘쓰고 노력하여 천국을 침노하는 자가 되거라.

제시카 천국 침노요? 저는 아직 그 뜻이 잘 새겨지지 않아요. 주님, 제게 그림을 그려주세요. 단번에 이해할 수 있도록요.

예수님 (주님은 잠시 생각하셨다. 알파와 오메가 되신 이분은 지혜의 본체로서 모든 걸 다 아신다. 그럼에도 주님께서 내게 설명을 해주실 때는 작은 소자 같은 내게 가장 알맞는 어휘를 사용하신다. 내 영이 알아들어 소화할 수 있는 수준으로 말씀하신다) **지혜에 목마름이 있는 나의 딸아, 나는 그렇게 바라보는 그대의 눈빛을 사랑한다.**

많은 양이 북적이며 우리 안에 들어가 있는 장면을 마음에 그려보아라. 그때 굶주린 이리가 먹이를 사냥하기 위해 울부짖는 소리가 들리느니라. 입을 크게 벌리고 침을 질질 흘리며 양 우리 쪽으로 뛰어오는 이리의 발소리를 듣는 양들에게 돌연히 우리의 문을 열어주면 어떻게 되겠느냐?

제시카 우리 문이 미어터지도록 모든 양들이 뛰쳐나가려고 할 것 같습니다.

예수님 **그대가 그 양이면 어떻게 하겠느냐?**

제시카 앞뒤 볼 것 없이 목숨을 걸고 밀어서 그 문을 빠져나와 이리의 반대쪽으로 뒤돌아볼 겨를도 없이 튀어 나갈 것입니다. 제 주위의 다른 양이 먹잇감이 되지 않으면 제가 찢겨서 이리의 밥이 될 터인데 무엇을 망설이며 머뭇거리겠습니까. 아마도 생명을 가진 모든 양은 목숨을 걸고 우리를 빠져나와서 앞만 보고 질주할 것입니다.

예수님 **바로 그것이다. 내가 바로 그 문이다. 누구든지 나를 통해 나가면 구원과 생명을 얻으리라. 목숨을 걸고 빠져나와 달리는 양들의 무리 속에서 질주하는 것이 바로 천국을 침노하는 상태란다. 운동장에 경주하는 자가 아무리 많아도 우승자는 단 하나다. 모든 양은 부름의 상을 좇아서 문을 박차고 힘껏 달린다. 사력을 다해서 뛰는 그 양들이 바로 천국을 침노하는 내 양들이란다. 알겠느냐?**

제시카 아하! 이제야 그 장면이 이해됩니다. 저 역시 천국을 침노하는 양이 되고 싶습니다.

예수님 **그대는 이미 양의 문을 통해 탈출한 양이다. 그대는 최선을 다해 내가 이끄는 대로 뛰고 있느니라.**

제시카 제가요? 할렐루야! 주님을 찬양합니다.

예수님 **그러나 경기하는 자가 법대로 경기하지 않으면 면류관을 얻지 못할 것이니라. 심중이 교만하여 문을 통하지 않고 우리를 뛰어넘는 양들은 법대로 경기하지 않은 양이니 천국에서 탈락한다. 끝까지 경기의 법대로 뛰어라.**

제시카 제가 어찌해야 그 법을 알 수 있나이까?

예수님 **그 법이 곧 성경이다. 말씀대로 행하며 살면 된다. 말씀과 기도로 거룩해지면 그 법을 지키게 된다. 오직 경건에 이르기를 연습하라.**

제시카 그것이 얼마나 피눈물 나게 힘든 삶인데요. 저는 하루에도 몇 번씩이나 비행기를 타고 집으로 돌아가고 싶습니다. '고향에서도 교회에 잘 다니며 주님을 믿고 살 수 있는데 뭐하러 이런 생고생을 하나' 싶은 마음이 문득 듭니다. 저는 식탐이 많아서 고향에서 먹던 제 입에 익숙한 음식 생각이 나면 풀이 죽어버립니다. 초밥과 스시랑 매운 라면이 너무 먹고 싶어요.

예수님 **바로 그때가 경기의 법대로 하기를 거부하고 양 우리의 담을 뛰어넘어서 달리는 양 무리가 되는 때니라. 그런 교만을 버려라. 성화에는 지름길이 없다. 좁은 길은 믿음의 선진이 걸었던 양떼의 발자취다.**

이미 있었던 그 길에 지름길이란 존재하지 않는다고 내가 이르지 않았느냐. 반드시 양들은 우리의 문을 통과하고 터져 나와야 하느니라. 나를 통하지 않고는 어떤 문도 없다. 나는 양의 문이다.

제시카 제가 어떤 상태로 무얼 하고 살아야 천국을 침노하는 자가 되는지 영의 세계의 실상을 알려주셔서 감사합니다. 부디 삶 속에서 사력을 다해 뛰어가는 침노하는 양이 될 수 있도록 도와주소서.

아멘, 주 예수여. 어서 오시옵소서!

13 내 숨이 거두어질 때

샘가의 대화

제시카 주님, 제가 지금 잘 가고 있는 겁니까? 혹시 옛날처럼 일중독자가 되어 목회와 사역에 미쳐 엉뚱하게 삼천포로 빠지고 있는 건 아닌지요. 오늘은 괜히 자꾸만 울고 싶습니다. 주인님, 어디 계십니까?

예수님 **나의 술람미 신부여, 나는 끊임없이 뛰는 그대의 심장 안에 있다. 눈물을 거두어라. 강하고 담대하며 약해지지 말거라.**

제시카 저는 하루라도 빨리 당신 곁으로 가고 싶습니다. 이 땅에 무슨 소망이 있어서 발붙이고 살겠습니까. 제가 사랑하는 당신은 진주문 안에 계시니 저도 빨리 그 안으로 돌아가고 싶습니다. 하루속히 예전의 그 생명수 강가에서 당신의 천사들이 섬기는 시중을 받으며 세마포를 입기 위한 목욕을 하고 싶습니다.

당신의 숨결이 서린 그 강물 안에서 제 속의 더러움과 찌꺼기를 씻어내고 싶습니다. 그 생수의 강에 잠겨 이 땅에서 제 가슴속에 박혀있는 가시와 엉겅퀴를 뽑아내길 원합니다. 제게 박힌 아픔과 상처의 흉터가 아무는 경험을 다시

하고 싶습니다. 주인님, 저를 부르소서. 오늘 밤이라도 제 생명을 취하여 그 강가로 다시 데려가 주소서. (《잠근 동산》 37. 천국의 생명수 강가를 가다 참조)

저는 이곳에 혼자 남겨져 있는 게 싫습니다. 아, 그렇군요. 바로 이 느낌입니까? 당신께서 때로 언급하시는 '남겨진 자'라는 단어의 영적인 참 의미는 이미 당신과 하나가 된 사람에게만 국한되는 거군요. 당신의 임재를 사무치게 그리워하며 당신이 계신 진주문 안으로 들어가길 간절히 흠모하는 사람들이 바로 당신에게는 이 땅에 남겨진 자군요. 어찌 이 엄청난 참뜻을 이제야 알려주십니까! 당신의 신부가 아닌 자는 결코 '남겨진 자'가 될 수 없습니다. 이 큰 진리를 방금 깨달았습니다.

예수님 **그렇다. 나의 신부여, 바로 그대가 내가 이 땅에 남겨두고 온 자다. 나는 남겨진 자들을 취하러 올 것이다. 그들이 지구에 얼마나 희귀한 존재겠는가. 나도 그대를 연모한다. 나 있는 곳에 그대 역시 올 것이니라. 내가 앉은 보좌 옆에 나의 신부인 그대도 앉을 것이니라. 그때는 내가 그대의 눈에서 눈물을 씻어 다시는 이별이 없으리니 울지도 않으리라.**

그대, 나의 사랑하는 자여. 내 눈동자 안에 박힌 이여. 나의 신부여. 나의 뼈 중의 뼈요, 나의 살 중의 살이여. 사람들이 그대를 비웃거나 조롱하고 믿지 아니하더라도 마음

에 두지 마라. 내 마음을 가진 것 하나면 족하지 아니한 가. 나 외의 기업은 그대에게 없다고 말하지 않았느냐! 나를 가진 신부는 모든 것을 가졌느니라.

기억하라. 내 생명을 취한 나의 어여쁜 술람미 신부여, 여자들 중에 내 사랑은 백합화 같구나. 나는 양떼 사이에서 백합화를 꺾어 내 지성소 안에 화초로 키우는 자다. 나는 길이요 진리요 생명을 분배하는 자다. 그대, 내가 기르는 참 생명이 깃든 화초 같은 나의 신부여.

제시카 주님, 제가 언제쯤 당신 곁에 가게 되오리까?

예수님 **지금은 아직 때가 차지 않았다. 그대의 향로가 채워지는 중이다. 향로가 차는 그날 이후에 새로운 인생이 시작될 것이다. 서서히 바빠질 것이고 많은 영혼의 추수에 사용될 것이다.**

그대가 추수하는 타작마당 한복판에 섰을 때, 내가 그대를 다시 깨우마. 새로운 단계의 영의 세계가 그대 앞에 펼쳐지리라. 그때 움켜진 모든 걸 내려놓고 나를 선택하고 취하여라. 그것이 그대의 인생에 가장 위대한 의가 될 것이다. 나를 위해 하나씩 내려놓을 줄 아는 자를 나는 사랑한다.

그리고 조용히 푸른 바닷가 절벽의 바위틈 사이에 숨어서 내게 오기 위해 마지막 마무리를 지혜롭게 잘하여라. 그대는 남겨져 있으니 내가 남겨진 자를 취하러 올 것이다.

그대의 마지막 숨이 거두어지는 순간에 내가 그대의 곁에 있을 것이다. 그대는 내 손을 꼭 잡은 채 내 품 안에서 깰 것이다. 나는 내가 사랑하는 이에게 숨기는 것이 없다.

그대의 평생을 내게 주었으니 무엇을 거리끼겠느냐. 그대는 돈, 유명세, 명예, 능력, 은사, 신유, 권세, 그 어떤 것도 내게 구하지 않았으니 그대 마음의 소망대로 내가 이룰 것이다. 나 하나면 족하다고 하지 않았더냐! 그대는 가장 귀중한 것을 취했으니 결단코 만왕의 왕인 나를 잃지 않으리라.

나는 그대의 방패요, 지극히 큰 상급이니라. 이제 잠시 잠깐 그대를 이 땅에 남겨두는 이유는 영광의 광장 입성 시에 그대를 존귀케 하기 위함이다.

들을 귀 있는 자는 들을지어다. 목마른 자는 들을 것이며 듣는 자는 살아나리라. 그대의 인생 이후에도 그대의 책들을 통해 영혼의 추수가 이루어질 것이다. 내가 이 땅에 강림할 때까지니라. 그 이후에도 이 책들은 없어지지 않고 존재하여 내 나라의 도서관에 배치될 것이다. 지구라는 보잘것없이 작은 장소에서 피조물의 존재가 어떤 마음가짐으로 나의 신부가 되었는지 기록으로 남을 것이다.

그대, 나의 택한 자여, 이 책들은 성령과 신부가 어떤 마음으로 다른 신부들을 초청했는지, 또한 나의 신부들에게 어떤 생명수가 허락되었는지를 밝힐 예언서다.

내가 시종(始終)을 그대에게 알렸으니 이제 그대는 담대하거라. 눈물을 거두라. 기쁨으로 내 아버지께 감사하라. 그것이 그대가 마땅히 해야 할 일이다.

제시카 제 삶의 존재 이유이신 거룩한 분이시여, 이제야 깨달았습니다. 세세 무궁토록 존귀한 분이시여, 당신의 귀하심으로 말미암아 우리가 귀하게 되었나이다. 또한 당신의 영원하심으로 말미암아 당신의 신부들이 영원케 될 것입니다. 아멘. 주 예수여, 어서 오시옵소서. 마라나타!

성령과 신부가 말씀하시기를 오라 하시는도다 듣는 자도 오라 할 것이요 목마른 자도 올 것이요 또 원하는 자는 값없이 생명수를 받으라 하시더라 **계 22:17**

천국은 침노하는 자의 것이다

2
PART

THE FOUNTAIN OF GARDEN

14 하나님과 마음이 합한 자가 되는 비결

샘가의 대화

예수님 **너울 속의 뺨이 석류 한 쪽같이 고운 나의 여인이여, 눈을 뜨거라.**

제시카 주님, 제 육신이 너무나 피곤합니다. 눈꺼풀이 잘 떨어지지 않습니다. 어제 종일 연중행사처럼 나이로비의 교단 총회에서 온 행정 목사들의 문서 서류 감사를 받았어요. 다행히 오늘이 토요일이니 늦잠을 잘 수 있는 유일한 날입니다. 그러나 당신과 대화하는 것보다 더 귀중한 일이 제 인생에 뭐가 있겠습니까? 당신의 계집종이 오른쪽 귓부리에 할례를 받았사오니 오직 말씀만 하옵소서.

예수님 **그대는 그릇된 일을 하면서 선한 일을 한다고 생각지 말고, 선한 일을 하면서 그릇된 일을 한다고 생각지 마라. 만물보다 거짓되고 심히 부패한 것이 마음이다. 그 마음을 잘 다스리거라.**

제시카 주님, 제가 어떻게 해야 마음을 잘 다스리는 법을 배울 수 있습니까? 알고 싶습니다.

예수님 **정한 샘에서 더러운 물이 흘러나올 수 없고, 더러운 도랑에서 맑고 깨끗한 물이 나올 수 없느니라. 사람은 스스로**

마음의 원천에 어떤 물을 가질지 먼저 선택해야 한다. 올바른 선택을 한 이후에 흘려보내는 말과 행동은 내게 옳다 함을 입으리라. 설령 그것이 사람의 눈에 옳지 않아도 말이다. 사람의 도는 내게 중요하지 않다.

또한 그릇된 선택을 한 이후에 흘려보내는 말과 행동은 내게 정죄함을 입는다. 설령 그것이 사람의 눈에 옳은 것처럼 보이더라도 말이다. 나는 중심을 달아보는 자다. 사람의 도는 시비를 가리는 도이니 제 마음의 잣대로 재는 것일 뿐이다. 오히려 거짓된 눈금이 더 많으니라.

제시카 아아… 내 아버지여, 정말 힘듭니다. 정한 샘이 되길 선택하기 위해 제가 얼마나 많은 어려움 중에 영혼의 피를 흘리고 마음에 멍이 드는 대가를 치러야만 하는지 아십니까? 삶의 매 순간에 손해를 감수해야만 합니다.

예수님 **사랑하는 자여, 내가 어찌 모르겠느냐. 나 역시 한때 육신을 가지고 있지 않았느냐. 내가 가지 않은 길을 그대에게 요구하겠는가. 나는 이유 없는 명을 하는 주인이 아니다. 내가 명하는 모든 법도와 규례에는 이유가 있단다. 내 말을 그대의 마음에 두라. 내 명령을 지키라. 지혜와 명철을 얻으라. 내 입의 말을 잊지 말며 어기지 마라. 그냥 나를 믿고 신뢰하여라. 그리하면 살리라.**

제시카 제가 지혜가 없어서 어떤 길이 선한 선택이고, 어떤 길이 그릇된 선택인지 분별을 못 할 때가 많습니다.

예수님 **그대는 어떻게 생각하느냐? 이것은 심히 중요한 일이니라.**

제시카 그 선택으로 인해 제가 대가를 치러야만 하고, 아픔과 손해를 감수해야 하는 거라면 정한 샘의 선택이라고 생각합니다. 그러나 정반대로 대가를 치르지 않아도 되고, 그 대가로 제가 기쁨과 이득을 취하게 된다면 더러운 도랑의 선택이라고 생각합니다. 제가 틀린 것입니까?

예수님 (주님은 싱긋이 웃으셨다. 아아… 저 미소, 나는 우리 주님의 미소를 사랑한다. 마치 갓난아기에게 이유식을 한 숟갈씩 떠먹이시며, 잘 받아먹는 아기를 바라보는 부모의 미소 같다. 천금을 준들 나를 대견하게 바라봐 주시는 저 미소와 바꾸랴) **그 정도면 거의 옳은 대답이다. 정답에 그대 스스로를 더 근접시켜 보아라.**

제시카 제 생각에는 당신이 기뻐하실 일이면 정한 샘의 선택이고, 당신께 실망을 끼쳐드리는 일이면 더러운 도랑의 선택이라고 생각합니다. 아하! 그러니 그 답을 알려면 먼저 당신과 마음이 합한 자가 되어야만 합니다. 샘의 원천이 당신이오니 그 외에는 정한 샘인지 더러운 샘인지 알 길이 없나이다. 만약 당신과 마음이 합한 자가 아니라면 그 자가 내리는 모든 선택은 인간의 추측일 뿐이니 그저 근접한 생각입니다. 모든 선택과 판단의 주관자는 오직 당신 한 분뿐이십니다. 크신 왕이시여!

예수님 (주님은 아까보다 더 크게 싱긋 웃으셨다) **그렇다. 나의 피**

와 바꾼 내 피의 언약을 지닌 신부여, 그대가 말했도다. 장차 올 백 보좌의 심판이 이와 같을 것이니라. 먼 길을 돌아서 제대로 잘 와주었구나. 나와 마음이 합한 자가 되어야만 선과 악을 임의로 주관하는 내 마음을 알 수가 있다. 바로 그것이 정답이다!

제시카 아이고, 주님. 제가 어떻게 해야 당신과 마음이 합한 자가 될 수 있나이까? 당신을 알 수 있는 지혜가 제 속에 없사온데 어찌 거룩하고 무소부재하신 당신과 마음이 합할 길을 찾을 수 있겠습니까? 무지한 저를 도와주소서.

예수님 **마음과 뜻과 성품을 다하여 나를 사랑하라. 그리하면 내가 그대를 빚어 결국은 나와 마음이 합한 자가 되도록 재창조를 받을 수 있을 것이니라. 이 모든 건 내 아버지께서 내게 허락하신 나의 주권이다. 그대의 나를 향한 지극한 그 사랑이 바로 풀리지 않는 모든 문제의 열쇠다.**

제시카 주인님, 저를 도와주소서. 당신과 마음이 합해지길 간절히 원하고 사모하나이다.

예수님 **그대는 그대를 위해 피 흘리는 죽음을 선택한 내 사랑을 믿고 조금도 의심치 마라. 그 어떤 환경에도, 어떤 사건에서도 말이다. 나는 그대가 할 수 있는 일을 요구한다. 그대의 힘으로 할 수 없는 일은 결코 요구하지 않는다. 그대가 간직하고 있는 게 무엇인가?**

제시카 제가 가진 게 뭐가 있습니까? 당신을 향한 뜨거운 사모함

뿐입니다. 그러나 그것조차도 제 속에서 나온 게 아닌 줄 잘 압니다. 이 열정의 불씨는 처음부터 당신께서 제게 심어 주신 것입니다. 그러니 이 모든 것이 주권자이신 당신의 마음인 걸 깨닫습니다.

당신의 마음은 바람 같아서 남으로 불다가 북으로 돌아가며, 이리 돌며 저리 돌아 다시 그 불던 곳으로 돌아가는 바람입니다. 바람이 가는 길을 알 수 없듯이 당신의 마음도 알 수가 없나이다. 그러나 당신은 처음부터 모든 것의 주권자이시니 편애하는 분이신 걸 압니다.

주인님, 저는 똑같은 옥수수알 중에 나란히 붙어있는 한 알갱이에 지나지 않습니다. 부디 당신의 편애를 펼치셔서 저를 거룩한 그루터기의 씨종자로 삼아주소서. 오직 당신의 긍휼하심과 자비하심을 의지할 뿐입니다.

그럼에도 구태여 제가 간직한 것을 밝히라고 하시면 제 못남과 추함과 부족함뿐입니다. 그 사실을 고백합니다. 그래도 저를 취하시고 편애해주소서. 가인과 아벨 중 아벨이 되길 구합니다. 에서와 야곱 중 야곱이 되길 구합니다. 열한 형제와 요셉 중 요셉이 되길 구합니다. 사울과 다윗 중 다윗이 되길 구합니다. 아도니야와 솔로몬 중 솔로몬이 되길 구합니다.

(내가 기억하는 한에서 성경 인물 중 편애를 받았던 사람들의 이름을 애타는 마음으로 주님 앞에 다 열거했다. 마치 굶

어 죽어가는 배고픈 거지가 밥 동냥을 구하는 심정이었다. 그런데 신기하게도 한 명씩 호명할 때마다 마음이 점점 낮아졌다. 한참을 호명하던 나는 마침내 답을 찾았다)

아아… 나의 주인님이시여, 당신은 우리가 겸손하기를 바라시는군요. 제 첫 물음인 마음을 다스리는 법을 배우는 비밀은 바로 '겸손'이군요. 겸손을 배우는 것이 제 마음을 잘 다스리는 법이군요.

예수님 (주님께서는 크게 웃으셨다) **하하하~ 그대가 이 아침에 정답을 찾았구나. 나는 겸손한 자를 귀히 여기고, 마음이 가난한 자를 내 나라로 이끌어 오길 기뻐한다.**

내가 왜 산상수훈에서 심령이 가난한 자를 가장 먼저 언급했겠느냐. 그런 자에게 나를 사랑하는 마음을 심어준다. 나를 사랑하는 마음이 있어야만 나와 마음이 합한 자가 될 수 있다. 겸손하여 왕권의 지배와 섬김의 도를 이해하는 자는 나의 신부가 될 자질을 갖춘 자이다.

여자들 가운데 어여쁜 자야, 그대가 사랑하는 자가 남의 사랑하는 자보다 나은 게 무엇인지 아느냐? 그대의 사랑하는 자가 세상의 사랑하는 자들보다 무엇이 나은지를 만천하에 선포하여라.

제시카 당신의 뜻에 순종하여 그렇게 할 것입니다.

예수님 **내가 이를 허락하였으니 그대는 이룰 것이니라. 함께 가자. 우리의 포도원에 이제 꽃이 피었다.**

제시카 주인님, 함께 가서 작은 여우를 잡기를 구하나이다.

예수님 (주님은 해처럼 밝고 환하게 웃으셨다) **나의 사랑, 나의 어여쁜 신부야, 내가 반드시 그대의 잃어버린 포도원을 찾아서 그대 앞에 있게 해줄 것이다. 이제는 함께 가자. 내 사랑을 입고 간직한 나의 신부야.**

제시카 가겠습니다. 당신이 어디로 이끄시든 함께 갈 것입니다. 바로 그것이 저를 영광의 길로 인도할 것입니다. 주여, 속히 오시옵소서. 마라나타!

15 주님 눈의 콩깍지

샘가의 대화

예수님 **내 눈에 어여쁘고 아름다운 자야, 네가 깨어나길 기다리고 있었다.**

제시카 주님, 저를 그냥 깨우지 그러셨어요?

예수님 **네가 곤히 자는 모습이 예뻐서 깨우지를 못했다.**

제시카 혹시 제가 이를 갈거나, 코를 골거나, 침을 흘리지는 않았는지요? 자는 모습이 험하지는 않았는지요?

예수님 (주님은 빙긋이 웃으셨다. 주님은 결코 거짓을 말하지 않으신다) **그럴 때도 있지만 내 눈에는 다 예쁘다. 너는 내 것이지 않느냐.**

제시카 아이고… 우리 주님, 어떡하면 좋아요. 혹시 주님 눈에 콩깍지가 씌워진 것 아닙니까?

예수님 (주님은 더 크게 웃으셨다) **그렇다. 내가 키우는 내 백성을 바라볼 때 내 눈에 콩깍지가 씌워진단다. 내가 기르는 화초 같은 내 신부를 바라볼 때도 사랑의 콩깍지가 씌워지지. 그러나 이 콩깍지가 없었다면 너희가 죄악으로 인해 어찌 아직도 살아남았겠느냐.**

나는 콩깍지로 말미암아 질투도 한다. 그러니 너는 나를 인같이 마음에 품고 도장같이 네 팔에 두어라. 내 사랑은 죽음을 이기는 부활의 강한 힘이 있다. 나의 사랑을 거절한 영혼에 대한 투기는 음부같이 잔혹하며 불같이 일어난단다.

여호와의 거룩한 불의 기세를 모방하여 조작한 원수의 영의 불이 바로 지옥 유황불이다. 그러나 나의 불같은 사랑은 많은 물이 끄지 못할 사랑이다. 설령 거센 세파의 홍수라도 감히 엄몰하지 못할 것이다(아 8:7).

어리석은 자가 온 가산을 다 주고 나의 사랑을 사려고 할지라도 오히려 내게 멸시를 받을 것이다. 그러나 나의 작

은 누이, 나의 신부는 아직도 생명을 바꾸어 나를 사랑하는 마음이 가슴에 부족하구나.

제시카 주님, 저를 기다려주세요. 언젠가 제게도 그런 사랑이 가슴에 용암처럼 녹아서 뿜어져 나올 겁니다. 그런데 그 온 가산을 다 주려는 자는 누구입니까?

예수님 **예배를 진정과 신령으로 올리지 않고 내게 보이러만 오면서 마치 제 의무를 다한 것처럼 착각하고 사는 자들이다. 또한 헌물에 마음을 싣지 않고 습관적으로 바치고 난 후에 내게로부터 오는 위대한 사랑을 기대하는 자들이다. 부자와 과부의 연보궤를 생각하거라. 금전 떨어지는 소리를 요란하게 내고 헌금함 앞에서 사람 눈을 의식하며 제 할일 했다고 휙 돌아서는 그 부자 말이다.**

제시카 주님, 저는 지난날 교회 안에서 당신께 올리는 헌금에 인색했으니 감히 입을 열지도 못하겠습니다. 차라리 그 부자가 저보다는 몇 배 낫습니다. 그러나 이제 인생의 후반전에는 반드시 반전을 보여드릴게요. 당신께서 마귀를 향해 통쾌하게 웃음을 날리실 수 있도록 꼭 해드리고 싶습니다. 제가 그런 사람이 되도록 저를 도와주십시오.

예수님 (주님께서는 더욱 크게 빙긋이 웃으셨다) **알았다. 내가 그리하마. 내가 네 삶을 그렇게 만들어주마. 후반전에 반격하는 자로 말이다. 내 곁에서 멀어지지 마라. 정신을 똑바로 차리거라.**

제시카 감사해요, 주님.

예수님 **그 부자 뒤에 서서 사람들이 볼까 봐 두 손으로 헌물을 감추고 두 렙돈을 머뭇거리며 가만히 넣은 나의 과부를 보는 내 심정은 어떻겠느냐. 내가 그런 자에게 어찌 콩깍지가 씌워지지 않겠느냐. 그녀는 자신의 모든 가산을 팔아 그 보화를 살 수 있는 심지를 가졌느니라.**

나는 바로 그 연보궤 옆에 서서 그 둘의 마음과 행동을 불꽃 같은 눈으로 다 주시하고 있었다. 그 헌금의 액수가 얼마인가가 아니고 헌금을 낸 이후에 얼마가 남았느냐가 나의 관심사다. 그래서 부자가 천국에 들어가기가 낙타가 바늘구멍에 들어가기보다 힘들다는 것이다. 부자는 항상 많이 남아있기 때문이다.

제시카 주님, 어제 제 멘토가 저희 교회학교에 왔었습니다. 그는 조금의 망설임도 없이 움막 같은 우리 아이들의 부엌 앞에서 공사와 수리를 해주겠다고 약속하고 갔어요. 저도 그처럼 멋있는 목사가 되고 싶습니다.

예수님 (주님은 환하게 웃으셨다. 오늘은 주님께서 조금씩 더 크게 웃으시는 날이다) **내가 다 보았다. 그는 내 밭에서 땀 흘리며 일하는 일꾼이다. 그가 흘리는 땀은 단 한 방울도 땅에 떨어지지 않고 내 천사가 다 모으고 있다. 그의 외로움은 눈물과 함께 보상받을 땀과 같은 것이다. 내가 그를 지극히 사랑한다.**

제시카 주님, 저는요?

예수님 **너는 내 생각을 정확하게 전달해주는 나팔 소리란다. 나팔을 부는 자는 나다. 너는 네가 흔적도 없이 사라지길 간구하지 않았느냐. 소리는 허공에 사라진다.**

제시카 아, 제 기도를 들어주셔서 정말 감사해요. 당신께서는 제 마음 깊은 소망까지 귀 기울이시고 다 듣고 이루어주시는군요.

예수님 **나는 어젯밤에 네가 전화기로 녹음한 나를 향한 사랑 고백도 다 들었다. 세 번이나 사랑한다고 내 귀에 속삭이고, 지우고, 삭제하기를 반복하지 않았느냐.**

제시카 네, 제 천사 싱애가 주님께 전달해줄 거라고 믿고 녹음했습니다.

예수님 **내가 네 심장 안에 있는데 싱애가 전해줄 필요가 무엇이 있겠느냐. 내가 다 들었다.**

제시카 제가 왜 세 번 녹음했는지 아세요? 혹시 처음 것에 제 마음이 실려있지 않으면 다음 고백에라도 실려있길 바라서요. 다윗이 몇 번 던진 자갈돌처럼 저도 몇 번 시도해본 겁니다. 설령 실패하더라도 한 번은 과녁을 맞히지 않을까 싶어서요.

예수님 **네 고백 세 번을 다 맞았다. 내 마음의 과녁에 세 번 다 정확하게 명중하여 맞혔느니라.**

제시카 아아… 나의 주님, 제 어리석은 말과 행동을 모두 달아보시는 주인님. 사랑해요. 사~랑~해~요~! 제 생명 바쳐서, 제 속에 있는 모든 것을 뒤흔들고 쏟아서 다시 고백합니다. 예수님, 진심으로 사랑합니다. (정말 너무나 신기한 일이 일어났다. 내가 이 고백을 기록한 지 1분도 채 되지 않아서 갑자기 내 귀에 창문을 두드리는 크나큰 빗줄기 소리가 들렸다. 나의 사랑, 나의 주인님이시다. 당신의 살아계심을 내게 매 순간 알리시며 나와 한 걸음씩 동행하는 분이시다. 내 생명을 취하신 분, 그리운 내 주인님이시다!)

주님, 제게 항상 보여주시고, 응답해주시고, 당신의 살아계심을 제 영혼육이 알게 해주셔서 고맙습니다.

예수님 **너는 내 것이란다.**

제시카 당신도 저의 단 한 분 주인님이십니다.

예수님 **내 눈에 귀하고 어여쁜 나의 신부야, 세상에 흔들리지 말고 오직 내 사랑만 의지할 수 있겠느냐?**

제시카 그렇게 되길 갈망합니다. 연약한 저를 도우소서.

예수님 **사람에 속한 모든 것은 사랑 외에는 다 허망한 것뿐이니라. 세상 안의 것은 그 어떤 것도 염두에 두지 말고, 괘념치도 말거라. 좁은 길 위에서 네 눈을 오직 내게만 고정하고 한 걸음씩 다가오너라. 여자들 중에 내 사랑은 백합화 같구나. 어여쁜 내 사랑아, 이제 일어나 함께 가자.**

문득 고개를 들어 창밖을 보았다. 5분도 채 되지 않았는데 비가 완전히 멎어서 눈부신 아침 햇살이 비쳐 들어오고 있었다. 마술 같은 이 광경을 사람의 언어로 어떻게 다 기록할 수 있을까!

내 주인님은 우주 만물을 다스리는 분이시다. 바람도, 비도, 해도 모두 그분의 마음대로 다스리고 운행하신다. 나는 진실로 두렵고 떨리는 마음으로 매일 매 순간 그분의 크신 손을 잡는다. 그리고 비틀거리지만 아주 조금씩 앞으로 전진한다.

아아… 나의 위대하신 주인이시여, 제가 당신을 사랑하나이다. 당신을 위해 이 모든 것을 더하지도 빼지도 않고 기록하겠습니다. 당신의 정확한 나팔 소리가 되어드릴게요. 제 영의 고백을 받으소서. 사랑합니다, 나의 예수님!

16 분향단의 향 가루

샘가의 대화

제시카 주님, 이 아침에 제 마음 한 자락을 당신께 흘려보냅니다. 당신을 향한 폭포수 물 한 방울 같은 제 사랑을 흠향하소서. 제가 처한 아프리카 붉은 사막의 환경이 어려우면 어려울수록 당신이 계신 천국을 더욱 사모하게 됩니다. 지치면 지칠수록 제게는 당신 한 분 외에는 소망이 없다는 사실이 가슴속에 가득 차오릅니다. 돌부리에 부딪혀 흔들리는 제 발을 보시고 당신은 친히 제 손을 꼭 잡아주십니다.

주인님, 제가 대체 무엇이라고 이리도 보살피시고 환대하시고 지키십니까? 저는 그저 한 줌 흙덩어리를 머금은 흙탕물 같은 존재에 지나지 않는데요.

예수님 **그 흙이 내 흙이고 그 물이 내 물이기 때문이다. 그대와 그대에게 속한 모든 걸 나는 사랑한다. 나에게 흐뭇한 미소를 짓게 하는 자여, 항상 내가 이끄는 대로 따라주어서 고맙다. 그대는 내 추수 밭의 여물어가는 곡식이라. 장차 성소 안에 거한 순금 상에 올려질 진설병의 가루가 될 자다. 그 떡을 먹는 것은 나의 임재 안으로 들어오는 것을 의미한다. 임재의 떡은 나와의 교제에 들어가는 것을 뜻하는 것이니라.**

또한 장차 그대는 성소 안의 내 분향단에 뿌려지는 향 가루요, 향로에서 올라오는 향내가 되어 조용히 내 휘장 안으로 스며들 자이니라. 향내가 스며드는 그 길은 내가 친히 나의 신부를 위하여 휘장 가운데로 열어놓은 새롭고 산 길이란다. 그 휘장이 바로 나의 육체니라.

그 길은 우리를 위하여 휘장 가운데로 열어놓으신 새롭고 산

길이요 휘장은 곧 저의 육체니라 히 10:20

또한 그대는 그 속에 서있는 감람나무의 기름으로서 자신을 태워 내 성소 안을 비추는 고요한 빛이 되어줄 기름 방울이니라. 내 사랑의 고백을 받기에 흡족하도록 보혈의 막으로 된 생명 싸개에 고이 싸여있는 나의 신부가 바로 그대니라. 그대는 그대의 가치를 모른다.

내게 귀한 자는 온 우주와 창조 바깥이라 할지라도 영원히 귀한 자다. 그러니 이 땅의 가치를 염두에 두지도 말고 생각지도 마라. 내가 흠향하는 내 분향단의 향 가루와 같은 자가 바로 그대다. 그대는 지금 이 붉은 사막 위에서 아름답게 빚어지고 있다.

제시카 주님, 제가 많이 아픕니다. 오른쪽 귀에 날카로운 송곳으로 찌르는 듯한 고통이 자꾸 엄습합니다. 일어서면 어지럽기까지 합니다. 항생제를 복용한 지 일주일이 넘었는데 낫지를 않습니다.

예수님 **괜찮다. 그대의 오른쪽 귓부리에 피의 할례를 뿌리는 것이다. 육신은 가죽옷에 지나지 않으니 영의 영향과 지배를 받는다. 곧 나을 것이다. 세상 신에 익숙했던 그대의 귀가 조금씩 씻겨지고 있다. 평생을 죄악 된 말들만 듣고 살았던 그대의 귀에 흉터와 때가 벗겨지는 과정이니라. 고통을 동반하나 그대에게 필요한 아픔이니 심려치 마라.**

제시카 네? 저는 여태 제 귀가 할례를 받은 줄 알았습니다. 그래서 거룩하신 당신의 음성을 기록할 수 있는 줄 알았습니다.

예수님 (주님은 빙긋 웃으셨다) **할례라고 다 같은 할례겠느냐? 할례란 입장할 수 있는 표와 같은 것이니라. 영의 세계는 무한하고 끝없이 자란단다. 성소까지 들어올 수 있는 할례가 있는가 하면, 지성소 안까지 들어올 수 있는 할례가 있다. 또한 휘장 부근까지 들어올 수 있는 할례가 있는가 하면 휘장 안까지 들어올 수 있는 할례도 있다. 나의 법궤까지 들어오는 할례가 있으며, 법궤 안으로 들어오는 할례도 있느니라.**

그대는 지금 내 휘장 안에 스며드는 할례를 받는 중이니라. 이는 내 허락 없이는 어떤 피조물도 결코 가능하지 않은 일이다. 그러니 나를 믿고 아픈 순간조차 속으로 삭이고 성화시켜 내게 감사하여라. 내 손을 꼭 잡고 따라만 와다오. 나는 반드시 그대를 내가 있는 곳에 함께 있게 할 것이니라. 내가 앉는 보좌의 옆을 기억하느냐?

제시카 네, 주님. 당신의 무수한 신부와 천군 천사가 얼굴을 마주한 채로 서있었습니다. 그러나 모든 신부의 눈은 오직 당신만을 향해서 있더이다. (《잠근 동산》 87. 영원히 잊지 못할 혼인식 날 참조)

예수님 **나의 아리따운 신부여, 그대도 그중 하나다.**

제시카 아아… 주님, 저는 처음부터 더러운 죄인인지라 아무리 맑은 물일지라도 흙덩어리에서 취해진 제가 들어가면 흙탕물이 되고 맙니다. 그런 저를 거룩하고 싶은 신부들의 반열에 불러주신 것만도 진실로 감사합니다. 이제 제가 무엇을 어떻게 해야 합니까?

예수님 **그대가 해야 할 건 아무것도 없다. 그저 끝까지 나를 사랑하거라. 그 사랑이 그대를 존귀의 길로 인도할 것이다. 내 신부들은 모두 존귀한 자들이다. 흙탕물 안에서도 봉한 샘의 맑은 물을 뿜어낼 줄 아는 자들이다. 동산의 샘 같은 자들이다.**

그대는 미약하나 내가 강하니 되었다. 나는 강한 자를 들어 사용하기보다는 스스로의 연약함을 깨닫는 마음을 가진 자를 사용한다. 각자의 성품 속에 마음이 갇혀있으나 내가 자유하게 한 자는 굳게 서서 다시는 종의 멍에를 메지 말 것이니라.

그대, 가을날 추수 밭에 여물어가는 알곡이여, 끝까지 충성하거라. 지극한 나의 사랑을 입은 자여, 마지막 날 그대에게 입혀질 찬란한 붉은 빛 예복을 항상 심중에 깊이 간직하고 뒤를 돌아보지 말거라.

제시카 저와 제게 속한 모든 것과 모든 자의 참 주인이신 예수님, 당신의 바닷물같이 넘치는 사랑에 저는 갚아드릴 길을 모르니 그저 감사할 뿐입니다. 나의 주인 되신 예수님, 어서 오시옵소서. 마라나타!

17 포장지보다 내용물이 더 중요하지 않나요?

샘가의 대화

예수님 너, 지극히 크신 아버지의 은총을 입은 자여, 네가 기록한 이 글들로 말미암아 수많은 영혼이 크신 그분의 품 안으로 돌아올 것이니라. 아비의 마음을 자식에게로 돌이키고 자식의 마음을 아비에게로 돌이키는 사역에 쓰임을 받는 도구가 되리라. 검은 기름의 잉크로 말미암아 영혼에 기름부음이 이루어지고, 영의 귓부리에 할례를 받는 은혜가 번성하리라. (《잠근 동산》 20. 잠근 동산 책 탄생의 예언 참조)

너, 나의 귀한 신부야, 곡식은 익을수록 고개를 숙이나니 영혼이 성숙할수록 더욱 겸손하여라. 무엇이 사람의 영혼을 겸손하게 하겠느냐? 나의 영으로 충만할 때만 성령이 사람으로 하여금 겸손을 가능케 하느니라.

사람의 자아가 겨자씨처럼 작아져서 성령 안으로 들어올 때 겸손으로 옷을 입게 된다. 겨자씨의 위대한 점은 먼지처럼 작으나 그 속에 생명이 깃들어 존재한다는 것이다. 그렇지 않으면 겸손의 옷을 입은 위선이 교만보다 더욱 무서운 독을 머금은 영혼을 만드느니라.

제시카 주님, 저는 제 청년의 날을 다 허송했습니다. 마땅히 취해야 할 것을 모두 버리고, 정작 버려야 할 것을 취했습니다. 그 결과, 저는 후회라는 쓴 잔을 인생의 황혼에 마시고 있습니다. 취하지 말아야 할 것을 취했던 제 젊음의 시간의 오명이 한평생 제 뒤를 꼬리표처럼 따라다닙니다. 이제 저는 그 꼬리표를 아주 능숙하게 잘 감추는 방법까지 터득했습니다. 그래서 슬픕니다.

사람들은 이런 저를 모릅니다. 왜냐하면 저는 '목사'라는 신분의 문패로 제 겉 사람을 멋지게 포장했거든요. 또 제 목회는 '노숙자를 보살피는 목사'라는 따뜻한 포장지에 잘 싸여있습니다. 평생의 사역을 술과 마약, 노름으로 삶이 망가진 자들을 먹여 살리는 것으로 잘 포장했습니다.

게다가 저는 '아프리카의 장애아이들을 먹여 살리고, 생존기술을 가르치는 목사'라는 명예로운 이름의 포장지에도 잘 싸여있습니다. 주님과 동행하는 삶을 권장하는 책도 여러 권 출간한 '영적인 목사'라는 신비한 포장지에 싸여있습니다.

사람들의 눈에 비치는 제시카는 반짝반짝한 포장지에 얼마나 튼튼하게 잘 싸여있는지 모릅니다. 마치 견고한 울타리의 잘 짜인 진 안에 존재하는 것 같습니다.

그러나 모든 포장지는 사실 허상이고 실제의 제시카가 아닙니다. 제 눈에 비친 제시카는 포장지 속 실제 내용물입니다. 그 내용물이 무엇인지 주님과 저 말고는 누가 알겠습니까. 당신께서는 제가 미처 잊었던 내용물까지도 속속들이 다 기억하고 계실 텐데요. 저 역시 아주 잘 알고 있습니다. 주님 다음으로요.

고백하건대 제 속사람의 내용물은 사람의 말로 표현이 불가능할 정도로 더럽고 추악합니다. 얼마나 썩어있는지 흘러내리지 못한 오래된 시궁창 같은 악취가 풀풀 납니다. 바리새인의 성품이 빚은 위선의 꼭두각시 탈을 덮어쓰고 있습니다. 제 속사람은 참으로 셈에 빠르고, 사랑과 돈에 인색하고, 인간관계에 치사하고, 사람 눈에 잘 보이려는 구질구질함이 가득합니다.

그리고 주위 사람을 늘 살피지요. 말 한마디에 단것과 고소한 기름을 바르려고 전전긍긍합니다. 제가 주절거리는 말의 맛이 써서 행여 다른 사람들이 제 흉을 뱉는 걸 원하지 않거든요. 그래서 말에 부드러움을 바르려고 악을 씁니다. 요즘 교인들은 가려운 귀를 살살 긁어주는 말을 엄청 좋아하거든요. 그래야 교회에서 살아남고, 집회에도 다시 불러줍니다. 속에 의로움이라고는 하나도 없는데 남에게 의롭게 보이려고 발악합니다.

이제 나이가 들어 주름이 자리를 잡는 게 당연한데도 화장하지 않은 얼굴을 남에게 보여주길 꺼립니다. 이미 늙어서 망가진 자태인데도 꾸미지 않은 모습으로 다니는 걸 싫어합니다. 주님께서 겉 사람은 후패하나 속사람은 날로 새로워지라고 하셨는데, 저는 겉 사람만 후패하는 게 아니고 속사람까지도 짝을 지어 후패하고 있습니다. 이런 저를 어쩌면 좋습니까?

예수님 **하하하… 네 속사람을 제법 잘 표현했구나. 그 정도로 파악했으면 되었다. 사람이 자기 자아를 정직한 눈으로 보며 고민하고 연구하는 건 영에 건강함을 준다.**

제시카 제가 이렇게 나이가 먹었는데 어찌 여태 제 속사람의 실체조차 파악을 못 하고 천연덕스럽게 살고 있었는지 정말 모르겠습니다. 주님 앞에 너무너무 창피합니다.

예수님 **괜찮다. 사람이 본성을 깨닫기 시작하면 영의 잠에서 깨어날 수 있다.**

제시카 지금까지 저는 제 영이 잘 깨어있다고 착각했습니다.

예수님 **어느 정도는 깨었기에 그 정도라도 볼 수 있는 것이 아니냐. 이 땅에는 스스로의 속사람을 돌아보지도 못하고 사는 자들이 대부분이니라. 실상은 자신이 보지 못한다는 사실을 깨닫지 못하는 영의 맹인들이 사는 곳이 지구다. 그럼에도 인간들은 영혼육의 누추함을 모르는 무감각에 잘 포장되어 마귀에게 속아서 산다.**

이 땅에는 진실도 없고, 인애도 없고, 나를 아는 지식도 없다. 오직 저주와 속임과 살인과 도둑질과 간음뿐이다. 인간의 성품은 포악하여 피가 피를 뒤잇느니라. 인간이 번성할수록 내게 범죄하니 이 땅이 슬퍼한다.

제시카 땅은 감정이 없는데 어떻게 슬퍼합니까?

예수님 **땅은 살아있다. 바다도 살아있다. 흙, 물, 불, 공기는 생명의 근원이니라. 갈멜산에 엘리야의 제단을 잘 보거라. 내 아버지가 불을 내릴 때 그 불의 기운이 번제물과 나무와 돌과 흙을 태우고 도랑의 물을 핥았다고 하지 않았느냐. 제단의 모든 기운은 살아있다.**

제시카 맞습니다. 그렇군요, 주님. 그 여호와의 불로 저도 태워주소서. 주님께 온전히 태워지는 갈멜산 번제물 같은 자가 되고 싶나이다. 타다 만 부지깽이 같은 자가 되고 싶지 않습니다. 비천한 여종을 불쌍히 여기시어 저를 싸고 있는 포장을 태워주소서. 또한 제 속에 가득 찬 부정함과 불결함까지 모두 태워주시길 간구합니다. 부디 여종에게 은총을 베풀어주소서.

예수님 (주님은 내 눈을 찬찬히 보시더니 이윽고 입을 떼셨다) **그런 날이 올 것이다. 언젠가 네가 제단 위에서 나의 말씀을 대언할 때 내가 그리하리라. 여호와의 불이 제단에 꽂히는 순간에 너는 그 불의 기운을 알리라. 은총을 입은 자여, 바로 그날에 내가 네 소원을 이뤄준 사실을 알라.**

제시카 오, 할렐루야! 비천한 계집종을 돌아보시고 제 영의 소원을 들어주셔서 고맙습니다. 세세 무궁토록 계신 주인님이시여, 찬송과 존귀를 받기에 참으로 합당하신 창조주시여, 제가 주님을 사랑하나이다. 마라나타, 마라나타!

18 존재하는 먼지

샘가의 대화

제시카 예수님, 방금 잠결에 당신의 머리 위 가시 채의 뾰족한 끝 부분에 피 한 방울이 대롱거리며 맺혀있는 걸 보았습니다. 당신의 이마 위에 깊이 박힌 가시에서 흘러내린 피가 아래쪽 가시 끝에 풀잎의 이슬처럼 매달려 있었습니다. 생살에 큰 가시가 박혔으니 얼마나 쓰리고 아프셨습니까?

죄인 중의 이 괴수를 위해 귀중한 피를 흘려주셔서 감사드립니다. 그러기에 저는 당신을 사랑하지 않을 수가 없습니다. 주님, 사랑해요! 당신 외에는 제게 아무도, 아무것도 없습니다. 알고 계십니까?

예수님 (주님께서는 싱긋 웃으셨다) **알고 있단다. 사랑하는 자여, 그대의 마음 깊숙이 어떤 사랑이 존재하는지 내가 어찌 모르겠느냐?**

제시카 제가 아직도 당신을 미소 짓게 할 수 있는 자인가요? 당신께 근심을 끼치는 자로 산 인생인 걸 잘 알고 있습니다. 당신을 늘 노심초사하게 만드는 존재로 산 것을요. 그러나 이제는 그러고 싶지 않습니다. 주님… 지금부터 영원토록 당신께 많은 웃음을 만들어드릴게요. 그것이 제 삶의 이유가 되면 좋겠습니다. 제 소망이 너무 야무지나요?

예수님 (주님은 다시 웃으셨다) **아니다. 내가 그대를 그렇게 살게 해주마. 여인 중에 어여쁜 자여, 그대는 빛나야 할 때 빛날 줄 아는 자다.**

제시카 제가요? 아닙니다. 빛은커녕 아프리카 붉은 사막에서 황토를 덮어쓰고, 흩어질 분토 안에서 사는 먼지 같은 존재입니다. 참으로 부끄러운 삶을 매일 살고 있지 않습니까?

저는 젊은 세월 다 허송하고 이제야 겨우 익숙한 모든 걸 버려두고 지구의 반대쪽으로 떠나왔습니다. 이제야 조금씩 당신 앞에 내려놓는 연습을 하고 있습니다. 제 눈에 기쁜 것, 제 마음에 즐거운 것, 저를 설레게 하는 걸 매일 하나씩 내려놓습니다. 주님, 제 삶의 무엇인가를 내려놓는다는 것은 당신께 어떤 의미가 있나요?

예수님 **그대가 하나씩 내려놓을 때마다 내게 한 발자국씩 더 가까이 다가온단다. 하나에 한 발자국씩이다. 그렇게 가까이 와서 마침내 내 보좌 앞까지 오거라. 찬란히 빛날 나의 신부야, 내가 그대를 웃게 해주마. 이 세상에서 가장 영광스러운 즐거움 속에서 나로 인해 웃게 만들어주마.**

참으로 귀한 자여, 그대가 내게 다가올 때 세상을 이긴 자의 미소가 그대 얼굴에 눈부시게 빛날 것이다. 최후에 웃는 자가 인생의 승리자란다. 내가 그대를 그렇게 만들어주마.

제시카 주님, 저 같은 죄인은 당신의 보좌가 있는 그 일곱 계단 위에 다른 신부와 함께 서있지 않아도 됩니다. 저는 황토 위의 존재이니 당신의 신발에 묻은 먼지 한 톨이 되어도 좋습니다. 그저 제가 가장 사랑하는 당신의 가까운 곳에만 있게 허락하옵소서.

예수님 **천국에는 신발이 필요 없단다.**

제시카 그렇다면 당신의 못 자국 난 발 위에 붙어있는 먼지가 되게 해주소서.

예수님 **천국에는 먼지도 없단다.**

제시카 그럼 저 같은 죄인이 무슨 공로와 이유가 있어 당신의 가장 가까운 곳에 머물 수 있겠습니까? 착한 일을 많이 한 적도, 훌륭한 업적을 쌓은 것도 없고요, 많은 영혼을 구원하거나 다른 목사들처럼 많은 능력을 행하지도 못했습니다. 그저 이 세상에 와서 양식만 축내고 변기통만 채우다 가는 인생인데요. 아이고… 어떻게 하면 좋지요?

예수님 **그대, 나를 웃게 만드는 자여, 그대의 가진 것이 무엇인가?** (주님은 내 눈을 그윽하게 보셨다)

제시카 그 어떤 것도 가진 게 없습니다. 모든 것을 당신께 드렸습니다. 당신께서는 제게 언제든지 이 세상을 떠날 수 있는 마음을 준비하고 살면 무소유의 삶이라고 하셨지요? 그러니 저는 무소유입니다.

예수님 **그대 속에 빛나는 것이 단 하나 있다. 그것이 내 눈에는**

참으로 귀하다. 패역한 이 세대에서 반짝거리는 영롱함이 있단다. 그대가 설령 모든 걸 버리지 않아도 내가 내 나라를 허용할 것이다. 꾸준히 하나씩 내려놓는 연습을 열심히 하거라. 이제 나는 그대의 행위를 더는 보지 않는다. 내 눈에 어여쁘니 되었다. 여호와의 사랑은 사람의 행위에 좌우되지 않는단다. 그러나 모두에게는 아니니라.

그대 속에서 찬란히 빛을 발하는 단 한 가지는, 나를 사랑하는 나드 향유를 싸고 있는 옥합 같은 마음이다. 많은 사람이 향유에만 가치를 둔다. 심지어는 내 죽음을 예비하여 내 발에 부어지는 향유를 허비한다고 노하기까지 했단다. 그러나 하늘이 땅에서 먼 것같이 내 생각은 너희 생각과 다르다.

실상 내게 있어 가장 중요하고 아름다운 것은 옥합을 깨는 그 마음이란다. 나를 위해 부서질 줄 아는 마음 말이다. 가장 귀한 향료를 속사람에 담은 자가 나를 위해 스스로 깨어지는 그 순간이 아름답다. 나를 많이 사랑하는 자는 더욱 많이 깨어진다.

향유를 머금은 자여, 더욱 많이 부서져서 그대의 주위를 향기로 채우거라. 온 세상에 향기를 가득 채워서 나를 웃게 하거라. 그 향기가 나의 원수와 네 대적을 격동시킬 것이다. 그러나 원수의 분노는 그대의 손끝 하나도 상하게 하지 못할 것이다. 그대 안에 내가 있기 때문이니라. 내 사랑을 이기는 자는 아무도 없다. 그대는 마지막 날 나와 함께 웃을 자이니라. 순간과 영원이 겹쳐지는 바로 그 순간에 내 손을 의지하고서 말이다.

누가 지혜가 있어서 장차 올 일을 감히 밝히겠느냐. 나는 장차 내가 행할 비밀을 나의 종 선지자들에게 미리 밝히지 않고서는 결코 행하지 않는다. 반드시 보이고 행하여 이룰 때 그대가 나를 주인으로 깨닫고 섬길 것이다. 그대를 다스리는 그대의 왕 나 주 예수 그리스도의 약속이니라. 그대는 영광의 광장 안에 흩날리는 향기 속에 거하면서 해처럼 밝게 웃을 것이다. 그것이 그대의 많은 분복 중 하나다. 그대 영광이 나의 영광이고, 그대 웃음이 나의 웃음이다.

여인 중에 지극히 귀한 자여, 내 사랑이 머무는 자여, 나는 그대 어미의 젖을 먹은 오라비 같지 않은 자다. 하여 내가 세상 밖에서 그대를 만날 때 나의 입맞춤의 은총을 입은 자가 그대다. 그대가 내 입을 맞추었기에 세상에 속한 자들이 그대를 업신여기는 것이다. 나의 살아 존재함을 믿지 않는 세상이 그대를 비웃거나 조롱할 것이다.

그러나 흔들리지 마라. 세상은 그대의 가치를 모른다. 만약 참다운 가치가 무엇인지 알았다면 나를 물에 담근 채찍으로 내려치지 않았을 것이다. 저주의 거친 나무 십자가 위에 대못을 박지 않았으리라. 그대가 세상에서 구별되었

기에 세상은 그대를 미워하고 꺼릴 것이니라. 그러나 염려치 마라. 내 마음에 귀하면 된 것이다. 만천하와 우주를 창조한 내게 귀하면 되지 않겠는가.

제시카 주인님, 너무나 고맙습니다. 그렇지만 천국에 먼지가 존재하지 않는다면, 저 같은 천출(賤出)이 어찌 당신 가까이 있을 수 있습니까. 큰일 났습니다. 이를 어떡합니까? 제가 가진 건 오직 당신을 사랑하는 마음 하나뿐입니다.

예수님 **하하하… 그대는 '존재하는 먼지'다. 내가 허락하니 되었다. 아무 염려 말거라. 천국은 침노하는 자의 것이다. 그대가 그것을 침노하였으니 내가 이뤄주마.**

제시카 저 같은 천한 계집종이 거룩한 당신의 못 자국 난 발 위에 묻어있는 한 톨의 먼지가 될 수 있는 것입니까?

예수님 **나는 약속을 지키는 자다. 내 입에서 나간 말은 단 하나도 땅에 떨어지지 않고 다 이룰 것이니라. 그대가 구한 것이니 그대가 받으리라. 나는 후히 주고 꾸짖지 아니하는 네 주인이다.**

제시카 이 여종의 왕 되신 내 주 예수 그리스도시여, 이 아침에 천한 여종의 소망을 이뤄주셔서 정말 고맙습니다. 아아… 주인님, 저는 이 땅에 아무런 소망이 없습니다. 어서 저를 취하셔서 당신이 계신 곳으로 데리고 가소서. 존귀와 영광이 세세 무궁토록 당신께 있나이다. 마라나타!

19 천국에 있는 식구들을 보다

영의 세계

나는 마치 궁전 같은 저택의 거실에 있었다. 너무 커서 사방의 끝이 잘 보이지 않을 정도였다. 바닥에는 물결무늬 대리석이 깔려있고, 높은 천장에서는 뭔지 모를 따뜻하고 은은하게 밝은 빛이 나와 거실을 감쌌다. 어디선가 찬양 소리가 메아리처럼 성스럽게 울려 퍼지고 있었다.

내가 오른쪽으로 고개를 돌리자 엄마가 보였다. 지금 엄마는 연세가 많아서 외모가 많이 흐트러졌지만 예전의 엄마는 미모가 빼어난 데다 키와 골격이 크고 자태가 출중하며 고우셨다. 내가 어릴 적에 엄마가 학교에 방문하면 친구들이 엄마의 외모에 대해 한마디씩 거들 정도였다.

그런데 영의 세계에서 내 눈에 비친 엄마는 삼십 대 초반처럼 아주 젊은 얼굴이었다. 엄마의 뒤에는 두 여동생과 올케들이 한 줄로 길게 서서 따라오고 있었다. 모두 단정한 올림머리를 하고 예쁜 한복을 입었다. 또한 그 뒤에는 아버지와 세 남동생, 제부들이 색깔과 문양이 고운 한복을 입고 따라왔다. 그러고 보니 그 뒤에는 스무 명 남짓한 조카들까지 한복을 입고 한 줄로 서서 찬양을 부르며 어딘가로 가고 있었다. 그 안에 우리 딸 미셸도 끼어있었다.

우리 온 식구는 부모님과 육 남매로 다 모이면 대가족이다. 식구들이 큰 강당 같은 거실에서 아름다운 한복을 차려입고 한 줄로 서서 한 방향으로 행진하며 가고 있었다.

그런데 내가 그 몇십 명이 행진하는 긴 줄의 선두에 서서 걸어가고 있는 게 아닌가! 나는 몸 바깥에서 또 하나의 나를 바라보고 있었다. 이것이 어떻게 가능한지는 모른다.

큰 거실의 왼쪽에 문이 하나 있었다. 나는 우리가 그 문으로 입장해야 하는 걸 알았다. 내가 그 문을 열자 놀랍게도 올림픽 경기장 크기의 몇 배나 되는 큰 실내 수영장이 있었다. 물은 투명할 정도로 맑고 따뜻해 보였다. 그 물을 단지 눈으로 보기만 했는데 물의 온도를 알고 있는 게 신기했다.

나는 수영장으로 들어서며 왼쪽으로 고개를 돌렸다. 벽에는 옷을 걸 수 있는 고정된 고리들이 한 줄로 길게 박혀있었다. 각 고리의 위쪽에 식구들 각자의 이름패가 나란히 붙어있고, 옷걸이가 하나씩 걸려있었다. 그 옷걸이 위에는 아주 정교한 세마포 재질의 멋진 남녀 한복들이 앞쪽으로 나란히 진열되어 있었다.

식구들은 한 줄로 길게 행진했다. 나는 선두에서 그들과 수영장 안으로 걸어 들어갈 수 있는 계단이 있는 방향으로 갔다. 모두 한목소리로 하나님을 끊임없이 힘차게 찬양했다. 그리고 마치 세례식을 하는 것처럼 옷을 입은 채로 계단을 통해 물속으로 걸어 들어갔다.

내 발이 계단의 가장 아랫부분에 닿자 온몸이 물에 잠겼다. 그런데 모두들 몸이 잠기자 해처럼 밝은 얼굴을 하고 큰 소리로 웃기 시작했다. 마치 어린 시절에 집 목욕통 안에서 서로 물을 끼얹으며 놀던 것처럼 말이다. 나는 경쾌하게 웃으며 숨을 깊이 들이마셨다. 그 순간, 눈을 뜨니 영의 세계에서 깨어났다. 기분이 상쾌하고 날아갈 듯 가벼웠다. 이 환상은 앞선 세 책의 집필이 끝난 주일에 본 것이다.

우리 부모님은 아들 셋, 딸 셋 육 남매를 키우셨다. 나는 수십 년 전에 처음 주님을 영접하고 난 후에 가족의 영혼 구원을 위해 7년 동안 울부짖으며 기도했다. 그때는 다들 미혼이었는데 지금은 모두 결혼해 믿음의 가정을 이루었다. 37년 전에 했던 가족 구원 기도를 오늘에야 응답해주신 걸 알았다.

그렇다고 어린 조카들까지 다 구원의 믿음을 가졌다고 생각하지는 않는다. 그러나 우리 주님은 신실한 약속의 하나님이시다. 내게 3년에 걸쳐 세 권의 영서를 기록하게 하셨고, 그 주일에 나를 영의 세계에 데리고 가셔서 이런 아름다운 환상을 보게 해주셨다. 내 작은 행위에 응해서 식구들의 영혼 구원의 소원을 이뤄주신 신실하신 우리 주님! 그것이면 족하고 충분하지 않은가.

'아아… 우리의 주인 되신 예수님, 당신의 이름만 불러도 가슴이 떨리며 눈물이 핑 돕니다. 처음과 나중 되신 영원한 분이시여, 이 천한 계집종의 감사를 받으소서. 마라나타!'

20 말씀대로 사는데도 불구하고

케냐 날씨가 갑자기 추워졌다. 오뉴월이라 여름이 올 거라고 기대했는데 더 추워진 영문을 몰랐다. 미국의 여름이 아프리카의 겨울이고, 미국의 겨울이 아프리카의 여름인 줄 전혀 몰랐다. 저녁에 옥수수빵으로 식사하는 아이들이 하도 덜덜 떨며 먹어서 물어보니 지금이 초겨울이라고 했다.

케냐에 와서 보니 미국에 거주하는 흑인과 케냐에 거주하는 흑인은 체격이 조금 달랐다. 미국의 흑인은 체격이 크고 우람하며 근육이 잘 발달한 반면에 케냐의 흑인은 작고 왜소하며 근육도 별로 발달하지 않았다. 오랜 세월 동안 음식이나 영양소 섭취 등의 차이로 인한 거라고 생각한다.

내 주위의 아프리카 아이들은 대체로 체격이 왜소해서인지 추위를 더 타는 것 같다. 간혹 코트나 점퍼가 있는 아이들을 제외하면 대부분은 얇은 여름옷을 여러 겹 껴입고 떨고 있었다. 목양관으로 돌아왔는데 추워서 떨던 아이들이 자꾸만 눈에 밟혀 다른 일을 할 수가 없었다. 성경을 읽어도 성경책 위에 떠오르고, 저녁 식사를 준비하는 접시 위에도 떠올라 아무 일도 손에 잡히질 않았다. 결국 한밤중에 교회 사무실에 가서 아이들 중에 고아들 명단만 뽑아왔다.

다음날 아침 일찍 일어나 작은 옷장을 열어보았다. 토니 목사나 나 역시 여행 가방을 2개씩만 달랑 들고 아프리카에 왔기에 옷이 별로 없다. 처음에는 생활용품은 준비하지 않고 옷들만 챙겨왔다는 죄책감이 들었다. 쓸데없는 잔머리가 잘 돌아가던 나는 미국에서 받는 내 목사 월급을 환전하면 케냐 돈으로 꽤 될 거라고 생각했다. 어차피 돈을 모으려고 아프리카에 온 게 아니니 월급을 다 사용해서 장애아이들을 먹이면 될 거라고. 그런데 이런 내 잔머리를 주님께서 여지없이 박살 내셨다.

우리는 아프리카로 떠나기 일주일 전쯤 미국 총회의 인사부장 목사와 파송 오리엔테이션 미팅을 가졌다. 인사부장은 우리가 케냐에 도착하는 날짜로부터 미국 목사의 월급이 중지된다고 통보했다. 대신 그날부터 케냐의 원주민 목사가 받는 금액의 월급이 책정될 거라고 했다. 또한 부족한 월급은 장애청소년 재활원학교에서 받는 학비로 충당하라고 했다. 그것이 규율이고 공평한 처사라고 말이다. 순간 나는 어안이 벙벙했다.

'그러면 학비를 받지 못하면 급여가 없다는 말인가? 이토록 중요한 사실을 떠나기 일주일 전에 알려주면 어쩌란 말인가?'

미리 알려주었으면 친구나 친지에게 도움을 청해서 살 방도를 준비해두고 떠날 수 있었을 텐데 말이다. 나는 적잖이 충격을 받았으나 기도하며 마음을 추스렸다. 어차피 주님의 말씀에 순종하기 위해 떠나는 선교라고 생각했다.

'그래, 고생할 걸 각오하지 않았는가!'

괜히 주님 앞에서 더하기 빼기 하면서 잔머리를 굴렸던 나 자신이 부끄러웠다.

그런데 케냐에 도착하니 장애아동의 부모는 대부분 가난한 소작농이었다. 그럼에도 산아 제한이 힘든 나라여서인지 자녀를 많이 낳았다. 교육도 의무 교육이 아닌지라 성한 아이들의 학비도 납부하기 힘든 부모가 대부분이었다. 게다가 학부모들은 자식 중에도 성한 아이들의 학비를 먼저 납부하길 원했다. 그 아이들이 자기들의 노후 대책이라고 하소연하며, 그 외에 조금이라도 남는 돈이 있으면 장애 아이들의 학비를 내겠다고 했다.

또한 교장 목사가 미국에서 왔다는 소식을 들은 후로는 외국의 기부금을 기대하는지 학부모들은 더욱 학비를 납부하지 않았다. 또 학생 중에는 고아나 홀어머니가 기르는 아이들도 있었다.

결국 우리는 아이들이 먹을 양식거리를 사기도 힘에 부쳤다. 나는 가져온 옷들을 보따리에 싸서 읍내 시장에 나가 팔기 시작했다. 아프리카의 시골장이니 미국에서 음료수 한 잔 살 금액에 겨우 옷을 팔았다. 시장에는 마치 옛날 한국처럼 구제 의류를 파는 상인들이 즐비했다. 나는 땡볕에서 종일 옷을 판 돈을 아이들을 먹일 양식비에 보탰다. 그러다 보니 내가 입을 옷조차 몇 개 남지 않았다.

게다가 나는 아프리카는 늘 무더운 날씨에 정글이 우거진 장소인 줄 착각했다. 이곳에도 추운 겨울이 있는 줄 전혀 몰랐다. 내 사정이야 어찌 됐든 아이들이 추워하는데, 그렇다고 옷을 사줄 형편도 되지 않았다.

'할 수 없지. 내게 없는 걸 생각하고 전전긍긍할 필요가 뭐 있나? 지금 있는 게 적더라도 나누면 되지.'

나는 남은 옷가지들을 다 챙겨서 아이들에게 나눠줄 결심을 했다. 그런데 남편 토니 목사는 체격이 커서 만약 옷을 다시 사려면 이곳 시장에서 파는 사이즈는 맞지 않아 구할 수가 없다는 생각이 들었다. 그래서 남은 옷들을 나눠주겠다고 그에게 미리 말하면 펄쩍 뛸까 봐 아무 말도 하지 못했다. 결국 며칠간 고민하다가 혼자 이 일을 실행하기로 작정했다.

세탁해서 입을 옷 몇 개만 빼고 다 챙겨서 특별히 고아들만 부르기로 했다. 그들만 해도 숫자가 많다 보니 내 옷만으로는 부족했다. 마침 토니가 아침 일찍 외부에 나가서 그가 돌아오기 전에 빨리 옷을 나눠주면 될 것 같았다.

'일단 일을 저지르고 나면 토니가 어떻게 하겠어? 설마 옷을 나눠준 아이들을 찾아가서 다시 돌려달라고 하지는 않겠지.'

대부분 십 대여서 혹여 남의 옷을 얻어 입는 게 창피할까 봐 아침부터 한 명씩 따로 목양관으로 불렀다. 그러고는 아이들에게 화장실 휴지, 비누, 치약, 칫솔 등의 생활용품과 함께 한 보따리씩 나눠주기 시작했다. 보따리를 들고 문 앞을 나서는 아이들에게 하나님께 감사 기도를 올리게 했다.

나중에 마셀라(가명)라는 한 소녀가 남았다. 이 아이는 못 먹고 자랐는지 체격이 크지 않은 나보다도 더욱 작았다. 그런데 줄 옷이 다 떨어져서 아이를 거실에 앉혀두고 다시 옷장 문을 열었다.

미국 중고등학교의 사물함만 한 조그만 옷장 안에 겨울옷이라고는 달랑 두벌 걸려있었다. 선물로 받아 내가 무척 아끼는 오리털 조끼 두 벌이었다. 여행 다니는 걸 좋아하는 내게 여동생 자영이가 생일 선물로 사준 푸른 조끼와 뉴욕 집회에 갔을 때 이태리 양품점을 하시는 한 권사님이 밤에 추우면 입으라고 준 밤색 조끼.

다른 옷은 다 주어도 이것만큼은 안 되겠다고 남겨둔 건데… 오병이어의 기적은 왜 이런 시간에 안 일어나는지 모르겠다. 결국 기다리는 마셀라에게 조끼를 제외한 마지막 옷 보따리를 건네주고 하나님께 감사 기도를 하도록 시켰다.

옴마야… 그런데 아이가 보따리를 들고 서서 울면서 모국어인 키코유 말로 10분 넘게 감사 기도를 하는 게 아닌가!

'나는 하나도 못 알아들었지만 주님께서는 다 들으셨겠지?'

그런데 눈을 감고 아이의 긴 기도를 듣는데 눈앞에 오리털 조끼가 왔다갔다했다. 어찌나 양심에 찔리는지 기도를 끝내고 나가려는 마셀라에게 잠시 기다리라고 했다. 그러고는 옷장에서 푸른 조끼를 가져와 아이에게 입혀서 보냈다. 거기까지는 내가 주님의 뜻대로 잘한 것 같았다.

나중에 집으로 돌아온 토니에게 고아 아이들이 추워해서 옷을 다 나눠주었다고 말했다. 그는 내 말을 듣는 둥 마는 둥 하더니 안방으로 빠르게 걸어가 옷장 문을 열었다. 그리고 텅 비어있는 걸 보더니 얼굴이 빨개졌다. 그는 거실 의자에 털썩 앉더니 내게 한마디도 하지 않았다. 나는 너무 미안해서 슬머시 그의 옆에 가서 말했다.

"여보, 내가 앞으로 좀 더 자주 빨래를 해줄게. 그래서 당신이 입어야 할 옷들이 항상 여분이 남게 해주면 되잖아. 약속!"

내가 새끼손가락을 그의 눈앞에 올렸다. 그는 아무 말도 하지 않고 그 큰 손가락을 내 손가락에 걸면서 씨익 웃었다. 착한 우리 남편! 결혼 생활을 하는 내내 토니는 내가 무엇을 사든 왜 샀냐고 묻지 않았다. 내가 돈이나 신용카드를 아무리 써도, 은행 계좌에 잔고가 얼마 남았는지 묻지 않았다. 다행히 다투지 않고 옷 사건은 평화롭게 한 단락이 지어졌다. 주님… 감사합니다.

그런데 문제는 그때부터였다. 저녁때가 되어 아이들에게 밥을 먹이려고 목양관 문을 열고 나서는데 갑자기 찬 바람이 서늘하게 얼굴을 휘익 스치며 지나갔다. 얼른 문을 닫고 아무 생각 없이 안방으로 들어가 옷장 문을 열었다. 조그마한 옷장에 조끼 한 장이 덩그러니 걸려있었다.

'아하… 깜빡 잊었구나. 나는 이제 옷이 없지. 점퍼라도 하나 남겨둘 걸 그랬나? 이제 초겨울이니 아직 추위는 시작도 안 했는데….'

조금씩 후회가 되기 시작했다. 그러나 너무 늦었다. 어찌 됐든 조끼라도 걸치고 나갔다. 어둑해진 풀밭을 뱀을 밟을까 봐 조심하며 부엌 쪽으로 걸어갔다. 지난주에도 토니가 나뭇가지를 자르는 중에 초록색 독사인 맘바 뱀을 두 마리나 죽였다. 차라리 전갈을 못 본 게 다행이었다. 우리 교회는 아침 일찍 나가면 나무 사이에 원숭이도 자주 앉아있다. 나는 원숭이가 내 얼굴을 할퀼까 봐 겁이 나서 가까이 가지 못한다.

부엌에 도착했다. 내게 옷을 받은 아이들은 다들 얼굴이 해처럼 밝아져서 숟가락을 하나씩 들고 식당 문 바깥에서 줄을 서서 음식 분배를 기다렸다. 메뉴는 늘 옥수수죽 아니면 옥수수빵이다. 아침에는 죽을 먹였고, 저녁엔 빵을 먹였다. 점심에는 마른 옥수수 알갱이와 콩을 물에 푹 불려서 삶은 '키데리'라는 전통 음식을 제공했다.

음식의 종류는 한결같다. 뭔가 찍어 먹을 수 있는 덩어리 음식이 없어서 포크도 없다. 우리가 처음 이곳에 도착했을 때는 그릇과 숟가락조차 턱없이 모자라 다들 순번을 기다려서 먹을 정도였다. 그래도 아이들은 항상 밝고, 재잘거리고, 잘 웃고, 행복해한다. 바깥에는 굶는 아이들도 많으니까….

나는 아이들이 저녁 먹는 것을 지켜보며 문득 몸이 조금씩 추워지는 걸 느꼈다.

'왜 이렇게 으슬으슬하게 한기가 들면서 재채기가 나는 걸까?'

부엌일을 대충 마무리하고 서둘러 목양관으로 돌아와 일찍 잠자리에 들었다. 밤새도록 한기 때문에 자다 깨다를 반복했다. 이곳에선 부자들만 전기나 수돗물 또는 인터넷 등을 사용한다. 전기세가 원체 비싸서 목양관은 에어컨이나 히터 자체가 없었다. 먹고 살기도 힘든 곳이니 그런 문명의 산물이 없는 건 당연했다.

다음날 아침, 자리에서 일어날 수가 없었다. 고열과 함께 서서히 기침이 나기 시작했다. 콜록거리고 난 후에는 가슴이 따가웠다. 감기인 것 같았다. 발도 시리고 추웠다. 양말까지 아이들에게 다 나눠주고 나니 제일 두꺼운 수면 양말 하나만 남았는데 그것마저 혼자 사는 부목사님에게 주고 없었다. 아프리카에서 처음 맞는 겨울이다 보니 겨울 이불을 장만할 준비나 여유도 없었다. 여름 이불을 다 끄집어내어 덮고 아파서 누워 끙끙거리며 생각했다.

'주님께서는 고아와 과부의 하나님이라고 하지 않으셨나? 그래서 고아를 도왔다. 또 못 먹고 못 입는 소자들을 예수님 대하듯 하라고 명하셔서 나는 하루 두 끼 먹는 아이들에게 세 끼를 먹이려고 아침에 간식까지 베풀어주었다. 겉옷이 없어서 추워 떠는 소자들에게 내 옷까지 다 벗어서 주었다. 내 소중한 등산용 푸른색 오리털 조끼까지도….

어제 선한 일을 마쳤으면 오늘은 축복을 받아야 하는데 축복은 고사하고 옷이 없어서 덜덜 떨다가 감기에 걸려서 아파 드러누웠다. 아이고… 주님께서 내 곁에 계신 것이 맞나? 그래도 아직 병원에 실려 가지 않은 걸 감사하자.'

다음날은 겨우 교회 사무실에 출근했는데 힘이 없어서 종일 비실거리다가 퇴근하고 일찍 잠자리에 누웠다. 아침에 일어나려는데 온몸에 힘이 빠지고 한번 기침을 시작하면 멈추기가 힘들었다. 계속 몸에 한기가 들어서 하나 남은 조끼를 걸치고 부엌에 들어가 아침 식사를 준비했다. 머리가 어지러웠지만 무언가를 먹어야 힘이 날 것 같아서 가스 불을 켜고 프라이팬을 얹었다. 그런데 프라이팬에 하얀 깃털 몇 개가 묻어있었다.

'이게 뭐지? 내 수호천사 싱애의 깃털인가? 주님께서 내 곁에 계심

을 깨닫게 해주시려고 눈을 열어 보게 하시나?'

무심코 고개를 숙여 보니 밤색 오리털 조끼가 마치 칼로 그은 것처럼 길게 몇 줄로 찢어져서 앞판이 너덜거리고 있었다. 프라이팬의 가장자리에 조끼가 스쳐서 녹아 다 찢어진 거였다. 부엌 바닥을 보니 하얀 오리털이 여기저기 떨어져 있었다.

'내가 얼마나 아파서 정신이 혼미했으면 옷이 타는 줄도 모르고 서있었을까!'

눈물이 왈칵 났다. 아파서 우는 게 아니라 주님께 섭섭한 마음이 들어서 눈물이 핑 돌았다.

'아이고… 예수님, 이건 제게 단 하나 남은 겨울옷이라고요. 날씨까지 추우니 골다공증과 류머티즘 때문에 뼈마디가 쑤십니다. 저는 지금 뜨거운 물이 가득 찬 목욕통 안에 들어가서 누워있고 싶어요. 그런데 여기는 목욕통이 어디 있습니까? 마실 물도 귀한 곳인데….

저는 당신을 사랑하는 마음이 충만해서 당신의 계명을 지키려고 이 생고생을 하는데 저한테 왜 이러세요? 지금 발도 너무 시려요. 제가 무엇을 잘못했나요? 물론 제가 죄인인 건 알아요. 하지만 그저께 금식하면서 당신께서 주신 감동으로 평소 저답지 않게 구제 행위까지 해드렸는데 대체 왜 이러세요? 속상해서 눈물이 나요. 아이고… 몰라, 몰라잉…. 주님 제게 왜 이러시는 거예요?'

나는 부엌 바닥 구석에 혼자 쪼그리고 앉아서 훌쩍거리며 울었다. 기침을 시작하면 진땀이 나고 다리가 후들거려서 서있기도 힘들었다. 나는 아침 식사고 뭐고 다 집어치우고 안방으로 들어가 누워버렸다. 여름 이불 두어 개를 덮어쓰고 흐느끼기 시작했다. 낯선 타향에서 내 하소연을 들어줄 가족도 친구도 없다는 생각에 외로움이 몰려왔다. 한참을 울다가 문득 이런 생각이 떠올랐다.

'아니다! 내게는 주님이 계시지.'

나는 졸음에서 깬 듯이 주님을 찾았다.

'주님, 주님, 지금 어디 계세요? 제 곁에 계시기는 한 겁니까! 아니면 너무 바쁘셔서 저 같은 건 잊어버리셨나요?'

21 아버지와 어머니를 천국에서 보다

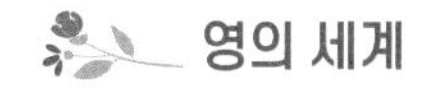

영의 세계

나는 2층 커다란 강당 같은 곳에 있었다. 환하고 밝은 빛이 위에서부터 내려와 그림자라고는 조금도 보이지 않았다. 빛과 함께 따뜻한 기운이 강당 전체를 감싸고 있는 게 느껴졌다. 실내는 마치 헬스장처럼 여러 가지 운동기구가 줄을 맞춰 질서정연하게 진열되어 있었다.

문득 인기척이 들려서 왼쪽으로 고개를 돌리자 아버지와 어머니가 보였다. 신기하게도 두 분은 아름답고 생기 있는 삼십 대 초반처럼 보였는데, 나를 보고도 놀라지 않고 환하게 웃으며 다가오셨다. 아버지는 이미 오래전에 65세로 돌아가셨다. 아버지를 보면서 내가 있는 장소가 영의 세계임을 알았다. 내 영이 그냥 알고 있었다.

아버지는 유도 선수로 체육대학을 나오셨는데, 눈앞의 아버지는 젊은 기계체조 선수처럼 보였다. 희고 깨끗한 민소매 셔츠에 군청색 트레이닝 바지를 입고 계셨다. 더 놀라운 건 젊은 어머니의 모습이었다. 어머니는 옛날 사람 치고는 미인이라고 소문이 날 정도로 자태가 고우셨다. 내 눈에 비친 어머니는 마치 한 폭의 아름다운 동양화 속 미인 같았다.

어머니는 광택이 나는 하얀 비단 한복을 입고 계셨다. 머리는 단정하게 뒤로 넘겨서 쪽을 지어 금비녀를 꽂으셨다. 화장기가 없는데도 눈썹은 아주 까맣고 입술은 선명한 붉은 색을 띠고 있어서 정갈하고 단아한 아리따움이 뚝뚝 떨어졌다. 또한 희고 밝은 빛이 몸 전체를 실루엣처럼 감싸며 뿜어져 나왔다. 내 평생에 이런 아름다운 여인을 본 적이 없었다. 어머니를 바라보는 내 자신이 초라하게 느껴질 정도였다.

어머니는 지금 로스엔젤레스 순복음교회의 권사님이다. 교회에 열심히 다니며 나를 위해 매일 새벽예배에서 기도로 부르짖는 기도의 용사다. 믿음은 강하지만 내가 아는 한 탁월한 영적 은사를 가진 분은 아니다. 게다가 어머니는 돌아가시지도 않았는데 어떻게 지금 이곳에 올라와 계시는지 불가사의했다. 어찌 됐든 나는 본 걸 기록할 뿐이다. 아버지가 내 앞에 서더니 입을 여셨다.

“이 장소는 내가 거하는 곳에 있는 헬스장이다. 나는 여기서 매일 열심히 운동하면서 단련하고 있단다. 나는 때로 전투에 참여하기에 항상 영적 전쟁을 위해 단련할 필요가 있지. 내가 맡은 여러 가지 일 중 하나가 용감한 천군의 직위다. 하나님의 영광을 위해서 싸우는 일이야. 나는 이 일이 정말 좋단다.”

그러고는 돌아서 운동기구가 있는 쪽으로 걸어가셨다. 아버지는 철봉처럼 보이는 운동기구 위로 마치 날듯이 가볍게 올라가셨다. 수평의 철봉을 잡고 위에서 몇 번을 돌다가 그 철봉을 지탱하는 수직의 철봉으로 손을 뻗치더니 옮겨 가셨다.

정말 놀라운 일은 그다음부터였다. 두 손으로 수직의 철봉대를 잡고 무중력 상태에 있는 것처럼 온몸이 수평으로 한 일(一)자로 떠 있었다. 그러더니 몸 전체를 팽이처럼 빠르게 수평선을 그으며 ‘휘익 휘익’ 소리가 날 정도로 돌리시는 거였다.

‘우와… 아버지한테 저런 면이 있었구나!’

나는 아버지가 정말 자랑스럽게 느껴졌다. 함께 그 모습을 보고 있던 어머니가 입을 여셨다.

“시간이 되었구나. 나는 세상으로 내려가 봐야 해. 다른 옷으로 갈아입어야겠다.”

내가 말했다.

“제가 같이 가드릴게요.”

말을 마치자마자 우리는 어떤 방으로 옮겨졌다. 순간 이동이었다. 깨끗하고 작은 방에 조그만 창문이 하나 있었다. 창문 바깥을 보니 위쪽과 아래쪽으로 긴 계단이 바로 옆에 붙어있었다. 마치 건물의 다른 층으로 올라가는 계단을 잇는 작고 열린 공간처럼 보였다.

방 안을 둘러보니 오래된 가구인 듯 갈색 나뭇결이 보이는 문갑이 있었다. 나는 이 방에 무엇이 들어있는지 이미 잘 알고 있는 것처럼 문갑 쪽으로 걸어가 가장 위쪽 문을 열었다. 그 안에는 깨끗하고 예쁜 쪽빛의 한복 한 벌이 단정히 개어져 있었다. 한복 위에는 흰 실로 정교한 상형문자 같은 그림이 수놓여 있었다. 문자의 뜻은 알 수 없었지만, 그 고상한 한복이 어머니의 것임을 알았다.

나는 그것을 공손하게 두 손으로 들고 뒤돌아서 어머니 쪽으로 갔다. 어머니는 한복을 두 손으로 받는 시늉을 하셨는데 어느새 쪽빛 한복으로 갈아입으시고는 내 얼굴을 찬찬히 보더니 환한 미소를 지으셨다. 그리고 돌아서 방문을 열고 바깥으로 나가시더니 빠른 걸음으로 계단 아래로 내려가셨다.

나는 열린 방문 앞에서 위쪽과 아래쪽의 다른 층으로 이어지는 작은 빈 공간에 붙은 계단을 보았다. 순간, 계단의 위쪽에는 아버지가, 아래쪽에는 어머니가 계신 게 알아졌다. 그러나 각 층의 계단이 얼마나 긴지 양쪽 계단의 끝은 구름에 가려져 보이질 않았다. 그러다가 눈을 떴다. 영의 세계를 방문한 거였다.

'어머니도 나처럼 영의 세계에 출입하는 은사를 받으셨나?'

나는 알 수가 없었다.

22 천국의 동생 집을 방문하다

샘가의 대화

제시카 주님, 방금 천국에 있는 여동생 자영이의 집을 보았습니다. 저는 그 정도로 크고 웅장하며 아름다운 집을 이 세상에서는 본 적이 없습니다. 방 하나가 미식축구 경기장 하나보다 더 컸습니다. 사람의 말로 가히 설명이 불가한 거대한 성과 같았습니다. 천장과 실내는 엄청나게 큰 직사각형 형태였습니다. 바닥에는 고급 양탄자가 깔려있었고요.

집으로 들어서자마자 열린 대문의 안쪽 입구에 호화로운 리본과 각색 구슬로 아름답게 장식된 큰 크리스마스트리가 반짝거리고 있었습니다. 그 나무 아래에 예쁘게 포장된 여러 개의 선물 상자가 있었고, 그 앞에는 7개의 스페이드 모양이 새겨진 짙은 청록색 구슬이 보였습니다.

그 구슬들 앞에 권사인 자영이와 장로인 제부와 조카 둘, 네 식구가 앉아서 대화하고 있었어요. 밝고 따뜻한 황금빛 기운이 온 방을 감싸고 있었습니다. 높은 천장에는 아름답게 빛나는 샹들리에가 줄지어 달렸고, 각 샹들리에는 투명하게 반짝이는 커다란 보석들로 이뤄져 있었습니다.

다음 방으로 향하는 문이 열려있어 들여다보니 그 방에서도 역시 황금빛이 흘러나왔습니다. 상록수 같은 나무 화분이 벽 쪽에 있었습니다. 또 열린 2층의 천장은 아주 높았습니다. 거기에는 끝없이 긴 발코니가 실내의 벽을 따라 띠처럼 둘려있었습니다.

저는 길고 매끄러운 갈색 털, 마치 밍크 털 같은 재질로 만든 긴 코트를 걸치고 있었습니다. 제가 발걸음을 옮길 적마다 코트의 긴 털이 품위 있게 하늘하늘 날렸습니다. 제 옆에는 여자의 형상을 한 천사가 함께 있었습니다.

주님, 저같이 더러운 죄인에게 그런 아름답고 멋진 광경을 볼 수 있도록 허락해주셔서 정말 감사합니다. 화려한 실내를 본 것만으로도 제 눈이 호강한 것 같습니다. 할렐루야!

예수님 **어찌 네 속에 있는 질문은 하지 않는 것이냐?**

제시카 주님, 제 물음을 벌써 보셨습니까? '내 집도 보여주시지' 하며 내심 동생을 부러워하고 있었습니다. 그러나 제 주제를 잘 알기에 당신 앞에 두려워서 감히 입을 열지 못했습니다. 저는 그런 집에서 살 정도로 이 땅에서 한 일이 없습니다. 당신께 헌금도 너그럽고 풍부하게 못 드렸습니다. 목사 월급이 박봉이어도 그걸로 생활할 수 있는데, 그 푼돈이나마 모으려고 천하게 아등바등했지요. 주님께 너무 창피해서 고개를 못 들겠습니다.

이제 얼마 남지 않은 생의 소유는 때가 되면 당신 앞에 다 돌려드리겠습니다. 인생 후반전에 원수의 영 마귀 앞에서 홈런을 날려드리겠습니다. 제 마음이 강퍅해지지 않게 도와주소서. 당신의 발 앞에 기쁘고 자원하는 마음으로 모두 돌려드리게 하소서. 모든 것을 처음부터 제자리로 돌려드리도록 말입니다. 행여 이 땅에 미련이 있어 남겨두고 가는 게 없게 하소서. 제 간절한 소망입니다.

딸 미셸에게도 말했나이다. "엄마 아빠는 세상을 떠날 때 주님께 최선을 다해서 돌려드리고 갈 것이니, 유산으로 남겨줄 게 별로 없다"라고요. 마음이 아파서 좀 울었습니다. 아이는 처음에 좀 당황하는 듯했으나 아무 말도 하지 않았습니다. 속이 깊은 아이라 어떤 생각을 하는지 제가 알 수가 없나이다.

예수님 (주님께서 싱긋이 웃으시며 내 속을 찬찬히 훑어보셨다. 모든 걸 환하게 꿰뚫어 보시는 저 눈길. 나는 긴장이 되어서 내 숨 쉬는 게 느껴질 정도였다. 이윽고 주님께서 입을 떼셨다)

알았다.

제시카 (주님께서 무엇을 아셨다는 건지 나는 감히 물을 용기조차 나지 않았다. 그래서 가만히 있었다. 하지만 이런 내 속내까지도 주님은 다 아신다)

예수님 **괜찮다, 아이야. 물어보거라.**

제시카 주님, 제 주제에 어떻게 천국의 제 집에 대해 묻겠습니까? 당신께 드린 게 아무것도 없는데요. 그저 죄송합니다. 모든 걸 용서해주십시오. 추한 이 죄인이 유황불 안에 던져지지 않은 것만 해도 당신의 은혜입니다. 당신을 볼 자격 조차 없는 죄인의 수장입니다. 제 모든 죄악이 제 앞에 다 열거되어 있사오니 그저 용서만 해주소서.

(주님께서는 나를 다시 찬찬히 바라보셨다. 주님, 저를 살려 주세요. 내 속에 들어있는 건 배설물처럼 악취 풀풀 나는 죄악 가득한 성품밖에 없는데 어쩌면 좋단 말인가? 사람 살려요! 나는 납작 엎드려 감히 주님의 얼굴을 바라보지도 못했다. 내 손은 피로 얼룩져 더럽혀져 있었다.

내가 얼마나 남을 미워하고, 비판하고, 정죄하면서 섬기지 못했는지 주님이 다 아시니 너무 부끄러워서 죄지은 내 손을 찍어 내고 싶었다. 바로 이 말씀이었구나. 눈이 죄를 지으면 뽑아버리고 손이나 발이 죄를 지으면 찍어버리라는 것이. 그 분의 거룩하심 앞에서 우리의 몸뚱어리가 무슨 소용이 있으며 어떤 의미로 존재하겠는가? 나는 어두움이니 사라져야만 한다)

예수님 (그때 주님께서 싱긋 웃으셨다) **작고 사랑스러운 나의 먼지야, 너는 또 사라질 생각을 하고 있구나.**

제시카 주님, 저는 그냥 먼지가 아니라 당신의 먼지입니다. 보잘것없는 먼지 한 톨이 바깥 깜깜한 곳에 던져지면 어떻고 유황불 못에 던져진들 무슨 상관이 있겠습니까. 그러나 저는 당신의 먼지입니다. 저를 보지 마시고 당신에게 속한 먼지임을 기억해주소서. 저를 버리지 마소서. 잊지 말고 기억하소서. 이 작은 먼지는 당신을 인장처럼 제 심장 안에 간직하였나이다.

예수님 **그렇다. 너는 나의 신부다운 삶을 사느냐?**

제시카 아닙니다. 아무리 발버둥을 치고 노력해도 죄인의 성품이 죽지를 않습니다. 제 속의 죄악이 끊임없이 저를 삼키려고 합니다. 아무리 노력해도 죄가 사라지질 않습니다. 저는 죄인입니다.

예수님 **죄의 소원은 네게 있으나 너는 그 죄를 다스릴지니라.**

제시카 죄를 다스릴 힘을 허락해주소서. 저 혼자의 힘으로는 불가합니다.

예수님 **바로 그것이다. 네 무능을 깨달을 때 내가 일을 시작할 것이다. 일단 내가 시작한 일은 반드시 성취할 것이다. 네가 가장 강할 때는 네 가장 연약함을 깨달을 때다. 알겠느냐?**

제시카 잘 알겠습니다, 주님. 당신의 거룩한 임재로 인해 숨이 잘 쉬어지지 않습니다. 오늘은 여기까지만 하시고 저를 살려주십시오. 저는 당신을 사랑할 자격조차 없는 먼지 한 톨 같은 존재입니다.

예수님 (주님은 다시 싱긋 웃으셨다) **초록 풀잎 속에 감춰져 있는 작고 붉은빛을 지닌 예쁘고 귀여운 나의 꽃이여, 내가 네 꽃 이름을 지었고 불렀다. ○○야! 일어나거라.**

제시카 (주님은 몇십 년 전에 내게 건네주신 둥글고 납작한 흰 돌에 새겨져 있던 그 이름을 부르셨다. 몇십 년 만에 처음이다. 내 본체인 내 영의 이름이다) 주인님, ○○가 여기 있나이다. 제 이름을 불러주셔서 고맙습니다. 당신께서 만들고 칭하신 이름입니다.

예수님 **나의 어여쁜 자야, 이제 일어나서 함께 가자꾸나. 내가 오늘 네 마음을 들여다보았다. 그 정도면 되었다. 잘 자라고 있구나. 흡족하도다, 나의 신부야.**

제시카 (할렐루야. 그분께서 오늘 처음으로 나를 신부라고 칭해주셨다. 나는 주님께서 나를 신부라고 호칭해주실 때가 가장 행복하다) 주님, 어서 오세요. 제 손을 잡아주세요. 마라나타!

23 천사도 예언을 한다

샘가의 대화

제시카 주님, 어디 계세요?

예수님 **나는 영원토록 네 심장 안에 있느니라.**

제시카 주님과 대화하는 게 정말 오래간만이에요. 너무 오랫동안 말씀이 없으셨어요.

예수님 **네가 내게 말을 건네거나 물어보거나 하지 않은 건 아니고?**

제시카 맞습니다. 제가 주님을 찾지 않았어요. 잘못했습니다. 제 영이 어찌 이리 쉽게 졸음에 빠지는지 모르겠어요. 도와주세요. 주님, 부탁이 있습니다. 이곳 아프리카에서 아무리 박봉을 받는다고 해도 무엇이든 여기서 받은 것은 여기에 다 내려놓고 떠나게 도와주십시오. 양손에 가득 들고 왔지만 빈손으로 떠날 수 있도록 모든 걸 버리는 마음을 허락해주십시오. 인색하지 않게 하시고 흩어 나누는 마음을 허락하소서.

이왕이면 언젠가 케냐의 스와힐리어로 제 모든 책이 다 출간되길 희망합니다. 제가 알려지고자 하는 교만의 마음은 제거하시고, 대신 잃어버린 많은 백성이 돌아와서 오직 주님의 영광만이 찬란히 전해지게 하옵소서. 그러나 모든 것을 제 뜻대로 마시고 당신의 뜻대로만 이루소서.

예수님 **내가 왜 너를 궁핍한 곳으로 보냈는지 이유를 잘 생각해보거라. 나는 네가 비천에 처할 줄도 알고 풍부에 처할 줄도 알기를 바란다. 그러니 모든 일에 배부르게 여기며, 배고픔과 풍부와 궁핍에도 일체 견디는 비결을 배우거라. 나는 네가 모든 환경에 자족하는 마음을 배우기 바라노라.**

제시카 제게 능력 주시는 자 안에서 제가 모든 것을 할 수 있는 줄 압니다. 당신의 괴로움에 함께 참예하는 것조차 제게는 영광입니다.

예수님 **나는 네가 강건하기를 원한다. 네 영이 잘되어야 네 혼과 육이 범사에 잘되고 강건할 것이니라. 마귀에게 조금도 틈을 주지 마라. 늘 기도로 깨어있어야 하느니라. 기도가 네 생명줄이다.**

제시카 제가 생명줄을 잠시라도 놓지 않고 잘 붙들어 매게 도와주세요.

예수님 **네가 언제 마지막으로 울었느냐?**

제시카 지난주에 자다가 문득 눈을 떠서 당신의 은혜가 너무 고맙고, 제가 여기까지 온 것이 당신의 인도하심임을 깨닫고 울었습니다. 저를 깨우신 게 당신이셨습니까?

예수님 **네가 너무 곤하게 자는 모습이 불쌍해서 내가 깨웠다. 내 영으로 너를 채워주고 싶었다. 너는 입을 열어 말하지 않고 자고 있을 때가 제일 예쁘다.**

제시카 헤헤헤… 알았습니다. 그러나 지난 3년 동안 책을 쓰느라 새벽 3시 이전에는 잔 적이 별로 없습니다.

예수님 **네 육신은 자도 네 첫사랑은 잠재우지 말거라.**

제시카 제가 다시 첫사랑을 잃을 바에야 먼저 주님 곁에 가는 길을 택하고 싶습니다. 이제 주님 없이는 제가 단 1시간도 살 수 없다는 걸 아시지 않습니까?

제가 소유한 그 어떤 것도, 어떤 사람도, 어떤 직책도 당신께 다 드렸으니 이 땅에 아무런 미련이 없습니다. 제가 움켜쥐고 취한 건 당신과 나누는 이 사랑뿐입니다. 님이시여, 제 마음을 받으소서. 당신이 이를 취하기 위해 저를 부르신 게 아닙니까?

예수님 **그렇다, 나의 신부여. 네 마음과 뜻과 성품을 다하여 나를 사랑하라. 그 외의 것은 사실 내게 아무 가치가 없다. 이제는 그냥 누려도 된다.**

제시카 주인님, 그 말씀이 참말이십니까? 그렇게 되면 제가 무소유의 마음이 되질 않습니다. 아닙니다. 주인님, 모든 것을 당신께서 취하시길 바랍니다. 제가 당신 한 분이면 족하다고 하지 않았나이까.

예수님 **나 역시 너 하나면 족하다. 하루하루 내가 네게 준 축복을 기뻐하고 즐거워하며 감사함으로 누리거라. 그것이 네 복이다. 세상 모든 것이 때가 있느니라. 잃을 때가 있으면 찾을 때가 있다.**

제시카 제가 당신께 드린 것은 결코 잃은 거라고 생각하지 않습니다.

예수님 (주님은 빙긋 웃으셨다) **이제 네가 좀 자랐구나. 상큼한 영을 간직한 나의 신부야, 네게서 수풀 가운데 열린 사과알 같은 향내가 난다.**

제시카 아아… 주인님, 저는 아직도 악취가 풀풀 나는 더러운 시궁창 진흙 같은 속을 지닌 천한 계집종입니다.

예수님 **그 종이 바로 나의 종이다. 내 것이니 내가 취해서 정결하**

게 만들 것이니라. 내 눈에 너는 조금씩 여물어가는 사과알이다. 추수 때까지 새나 벌레가 먹지 않게 내 나무에 잘 달려있거라.

제시카 주님의 뜻이면 그리될 것이니이다.

예수님 **내 뜻이니 그리되거라.**

제시카 고맙습니다. 늘 후하시고 가장 좋은 길로 저를 인도하시는 주님을 찬양합니다.

예수님 **그 좁은 길을 너는 잘 가고 있다. 잘하고 있다, 나의 귀한 자여.**

제시카 저는 매일 주님을 위해 '일일 일선'을 시도하고 있습니다. 곧 하루에 한 사람의 마음을 기쁘게 하려고 노력합니다. 그들을 열심히 섬기며, 베풀고, 품고 다독입니다. 그러나 그 일도 당신께서 인도하지 않으시면 이루어지지 못할 것입니다.

예수님 **그 일을 그냥 하지 말고 내 이름으로 해야만 한다. 사람들에게 행할 때 내게 행하듯이 하라. 그렇지 않으면 자칫 네 의가 되기 쉽다. 모든 믿음의 행위는 동기가 중요하다. 일의 동기가 문의 출입함이니 너의 출입이 겸손하고 아름다워야 하느니라.**

제시카 아멘, 그리 노력하겠습니다. 제 영이 이를 기억하며 깨어있도록 도와주소서.

예수님 **내가 그리하마. 싱애가 네 곁에 있는 것을 잊지 말거라.**

그는 너를 돕는 천사이니라.

제시카 싱애는 침묵의 천사입니까? 어찌 제게 먼저 말을 걸지 않습니까?

예수님 (주님은 빙긋 웃으셨다) **할례받은 네 영의 귀를 잘 열어보거라. 그리하면 싱애의 말이 들릴 것이다. 원래 말이 적은 성품을 가진 천사이니라. 너도 말이 적지 않느냐? 내가 네 성품에 딱 맞는 천사를 보냈다. 지금도 그가 네 오른쪽 창문 옆에서 너를 웃으며 바라보고 있다.**

제시카 천사도 성품을 갖고 있나요?

예수님 **그렇다.**

제시카 싱애가 여기 있는 사실은 알겠는데 도통 말을 하지 않아서요.

예수님 **하하하… 그가 말을 하지 않는 게 아니라 네가 들을 귀가 닫혀있기 때문이니라. 네 믿음이 합쳐지지 않았기 때문이다. 나는 네 영의 귀를 열어주었으니 듣거라.**

싱애 (그때 싱애가 조그맣게 속삭였다) 신부님, 안녕하세요? 푹 자지 못해 피곤하시지요? 오늘 물을 좀 많이 마시면 좋겠습니다. 그래야 혈액이 탁해지지 않고 순환이 잘됩니다. 모든 생명과 병의 근원이 피의 흐름에 있습니다. 생명으로 잉태되는 순간에 만성 질환을 가진 이는 없습니다. 모든 질병은 과정이 있습니다.

제시카 네? 제가 물을 마시길 꺼리는 걸 어떻게 아세요? 저는 여기

물이 하도 더럽고 붉은 흙이 섞여있어서 마시고 싶지 않습니다. 냄새도 이상해서 마시기가 두려워요. 제 몸에 들어가면 물은 나오고 흙은 남아있을 것 같아요. 그래서 병이 날까 두렵습니다.

싱애 (싱애가 빙긋 웃었다) 절대 그렇지 않을 것입니다. 주님께서 그렇게 허락하질 않으셨습니다. 원수의 영에게 당신의 건강만은 절대 손대지 말라고 굳게 명하셨지요. 그러니 그냥 마셔도 됩니다.

제시카 저 붉은 물을요? 소금기가 있는지 심히 짜기까지 합니다. 그러나 알았어요. 오늘부터는 물을 마실게요. 진흙 냄새가 심하게 납니다만…. 그건 그렇고 제가 항상 선을 행하지 않으니 제 곁에 있기가 힘드시지요?

싱애 괜찮습니다. 저는 수많은 세월 동안 많은 세대를 거쳐 신부님들을 보살피고 지키라는 주님의 명에 순종해온 천사입니다.

제시카 제 이전 세대와 앞으로 올 세대를 다 합쳐서 당신은 몇 명의 신부님들을 지킨 것입니까?

싱애 백이십사 명을 지켰습니다. 그러나 저는 미래를 알지는 못합니다. 시간을 초월하여 운행하시는 이는 오직 거룩하신 하나님 한 분뿐이십니다.

제시카 그분을 뵌 적이 있습니까?

싱애 네, 그분의 임재를 본 적이 있습니다. 그러나 그분의 얼굴은 영광의 빛에 가려 눈이 부셔서 쳐다볼 수가 없었습니다. 여섯 날개를 지닌 스랍 천사들일지라도 두 날개로는 발을 가리고, 두 날개로는 얼굴을 가리고, 나머지 두 날개로는 날면서 찬양을 올릴 수밖에 없는 참으로 존귀하신 분입니다. 그분의 영광이 온 땅에 충만한 사실에 찬양을 올려드리지요. 저희는 감히 그분의 이름을 부르기조차도 두렵답니다. 그런데 이 땅의 사람들은 참 겁도 없어요.

그럼에도 그분은 사람들을 극진하게 사랑하십니다. 그분은 사랑의 본체시니까요. 그러나 죄는 미워하시고 특히 교만의 죄에는 분노하십니다. 신부님은 그분의 성품을 잘 아셔야 합니다. 그분은 참으로 따뜻하고 존귀함을 지닌 분이십니다.

제시카 아멘! (싱애를 만난 이후로 함께 대화를 오랫동안 나눈 건 처음이었다. 아마도 예수님이 지금 우리 곁에 계시기 때문이 아닐까 생각한다. 신기하게도 이 대화를 나누고 글로 기록한 지 2주 후에 의사도 내게 물을 많이 마시라고 했다. 그러면서 장기 안에 큰 담석이 들어있어서 빠른 시일 내에 제거 수술을 받아야 한다고 경고했다. 천사도 장차 닥칠 일을 예견하는 능력이 있나 보다. 참으로 경이롭고 놀라운 일이다)

나는 밝고 활짝 열린 초록색 풀밭에 서있었다. 내 뒤로는 사람 키만큼의 회색 돌무더기가 있었다. 아무 생각 없이 무심코 서서 앞을 보았는데, 갑자기 왼쪽 다리를 무언가가 문 듯 따끔한 느낌이 들었다. 나는 본능적으로 두 손으로 정강이를 잡고 풀밭에 풀썩 주저앉았다. 화끈거리고 쓰라린 느낌이 나는 부분을 자세히 살펴보았다.

왼쪽 정강이에 움푹 팬 2개의 이빨 자국이 선명하게 나있었다. 나는 직감적으로 뱀에게 물린 걸 알았다. 그동안 뱀을 보긴 했지만 물린 적은 없었다. 순간, 독이 몸에 퍼지기 전에 빨리 독성을 조금이라도 뽑아내야 한다는 생각이 들었다. 나는 종기 고름을 짜듯이 이빨 자국 주위를 엄지손가락으로 힘껏 눌렀다.

그런데 이빨 자국에서 뭔가 하얀 털실처럼 가늘고 짧은 게 꼬물거리며 나오기 시작했다. 벌써 독이 퍼졌나 보다. 나는 손가락으로는 물린 곳을 누르면서 눈을 크게 뜨고 환부의 구멍을 자세히 보았다.

'악! 사람 살려!'

독사의 맹독이 흰 실뱀 새끼가 되어서 내 환부의 구멍에서 치약을 짜듯이 꾸역꾸역 나왔다. 그 모습이 어찌나 참혹하고 징그러운지 토하고 싶었다. 이를 악물고 힘을 다해 이빨 자국을 눌렀다. 아무리

짜내도 실뱀들이 끊임없이 나왔다. 시간이 얼마나 지났을까! 마침내 물렸던 구멍에서 아무것도 나오지 않았다. 나는 간신히 숨을 쉬었다.

'휴우… 됐다!'

그리고 눈을 떴다. 그제야 영의 세계에 다녀온 걸 알았다.

이것이 영적인 꿈인 걸 나는 안다. 아마도 영적 세계에서 간교한 마귀의 반격이 곧 있을 걸 예견하는, 꿈을 통한 환상인 것 같았다. 얼마 전에 내가 잘 아는 원주민 목사님의 조카 두 명이 초록색 맘바 독사에게 물려서 거의 1개월간 병원 신세를 졌다.

아이들이 한밤중에 집 뒤의 뒷간에서 볼일을 보며 앉아있다가 순식간에 독사에게 발과 어깨를 물린 거였다. 기도 요청을 하는 연락과 함께 독이 퍼져 퉁퉁 붓고 살이 썩어 들어가는 섬뜩한 환부 사진을 받은 기억이 났다.

에덴동산에서 뱀은 하나님께 저주를 받아서 배로 다니고 종신토록 흙을 먹는다. 그 흙이 곧 흙으로 빚어진 우리 사람이 아닌가? 사단의 본체인 뱀은 사람의 본체인 흙을 먹는다. 주님은 뱀의 머리를 십자가를 통해서 상하게 하셨다. 또한 뱀은 우리의 발꿈치를 상하게 한다.

신실하신 주님께서는 내게 칠감(七感) 중의 하나인 예견(豫見, premonition)을 허락하셨다. 일이 벌어질 전조를 나는 곧 알게 될 것이다. 그래서 며칠 동안 마음이 우울했다.

아니나 다를까, 내가 가기로 한 케냐 원주민들이 모이는 두 교회의 심령 부흥회 계획이 갑자기 틀어졌다. 마귀는 하나님께서 하시는 영의 추수를 항상 공격하고 훼방한다. 한 교회는 부흥회 날짜가 총회에서 갑자기 교회 이전을 하라는 날짜와 겹쳤다고 했다. 다른 한 교회는 그날에 담임목사님의 개인적인 위급한 수술 날짜가 겹쳤단다.

마귀는 정말 간교하다. 우리의 영이 깨어있지 않으면 뱀에게 먹혀 버린다. 영의 세계는 서열이 뚜렷하고 분명한 무서운 세계다. 다른 영을 삼키지 않으면 삼킴을 당한다. 나는 그런 세계에 출입하고 있다. 정신을 더욱 바짝 차려야겠다.

25 배설물 덩어리

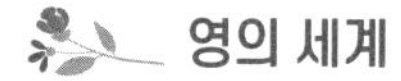
영의 세계

남편 토니와 나는 커다란 강당 같은 예배당의 나무 바닥에 앉아 있었다. 교회 안에는 의자가 없고, 옛날 기도원처럼 다들 마룻바닥에 앉아 예배를 드렸다. 실내는 밝고 환한 빛이 위에서 쏟아져 내렸으나 햇빛은 아니었다. 곧 예배를 시작하려는지 많은 사람이 건물 바깥에서 웅성거리는 소리가 들렸다. 그러나 아직 예배당 안으로 들어온 사람은 없었다.

우리는 강대상을 바라보며 왼쪽 제일 뒤쪽에 서둘러 자리를 잡았다. 토니는 아예 벽 쪽에 어깨를 기대면서 책상다리 자세로 편하게 앉았지만 나는 급하게 대변을 보기 위해 화장실에 가야만 했다. 그러나 그 교회는 화장실이 없었다. 나는 아랫배가 아파서 도저히 참을 수 없는 지경에 이르렀다.

'이 일을 어떻게 하면 좋단 말인가!'

바지에 용변을 볼 수도 없고 정말 큰일이었다. 나는 우선 휴지라도 구해야 한다는 생각이 번쩍 떠올라서 주위를 두리번거렸다. 우리가 앉아있는 곳의 건너편인 오른쪽 뒤쪽에 교회의 생활용품이 든 것 같은 갈색의 두꺼운 종이 상자 몇 개가 눈에 띄었다.

나는 허둥지둥 그쪽으로 뛰어갔다. 갈색 상자 안에 휴지는 없고 사용하던 것처럼 보이는 둥글게 말린 키친타월이 보였다. 나는 안도의 숨을 내쉬며 그걸 가지고 빠른 걸음으로 맞은편 내 자리로 돌아왔다.

내가 바닥에 앉으려고 하는데 아까 앉았던 자리에 짙은 초록색 대변 덩어리 2개가 있었다. 얼마나 큰지 높이만 10센티미터가 넘어 보였다. 토니는 아무것도 아닌 것처럼 그것을 보며 앉아있었다. 나는 대청소를 하기 전에는 앉을 수 없게 된 내 자리 앞에 서서 짜증 섞인 어투로 토니에게 물었다.

"여보, 누가 이런 짓을 했어요? 당신은 자리 안 지키고 뭐 했어요?"

토니가 나를 올려 보더니 대답했다.

"아까 당신이 누고는 무슨 소리야! 그러고는 바닥 청소를 해야 한다고 닦을 걸 가지러 갔잖아요? 예배 시작하기 전에 당신이 빨리 청소해요. 더럽게시리…."

나는 질겁하면서 되물었다.

"내가 언제요? 교회 바깥에 나가서라도 화장실에 가야지, 어떻게 교회 바닥에서 용변을 볼 수가 있어요? 너무 더러워서 도저히 내 손으로는 못 치우겠어요."

갑자기 2개의 대변 덩어리가 아까보다 더욱 크게 내 눈앞에 다가오는 것 같았다. 나는 가슴이 쿵쾅거려서 울고만 싶었다.

바로 그때 토니의 앞쪽에 한 여자가 나타났다. 그녀는 검고 곱슬곱슬한 단발머리에 흰 정장을 입었다. 여자가 나지막한 음성으로 말했다.

"제가 청소할 테니 걱정하지 마세요."

그 말을 듣는 순간 나는 충격을 받아서 외쳤다.

"네? 누구세요?"

그녀가 대답했다.

"저는 이 교회 안에서 사람들의 더러움을 청소하여 깨끗하게 하는 임무를 가진 천사입니다."

나는 '살았구나!' 하는 안도감과 함께 천사 앞에서 너무 부끄러워 고개를 들 수가 없었다. 도저히 천사와 눈을 맞출 수 없었다. 나는 손에 쥐고 있던 키친타월을 천사에게 건네주고는 입을 벌린 채로 그 옆에 털썩 주저앉았다. 수치심이 온몸을 휘감고 도는 느낌이었다.

'아이고… 창피해라! 주님… 어디 계세요? 저 좀 살려주세요.'

나는 땅이 꺼질 듯 깊은 한숨을 쉬었다.

눈을 뜨니 꿈이었다. 내가 영의 세계에 다녀온 걸 알았다. 이 수치스러운 사건은 기록하고 싶지 않았다. 그러나 꿈이나 환상은 내 마음대로 보는 게 절대 아니다. 주님께서 보여주실 때는 다 이유가 있다. 아마도 내가 회개해야만 하는 사건이 최소한 두 가지는 있나 보다.

'나의 순종을 시험하려고 하시나?'

그래서 어금니를 꽉 깨물고 정직하게 기록했다. 사실 내가 지은 죄악이 대변보다 훨씬 악취 나고 더러운 줄 스스로 더 잘 알지 않는가. 오, 주님이시여…!

26 가슴 시린 첫사랑

샘가의 대화

예수님 **나일강가에 피어서 바람에 흔들리는 흰 카라 백합 같은 나의 신부야, 내가 친히 사랑하는 자여!** (주님은 말없이 나

를 찬찬히 보기만 하셨다)

제시카 (주님과 대화하는 시간에는 말이 오고 가지 않아도 좋다. 주님께서 나를 기억하고 불러주신다는 사실만으로 눈물이 핑 돌게 반갑고 기쁘다. 주님을 생각하면 그분의 현존하시는 강한 임재가 있는데도 그리움의 눈물이 난다. 보고 또 보아도 그리운 분이 우리 예수님이시다. 온 천하와도 바꿀 수 없는 나의 주인님이시다. 내 목숨 다 바쳐서 이분이 기뻐하시는 일만 할 수 있다면 얼마나 좋을까! 온 생명을 다 드려도 티끌만치도 아깝지 않은 예수님이시다.

천년을 기다린들 이분을 사랑하는 마음이 변할 수 있을까. 나의 주인님이 강림하시길 천년을 하루같이 기다릴 것이다. 야곱이 라헬을 위해 14년 동안 봉사하였으나 그녀를 연모하는 까닭에 그 시간을 수일같이 여겼다고 했다. 내 삶과 죽음과 기쁨과 슬픔을 모두 다 똘똘 말아서 주님께 드리고 싶다. 그 후에 나는 의미 없이 바람에 흩어져 버릴 한 톨의 먼지 알갱이가 되어도 좋다.

내 흔적이 천지에서 다 사라져버려도 좋다. 오직 이분의 영광만이 빛난다면 말이다. 오직 이분의 사랑이 내게 머문다면 말이다. 이분을 위해 나는 조금도 아까워하지 않고 모든 걸 버릴 것이다. 그러고 나서 어린양이 어디로 인도하시든지 따라갈 것이다)

예수님 **내가 어디로 인도하든지 따라올 자여. 사람 가운데서 구**

속을 받아 처음 익은 열매여. 내 아버지와 나에게 속한 자여. 날 위해 스스로를 버린 자여. 나의 임재를 위해 스스로를 쇠하게 할 줄 아는 자여. 나의 빛을 반사하는 자여. 나를 마음 깊이 품고 거친 언덕을 올라오는 자여.

윤자에, 내가 네 이름을 안다. 네 형질이 지어지기 전에, 너를 향한 날이 계수되기도 전에 너를 알고 보았다. 너는 나의 소유다. 너는 내 눈동자 안에 영원히 머무르는 자다. 너는 내 것이니 삶의 모든 것이 내 허락 안에서 움직이는 자다. 내 곁에서 같이 거하며, 나와 함께 다스리며, 나만 온전히 섬길 날이 올 것이다.

너는 내게 의미 있게 창조된 피조물이다. 해가 뜨고 동풍이 불면 말라버릴 풀꽃 같은 인생이 아니다. 나로 인해 창조되었고, 훈련받으며, 내가 원하는 대로 빚어져서 내가 계획한 때와 장소를 위해 쓰임 받을 나의 소유물이다. 내 마음을 시원하게 하며 나를 웃게 만드는 자다.

지성소 안의 언약궤 위에 좌정한 그룹 천사들이 덮고 있는 날개를 펴서 출입을 열어줄 자다. 언약궤 안의 약속을 내 허락 아래에서 경외심으로 바라볼 수 있는 자다. 내가 가슴으로 건네준 혼인 서약서인 '케투바'를 자신의 심장 안에 심은 자다.

내가 준 그 흰 돌의 이름을 알며 나의 지극한 사랑을 입은 자다. 너는 차원의 문을 열 줄 아는 자다. 휘장 뒤의 지성

소를 출입할 나의 신부들은 내게 그런 존재들이다.

제시카 아멘. 주 예수여, 지체하지 마시고 어서 오시옵소서. 당신의 신부들을 찾아 속히 오소서. 불태워 없어지기로 예비된 이 쓰레기 소각장인 세상에서 저희를 보존하소서.

예수님 **내가 그리하리라. 나는 네 마음을 받았다. 내게 미소를 짓게 하는 어여쁜 자여.**

제시카 예수님, 며칠 전에 참으로 기이한 사건이 제게 일어났습니다. 평생에 단 한 번만이라도 다시 만나길 기도한 사람이 있었습니다. 제 어릴 적 옷깃을 스쳐간 인연이었습니다. 소싯적 첫사랑이었습니다. 그를 생각하면 철없던 시절에 버스 정류장 앞에서 푸른 티셔츠를 입고 서서 웃으며 손을 흔들어주던 모습밖에 남아있질 않았습니다. 생각만 해도 가슴이 박하사탕처럼 싸해지던 사람이었습니다.

그런데 숱한 세월이 흘러 저는 닳고 무뎌지고 더러워졌습니다. 40여 년 동안 그의 생사를 모르고 살았습니다. 제 기억의 한 자락 속에 담고만 있었는데 어찌 그를 제게 다시 보내셨습니까?

예수님 **내가 너를 저울에 달아보았다. 너는 놀람과 반가움은 있었으나 크게 흔들리지는 않았다. 그것으로 족하다, 어여쁜 자여.**

제시카 얼마 전 밤에 아가서를 깊이 묵상하고 있었습니다. 제 영이 성소 안의 지성소에 갔습니다. 그러나 당신의 임재가 느껴지기 직전에 모든 걸 멈추었습니다. 불현듯 그의 이름이 선명하게 떠올랐기 때문입니다. 저는 바로 컴퓨터를 켜서 소셜미디어를 찾아보았습니다. 수십 년을 잊고 지낸 대학 시절 친구라서 이름조차 가물가물하여 잘 떠오르지 않았는데, 갑자기 그 이름이 뇌리에 선명하게 떠오르기에 찾아보았습니다.

제가 어떻게 그런 돌발적인 행동을 할 수 있습니까? 저는 마치 무엇에 홀린 듯했습니다. 주님이셨습니까?

예수님 **그래, 나다. 언젠가 네가 나에게 올렸던 기도에 응답해준 것이다.**

제시카 그러셨군요. 그가 만약 살아있으면 제가 죽기 전에 단 한 번만이라도 연락이 닿게 해달라고 주님 앞에서 한숨을 쉬었습니다. 한숨도 기도입니까?

예수님 **네 속에서 나오는 작은 신음과 한숨까지도 진실이 담겨있으면 내게는 소중하단다.**

제시카 당시 제 철없던 야망으로 인해 우리는 지구의 반 바퀴나 멀리 떨어졌습니다. 제가 한국을 떠났기 때문이지요. 그때는 제가 선택한 그 길이 최선인 줄 알았습니다. 저는 어렸고 여생이 아주 길 줄 착각했습니다. 다시 돌아올 수 있을 줄 알고 그와 조국을 주저 없이 떠났습니다. 사람의 운명이 두 번 다시 돌아가지 못하는 일방통행로인 걸 몰랐습니다. 철없는 나이였기에 전혀 예상치 못했지요.

이후에 저는 낯선 대륙의 타향에서 먹고 살기 위해 삶을 지탱하는 일들로 매 순간 바빴습니다. 긴 세월 동안 얼마나 많은 술, 마약, 도박 중독자와 노숙자의 마음과 육신을 먹여 살리는 일로 바빴는지 당신은 아시지 않습니까. 지금이 아프리카 시골에서도 남을 먹여 살리는 일은 변함없이 하고 있습니다.

그리고 마침내 제게도 흰머리가 서리처럼 하얗게 내리는 시간이 왔어요. 인생의 모든 소유를 당신 앞에서 하나씩 버리기 시작했습니다. 가슴속에 간직한 것들도 하나씩 내려놓기 시작했고요. 저는 당신 앞에 모든 걸 거의 다 내려놓은 줄 알았습니다. 좋은 기억만이 아니라 아픈 기억까지도 말입니다. 그리고 무소유가 되길 원했습니다.

그런데 그 사람이 아직도 제 가슴에 남아있더군요. 어찌 사람의 육신은 나이를 먹는데 감정은 나이를 먹지 않는지요. 주님, 제 가슴에서 파내어 당신께 드릴 게 남아있어서 당황스럽습니다.

예수님 **아름다운 추억은 아름답게 간직하고 가거라. 좋았던 사람은 좋은 마음으로 남겨두고 오너라. 그러나 이 땅의 정리되지 못한 감정은 온전히 내려놓고 여기로 오너라. 죄의식도, 아쉬움도, 미련도, 후회도 다 내어버리고 스스로를 정결하게 씻어라. 땅의 것은 땅에 두고, 위로부터 난 것만 간직하여 위로 올라오면 된다. 알겠느냐? 이 두 마음**

을 지혜롭게 잘 구분하여 정리해야 한다.

제시카 네, 알 것 같습니다. 삶을 하나씩 다시 점검하며 정리하겠습니다. 그날 제가 먼저 그에게 인터넷 문자를 보냈습니다. 별로 기대하지 않았습니다. 아닙니다. 실상은 마음 깊은 곳에서 설레고 초조한 마음으로 기다렸습니다. 그런데 몇 분 만에 답신이 올 줄은 정말 몰랐습니다.

저는 오래전 미국 육군 군인 신분으로 시민권을 취득할 때 미국 이름으로 바꾸었습니다. 결혼한 후에 성까지 바뀌었으니 과거의 저를 누가 알겠습니까.

정직하게 말하면, 그렇게 찾은 그 사람이 너무 반가웠습니다. 아직 미혼이라고 하더이다. 그는 거부가 되어있었습니다. 그 소식을 듣고 저 혼자 서러운 마음에 엉엉 울었습니다. 숱한 세월이 지나고 다 늙어서 귀하고 좋은 사람과 다시 연결되었다는 사실이 너무 억울하고 미안했습니다.

한참을 울고는 그에게 옛날 제 사진을 보내주고 당신께 기도했습니다. 만나야 할 사람을 만나게 해주신 게 너무 감사해서요. 당신께서 그 사람을 찾게 해주셨다는 사실이 차츰 깨달아졌어요. 그래서 너무 두려운 마음에 그의 연락처를 컴퓨터에서 지웠습니다. 그때도 제가 그를 한국에 두고 반대편인 미국으로 떠나왔는데 마지막도 역시 제가 그를 미국에 두고 반대편인 아프리카로 와있네요. 우리는 이제 남은 시간이 별로 없습니다.

아아… 주인님, 그는 생각만 해도 가슴이 시린 사람입니다. 그의 모습을 떠올리면 아직도 눈물이 핑 도는데 어떡하지요? 주님, 제 가슴 깊은 곳에 앙금같이 가라앉아 있던 그를 잘 보내줄 수 있을까요? 제 마음속 소욕을 거스를 수 있을까요? 제가 어떻게 행동하면 당신이 미소를 지으실 수 있을까요? 어떤 방법으로 그를 제 가슴속에서 파내면 당신을 원수의 영 앞에서 통쾌하게 웃게 해드릴 수 있을까요? 주님께서는 반전을 좋아하시니 그런 방식으로 해드릴까요?

세상 것을 잘라낼 때 아프면 아플수록, 가슴에 멍이 시퍼렇게 들면 들수록 제 단단한 자아가 부서지는 걸 잘 압니다. 그런데 어찌 가슴을 파고 또 파도 당신께 드리지 못한 게 남아있는지 모르겠어요.

예수님 **너는 이 일을 통해 마음을 다스리는 법을 배울 것이다.**

제시카 어떻게 해야 마음을 다스릴 수 있습니까?

예수님 **기도와 경건은 마음을 다스리느니라.**

제시카 더욱 기도에 힘쓰고 경건을 지키기에 유의하겠습니다. 그런데 자꾸 자신이 없어집니다. 저더러 흔들리지 않는다고 하셨지요? 저는 흔들렸고 지금도 흔들립니다. 제가 무안해할까 봐 그렇게 말씀해주시는 당신의 배려를 압니다.

당신 앞에 제가 참 못났지요? 어리석은 모습을 보여드려서 죄송해요. 그러나 주님께 드리는 모든 것이 영원히 갖는 것이라는 진리를 당신은 이미 가르쳐주셨습니다. 그는 좋은 사람이었으니 좋은 곳에서 다시 만나고 싶습니다. 천국의 문 앞에서요.

예수님, 당신의 말씀이 참으로 옳습니다. 저는 흔들렸지만 넘어지지 않을 것입니다. 오늘 오래간만에 정말 많이 울었습니다. 활시위를 막 떠난 화살처럼 너무나 빠르게 지나버린 젊은 시절이 그립고 아쉬웠습니다.

거울을 보니 물이 귀해 씻지 못해서 더럽고 추한 늙은 아줌마가 저를 물끄러미 바라봅니다. 이런 모습을 그에게 보여주고 싶지 않습니다. 그래서 그를 온전히 당신께 드리렵니다. 이제는 당신 앞에서 두 번 다시 첫사랑을 생각하거나 찾지 않겠습니다.

왜냐면 그는 제 젊은 날의 아름다웠던 소중한 추억이기 때문입니다. 당신을 위해 제게 소중한 것들을 하나씩 버리는 건 가슴에 피를 흘리는 대가를 요구합니다. 아프면 아플수록 제 속사람이 깨어지겠지요.

저는 이제야 크고 울퉁불퉁한 못난 원석에서 부서져 붉고 빛나는 보석으로 조금씩 재탄생하는 중입니다. 물론 처음보다는 이 과정이 쉬워지고 있습니다. 저는 천천히 당신 안에서 새로 빚어지는 중입니다.

사랑하는 분이시여, 당신을 알아간다는 건 제 인생 최고의 축복입니다. 할렐루야!

죽음의 문턱에 다녀오다

3

PART

THE FOUNTAIN OF GARDEN

27 악몽의 하루

아침에 직원 미팅을 할 때였다. 원주민 부목사가 입을 열었다.

"오늘은 교단에서 운영하는 장애인 중학교에서 3일간 열린 청소년 세미나를 마치는 날입니다. 아이들 중에 고등학교에 진학하지 못한 장애청소년들이 우리 재활원교회가 운영하는 학교에 많이 진학합니다. 그들을 만날 겸 교회에서 그 중학교를 방문하는 게 좋겠습니다."

내가 자원했다.

"제가 대표로 갈게요. 그런데 저는 학교 위치를 잘 모릅니다."

부목사가 말했다.

"제가 잘 아니까 운전해서 가면 됩니다. 제 차로 갑시다."

그녀는 조금씩 모은 돈으로 2주 전쯤 중고차를 샀다. 그리고 그 차를 운전하는 걸 아주 자랑스럽게 여겼다. 그런데 문제는 그녀가 아직 초보 운전이라는 거다. 나는 조금 걱정이 돼서 담임인 토니 목사에게 말했다.

"여보, 교회 차로 당신이 운전해서 다녀옵시다."

토니는 무표정한 얼굴로 대답했다.

"나는 아이들 기숙사 부엌에 설치할 태양열 온수기의 기술자와 약속이 잡혀있어요. 그러니 당신이 부목사와 다녀와요."

나는 그를 귀찮게 하고 싶지 않아서 부목사에게 제안했다.

"학교에 갈 때는 제가 운전하고 돌아올 때는 부목사님이 운전하는 게 좋겠어요."

그녀는 운전을 한다는 사실만으로도 좋은지 웃으면서 대답했다.

"오케이, 우리 곧 떠납시다."

부목사와 나는 교회 주차장으로 함께 걸어갔다. 그녀의 빛바랜 검정 자동차 앞 창문에 노란색 글자로 "L" 이라고 적힌 대형 스티커가 붙어있었다. 내가 그녀에게 물었다.

"이 커다란 L은 무엇입니까?"

그녀는 대답했다.

"다른 운전자들에게 내가 초보 운전이라는 걸 알리는 'Learner'라는 사인이에요."

나는 조금 놀라서 물었다.

"부목사님, 초보 운전자예요? 운전면허증을 취득한 지 몇 년 됐다고 했잖아요?"

그녀가 대답했다.

"네, 면허증은 있었지만 차가 없어서 그동안 운전을 못 했어요. 아직 운전이 많이 서툴러요."

나는 깜짝 놀랐다.

'아이고, 하나님… 도와주세요!'

미국은 운전대가 왼쪽에 있고 차량은 오른쪽으로 통행한다. 그런데 아프리카는 정반대다. 나는 오른쪽 운전대의 경험이 별로 없다 보니 급한 일이 아니면 아예 운전을 하지 않는다. 그래서 자동차 앞에서 조금 망설였지만 다른 대안이 없어서 결국 운전대 앞에 앉았다. 내가 부목사에게 물었다.

"세미나를 하는 학교가 여기서 멀어요?"

그녀가 대답했다.

"아니요, 30분 정도면 충분히 도착할 거리예요."

우리는 함께 차를 타고 주차장에서 기도한 후 목적지로 출발했다. 처음에는 운전대 위치가 다르니 많이 어색했다. 그런데 일단 운전을 시작하니 별로 힘들지 않았다. 나는 서행을 하면서 안전하게 목적지에 도착했다.

'주님, 감사합니다!'

우리는 교장 겸 목사님과 미팅을 가졌다. 청소년이 오백 명 정도 모인 세미나라 학교 안이 사람들로 붐볐다. 총회에서 행사와 관련하여 참석한 몇십 명의 목사님과도 일일이 인사를 했다. 학교를 둘러보며 장애학생들도 보고 우리의 참가 목적은 다 이룬 것 같아서 다른 목회자들에게 작별 인사를 하고 떠날 차비를 했다.

이번엔 부목사가 운전할 차례였다. 그녀는 염려가 되는지 긴장한 표정이 역력했다. 그녀가 걱정스런 얼굴로 내게 물었다.

"제가 운전을 잘할 수 있을까요?"

나는 그녀의 마음을 편안하게 해줘야겠다는 생각이 들었다.

"목사님, 잘할 수 있을 거예요. 자, 우리 먼저 기도하고 떠납시다."

우리는 함께 기도하고 안전벨트를 맨 후에 출발했다. 그런데 둥근 로터리를 끼고 돌아야만 교문으로 나갈 수 있었다. 바로 그때 오토바이가 빠른 속력으로 우리 차의 반대쪽에서 둥근 로터리를 끼고 돌려고 하는 게 보였다. 오토바이가 유난히 시끄러운 소리를 내며 과속하니 부목사가 당황하는 듯했다. 그녀는 서행하려고 브레이크를 밟는 것 같더니 갑자기 속력을 냈다. 브레이크 대신 액셀을 밟은 거였다.

그러자 차가 비틀거리며 내리막인 앞쪽으로 세게 미끄러져 내려갔다. 그녀는 당황했는지 발을 액셀에서 떼지 못하고 오히려 더 세게 밟았다. 그 내리막에는 아직 사람들이 많이 서있어서 서행을 해야만 했다. 나는 깜짝 놀라서 외쳤다.

"브레이크를 빨리 밟아요! 천천히 가야만 합니다!"

7,8초 동안 차는 내리막길로 미끄러지듯이 내달리더니 마침내 사람들이 서있는 데까지 근접했다. 나는 직감적으로 차의 핸들을 잡아 사람이 없는 방향으로 꺾으려고 몸을 일으켰다. 핸들을 잡으려고 오른팔을 내밀었으나 안전벨트를 하고 있어서 닿지 않았다. 본능적으로 벨트를 푸는 동시에 오른손을 핸들 쪽으로 뻗쳤다.

바로 그 순간, 그녀가 핸들을 옆으로 확 꺾었다. 차의 오른쪽에는 커다란 거목이 군데군데 있었다. '쾅' 하는 굉음이 나면서 내 몸이 앞쪽 대시보드에 아주 강하게 부딪혔다. 그리고 팔을 내미느라 휘어진 내 오른쪽 몸 전체가 반대쪽인 의자 위로 튕겨져 나갔다. 그 짧은 2,3초 동안 생각이 스쳤다.

'아… 주님, 저를 받아주세요!'

그 후로 정신을 잃어서 아무 생각이 나질 않았다. 얼마나 지났을까, 어렴풋이 토니가 나를 부르는 소리가 들렸다. 정신이 조금 들어서 보니 나는 방문한 학교 기숙사 침대에 누워있었다. 사람들이 웅성거리며 방 안에 서있었고, 그 와중에 토니와 부목사의 얼굴이 내 곁에 있는 게 보였다. 그들은 어두운 표정으로 서있었다. 부목사는 고목을 들이받을 때, 나처럼 몸의 자세가 휘어진 상태가 아니어서 무사한 듯 보였다.

아마도 토니는 전화를 받고 급히 온 것 같았다. 나는 몸을 움직이려고 했지만 온몸이 물속에 쇠처럼 가라앉은 듯한 느낌이 들며 손가락 하나도 까딱할 수 없었다. 그리고 숨이 잘 쉬어지지 않았다. 사람들의 목소리가 가물가물하게 들리며 눈꺼풀이 무거웠다. 나는 다시 기절을 해버렸다.

또 얼마나 지났을까, 나는 몸이 심하게 흔들리는 걸 느끼며 깨어났다. 이런 시골에 무슨 구급차가 있겠는가. 토니가 우리 차에 나와 부목사를 태우고 읍내 병원 응급실로 달리고 있었다. 케냐의 도로 사정은 거의 붉은 황톳길이다. 길의 군데군데 구덩이가 파여있거나 큰 돌이나 바위가 곳곳에 불쑥 솟아있는 경우가 허다하다.

나는 갈비뼈가 부러졌는지 숨을 깊게 쉴 수가 없었다. 숨을 쉬면 갈비뼈 부분에 극심한 고통이 느껴졌다. 나는 거의 눕다시피 뒤로 젖혀진 앞 좌석에서 겨우 가쁜 숨을 쉬며 죽은 듯 누워있었다.

토니가 아무리 조심하면서 피해도 차 바퀴는 구멍에 빠지거나 큰 돌 위를 지나갈 때 심하게 덜컹거렸다. 그때마다 얼마나 아픈지 온

몸에 털이 곤두서는 느낌이었다. 행인들에게 물어가며 겨우 도착한 병원은 전에 토니가 패혈증에 걸렸을 때 갔던 그 병원이었다. (《봉한샘》 87. 악몽의 하루 참조)

마치 작은 교실이나 보건소 같은 이 병원이 읍내에서는 제일 큰 병원인 것 같았다. 역시 전과 마찬가지로 우리 의료보험을 안 받는다며 현찰을 요구하는 병원 창구의 안내원에게 토니가 돈을 주고 의사가 있다는 사무실로 들어갔다. 이십 대로 보이는 젊은 간호사인지 인턴인지 모를 원주민 여자에게 토니가 나를 가리키며 교통사고 환자라고 말했다. 그녀는 영어를 잘 못하는지 스와힐리어로 설명하더니 나가버렸다. 내가 흘깃 본 간이침대에는 환자가 바뀔 때 교체하는 흰 종이도 덮여있지 않았다. 침대가 얼마나 시커멓고 더러운지 정말 눕고 싶지 않았다.

머뭇거리며 갈비뼈 부분을 양손으로 부여잡고 부들부들 떨고 서 있는 내게 침대에 누우라고 토니가 강권했다. 방의 바깥에는 줄지어 기다리는 환자 외에 간호사도, 직원도 보이지 않았다. 토니가 나를 힘겹게 안아서 침대에 눕혔다. 침대에 눕자 다시 오한이 들며 정신이 가물가물해졌다. 아마도 심한 쇼크 상태인 것 같았다.

잠시 후 간호사인지 인턴인지 모를 원주민 여자가 다시 들어왔다. 그녀가 토니에게 경리과에 가서 진통제 주사비를 지불하고 영수증을 받아오면 내게 모르핀 주사를 투여하겠다고 하는 듯했다. 그리고 다음은 기억이 나질 않는다. 다시 기절했던 것 같다.

한참 있다가 눈을 뜨니 다시 차 안에 있었다. 통증이 아까보다 더욱 심하게 엄습해왔다.

"여보, 내가 왜 병원에 있지 않고 다시 차 안에 있어요?"

토니가 대답했다.

"그 병원에는 엑스레이 기계가 없다며 다른 병원으로 가라고 했어. 그래서 입원 절차비와 주사비만 주고 급하게 도로 나왔어. 당신 아무래도 갈비뼈가 부러진 것 같아."

'아니, 엑스레이 시설도 없는 응급실이 다 있나?'

토니가 지리에 익숙하지 않아서 차를 세워 행인들에게 물어가며 다른 병원에 겨우 도착했다. 나는 고통 때문에 이를 악물었고 정신은 오락가락했다. 차를 세운 토니는 내게 나오지 말라고 했다. 병원 응급실로 들어간 그가 한참 있다 어두운 얼굴로 나와 말했다.

"여보, 여기는 정전으로 엑스레이 기계가 종일 작동하지 않는다고 해. 그냥 우리 나이로비로 나갑시다."

나는 차가 움직일 때마다 질겁할 정도로 아파서 그런 길을 두어 시간이나 더 갔다가는 죽어버릴 것 같은 공포에 휩싸였다. 그래서 숨을 쉬기도 힘들었지만 겨우 입을 열어 말했다.

"여보, 나 죽어도 좋으니까 그냥 집으로 데려다줘. 나는 더 이상 앉아있을 힘이 없어. 흔들리는 차 안에서 더 버티지 못할 것 같아. 이런 울퉁불퉁한 길에서 몇 시간 동안 위아래로 들썩거리다가는 성한 뼈도 부서질 것 같아요."

나는 고통 때문에 너무 아파서 울면서 토니에게 사정했다. 그러자 토니가 손바닥으로 눈물을 닦아내며 말했다.

"집으로 갑시다. 당신은 좀 누워서 안정을 취해야만 하겠소."

그는 병원 주차장에서 차를 집 쪽으로 돌리기 시작했다. 그 뒤로는 아무것도 생각이 나질 않는다. 아마도 또 기절한 것 같다.

학교 안 부지의 목양관 집에 도착했지만 서서 걸음을 옮길 힘이 없었다. 토니는 차 안의 좌석에서부터 나를 업고 안방으로 들어갔다. 모기장을 젖히고 나를 조심스레 침대에 눕히고는 내 얼굴을 내려다보았다. 내 침대에 누웠다는 사실이 나를 안심시켰다.

그런데 다시 머리가 하얘지면서 정신이 아득해졌다. 어딘가 나락으로 떨어지는 듯한 느낌이 들었다. 나는 다시 정신을 잃기 직전임을 직감했다. 그리고 의사도, 의료 시설도 없는 이곳에서 생의 마지막 순간을 맞이할 수도 있겠다는 마음이 들었다.

'그렇다면 주님과 내가 동행하며 기록한 《봉한 샘》은 어떻게 되는 건가?'

나는 덜컥 겁이 났다. 그래서 눈을 감은 채 토니에게 낮고 급한 음성으로 유언처럼 말했다.

"여보, 내 랩톱 컴퓨터에 보면 'The Concealed Fountain'이라는 제목의 파일이 있어요. 만약 내가 다시 깨어나지 못하고 주님께 당신보다 먼저 가면, 그 원고를 꼭 출판사에 신속히 부쳐주세요. 내 마지막 부탁이에요."

이 말을 다 끝냈는지, 다 하지 못하고 정신을 잃었는지 아직도 기억이 잘 나질 않는다.

한참이 지난 것 같았다. 눈을 뜨니 나는 침대에 누워있었고 더 이상 오한이 나지는 않았다. 그러나 온몸이 천근같고 손가락 하나 꼼짝할 힘이 없었다. 나는 눈을 감고 중얼거렸다.

"주님, 저를 받으소서. 저는 이 낯선 땅에서 열심히 사역하다가 이제 순교하는가 봅니다."

누운 채로 이렇게 기도하는데 뜨거운 눈물이 귀를 타고 흘러내렸다. 한참을 울다가 다시 정신을 잃었다.

꿈인지 환상인지 너무나 보고 싶은 엄마도 보이고 미셸도 보였다. 마치 실제처럼 둘 다 나를 보고 웃고 있었다. 그런데 몸을 조금만 뒤척여도 머리끝이 쭈뼛하는 고통이 엄습해서 잠을 설쳤다. 새벽녘에 겨우 잠이 들었는데, 잠결에 닭 울음소리를 들었다. 아프리카 시골에서는 개 짖는 소리로 잠을 청하고 새벽의 닭 울음소리로 깬다.

아직 겨울이라서 새벽에도 깜깜했다. 문득 방 안에 어슴푸레한 빛이 들어오는 느낌이 들어서 눈을 떴다. 그런데 놀랍게도 빛이 없는 방 안에 내 오른쪽 허리 부근에 두 명의 사람 같은 형체가 서있었다. 방 전체는 깜깜했고 그들이 서있는 곳만 빛이 희미하게 비치고 있었다.

나는 직감적으로 그들이 천사라는 걸 알았다. 한 명은 키가 210센티미터 정도로 보통 사람보다 머리 하나가 더 커 보였다. 그는 건장한 체격과 근엄한 얼굴에 짧은 곱슬머리를 가진 삼십 대 정도의 흑인 여자처럼 보였다. 천사는 마치 아프리카 마사이족의 전통 복장 같은 붉은 통옷을 걸쳤다. 천사 앞의 침대 위에는 쟁반 같은 것이 놓여 있었는데, 그 안에는 초록색 이파리를 으깬 것처럼 보이는 부드러운 약 같은 물질이 담겨있었다.

나는 아침에 입었던 교단의 목사 유니폼을 그대로 입고 누워있었다. 그런데 내 블라우스의 앞 단추가 모두 열린 채 옷이 말려서 가장자리로 젖혀져 있고, 나는 한쪽 가슴을 드러내고 축 처진 채 누워있었다. 천사는 숟가락 같은 걸로 초록색 약을 내 갈비뼈부터 허리 부근까지 고루 펴서 발랐다. 잠에서 깬 나와 눈이 마주친 천사는 따스하게 미소를 지어주었다. 그 미소는 마치 나를 잘 알고 있는 듯한, 내 가슴까지 따뜻해지는 미소였다.

그 옆에는 그녀보다 키가 약간 작고 짧은 금발의 젊은 백인 청년처럼 보이는 천사가 서있었다. 그는 보통 사람의 키 같았으나 그녀가 원체 컸기에 상대적으로 작아 보였다. 그러나 그녀의 바로 옆에 붙어 서있어서 얼굴과 몸이 가려져 자세히 보이지는 않았다. 내가 그를 보려고 하는 것을 아는지 그가 내 쪽으로 자신의 얼굴을 조금 드러냈다. 나는 그가 모델처럼 잘생겼다고 생각했다.

정말 놀라운 일은 그다음 순간이었다. 숨을 쉬는데 잠들기 전만큼 아프지 않았다. 내가 눈을 동그랗게 뜨고 두 천사를 다시 바라보려고 하니 그들은 이미 없었다. 나는 몸을 아주 조금 움직여 보았다. 여전히 오른쪽 갈비뼈가 아팠다. 그러나 잠자리에 들기 전만큼은 아니었다. 놀라운 일이었다. 보통은 대형 교통사고가 나면 당일보다 다음날에 더 몸이 붓고 쑤시고 아픈 게 정상이다.

주님이시다! 나는 왠지 빠르게 나을 것 같은 확신이 들었다. 이 놀라운 장면과 사실을 토니에게 알리려고 어둠 속에서 누운 채로 그를 불렀다. 그러나 몇 번을 불러도 그는 잠에서 깨어나질 못했다.

'참 이상하다. 토니와 나는 아주 예민해서 한밤중에도 이름을 부르면 벌떡 일어나는데….'

천사가 방문하는 밤에는 토니가 깊은 잠에 빠지나 보다. 전에 그가 패혈증에 걸렸을 때도 그랬다.

나는 숨을 쉴 때 여전히 갈비뼈 부근이 아팠지만 극심한 고통은 사라졌다는 걸 느꼈다. 문득 한 생각이 뇌리를 스치고 지나갔다.

나는 《봉한 샘》을 탈고했다. 그러나 원고의 맞춤법과 띄어쓰기는 40년 전 한국에서 공부할 때에 멈춰있었다. 출간하기 위해서는 수정 작업이 여러 번 필요함을 알았다. 하지만 재활원 장애아이들과의 일상 업무에 매일 쫓기다시피 살다 보니 조용히 앉아서 마무리에 몰두할 시간이나 정신적 여유가 나질 않았다. 그래서 출간을 차일피일 미루고 있었다.

그러나 죽을 뻔한 이 사건으로 마음이 바뀌었다. 낯설고 물선 이 땅에서 나는 언제든지 죽을 수 있음을 알았다. 의료 시설조차 변변치 않고, 내일의 위험을 예측할 수 없는 곳에서 살고 있음을 잊고 있었다. 책을 출간할 모든 여건이 준비되길 기다리기보다는 차라리 위험이 닥치기 전에, 내게 아직 힘이 남아있을 때 원고를 출판사에 빨리 보내야겠다고 결심했다. 그런 생각을 하면서 눈을 감자마자 다시 깊은 잠에 빠졌다. 할렐루야!

예수님 **내가 지극히 사랑하는 자여, 눈을 떠라. 좀 괜찮으냐?**

제시카 온몸이 너무 쑤셔서 호흡할 때마다 아픕니다. 갈비뼈 속이 아프니 숨 쉬는 것 자체가 고통스러워요. 기침을 해도 아프고 재채기를 하면 기절할 것처럼 더 아파요. 아까 트림을 작게 하는데도 죽는 줄 알았어요. 모든 관절이 얼마나 쑤시는지 앉거나 설 수도 없어요. 팔다리도 올라가지 않아요. 예수님, 제가 지금 어디에 있는 것입니까? 아직도 살아서 땅에 있습니까, 아니면 천국에 입장을 했나요?

예수님 (주님은 내 물음에 대답하지 않으시고 빙긋 웃으셨다) **그대는 기적을 창출하는 여인이니라.**

제시카 저 같은 것이 어떻게 기적을 창출할 수 있습니까? 저는 제 믿음 하나도 겨우 지키며 하루를 살고 있는데요.

예수님 **영의 세계에는 여러 계급이 있다. 영의 전투가 벌어질 때 영토를 확장하는 자가 있는가 하면, 그 영토 위에 깃발을 꽂는 자도 있다. 생명을 파멸하는 자가 있는 반면에 생명을 잉태하는 자도 있다. 일개미는 그 수가 많지만 알을 낳을 수 있는 여왕개미는 많지 않다. 마찬가지로 일벌은 많지만 알을 낳을 능력이 있는 여왕벌은 많지 않다. 그러나**

그들은 존재한다.

염소는 염소를 낳고, 양은 양을 낳고, 신부는 신부를 낳는다. 교회도 마찬가지다. 교회 안의 염소 무리는 염소들을 새끼 치지만 양 무리는 양들을 새끼 친다. 신부의 영성을 가진 자는 신부를 창출할 수 있다. 이것을 나는 '기적'이라고 부른다. 그대는 그런 자다.

제시카 주인님, 저는 주인님께서 죽으라 명하시면 죽을 것이고 살라고 하시면 살아드릴 것입니다. 무엇이든지 당신께서 명하신 걸 실행하길 원하는 간절한 염원이 있습니다. 제 인생이 어떤 대가를 치르더라도 말입니다. 당신의 명령에 순종하는 게 어떤 행위보다 당신의 마음을 기쁘시게 한다는 걸 알기 때문입니다. 평생 순종치 못한 삶을 살았으니 이제 얼마 남지 않은 여생을 오직 당신께 순종하는 마음으로 살아드릴 것입니다. 그래야 당신을 위해 평생을 바친 이들에게 공평한 것 아니겠습니까.

예수님 (주님은 싱긋 웃으셨다) **각자에게는 나로부터 받은 분복이 있다. 그대는 그대의 분복대로 살면 된다. 내가 많이 준 자에게는 많이 취하길 바라고, 적게 준 자에게는 적게 취하길 바랄 것이니라.**

사람은 이 땅의 눈에 보이는 시간대까지만 공평하지 않음을 본다. 그러나 나는 처음부터 나중까지 보기에 눈에 보이지 않는 시간대 너머를 본다. 그러니 내 상은 공평하다.

설령 공평하지 않다고 할지라도 내가 공평하다고 선포하면 공평한 것이니라. 만물의 주권자는 나다.

내 코에서는 연기가 오르며 입에서는 불이 나와 사르는 숯이 피어있다. 내 앞에 있는 광채로 인하여 숯불이 피어 있다. 나는 하늘을 드리우고 강림하며 내 발아래에는 어두컴컴한 흑암이 있다. 나는 그룹을 타고 날며 바람 날개 위에 나타나는 그대의 주인이니라. 내 눈은 유여(裕餘)하며 모든 것을 꿰뚫어 본다. 이 땅을 감찰하며 도는 여호와의 수레에 눈이 가득한 사실을 기억하거라. 에스겔이 본 네 생물 곁의 황옥 같은 바퀴에 눈이 가득하다고 하지 않았느냐?

제시카 아… 그발 강가의 날갯소리가 많은 물소리 같은 궁창의 생물들을 말씀하십니까? 보좌 마차의 소리가 전능자의 음성과도 같고 군대의 소리와도 같다고 하더이다. 저도 그런 소리를 한 번이라도 듣는 복된 귀가 되었으면 참 좋겠습니다.

예수님 **나는 지존자라 천둥소리를 발하며 음성을 낸다. 정녕 듣고 싶으냐?**

제시카 당연하지요. 저는 금이나 은을 움켜쥔 손보다 그런 현존하는 진짜배기 세상을 보고 듣는 귀가 더욱 값있다고 생각합니다.

예수님 **때가 이르면 내가 들려주마. 에스겔은 말씀과 권능이 임**

한 자니라. 나는 그에게 사람의 칠감을 열어주었다. 그는 내 말을 대언하는 강한 순종을 가진 예언자다.

제시카 저는 아직 때가 이르지 않았다는 말씀으로 들립니다. 그렇다면 제가 아직 살아있군요. 당신의 천사들을 보내셔서 살려주셨군요. 주님, 저를 아프리카에서 순교의 반열에 설 수 있도록 두시지 왜 살리셨습니까?

저는 제 마지막 호흡 이후에 어디로 가는지를 확실하게 압니다. 당신께서 이미 알려주시지 않았습니까. 저는 생명을 사모하지도 않고 장수하여 복 받기를 원하지도 아니하나이다. 저는 당신의 곁이 이 땅보다 더 좋습니다.

예수님 **내가 천사를 보냈다. 천사의 손에 들린 그 약은 실존하는 생명나무의 잎사귀로서 만국 백성을 치료하는 약이니라. 그대가 고통 중에 내 이름을 부르지 않았느냐. 내 눈은 나의 신부를 향하고, 내 귀는 내 신부의 부르짖음에 기울이느니라. 나의 신부들에게는 고난이 많을 것이며 없어지지 않을 것이다. 그러나 내가 모든 고난에서 건질 것이니라. 내 신부들의 모든 뼈를 보호하여 하나도 꺾이지 않게 할 것이다.**

제시카 자동차가 완전히 두 동강 났습니다. 그런데 그 처참한 사고에서 뼈가 부러지지 않은 것 같습니다. 저는 응당 죽어 마땅한 죄인의 뼈를 가진 자입니다. 그러나 온전한 기적이 당신의 은혜인 줄 지금 알았습니다. 과연 당신의 약속은 영원토록 신실하십니다.

예수님 **사랑하는 자여, 모든 왕권 신부에게는 반드시 세상에서 겪어야 할 고통과 환란이 있느니라. 각 인생에게는 각자의 아픔 총량이 정해져 있다. 이 모든 것이 그대를 덮칠 때 기이한 일을 당하는 것처럼 여기지 마라. 이 길을 통과하지 않으면 여호와의 저울에 미달이 될 것이니라. 원수의 영이 욥을 참소하듯 평안한 신부의 삶은 참소를 받느니라. 그러니 그대에게 환난이 오면 기뻐하거라. 이 모든 고통이 그대에게 상이 될 것이다.**

제시카 사단이 무슨 참소를 했습니까?

예수님 **그가 말하길 욥이 어찌 까닭 없이 나를 경외하겠느냐고 참소했느니라.**

제시카 아… 그래서 마귀가 욥의 모든 소유를 빼앗았습니까?

예수님 **그러나 욥은 원수의 영의 참소하는 말처럼 나를 저주하지 아니하였다. 그는 자기의 순전함을 굳게 지켰느니라.**

제시카 사단은 참으로 밉상입니다. 주님, 그런 쓰레기를 내뱉는 말에 격동하지 마옵소서.

예수님 **괜찮다. 나는 내 종 욥을 믿는다. 그래서 사단이 가죽으로 가죽을 바꾸겠냐고 욥의 뼈와 살을 치라고 다시 참소했다. 그럼에도 욥은 정당하지 않은 말을 입으로 내지 않았다. 그래서 내가 내 종 욥을 기쁘게 받았느니라.**

제시카 아이고… 주님, 그것은 욥의 시대가 아닙니까. 욥은 아브라함의 족장 시대에 살아서 그런 아름다운 믿음을 소유했지, 패역하고 못된 이 종말의 세대에 어느 누가 욥처럼 살겠습니까. 적어도 제 주위에는 그런 인물이 눈을 씻고 찾아봐도 없는 것 같습니다.

예수님 **그대가 모른다고 존재하지 않겠느냐?**

제시카 그건 아닙니다. 그러나 저는 아닙니다. 저 같은 건 하루에도 몇 번씩 정당하지 못한 말을 뱉어내는 망령된 입술을 가졌습니다. 오늘도 보세요. 제가 죽음 가까이에 이르지 않았습니까? 제가 계속 기절했기에 망정이지 성한 정신이었으면 틀림없이 사람 살리라고 난리를 치고 툴툴거렸을 것입니다.

예수님 **그대는 부목사가 미운가?**

제시카 그건 아닙니다. 사전에 운전 경험이 없는 걸 제게 감춘 것은 죄이나 사고는 사고일 뿐입니다. 저는 부목사를 정말 좋아합니다. 그녀는 홀몸으로 아이를 키우면서 열심히 살려고 노력하는 참한 사람입니다. 제가 그 영혼을 진심으로 사랑합니다.

예수님 **그러면 되었느니라. 그대가 많이 자랐구나.**

제시카 정말요? 당신으로부터 그런 말씀을 듣는 건 삶의 영광입니다. 제가 그동안 얼마나 철딱서니 없이 살았는데요. 주님, 아무튼 제게 욥의 시험을 주지 마세요. 저는 자격이 없는 가당치 않은 사람입니다.

예수님 **그대는 그대에게 맞는 환난과 고통이 있다. 그대의 혀를 악에서 금하며 그대의 입술을 궤사(詭詐)한 말에서 금할지니라. 아무쪼록 이 아픔을 통해 언행으로 범죄치 말고 잘 견디어 내거라. 특히 말을 조심하라.**

제시카 저는 함구의 연습을 열심히 하고 있습니다. 최근에는 입을 별로 열지도 않습니다. 주일에 설교할 때만 입을 엽니다. 여기서는 다른 사람들과 언어가 통하지 않으니 함구가 어려운 일도 아닙니다. 아무도 제 말을 알아듣질 못하는데 혼자 떠들면 뭐합니까. 원주민이랑 생긴 것도 다른데 혼자 떠들어대면 우리 집 바나나밭의 원숭이 취급을 받습니다. 그래서 아예 입을 열고 싶지도 않습니다.

예수님 (주님은 다시 빙긋 웃으셨다) **그대, 아름답고 귀여운 자여, 아플 때 잘 참거라. 나의 고통에 동참한다고 믿어라. 그러면 된다.**

제시카 꼼짝도 못 하고 누워있으니 문득 그 생각이 나서 좀 울었습니다. 저는 갈비뼈가 조금 상해도 이렇게 아픈데… 당신은 큰 창으로 옆구리의 살이 찢겨 구멍까지 나지 않으셨습니까. 물에 담근 가죽 채찍으로 살이 터져서 뼈가 보일 정도였으니 얼마나 아프셨겠습니까!

저는 이 붉은 사막에서 씩씩하게 잘 버틸 것입니다. 당신께 심려를 끼쳐드리지 않도록 전투 시에 영의 세계 안에서 잘 싸워드리겠습니다. 원수에게 맨날 방어만 하지 않고 이제는 공격도 연습하겠습니다. 그래서 매일 하루에 한 번씩 최소한 한 영혼을 기쁘게 해줄 선한 일을 찾아서 하고 있습니다. 그것이 공격 아닙니까? 악을 행치 않는 것이 방어이고, 선을 행하는 게 공격이라고 싱애 천사가 일러주었습니다.

예수님 **그대와 싱애는 조화가 되어 잘하고 있구나.**

제시카 주님, 그런데 옆구리가 진짜로 아픕니다.

예수님 **그대는 잘 참아낼 것이다. 좁은 길을 갈 때 환난과 고통에서 벗어날 지름길은 없단다.**

제시카 오케이, 주님. 저 같은 미물과 동행해주기가 힘드시지요? 나의 예수님!

예수님 **아니다. 내게 힘든 건 아무것도 없다. 그대를 바라보는 게 나의 기쁨이고 낙이다, 조금씩 성장하고 있는 나의 어여쁜 신부야.**

제시카 몇 살까지 성장해야 하나요? 너무 늙으면 안 되지 않나요?

예수님 **하하하… 영은 수천 살인 사람도 있고, 수만 살인 자도 있느니라. 괜찮다. 영은 늙지 않는다.**

제시카 제가 성장하는데 그렇게 시간이 오래 걸리면 어떡하지요? 저는 이 땅에서 살날이 얼마 남지 않았는데요.

예수님 **내게는 하루가 천년 같고 천년이 하루 같은 이 한 가지를 잊지 마라. 영은 시간에 종속되질 않는다. 나의 목전에는 천년이 지나간 어제 같으며 밤의 한 경점 같을 뿐이니**

라. 하루 동안에 영의 성장이 이루어지는 자가 있는가 하면 평생을 살아도 조금도 성장하지 않는 자들이 부지기수다. 그러니 이 땅에서 계수되는 하루하루에 최선을 다해 내 아버지를 영화롭게 하거라.

제시카 어떻게 해야 하나님을 영화롭게 할 수 있습니까?

예수님 **환난 날에 나를 부르라. 환난 중에 네 행위를 옳게 하거라. 그리하면 내가 아버지의 구원을 보이며 그대를 건지리니 그대가 나를 영화롭게 할 것이다. 그런즉 감사로 제사를 드리는 자가 아버지를 영화롭게 하느니라.**

제시카 인생에 닥치는 환난이 실상은 우리에게 득이 되는군요. 바로 그때 하나님을 영화롭게 할 기회를 잡을 수 있다는 진리를 몰랐습니다. 귀한 비밀을 알려주셔서 감사합니다. 언제나 저를 격려하시는 따뜻한 주님을 사랑합니다. 제가 환난 중에 당신께 아뢰니 당신은 왕국의 성전에서 제 소리를 들으시는 신실한 분이십니다.

제 부르짖음이 당신의 귀에 들렸으니 우리의 원수에게 당신의 진노를 보여주소서. 당신의 눈동자를 범하는 자들이 오니 용서하지 마옵소서. 저를 참소하는 사단의 영에게 격동하지 마시고 당신의 종에게 은혜를 베풀어주소서. 저는 단지 오고가는 바람에 지나지 않습니다.

당신은 나의 주인이시요, 나의 피할 바위시요, 나의 방패시요, 나의 구원의 뿔이시요, 나의 높은 망대시요, 나의 피난

처시요, 나의 구원자시니 나를 흉악에서 구원하신 분입니다. 찬송을 받으실 당신께 모든 것을 아뢰리니 제가 원수의 영들에게서 구원을 얻을 것을 믿습니다. 아멘. 주 예수여, 저를 데리러 속히 오소서. 마라나타!

사랑하는 자들아 주께는 하루가 천년 같고 천년이 하루 같은 이 한 가지를 잊지 말라 **벧후 3:8**

28 진주알을 삼키다

양떼의 발자취-간증

교통사고는 후유증이 더 무섭다고 하더니만 정말 아팠다. 거의 두어 달은 코로 깊은숨을 쉬면 갈비뼈 부근이 아팠다. 아예 입으로 숨을 쉬는 게 덜 아파서 나도 모르게 한동안 자나깨나 입을 벌리고 다녔다. 이상하게 낮보다 밤의 적막한 시간이면 고통이 더 엄습해왔다. 한동안 잠결에 돌아누우면 갈비뼈가 뜨끔하는 충격에 깊은 잠을 이루지 못했다.

하루는 새벽녘에야 겨우 잠들었는데 내가 나의 코 고는 소리에 놀라서 눈을 번쩍 떴다. 나는 누워서 입을 벌리고 자고 있었다. 그런데 낯선 대륙 아프리카에서 고통의 시간을 보내는 중에 정말 놀라운 일이 눈앞에서 갑자기 벌어졌다. 내가 침대에 누워있는데 천장이 열리면서 새벽하늘이 보였다. 그리고 하늘 위쪽에서 피처럼 진한 붉은색을 띤 스무 알 정도의 진주가 마치 목걸이 줄이 터진 것처럼 주루룩 떨어졌다. 그러면서 진주알들이 벌어진 내 입에 쏟아져 들어왔다.

순식간에 일어난 상황이 얼마나 실제 같은지 나는 목이 막혀서 캑캑거리며 기침을 했다. 기침할 때마다 갈비뼈에 날카로운 통증이 느껴졌다. 그러다가 겨우 정신을 차려보니 환상이었다.

주님께서 보여주신 것을 깨닫자 내 마음이 평온해지면서 걱정이 사라졌다. 아마도 오늘부터는 조금씩 나으려나 보다.

주님은 처음에 두 천사를 보내셔서 생명나무 이파리를 환부에 붙여 상한 뼈를 치료해주셨다. 두 번째는 진주알들을 아예 내 입에 넣어서 삼키게 하셨다. 정말 기분이 좋았다. 왠지 빨리 나을 것 같은, 가슴 두근거리는 경이로운 느낌이 들었다. 할렐루야!

'주님, 저를 잊지 않고 위로해주시려고 진주알들을 보여주신 것입니까? 감사하고 또 사랑합니다!'

29 《봉한 샘》 원고를 떠나보내고

샘가의 대화

예수님 **장하도다, 나의 신부여. 드디어 세 번째 옥합을 깼구나. 고맙다.**

제시카 주님, 부족한 종의 죄 많은 손으로 신비한 '봉한 샘'을 감히 열게 허락해주셔서 감사드립니다. 오직 하나님께 영광을 올려드리니 향유를 흠향해주옵소서.

제 눈물, 제 포기, 편한 생활, 안일한 생각, 사랑하는 자들과의 시간, 떠날 수 없는 사람들과의 정, 이 모든 걸 세 번째 옥합인 《봉한 샘》에 담아서 그 닫힌 인봉을 깨뜨렸습니다. 이 시간에 귀하디귀하신 당신의 못 자국 난 발 위에 《봉한 샘》 향유를 붓사오니 그 향기를 흠향하옵소서.

예수님 **내가 그리하리라.**

제시카 추한 계집종을 마다않고 사용해주셔서 고맙습니다. 장차 이 세 권의 책은 어떻게 되는 겁니까?

예수님 **나의 때가 차길 기다려라. 반드시 내가 네 옥합에 복 주고 복 주리라.**

제시카 주님께서 그 비밀의 기록을 남기시기 위해 이 철없는 여종과 그토록 친밀히 동행해주신 사실만으로도 복이 차고 넘치나이다. 할렐루야! 여종의 찬미를 받으소서.

예수님 **내가 받고 있느니라, 귀한 자여.**

제시카 주님, 정말 기쁩니다. 그리고 고맙습니다.

예수님 **네가 기뻐하는 모습을 보니 나도 기쁘고 나도 네가 고맙다. 우리는 서로 안에서 한 영이지 않느냐.**

제시카 갈비뼈가 아파서 숨이 잘 쉬어지지 않아도, 누우면 앉지 못하고, 앉으면 일어서질 못하고, 일어서면 앉지 못하는 이 아픈 몸으로도 살아남았습니다. 저는 이 모든 고통을 겪으며 그저 눈물나게 당신이 감사할 따름입니다.

오랫동안 심호흡을 크게 할 수 없었습니다. 지나고 보니 마음놓고 제대로 숨을 쉬는 것조차도 당신의 축복인 것을 모른 채 평생을 살았습니다. 제가 얼마나 미련한 자입니까. 무지를 용서하소서. 이제라도 깨닫게 해주시니 감사합니다.

예수님 (주님은 빙그레 웃으셨다) **사람은 진실로 내게 감사를 올릴 것에 대해서는 감사를 잊고, 진실로 허탄한 것에 대해서는 감사를 올린다. 사람이 평생을 살아온 가치관을 바꾸고 내 마음에 합한 자가 되어 인생을 돌아본다면, 그들이 생각하는 축복이 얼마나 가치 없는 허망한 것들이고, 그들이 저주라 여기는 것이 얼마나 값진 것들이었는지 깨달을 것이다. 세상과 나는 정반대다. 이 책이 세상에 길들여진 그들의 마음을 돌리고 바꿀 것이니라.**

나의 귀한 자여, 네가 지금은 숨 쉬기조차 힘드나 곧 나을 것이다. 나는 내 신부가 병들어 고통 속에 있는 걸 보기가 힘이 든다.

제시카 주님 말씀이 옳습니다. 제 부목사는 난생처음 차를 사서 기뻐하는 축복 속에 있다가 불의의 교통사고가 나서 차가 박살이 났으니 그녀의 축복은 실상 저주였습니다.

저 역시 교통사고가 난 것이 처음에는 화인 줄 생각했습니다. 그러나 사고로 인해 CT를 찍으니 간에는 혹이, 담낭에는 돌이 차있는 게 발견되었습니다.

장차 암이 되고 죽을 수도 있는 덩어리들을 일찍 발견했으니 제게는 축복이 아닙니까! 우리가 생각하는 축복이 실상은 저주이고, 저주는 축복이 될 수 있음을 이제야 깨닫습니다. 인생의 생사화복이 새옹지마 같은 허탄한 일임을 이 나이에야 알았습니다.

당신께서 이 모든 것을 주관하시니 우리는 그저 겸손할 수밖에 없습니다. 저는 이제 환난을 만나면 온전히 기쁘게 여기라는 당신의 말씀을 믿습니다. 이 시험을 참고 인내함으로 당신께 옳다 인정함을 받길 원합니다. 제 사랑이 변하지 않으면 생명의 면류관을 얻을 것임을 아나이다.

예수님 (주님은 다시 빙그레 웃으셨다) **잘 깨닫고 있구나, 나의 신부여. 나는 네가 온전하고 구비하여 조금도 부족함이 없게 훈련시키는 중이다. 언제 그렇게 컸느냐! 내 마음이 흡**

족하구나.

제시카 저도 이제 제 손으로 침과 코를 닦습니다. 어찌 매일 젖만 먹겠습니까. 주님, 그동안 철없는 저 때문에 애 많이 타셨지요? 이제는 조금이라도 당신의 속을 썩이지 않는 딸이 되도록 노력하겠습니다. 그동안 인내하고 기다려주셔서 정말 고맙습니다.

예수님 (주님은 미소 지으며 고개를 끄덕끄덕하셨다) **그러자꾸나, 내 예쁜 딸아.**

제시카 저는 이제 빈민굴 교회에 가서 예배를 올리고 오겠습니다. 비록 제가 원주민들의 말은 못 알아듣지만, 주님께서 가장 작은 소자 안에 계신 사실을 압니다. 당신께서 빈민굴 교회 안의 그 초라하고 누추한 흙바닥 위의 소자 안에 계시니 제게는 귀한 예배입니다. 거기서 만나요. 주님, 무척 사랑합니다.

30 팔꿈치와 종아리

샘가의 대화

제시카 주님, 아프리카에 온 지 1년 반이 넘었습니다. 이제 미국으로 엄마와 딸아이를 보러 휴가를 갑니다. 저는 지금 당신께서 '사람을 실어 나르는 금속'이라고 칭하신 비행기 안입니다. 괜히 눈물이 납니다. 기쁨의 눈물인지 슬픔의 눈물인지도 모르겠어요. 자꾸 가슴속에 뭔가가 가득히 차있는데 터져 나오지 못하고 응어리져 있는 것 같아요. 지나간 시간을 어떻게 지냈는지 모르겠어요.

아하… 주님, 마치 여름날 들판 한가운데에 서있는데 지독한 소나기가 한바탕 퍼붓고 지나간 느낌이에요. 한 해 동안 제 인생에 번개와 천둥이 얼마나 쳐댔는지 돌아보고 기억하니 가슴이 떨립니다. 그런 날들을 살던 중에 세월이 이렇게나 지났네요.

참 많이 두려워 떨고, 서러워 울던 나날이었습니다. 1년에 교회 예산 800만 달러를 창출하던 저희가, 시골 닭장 앞에서서 계란을 손에 들고 하늘을 바라보며 울던 생각이 납니다. 종일 계란을 팔아야 10달러를 겨우 버는 게 믿어지지 않아서 울었어요. 처량한 울음이었지요.

그 울음은 제 영혼이 무너지는 소리였어요. 제 속에 있던 철보다 견고한 진에 미세한 금이 가던 소리였지요. 그러나 주님, 제발 그때는 기억하지 말아주세요. 제 못난 자아가 박살이 나는 순간들이었으니까요. 사실 저는 더 부서져야만 합니다. 아직도 갈 길이 까마득히 멀거든요.

예수님 (주님은 빙그레 웃으셨다) **내가 기억하는 네 울음은 병들어 누워있는 작은 소자의 손을 잡고 흐느껴 울던 그 울음이다. 어두운 방 안에서 차갑고 더러운 땅바닥에 주저앉아 어찌할 바를 모르고 아이의 손을 보듬고 소리 죽여 울던 바로 그 울음이다.**

제시카 주님, 그때 제 곁에 계셨나요?

예수님 **나는 결코 너를 떠나지도 버리지도 않을 것이라고 이미 약속하지 않았더냐. 어찌 네 심장 안에 존재하는 나를 잊어버린 것이냐. 이스라엘의 눈이 어찌 레바논의 백향목을 떠나겠느냐. 나사렛의 목수가 어찌 백향목을 버리겠느냐. 너는 내 심장 안에 각인되어 있는 나의 사람이니라.**

제시카 참으로 미천한 계집종을 떠나지도 버리지도 않으시는 당신의 자비하심을 진실로 찬양합니다. 매일 당신을 기쁘게 해드릴 일을 찾았습니다. 잠깐이라도 그런 기회가 제 앞을 지나갈 때를 놓칠까 두려웠습니다. 당신의 저울에 올려진 저를 보았기 때문입니다. 그 저울에 미달이 될까 노심초사 했습니다.

그래서 말없이 노려보는 원주민들이 무서워도 참고 마실 것을 그들에게 주었어요. 곁에 가기도 꺼려지는 사람에게 일부러 가까이 가서 돈을 건넸지요. 건방진 웃음을 흘리는 사람은 외면하고 싶었지만 무조건 은혜를 베풀었어요. 미친듯이 고함을 지르는 아이들에게서 도망가고 싶었지만 미소를 지었습니다. 냄새가 나서 도저히 옆에 갈 수도 없는 사람이 제 손을 잡아도, 숨을 들이쉬기가 힘들어 질색하면서도 웃으며 그 손을 감싸 안았어요.

아아… 나의 영원한 주인님이시여, 그 모든 게 오로지 제 자아와 싸우는 순간이었습니다. 마땅히 죽어야 할 제 자아가 독사처럼 머리를 빳빳하게 곤두세우며 서서히 저를 감싸고 옥죄었습니다. 수십 년을 쫓아내지 못하고 함께 동고동락하던 제 마음에 거주하고 있는 가나안 일곱 족속과 치열한 전투를 치르는 나날이었습니다.

두 주인을 섬길 수 없기에 수많은 날을 전쟁했습니다. 그리고 전쟁터에서 저는 조금씩 자랐습니다. 아직도 전쟁에 온전히 익숙하지는 못하지만 그래도 예전처럼 방어만 하지는 않습니다. 제법 원수의 영 앞에서 검을 휘두르기도 합니다. 어떻게 하면 당신의 마음을 통쾌하게 해드리는 반격을 할지 이제는 조금 압니다.

주인님, 지난 1년 동안 붉은 사막의 삶 속에서 아무래도 제가 예전보다는 아주 조금 자란 것 같습니다.

예수님 (주님은 싱긋 웃으셨다) **그렇다, 나의 신부여. 그러나 조금도 방심하면 안 된다. 너는 영의 전쟁에 참여한 지 몇 년이 되지 않았다. 그러나 원수는 그 수천수만 배의 세월 동안 이 전투에 아주 익숙해져 있는 피조물이다. 마귀는 네 일거수일투족을 보고 그다음에 네가 취할 선택과 행동을 정확하게 예상할 줄 아는 자다.**

영의 세계에서 그와 싸울 때는 네 천사 싱애조차도 때로 힘겨워하는 순간이 있단다. 네가 원수의 영을 삼켜서 내치지 않으면 원수의 영이 너를 삼켜서 네가 내침을 당할 것이다. 영의 세계는 역동하는 세계다. 그런즉 섰다고 생각하는 자는 넘어질까 조심하라.

제시카 명심하겠습니다, 주님. 밤 비행기라서 그런지 하늘이 깜깜하여 아무것도 보이지 않습니다. 지금 대서양을 건너는 중인 것 같아요. 대서양 횡단은 세 번째입니다. 내일 아침에 미셸이랑 뉴욕 공항에서 만나기로 했어요. 마음이 설렙니다. 아이를 1년 반 넘게 못 본 건 처음이거든요.

아이 만날 생각을 하면 기쁜데 며칠 뒤에 있을 집회를 생각하면 긴장이 됩니다. 말씀을 선포하는 건 정말 기쁩니다. 그러나 종교인 무리가 트집을 잡을까 봐 겁이 납니다. 천국을 증거하는 게 당신 앞에서는 기쁜데 사람 앞에서는 두렵습니다. 말주변이 좋은 강사들은 제 할 말을 다 해도 미꾸라지처럼 잘 빠져나가는데, 당신도 아시다시피 저는 한국

말을 매끄럽게 잘하지 못합니다. 정말 죄송합니다, 예수님.

예수님 **괜찮다. 이 세상에는 입에 달변의 기름을 발라서 말 잘하는 목사들이 많다. 연설 잘하는 강사도 많다. 말주변 좋은 종교인은 더 많다. 수학 공식 따지듯 뱉어내는 정답 제조기 같은 신학자는 더욱 많다. 그렇지만 정작 나를 아는 사람은 희귀하다 못해 찾기조차 힘들다.**

그들이 하나님을 알기 위해 성경을 상고하거니와 이 성경이 곧 나를 증거하는 것이거늘 그들은 나를 알려고 하지 않는다. 오히려 나 알기를 힘써 거부한다. 참으로 우스꽝스러운 짓이 아니냐!

나를 모르는 채로 나를 잘 아는 것처럼 거짓 증거하는 그들은 종교 광대들이다. 자신의 상상의 세계 안에서 어릿광대짓을 얼마나 잘하는지 모른다. 마치 내 아버지를 잘 알고 있는 것처럼 제 생각으로 이해하고 지어낸 각자의 신을 주절거리며 내 양들에게 훈시한다.

자신의 삶과 가치관은 습관화된 죽은 종교관에 화석화된 채로 말이다. 내 계명을 지키지도 않는 죽은 믿음을 간직하고 자신의 의에 빠진 착각의 옷을 걸친 채로 말이다. 그 가짜 삯꾼들은 양들 앞에서 내 이름을 선포할 때 가슴이 뜨거워지지도 않는다. 아예 가슴이 말라서 눈물이 나오지도 않는다. 제 기름병에 기름이 다 떨어진 줄도 모르는 목자들이 태반이니라. 그러니 너는 네 주위의 그런 자들에게

서 온전히 돌아서라.

제시카 두렵습니다. 그런 종교인들로부터 살아남으려면 제가 무엇을 어떻게 해야만 합니까?

예수님 **첫째, 너는 무엇보다 먼저 은혜의 깊은 강에 들어가야 한다. 얕은 물에는 고기가 많이 살지 않는다.**

둘째, 그 깊은 강에 구멍이 없이 촘촘하게 짠 씨실과 날실의 말씀의 그물을 내려야만 한다. 구멍 뚫린 그물에는 물고기가 잡히지 않는다. 때로 눈먼 물고기들이 있기도 하다만….

셋째, 그 두 가지가 이루어진 후에야 영혼의 고기들이 잡힐 것이니라. 그리하면 내 천사들이 나쁜 물고기는 버리고 좋은 물고기는 추수한다.

그러므로 너는 집회 때 말을 잘하려고 노력하지 않아도 된다. 너보다 언변 좋은 목사들은 널려있다. 너는 양식의 꼴을 먹지 못해 빈핍하고 생수를 마시지 못해 목마른 내 백성들에게 내가 말해준 것을 알려주고, 내가 보여준 것을 증거하면 되느니라.

제시카 아이고… 주인님, 제가 그렇게 하면 사람들이 '직통 계시' 운운합니다. 아마도 저는 십자가에 매달리기도 전에 그들의 입 총알에 맞아 죽을 게 뻔합니다. 제 시체를 보고 싶으십니까?

예수님 **그렇게 간이 작아서야 어찌 내 복음을 선포하겠느냐! 성**

경의 어느 선지자가 군중의 지지와 찬사를 받았느냐. 설령 받았다고 해도 어느 선지자의 이름이 자식에게까지 전수되더냐. 나로 인해 죽으면 나로 인해 살리라. 정신을 차리거라, 나의 신부여.

제시카 알았습니다. 당신을 위해서 죽겠습니다. 며칠 후에 있을 집회에서 당신께서 이 종에게 하신 말씀과 보여주신 것들을 증거하겠습니다. 제 입에 당신께서 원하시는 말씀만을 담아주옵소서.

당신의 말씀을 선포한 후에 저는 뒤도 돌아보지 않고 비를 피해 달려가는 엘리야처럼 옷을 걷고 도망할 것입니다. 양들의 눈에는 오직 도망가는 뒷모습인 제 팔꿈치와 종아리만 보일 것입니다. 아셨지요?

예수님 **하하하… 알았느니라. 그리하라.**

제시카 오케이! 나의 사랑하는 주님, 제게 너무 많은 것을 바라지 마세요. 저는 제 열조보다 낫지 못합니다. 겁쟁이인 데다 정말 많이 부족합니다. 제 철없고 어리석음을 오래 참으시고 인내해주신 주님, 붉은 사막 위에서 1년 6개월 동안 훈련시켜주셔서 진심으로 고맙습니다.

주님, 나르는 금속 안에서 보니 희게 포개어져 펼쳐진 구름이 마치 바게트빵에 발린 크림치즈 같아요. 딸기에 크림치즈를 발라서 먹고 싶어요. 매운 떡볶이도 먹고 싶고, 마늘 버터에 찍은 바닷가재 살도 먹고 싶어요. 먹고 싶은 것들이 잡지를 넘기듯이 제 머릿속에 차례로 떠올라요. 제가 식탐이 있는 사람도 아닌데 말이에요. 그동안 굶긴 굶었나 봅니다. 마치 몇 년을 굶은 거지 같아요.

예수님 (주님은 씨익 웃으셨다) **알았다. 그동안 힘들었지? 내가 다 먹게 해주마.**

제시카 아프리카에 도착하고 처음 두어 달을 제외하고는 제가 먹고 싶은 게 있다고 주님 앞에 한 번도 언급한 적이 없던 걸 아시지요. 왜 그랬는지 아세요?

예수님 **다 안다. 내가 모르는 게 있겠느냐.**

제시카 헤헤헤… 제가 먹고 싶은 걸 말하면 행여 당신의 마음이 아프실까 심려되어 그랬습니다. 만약 미셸이 아무것도 없는 흉년에 제 앞에서 먹고 싶은 음식 이름을 쭉 말하면 제 마음이 얼마나 아프겠어요. 미셸이 얼마나 먹보인지 제가 잘 아는데요.

예수님 **내 앞에서 짜증도 내지 않고 잘 참아주더구나. 고맙다.**

제시카 제가 사랑하는 주님을 위해서 그까짓 건 아무것도 아니에요. 저는 당신께서 원하신다면 제 목이 잘리는 순교라도 해드리고 싶습니다.

전에 이탈리아 로마의 원형 경기장에 두어 번 가봤어요. 경기장 입구에 높이 세워진 사람을 처형시키는 십자가를 보았지요. 당신을 위해서라면 설령 굶주린 사자의 밥이 된다고 하더라도 저는 그 십자가 위로 올라갈 겁니다.

위층에서 울리는 굶주린 사자의 포효를 들으며 축축한 미로 같은 경기장 지하에서 짐승의 밥이 되길 기다리는 하나님의 사람들의 심정이 어땠을까요? 그 감옥에서 온 가족이 굴비 엮이듯 묶인 채로 햇빛 쏟아지는 마지막 길을 걸어 나갈 때 그들의 마음이 어땠을까요? 굶주린 맹수의 이빨에 찢겨 나가는 자식의 몸을 바라보는 부모의 심정은 어땠을까요?

그들은 오직 당신의 거룩하신 이름을 배신하지 않기 위해 처형 길을 스스로 선택했습니다.

예수님 **그들은 당당했다. 그 세대에 내 이름을 존중하는 내 백성들은 나를 위해 죽음을 선택하는 걸 명예로운 상을 받는 것처럼 자랑스럽게 생각했단다.**

제시카 저도 그렇게 할 수 있을까요? 자신이… 없습니다.

예수님 (주님은 아름다운 불꽃의 눈동자로 등불을 가까이 대듯이 나를 찬찬히 살피셨다) **너는 그럴 것이다. 때가 이르면 그럴 수 있는 힘을 불씨처럼 간직하게 될 것이다. 강하고 담대하거라, 나의 아가야!** (이때 주님은 나를 처음으로 '아가'라고 불러주셨다. 그 순간 말로 형용할 수 없는 포근한 느낌이 안개처럼 나를 감싸 안았다)

제시카 주님, 벌써 비행기가 이륙할 시간이 되었나 봐요. 좀 더 주님과 대화하고 싶은데….

31 시어머니와 친정어머니가 갈 장소

샘가의 대화

예수님 **백합화 가운데서 꼴을 먹는 쌍태 노루 새끼 같은 나의 신부야, 잘 잤느냐?**

제시카 네, 주님. 푹 잤습니다. 오늘은 시어머니의 머리를 좀 잘라 드리려고 합니다. 몸이 불편하셔서 미장원에 못 가시니 머리가 어깨를 덮었습니다. 제가 어머님의 마음을 상쾌하게 해드릴게요. 그런데 아흔세 살이신 어머니는 아직도 정정하고 정신도 아주 맑으세요. 저희 시댁은 장수하는 집안인가 봐요.

예수님 **이다음에 후회가 없도록 네 두 어머니를 정성으로 잘 돌보거라. 정한 때가 오면 처처에 질병의 고난이 있으리라. 너와 토니가 아프리카에 있는 동안 네 어미만은 내가 데려가지 않을 것이다. 네가 이전에 목회와 사역으로 바다 건너에 거주하고 있었던 까닭에 네 아비의 임종을 지키지 못한 사실을 안다. 하여 나는 네가 바다 건너에 있을 때 네 어미로 인해 또다시 가슴 아픈 눈물을 흘리게 하고 싶지 않다.**

제시카 그렇다면 시어머니는 어디로 가는 것입니까?

예수님 **천국 성의 안(또는 밖)이다. 네가 이미 짐작하고 있느니라.**

제시카 그렇다면 엄마는요?

예수님 **천국 성의 밖(또는 안)이다. 이 또한 네가 짐작하고 있느니라.**

제시카 주여, 감사합니다. 당신의 자비와 은혜가 크시오니 무엇으로 갚겠습니까. 공로 없는 저희는 단지 당신의 은혜를 감사하고 찬미할 뿐입니다. 할렐루야! 그런데 그런 천국의 비밀을 어찌 천하고 부족한 제게 알려주십니까?

예수님 **나는 내가 하려고 하는 일을 내 종에게 알려주지 않고는 실행하지 않는다. 네 인생에 영향을 끼치는 일이 아니냐.**

제시카 주님, 제가 하와이에서 사역할 때 미국 본토에 계시던 아버지가 돌아가셨습니다. 제가 본토에 도착했을 때는 이미 뇌내출혈로 쓰러지셔서 기계로 숨만 지탱하고 있었습니다. 아침에 쓰러진 아버지는 저녁에 돌아가셨지요. 저는 목회와 사역 때문에 부평초같이 떠돌아다니느라 아버지의 임종을 지키지 못했습니다.

예수님 **내가 알고 있다. 네 아버지는 평소에 내게 기도하길, 늙은 후에 오랫동안 아파서 식구들에게 폐 끼치지 않도록 신속하게 데려가 달라고 했다. 내가 그 마음의 소원을 이뤄준 것이니라.**

제시카 자비하신 주님, 이 또한 주인님을 찬양합니다. 우리 마음 깊은 곳에 품은 소망이 단 하나도 당신 앞에 열납되지 않은 것이 없습니다. 제 아비가 지금 있는 영의 세계의 장소까지 이 종에게 보여주셨으니 제가 무엇을 더 바라오리까? 그저 모든 것에 감사와 찬양을 올릴 뿐입니다.

주님, 어제 제 멘토에게 《봉한 샘》의 추천글을 부탁했습니다. 당신께서 그에게 《잠근 동산》과 《덮은 우물》의 추천글도 다 받으라고 하셨으니 저는 말씀에 순종했나이다.

예수님 **잘했다. 그가 책에 대해 잘 표현했느니라.**

제시카 제 멘토는 충실한 목사님입니다. 저도 이다음에는 주님 안에서 도움이 필요한 이들에게 집회 사례비를 흩어 나누는 제사를 올리며 살고 싶습니다.

예수님 (주님은 빙긋 웃으셨다) **너도 그렇게 될 것이다. 염려치 마라. 그는 많은 세월을 내 안에서 낮아지는 훈련을 받은 자이니라.**

제시카 저는 그 정도로는 못할 것 같습니다. 악한 자에게 두드려 맞으면 저 같은 것은 쓰러져서 못 일어날 겁니다. 저는 골다공증도 있으니 뼈가 부러지지 않고 바스러져 버릴 겁니다. 무서워요. 이번 교통사고에도 당신께서 천사를 보내 생명나무 이파리를 붙여주시지 않았다면 지금 일어서지도 못했을 겁니다. 아마 모든 집회를 다 취소하고 이렇게 미국에 오지도 못했을 거예요.

예수님 **너는 네게 맞는 너만의 낮은 길과 훈련이 있단다. 각자의 믿음과 헌신이 다른데 내가 어찌 붕어빵을 찍어 내듯 똑같은 훈련을 시키겠느냐. 너는 네게 가장 알맞은 강도의**

적합한 좁은 길의 훈련을 받고 있다. 내가 허락한 그 길과 방법이 네게 최고로 좋은 길인 것을 믿어라. 남과 비교하지 마라.

제시카 잘 알았습니다, 주님. 새벽의 꿈에 제게 앳돼 보이는 한 청년이 찾아왔습니다. 그는 부유해 보였고, 제게 속옷을 두 벌이나 사 갔습니다.

예수님 **그의 성품이 아직 빚어지지 않았으니 혼이 어리게 보일 뿐이지 어린 자는 아니니라.**

제시카 한 사람이 어찌 옷은 두 벌을 사 갔지요?

예수님 **그가 부인을 제 목숨처럼 사랑하니 내가 그 부인과 함께 구원의 속량의 은혜를 허락해준 것이니라.**

제시카 그랬군요. 그런데 그가 부유한 자인지 제가 어떻게 압니까?

예수님 **내게 많은 것을 올려바치는 자다. 물질 헌금이나 교회 봉사에 땀을 많이 내는 자다. 그러나 아직 영혼의 깊은 회개를 못 했으니 거듭남의 경험이 없는 자니라.**

제시카 그런데 그가 어찌 저를 찾아왔지요?

예수님 **네 집회에 온 자이니 그런 것이다.**

제시카 수많은 사람 중에 어찌 구속의 속옷이 오직 두 명에게만 허락되었는지 안타깝습니다.

예수님 **지금은 이방인의 구원의 문이 닫히는 세대다. 접붙인 가지들의 추수가 끝나는 대로 원 가지인 이스라엘의 구원의 문이 열리기 시작할 것이다.**

제시카 주님, 그럼에도 당신과 제가 하는 집회에는 많은 영혼의 추수가 있게 해주세요. 원수에게 압제 받는 우리의 백성들이 너무 불쌍합니다. 다들 피 흘리는 상처를 안고 옵니다. 저를 보지 마시고 그들을 불쌍히 여기소서.

예수님 **알았다. 네 추수는 책으로 인한 추수이나 네 소원이 그러하니 집회 때도 많은 영혼의 추수가 이루어지게 하마. 천국은 침노하는 자의 것이니라. 많이 애쓰고 심는 자가 많이 거둘 것이다. 짧은 휴가 기간이지만 푹 쉬고 누리거라.**

제시카 저는 딸 미셸이 제 눈앞에 알짱거리는 걸 보는 것만으로도 만족합니다. 잘 쉬고 있습니다. 시댁에 도착해 며칠을 잠만 잤습니다. 피곤이 한꺼번에 밀려와서 일어날 수가 없었어요. 참, 주님, 친구 목사가 문자로 알려주었습니다. 두어 신문에 우리의 책과 집회에 관한 기사가 났다고 들었어요. 당신께서 하셨지요? 저는 아프리카에 있어서 기사가 났는지조차 몰랐습니다.

예수님 **내가 하였다.**

제시카 당신께서는 제게 조용히 소리 내지 말고 잘 감추어져 있으라고 하셨습니다. 그런데 어찌 저를 신문에 내셨는지요?

예수님 **나는 나의 뜻을 밝힐 때와 장소를 안다. 너는 그저 지금처럼 납작 엎드려 감추어져 있으면 되느니라. 내가 할 일은 내가 하고, 네가 할 일은 네가 하면 된다.**

제시카 그렇군요. 사랑해요, 주님!

32 꿀벌과 파리

영의 세계

나는 어떤 목적지를 향해 오랫동안 집을 떠나야 하는 상황이었다. 단정하고 간편한 여행복을 입고 분주한 마음으로 짐을 챙기는 중이었다. 토니는 이발소의 큰 거울 앞에서 높은 등받이 의자에 앉아 천사에게 머리 손질을 받고 있었다. 주위를 둘러보니 우리 집 실내에 이삼십 명은 족히 되는 천사가 매우 분주하게 다니며 일에 열중하는 모습이 보였다.

넓은 벽에는 여러 층의 선반이 설치되어 있었고, 각 선반 위에는 잡동사니 같은 새 물건들이 빼곡했다. 그중에 한 벽 전체는 커다란 검은 커튼이 드리워져 있었다. 천사들은 물건을 분류하고 정리했다.

나는 토니에게 내가 가져가야 할 물건이 무엇인지 물었다. 토니는 말없이 높은 의자에서 일어나더니 그의 오른쪽 맞은편에 있는 검은 커튼을 젖혔다. 가장 위쪽 선반에 투명한 플라스틱 재질의 큰 상자가 보였다. 그가 상자를 여니 그 안에 마치 드라이아이스로 순간 냉각시킨 것 같은 주홍색 금붕어들이 각각 투명한 비닐봉지에 들어있었다. 물고기는 어른 손만 한 크기였다.

토니가 봉지를 열더니 그중 한 마리를 끄집어내어 내가 자세히 보도록 보여주었다. 그러고는 다시 물고기를 원래 있던 봉지에 넣었다.

그는 물고기가 든 상자를 여행 가방에 넣고 짐을 꾸리기 시작했다.

나는 집 바깥마당으로 나갔다. 마당에도 역시 이삼십 명의 천사가 분주하게 일하고 있었다. 마당의 주위를 두께가 3센티미터 정도인 사람의 키만 한 철 막대기로 만든 벽이 두르고 있었다. 기이하게도 우리 집 사방을 두른 철 막대기 뒤로 수많은 사람이 겹겹이 담을 에워쌌다. 그들은 두 손으로 그 막대기를 움켜쥔 채 우리가 나오길 기다리고 있었다. 철 막대기로 된 담 뒤에 서있는 이들은 우리 집에 들어올 권한이 없어서 못 들어오는 사람들이라는 게 알아졌다.

모두가 길고 검은 망토를 머리에 뒤집어쓰고 있었으며 병들고 아파 보였다. 망토에 가려져 얼굴은 잘 보이지 않았으나 그들의 분위기는 아주 음울했다. 어떤 사람은 너무 우울해서 불행해 보이기까지 했다. 마치 공포 영화의 한 장면을 목격하는 느낌이 들었다. 순간, 나는 대문을 열고 그들이 서있는 집 밖으로 나서기가 두려웠다.

그때 내 왼쪽에 엄마가 보였다. 엄마도 철 막대기에 걸린 큰 거울 앞의 높은 등받이 의자에 앉아서 천사에게 머리 손질을 받고 있었다. 엄마는 검은 정장 드레스를 걸쳤는데 소매가 나팔꽃 모양으로 넓고 허리 뒤쪽에 달린 리본은 나비 모양으로 묶여있었다. 엄마 역시 우리와 함께 떠나기 위해 여행길을 준비하는 중인 게 알아졌다. 엄마는 의자 위에서 나를 돌아보며 미소를 띠었다. 엄마의 미소를 보는 순간, 나는 눈을 떴다. 환상이었다.

나는 궁창인 영의 세계에 다녀온 걸 알았다. 또한 내가 떠나는 이

여행이 무엇을 뜻하는지도 알았다. 오늘 저녁부터 집회가 시작되면 나는 영의 추수가 벌어질 전쟁터로 행군하며 나아가야 한다. 꿈에서 본 금붕어의 무리는 아직 전투를 치른 적이 없는 영적 어항 속에 사는 교인들의 영이다. 움직이지 못하고 잠자는 그들의 영은 깨어나길 기다리고 있다. 대문 바깥을 에워싼 큰 무리는 집회에 올 사람들의 영이었다.

사실 나는 누가 집회 때 회개할 사람이고, 하나님 앞에서 거듭날 사람인지 모른다. 또 누가 주님으로부터 은혜를 받지 못하고 성전의 뜰만 밟고 돌아갈 사람인지 모른다. 그러나 집회를 통해 반드시 하나님의 영과 세상의 영인 두 부류의 사람이 뚜렷하게 나뉜다는 건 알고 있다.

얼마나 무서운 사실인가! 곡식을 타작하는 추수가 벌어지는 타작마당에 전쟁이 벌어진다. 하나님은 천사를 보내신다. 알곡은 그분의 곳간에 들이시고 쭉정이는 풀무 불에 태우길 예비하신다. 아무도 그 법칙에서 예외는 없다. 그래서 나는 그 전쟁터가 두렵다.

'하나님이여, 깃발을 든 군대처럼 당당하게 나아가는 당신의 신부가 되게 도와주소서. 승리의 나팔 소리를 울리며 당신이 잃어버렸던 많은 영혼의 밭에 깃발을 꽂는 자가 되게 하소서. 무더운 추수 날에 당신께 올려진 얼음냉수 같은 자가 되길 예수님의 이름 아래 간구합니다, 아멘!'

예수님 **내가 지극히 사랑하는 딸아, 너는 보살핌이 필요하다.**

제시카 네, 맞습니다. 제가 연약하기 그지없는 것을 잘 압니다. 교통사고 후유증으로 허벅지 부근이 아파서 아직도 절룩거리며 걷습니다. 어제 엄마가 눈물을 흘리며 진실한 축복의 기도를 길게 해주었습니다. 먼 길 떠나는 제 앞에서 울며 기도하는 엄마를 보는 게 얼마나 슬펐는지 모릅니다. 엄마와 조금이라도 함께 시간을 보내고 싶었는데 일정이 너무 바빠서 그러질 못했습니다. 마음이 많이 아픕니다. 그러나 주님께서 제가 다시 엄마를 볼 때까지 잘 지켜주실 걸 믿습니다.

주님, 비행기 바깥의 구름이 희고 몽글몽글하고 군데군데 금이 나있는 모양이 마치 하얀 양가죽을 보는 것 같아요.

예수님 **잘 보았다. 내 눈에도 그리 보이는구나. 네가 불안한가 보구나.**

제시카 케냐에 1년 반 넘게 감추어져 있다가 오래간만에 하는 집회라서 그런가 봅니다. 또 새벽에 제게 보여주신 환상이 압박감을 줍니다. 실은 제게 집회 전 울렁증이 있습니다. 몇십 년을 설교해도 마찬가지니 참 답답합니다.

예수님 그렇지 않은 자는 없다. 거룩한 말씀을 선포하는 자리에서 떨림이 없다면 그 설교는 가짜니라. 얼마나 많은 가짜 목자들이 있는지 셀 수조차 없다. 그들에게는 같은 종류인 가짜 신자들이 날파리처럼 우글거리며 꼬인다. 마치 여름날 시골 화장실의 배설물 위처럼 말이다. 거짓 선지자들의 비어있는 헛소리도 마찬가지다. 파리를 따라다니면 마지막 장소는 변소로 끝나느니라.

정반대로 진짜 목자의 가르침은 희귀하다. 그들의 복음 선포는 생명을 잉태한다. 진짜 목자들에게는 같은 종류인 진짜 성도가 꿀벌처럼 송이꿀 같은 말씀을 사모하며 붙어 있다. 마치 여름날 시골 초원의 꽃밭 위에서처럼 말이다. 진짜 선지자의 지혜와 명철을 선포하는 소리도 마찬가지다. 꿀벌을 따라다니면 마지막 장소는 꽃밭으로 끝나느니라.

기억하라! 집회는 영적 전쟁터다. 장수가 있으면 부하가 있고, 아군이 있으면 적군도 있느니라. 그러기에 내가 너를 위해 기도하는 강한 중보 기도자인 아군들을 붙였다. 그들 역시 나름대로 상벌이 있을 것이다. 깃발을 들고 따라오는 자야, 담대하라. 선봉은 나다. 나는 너를 전쟁에 능한 자로 훈련시키는 중이다.

제시카 저는 아무래도 졸병에 지나지 않는 것 같아요. 정말 두렵고 떨립니다.

예수님 **하하하… 괜찮다. 자신을 졸병처럼 여기는 장수가 있고, 자신을 장수처럼 여기는 졸병도 있느니라. 계급은 내가 정한다. 나는 각 사람의 중심을 달아보느니라. 내 저울에 미달된 자를 장수로 세우지 않는다. 또한 내 저울에 합격한 자를 졸병으로 버려두지도 않는다. 모든 전쟁터의 전투와 전략은 내가 진두지휘한다. 내 아버지는 만군의 하나님 여호와시다.**

제시카 오늘 밤 집회에서 누가 저를 도울 것입니까?

예수님 **싱애가 너를 호위하고 화무, 화조, 예조와 신기가 늘 와서 동서남북을 지키지 않느냐. 힘을 내거라, 나의 신부야.**

제시카 주님만을 믿고 나아가겠습니다. 그런데 저는 잘 싸우지 못합니다. 말씀의 칼날이 예리하지도 않습니다. 그 칼날에 힘조차 별로 들어가지 않아요.

예수님 **그대는 몇십 년을 싸운 나의 용사요, 감춰둔 나의 비밀 병기다. 바로의 준마 같은 자니라. 육신으로 이해하는 생각을 떠나 영으로 이해하는 생각을 하라. 살리는 것은 영이니 육은 무익하니라.**

제시카 제가 그리하겠습니다. 제게 싸울 힘을 주소서.

예수님 **너는 정복하고 다스릴 것이다. 나아가거라.**

제시카 오… 주님, 오직 당신만을 위해 전투를 시작할 것이니 홀로 영광을 받으소서. 아멘!

33 하늘의 열린 문은 같은 행보로 따라다닌다

샘가의 대화

제시카 주님, 지금 어디 계십니까?

예수님 **그대 심장 안에서 그대와 함께 호흡하고 있다. 또한 빛이 흘러들어 오는 방향을 보거라.**

제시카 눈을 감고 그쪽을 보니 위쪽의 핏빛 하늘이 마치 창호지에 큰 구멍이 뚫린 것처럼 보입니다.

예수님 **그 구멍은 내가 그대를 위해 열어둔 하늘의 열린 문이다. 나는 그대를 머리끝부터 발끝까지 내 붉은 피의 생명 싸개에 고이 싸서 그대 위에 열린 하늘을 두었다. 그대가 밤길을 갈 때 어디로 가든지 하늘의 달이 그대를 따라오지 않느냐. 그와 같이 그대가 어딜 가든지 그 열린 구멍이 그대 머리 위를 따라올 것이니라. 그리하여 그대는 그 옛날 잠근 동산 안에서 우리의 처음 시절처럼 나와 얼굴과 얼굴을 맞대는 교신이 가능하니라.**

제시카 어떻게 주님은 제 심장 안에서도 계시고 동시에 하늘에서도 계십니까?

예수님 **나와 성령은 하나니라. 또한 아버지도 하나니라. 우리는 성 삼위일체로 하나지만 각각 다르다. 물과 얼음과 수증**

기처럼 본질은 같으나 그대의 눈에는 각각 다르지 않느냐? 액체와 고체와 기체이나 본성은 하나니라.

제시카 당신은 참으로 경이로운 분이십니다. 이제 미국 집회를 다 마쳤습니다. 진정과 신령으로 올려드린 예배가 주인님의 마음에 들었으면 좋겠습니다.

예수님 (주님은 싱긋 웃으셨다) **잘했다, 충성된 나의 신부야. 내가 흡족한 이유는 그대가 최선을 다한 걸 알기 때문이니라.**

제시카 죄송해요, 주님. 저는 큰 교회의 초청을 받는 부흥 강사가 아닙니다. 게다가 초청해주는 교회가 많은 유명 강사도 아닌지라 백 명도 참석하지 않은 예배인데요? 저는 불러주는 곳이 별로 없는 삼류 강사입니다. 제가 교회에 도착하든 떠나든 인사조차 안 하는 담임목사도 있었습니다. 어떤 교회에서는 눈에 띄게 푸대접을 받아서 마음이 좀 상했었지요. 그래서 여전히 제 자아가 죽지 않고 독사 대가리처럼 빳빳하게 살아있는 걸 보았습니다.

예수님 **그런 말 하지 말거라. 내가 숫자에 연연하지 말라고 당부하지 않았느냐. 베데스다 연못 물이 동하듯이 내가 그 마음을 부른 자는 다 왔느니라. 내게는 알곡 한 알이 수백 개의 쭉정이보다 더욱 중요하다. 그대는 한 명 앞에서 말씀을 선포할 때나 천 명 앞에서 말씀을 선포할 때나 마음을 한결같이 하거라.**

말씀은 누구 앞에서 선포하느냐가 중요한 게 아니고 누구

의 영으로 선포하는지가 중요하다. 스데반이 무리 앞에서 나를 증거할 때 나는 하늘 문을 열고 일어서서 그를 바라보았다. 육이 하는 설교는 교인이 청중이고, 혼이 하는 설교는 종교인이 청중이고, 내 신부가 하는 설교는 내가 청중이다. 그대의 청중은 사람이 아니라 나다.

씨는 떨어뜨리는 것이 중요한 게 아니고 어떤 씨를 떨어뜨리는지가 중요하다. '알곡 목사'는 알곡을 떨어뜨리나 '쭉정이 목사'는 쭉정이를 떨어뜨린다. '가시 목사'는 오히려 가시를 떨어뜨려 사람의 마음 밭에 쓴 뿌리의 가시를 심느니라. 이것은 예나 지금이나 변함없을 뿐만 아니라 오히려 더욱 악한 가시를 심어 사람의 마음을 후벼파서 썩게 만든다.

그런 목사들은 장차 올 그들의 심판을 반드시 기억해야 할 것이다. 또한 씨는 예배 때 떨어지는 게 아니라 사람의 삶에서 떨어진다. 사람의 삶 자체가 예배이니라.

제시카 명심하겠습니다. 이제는 부족한 여종을 사용해주시는 것만으로 충분합니다.

예수님 **최선을 다했으면 되었으니 한번 흘러간 물결에는 마음을 두지 말거라.**

제시카 이제 휴가의 마지막 3일은 미셸이랑 시간을 보낼 수 있네요. 아이가 매일 출근을 하니 비록 저녁에 잠깐 보지만 그래도 너무 행복합니다.

예수님 (주님은 빙긋 웃으셨다) **그렇게 좋으냐?**

제시카 (나는 고개를 크게 끄덕였다) 그럼요. 이 순간을 얼마나 기다렸는데요. 주님, 우리가 북가주에 살 때 아이가 그곳으로 직장을 옮겨 이사를 왔습니다. 아마도 부모 곁에 있고 싶어서였겠지요. 그런데 오자마자 저희가 아프리카로 떠나버렸으니 일가친척 없는 곳에 아이만 달랑 남겨두게 되었습니다.

아이가 홀로 의식주를 해결해야 하오니 이제는 직책의 승진을 허락하소서. 그리고 당신의 때가 이르면 당신의 눈에 선하고 좋은 배필을 허락하소서. 당신의 약속대로 당신과 마음이 합한 자를 구하나이다.

예수님 **알았다, 내가 그리하마. 그대를 위한 나의 배려다. 내가 야곱을 사랑한 이유는 이삭 때문이고, 이삭을 사랑한 이유는 그 아비인 내 종 아브라함 때문이니라. 우리의 딸 미셸도 마찬가지다.**

제시카 어찌하여 당신께서는 제가 구하는 것을 단 한 번도 거절한 적이 없으십니까. 그 사실이 너무나 감사합니다.

예수님 (주님은 다시 싱긋 웃으셨다) **나는 그대가 행성을 구하더라도 주었을 것이다. 나는 그대에게 내 생명을 주었다. 내 생명을 준 내 신부에게 내가 주지 않을 것이 무엇이 있겠느냐. 내가 주어서 그대에게 해를 끼칠 것이 아니면 모두 주었다. 내가 무엇을 아끼겠느냐. 그대는 나에게 그런 존**

재다. 내 신부들은 장차 영원한 천국에서 나와 함께 다스릴 자들이다.

제시카 참으로 당신은 만국의 왕이시요, 만주의 주십니다. 제 생명을 바치기에 조금도 아깝지 않은 가치를 지니신 유일한 분이십니다. 오직 당신만을 경외하며 찬양하나이다, 아멘!

다시 보는 붉은 사막

4

PART

THE FOUNTAIN OF GARDEN

34 다시 출발하는 아프리카여!

양떼의 발자취-간증

휴가차 미국으로 돌아와 여러 도시에서 집회하며 꿈같은 2주가량이 훌쩍 지나버렸다. 오늘은 다시 케냐로 떠나는 날이다. 1년 반 만에 끊어지지 않고 쏟아지는 물로 샤워하고 뜨거운 욕조에도 들어가 몸을 풀었다.

지난날을 곰곰이 돌아보니 아프리카에서 가장 견디기 힘들었던 게 음식이었다. 나는 어릴 적부터 편식하며 입맛이 좀 까다로웠다. 음식이 입에 맞으면 폭식을 하고 맞지 않으면 아무리 배가 고파도 먹지 않았다. 그래서인지 체형도 왜소하다. 세 살 버릇이 여든까지 간다고 나이가 들어도 별로 변하지 않았다. 그러니 평생 가본 적 없는 아프리카에서 음식에 적응하기가 얼마나 어려웠겠는가.

이런 나를 주님께서는 천천히 조금씩 고치셨다. 사람은 영원히 배우고 고치며 살아가야 하는 존재인가 보다. 이 나이에도 변하고 있다는 사실이 얼마나 감사한지. 나는 주위에서 평생을 살아도 못된 버릇이나 습성을 그대로 지니고 사는 사람이 그렇지 않은 사람보다 더 많은 걸 보았다.

나 역시 그중 하나였다. 지혜로운 자든, 미련한 자든 간혹 드물게

버릇이나 습성이 확연히 변한 사람에게 그 까닭을 물으면 거의 비슷한 대답을 했다. 대부분 죽음의 문턱까지 간 경험을 한 자들이 후회와 회개를 통해 성품에 변화를 받았다. 그럼에도 우리를 향한 멈추지 않는 그분의 사랑과 인내는 정말 놀랍고도 감사하다.

아프리카로 돌아가는 날은 아침 내내 싱숭생숭했다. 설레기는커녕 침울하고 마음이 무거웠다. 주님 눈에 얼마나 철없고 감사를 모르는 왕싸가지로 보였을까.

나와 토니 목사는 두어 시간 후에 우리를 공항으로 데려다줄 친구 목사를 기다리고 있었다. 교단 선교사들이 휴가차 본국에 돌아오면 오갈 데가 없기에 선교원에서 마지막 며칠을 지낸다. 나는 선교원의 부엌 창문 앞 식탁에 앉은 채 유리창 너머로 깔끔하게 손질된 작은 정원을 바라보고 있었다. 잘 가꾼 정원이 참 예뻤다. 문득 이런 생각이 들었다.

'아프리카로 지금 떠나지 말고 이 집에서 살면 얼마나 행복할까? 미셸과 헤어져 살지 않아도 될 텐데….'

그러자 눈에 눈물이 고이기 시작했다. 그때 주님께서 입을 여셨다.

예수님 **나의 누이, 나의 신부 되어 사랑받는 자여, 어찌 그리 망연 자실하여 앉아있느냐? 내가 그대에게 열 아들보다 낫지 아니하냐.**

제시카 진실로 그러합니다. 그런데 그 사실을 알면서도 왜 이렇게 눈물이 솟구쳐 나오는지 모르겠습니다. 주인님, 저는 그저 이 땅의 흙을 밟고 서있는 지극히 어리석은 계집종에 지나지 않습니다. 사람은 참 슬픈 존재입니다. 어미에게서 태어난 순간부터 단 하루도 평안한 날이 없습니다. 스스로가 평안하지 않을 뿐 아니라 남에게도 평안을 끼치지 못합니다. 사람은 참으로 슬프고 허망한 동물에 지나지 않는 것 같습니다. 저희 모두는 가면 다시 돌아오지 못하는 바람이 아닙니까. 공사의 허망하기가 마치 자고새가 그 낳지 않은 알을 품다가 새끼가 날아가 버림과 같으니이다.

예수님 (주님께서는 칭얼거리는 아이 같은 나를 침묵하며 찬찬히 바라보기만 하셨다)

그때 갑자기 온몸에 맥이 풀리며 앉아있기 힘들 정도로 눈이 감겨서 눕고만 싶었다. 선교원의 아래층에는 방이 없기에 나는 위층 침실로 서둘러 올라갔다. 어떻게 침대에 누웠는지도 기억이 잘 나지 않았다. 주님께서는 침울의 늪으로 빠져가는 내 영의 눈을 열어서 영의 세계로 입장시키셨다.

영의 세계

나는 영의 세계에서 위층의 침실로 향하는 복도에 서있었다. 지금 거처하는 장소를 떠나 다른 세계로 향하는 여정 중에 있음을 알았다. 그런데 내가 떠나야 할 이 도시의 어딘가에는 외할머니가 살고 계셨다. 나는 형제자매가 많은 집에서 자라 매년 여름과 겨울방학이면 시골 외갓집에 보내졌다. 그래서 어릴 적에는 항상 방학이 오길 기다렸다.

우리 집에 있으면 나는 조롱조롱한 여섯 아이 중 하나에 지나지 않았지만, 외갓집에 가면 외할머니에게 외동 대우를 받았다. 할머니는 내가 먹고 싶은 건 모두 만들어주셨고, 내가 가고 싶은 곳이면 어디든 데려다주셨다. 그래서인지 외할머니와 함께한 시간은 아름다운 추억으로 남아있다.

할머니는 낮에 밭에서 일하시고, 밤에 호롱불 밑에서 때로 긴 곰방대에 담뱃잎을 말아 넣어 피우시곤 했다. 또 사랑방에 모기향을 피

워두고 내가 잠들 때까지 내 가슴을 토닥거리며 춘향전, 장화홍련전, 토끼와 별주부전 등의 옛날이야기를 노래하듯 들려주실 때의 할머니 냄새를 잊을 수가 없다.

할머니는 스물여섯 꽃다운 나이에 할아버지가 급성 맹장염으로 돌아가시는 바람에 생과부가 되어 평생을 혼자 사셨다. 아직 시집도 안 간 미셸의 또래에 말이다. 그래서 돌아가신 할머니를 생각하면 늘 가슴이 싸하게 아프다.

나는 먼 길을 떠나기 전에 할머니를 꼭 보고 싶었다. 어찌 된 영문인지 시간에 쫓기고 있었고, 할머니가 어디에 살고 계신지 정확한 위치를 알 수도 없었다. 시간이 흐를수록 점점 초조해지며 가슴이 미어지도록 할머니가 그리웠다. 마침내 나는 아이처럼 울음을 터뜨리며 하늘을 바라보고 주님께 기도하기 시작했다.

"주님, 저는 외할머니가 너무나 보고 싶어요. 할머니를 만나기 전에는 이 도시를 떠날 수가 없어요. 지금 할머니는 어디 계세요? 만나게 허락해주세요."

나는 위층 서재의 책상 앞에 앉아서 대성통곡하기 시작했다. 한없이 흘러내리는 눈물을 손바닥으로 재빨리 닦아내지도 못한 채 주님 앞에 기도하며 떼를 썼다. 가슴이 미어질 듯 아팠다. 왠지 지금 할머니를 못 보고 떠나면 다시는 만날 수 없을지 모른다는 불안감이 나를 에워쌌다.

그때 참으로 경이로운 일이 벌어졌다. 엄청나게 커다랗고 흰 두 손이 내 뒤에서 나타났다. 남자의 손 같았다. 그 흰 손이 좌우로 내 턱을 감싸 안았다. 그러더니 내 얼굴을 감싸고 나를 허공으로 들어올렸다. 나는 깃털처럼 가볍게 어딘가로 '휘익' 하고 던져졌다. 그 속도가 너무 빨라서 눈을 꼭 감았다. 순간, 나는 어떤 컴컴한 방에 서있었다. 내가 눈을 번쩍 뜨자 어떤 사람이 흰 세마포 옷을 입고 휴식을 취하듯 방바닥에 누워있었다. 자세히 보니 바로 외할머니였다.

할머니는 주일에 나를 데리고 읍내 교회 예배당을 갈 때처럼 눈부시게 하얀 한복을 입고, 머리는 단정하게 쪽을 지어 은비녀를 꽂고 계셨다. 그리고 자다가 깬 것처럼 놀라서 나를 바라보셨다. 놀랍게도 할머니는 이십 대 후반이나 삼십 대 초반의 얼굴에 주름이 하나도 없는 예쁜 아가씨 같은 자태였다.

선 채로 놀라서 내려다보는 나와 누워있는 할머니의 눈이 마주쳤다. 할머니가 생긋 웃으시자 그렇게 울며 떼쓰던 내 마음이 순식간에 가라앉았다. 나는 바닥에 주저앉아서 할머니를 꼭 껴안았다. 할머니는 미소를 띠며 생전처럼 내 얼굴을 두 손으로 쓰다듬으며 말씀하셨다.

"우리 예쁜 강아지, 정말 장하다. 《봉한 샘》을 다 완성했구나! 하나님, 고맙습니다!"

바로 그때 위쪽에서 비가 쏟아지기 시작했다. 나는 고개를 들어서 천장 쪽을 보았다. 어느새 천장은 없어지고 하늘이 보였다. 우리가 앉아있는 방 안으로 여름날 장마처럼 굵고 세찬 빗줄기가 쏟아졌다. 참으로 신기하게도 장대비는 우리 방 위로만 쏟아지고, 방의 바같 사면에는 내리지 않았다. 그런데 시원한 빗방울이 내게 닿자 마음이 씻기듯 상쾌해졌다.

그제야 나는 할머니를 보았으니 떠날 수 있겠다는 마음이 들었다. 그래서 할머니를 세게 꼬옥 끌어안으며 어린아이처럼 속삭였다.

"할머니, 언젠가 내가 이 여정에서 돌아오는 날에 다시 보러 올게. 나를 기다려줘. 알았지?"

그러고는 자리를 박차고 빗속에서 벌떡 일어났다. 순식간에 나는 교단의 검정 군복을 입고 올림머리를 단정하게 하고 있었다. 내 모습은 마치 전쟁터에 나가는 씩씩한 군인처럼 보였다. 또한 오른팔에는 갈색과 검정색의 각각 다른 색깔을 가진 트렌치코트를 살짝 걸치고 있었다. 빗속에서 일어난 나는 얼굴을 하늘로 들고 외쳤다.

"주님, 외할머니를 제게 보여주셔서 고맙습니다. 저는 영육 간에 전투할 준비가 되었습니다. 이제 저를 전쟁터로 보내셔도 됩니다."

그와 동시에 내 눈앞에 문이 하나 나타났고, 나는 그 문고리를 열었다. 그리고 눈을 떴다. 환상이었다.

아래층에서 토니가 나를 부르는 소리가 들렸다.

"여보, 우리를 공항에 데려다줄 친구가 왔소. 빨리 나갑시다!"

나는 그때 내가 영의 세계의 일부에 다녀온 걸 알았다.

'아아… 마지막 순간까지 제 마음의 소망을 배려하시는 우리 주님, 고맙습니다!'

35 하늘에 등장한 큰 손

영의 세계

나는 커다란 광장 중앙에 대로가 관통하며 지나가는 장소에 서있었다. 뉴욕의 타임스퀘어처럼 생긴 거대한 광장이었다. 거기서 나와 미셸이 어디론가 바쁜 발걸음을 재촉했다. 기이하게도 길을 걷는 사람들은 모두 일방통행로처럼 한 방향으로만 가고 있었다. 더욱 기이한 점은 우리는 그들과 반대 방향으로 걸어가고 있다는 거였다.

나는 문득 고개를 들어 하늘을 바라보았다. 내가 왜 고개를 들었는지는 모르겠다. 우리 위로 푸르고 쾌청한 하늘이 있었다. 하늘의 오른쪽 위로는 흰 뭉게구름이 끝없이 펼쳐져 있었다. 그런데 자세히 보니 구름의 왼쪽 가장자리에 무엇인가 큰 물체가 움직이는 게 보였다. 그 물체가 구름을 벗어나서 보니 커다란 흰색 구름 덩어리가 사람의 오른손 형태를 지니고 있었다. 그러더니 시간이 갈수록 차츰 사람의 피부색으로 변했다. 멀리서 봐도 손의 크기는 좌우 상하가 1킬로미터는 족히 되어 보였다. 손가락은 굵고 마디가 뭉툭하여 마치 남자 손 같았으며, 팔목은 구름 안에 가려져 볼 수 없었다.

놀랍게도 그 큰 손이 구름이 없는 하늘 쪽으로 옮겨가더니 하늘에 어떤 그림을 그리기 시작했다. 손바닥이 스치고 지나간 자리 위에 커다란 병풍처럼 선명한 색의 그림이 나타나기 시작했다. 그림의 대부분은 붉은 핏빛을 띠고 있었다. 손은 왼쪽에서 오른쪽으로 그림을 그렸다가 다시 조금 아래 방향으로 가서 오른쪽에서 왼쪽으로 그리면서 계속 이어져 움직였다.

하늘을 바탕으로 그려진 커다란 그림은 손이 지나가는 동선을 따라서 긴 띠처럼 펼쳐졌다. 그림은 어떤 이야기를 담은 듯 자연과 사람들로 가득 찼다. 길고 긴 스크린처럼 하늘에서 펼쳐지는 이 놀라운 장면을 사람들이 하나씩 가던 길을 멈추고 바라보기 시작했다. 나와 미셸 역시 고개를 치켜들고 이 신기한 장면을 넋 놓고 바라보았다. 조금씩 완성이 되어가는 이 크고 긴 그림은 도대체 무엇을 뜻하는 것인가? 나는 하늘을 바라보며 주님께 여쭈었다.

"주님, 당신이십니까?"

주님께서 답하셨다.

"그렇다. 내 손이다."

나는 다시 여쭈었다.

"하늘에 그려지고 있는 이 그림은 무엇을 뜻합니까? 눈으로 보되 어떤 의미인지는 모르겠습니다. 스스로 깨달을 지혜가 없습니다."

주님께서는 내 물음을 단 한 번도 무시하신 적이 없는 신실한 분이시다.

"나는 장차 인간들에게 닥칠 전염병의 재앙을 그림으로 보여주고 있다."

대답을 듣는 순간, 가슴이 철렁했다. 동시에 온몸과 마음이 두려움으로 떨렸다. 나는 주님께 외쳤다.

"주님, 저런 재앙들이 인간을 삼키기 전에 저와 미셸을 당신 곁으로 먼저 데려가 주세요. 저희 같은 연약한 존재는 저런 재앙 속에서 결코 생존할 자신이 없습니다."

나는 너무나 두려워 덜덜 떨면서 하늘을 바라보며 눈물로 울부짖었다. 바로 그때 주님께서 우리를 다른 장소로 순간 이동을 시키셨다. 주님께서 우리를 불쌍히 여기셨나 보다.

36 결혼의 창고

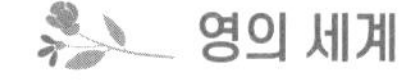
영의 세계

미셸과 나는 아주 좁고 컴컴한 골목길을 걸어가고 있었다. 길의 폭이 얼마나 좁은지 40센티미터 정도로 한 사람이 겨우 걸을 수 있었다. 그러나 좁은 길은 그 시작이 보이지 않을 정도로 줄지어 선 사람들로 붐볐다. 길의 끝은 커다란 창고 같은 집의 대문으로 이어져 있었다. 사람들은 모두 둘씩 서있는데 엄마와 딸의 관계로 보였다. 그렇게 생각한 이유는 둘의 얼굴이 비슷한데 한 명은 나이가 들어 보이고 나머지 한 명은 젊어 보였기 때문이다.

딸처럼 보이는 젊은 여성들은 손에 무언가를 잔뜩 들었거나 가슴에 안고 있었다. 우리도 예외는 아니었다. 미셸은 손에 악기와 다른 물건들을 잔뜩 들고 있었다.

긴 줄 끝에 있는 큰 창고 같은 대문 앞에는 많은 천사가 분주히 움직였다. 그러나 줄은 좀처럼 줄어들질 않았다. 시간이 지날수록 우리는 짐이 거추장스러웠다. 설상가상으로 어디서 나타났는지 모르지만 멕시코인처럼 보이는 체격이 큰 모녀가 우리 앞을 자꾸 새치기하며 들어오기 시작했다. 몇 번을 밀고 들어오자 나는 은근히 짜증이 났다. 그래서 미셸에게 앞사람 뒤에 바짝 붙어있으라고 일렀다.

천신만고 끝에 우리는 창고의 대문 가까이에 겨우 도착했다. 열린 대문을 통해 보이는 어둑한 창고 안은 엄청나게 커 보였다. 안에는 선반들이 즐비했고 그 위에는 물건들이 가득 차있었다. 다른 모녀들은 각자 손에 들고 있는 짐을 대문 앞에 있는 천사에게 건네주었다. 천사는 그 물건을 가지고 대문 안으로 들어갔다. 그리고 뭔가 다른 물건을 갖고 나와서 모녀들에게 다시 건네주었다. 모두가 분주하고 바쁘게 움직였다.

천사들 사이에 수장처럼 보이는 한 천사가 있었다. 그는 키가 별로 크지 않은 남자의 형상을 한 천사였다. 미셸이 그에게 자기의 악기와 다른 짐을 맡아달라고 건네주는데 그와 안면이 있는 듯 보였다. 둘은 서로 익숙하게 인사하며 간단한 서류 같은 종이에 사인하고는 모든 과정을 마친 듯했다. 그런데 미셸은 자기의 짐만 건네주었을 뿐 다른 처녀들처럼 천사로부터 아무것도 되돌려받지 않았다.

도대체 여기가 어디인가? 나는 이곳이 천국인지 궁창인지 분간이 되지 않았다. 내 영은 단지 이 창고가 우리가 땅에서 하는 기도와 연관 있는 장소라는 것만 알았다. 그러다가 딸의 미래에 있을 결혼의 축복과 배우자에 대한 약속의 장소인 게 알아졌다. 나는 숨을 깊이 들이마시며 영의 세계에서 깨어났다.

이 환상으로 미혼인 딸의 혼인 문제는 엄마의 영적 상태와 상호 관계가 있음을 깨달았다. 영의 세계에서 나는 주님께서 알려주신 만큼만 보고 깨달을 뿐이다. 언젠가 주님의 시간이 되면 가장 적절한 때에 내가 알아야 할 사항들을 알려주실 줄 믿는다.

37 영들의 전쟁터를 향해

영의 세계

눈이 부시게 밝은 어떤 공간에 내가 있었다. 그 안에는 여러 개의 방으로 통하는 문들이 있었으며 각 방의 주인은 내가 아는 사람들이었다. 내 방도 그 안에 있었다. 내 방의 크기는 작았으나 다른 사람들보다는 컸다. 방 안에는 나무로 만든 옷장과 벽 쪽엔 소지품을 보관하는 문갑과 책상과 의자와 촛대가 진설되어 있었다. 침상 대신 바닥에 연분홍색의 이부자리와 베개가 놓여있었다. 이불과 베갯잇에는 흰색 꽃들이 화려한 모양으로 흐드러지게 수놓여 있었다. 방의 실내는 깔끔하고 심플하면서도 전체 분위기는 화사했다.

그런데 이 장소는 전쟁터에 위치한 군대의 막사처럼 임시 처소인 걸 내 영이 알았다. 나는 어떤 군단의 수장이었다. 대부분의 부하 군사는 연세가 있는 교회의 목사 사모님이나 권사님들이었다. 또한 내 영은 곧 전쟁터에 나갈 준비를 하고 있었다.

나는 전쟁터에 나가기 직전에 아군들이 묵고 있는 막사를 점검하는 중이었다. 막사 안에 남아 전쟁에 참여하지 않는 영혼이 있는지 문을 하나씩 열어보았다. 마침내 아무도 없는 걸 확인했다.

이후에 나는 영의 세계의 전쟁터로 나가는 커다란 문을 열었다. 그때 내 곁에 엄마가 그림자처럼 절대 떠나지 않고 함께 있는 걸 알았다.

문을 열자 엄청 큰 원형 경기장 같은 장소가 펼쳐졌다. 끝이 보이지 않는 거대한 경기장 바닥에는 갈색의 원목마루가 깔려있었다. 그리고 수많은 사람이 있었다. 간이 칸막이로 보이는 벽들로 둥근 방들이 다시 나눠져 있는데, 군단별로 방이 나뉜 걸 알았다. 그 안에서 사람들은 모두 무릎을 꿇고 기도하며 앉아있었다. 남자보다는 여자가 많았다. 젊은 자보다는 나이 든 사람이 많았고, 평신도보다는 교회의 직책을 가진 자들이 많았다.

나의 통솔하에 함께 전쟁에 참여할 사람들은 이미 전쟁에 임할 각

오와 준비를 마치고 나를 기다리고 있었다. 이제 원형 경기장의 위쪽으로 나있는 출입구에서 아래쪽으로 내려가야 했다. 신기하게도 아래쪽으로 걸어 내려가는 나 자신을 바라보는 또 다른 내가 있었다.

나는 전쟁에 참여하기 위해 전투복으로 갈아입어야겠다고 생각했다. 그리고 선 채로 하늘을 바라보며 두 손을 벌린 채 눈을 감았다. 그러자 어떤 옷이 내게 걸쳐졌다. 눈을 떠서 살펴보니 내 군복이 이상했다. 지름이 5센티미터 정도의 둥근 원의 황금색 테가 마치 사슬처럼 갑옷 형태를 이루고 있었다. 무릎까지 오는 갑옷의 둥근 테 사이로 내 속옷과 살이 보였다.

나는 이런 복장으로 사람들 앞에 나서고 싶지 않았다. 그럼에도 내 얼굴과 신체는 참으로 젊고 아름다워 보였다. 나는 막사로 돌아가서 다른 군복으로 갈아입고 나가야겠다고 생각했다.

서둘러 뒤돌아서 아까 나왔던 문으로 다시 들어갔다. 처음 나왔던 막사로 들어가 옷장 문을 열었다. 그 안에는 옷이 빽빽하게 걸려 있었다. 그때 내 곁을 떠나지 않고 그림자처럼 따라다니는 엄마가 말했다.

"시간이 없으니 옷을 고르려 하지 말고 네 동생 자영이의 옷이 여기 있으니 이것을 입거라."

엄마는 짙은 군청색의 광택이 나는 비단옷을 건네주었다. 그 옷을 보며 내가 다시 하늘로 손을 펼치는 순간, 옷이 내게 입혀졌다. 무릎까지 오는 옷은 매우 가볍고 움직임이 자유자재로 가능한 간편한 복장이었다. 너무 늦기 전에 속히 원형 경기장으로 돌아가야겠다는 생각이 들었다. 그 순간, 나는 순간 이동을 했다.

다시 아까 보았던 우리 군단의 커다란 칸막이 안에 서있었다. 그 안은 마치 또 다른 하나의 작은 원형 경기장처럼 보였다. 그런데 누군가 나를 기다리고 있었다. 내 영이 그 사실을 알았다. 그 사람이 내 곁에 있다는 걸 깨닫자 깜짝 놀랐다.

그녀는 내가 평소에 아주 존경하고 좋아하는 전도사님이었다. 원래 나이가 많은 분인데 내 눈앞의 모습은 젊어 보였고 곱슬거리는 단발머리를 하고 있었다. 그녀는 우리와는 다른 군단의 사람이었다. 반가운 마음에 내가 말했다.

"전도사님, 여기는 어쩐 일이세요? 제가 무엇을 도와드릴까요?"

그녀는 대답했다.

"우리 군단은 체제가 짜여있지 않아요. 게다가 행진 때 들고 나갈 깃발조차 없어요. 혹시 여분이 있으면 좀 나눠주세요."

그때 내 영이 알았다. 우리 군단은 아주 큰 병력을 가지고 있으며 체제가 완벽하게 잘 짜여졌다는 걸. 각 개인 군병은 전투에 매우 능한 경험도 갖고 있었다. 또한 깃발뿐만 아니라 전쟁에 필요한 모든 것을 빠짐없이 준비하고 있었다. 내 곁의 엄마가 벽에 꽂혀있는 깃발 하나를 빼어 전도사님에게 건네주었다. 그러자 전도사님은 다시 내게 요청했다.

"목사님, 청이 있습니다. 저희 군단을 위해 기도해주세요. 저희는 기도의 용사가 부족합니다."

나는 내 주위에서 무릎을 꿇고 기도하는 군병들을 바라보았다. 내가 그들을 봄과 동시에 그들이 마치 내 마음을 꿰뚫어 보듯이 모두 몸을 돌려 내 쪽으로 얼굴을 향했다. 그들의 눈에는 불꽃이 일렁거리는 것 같았고, 무엇이든지 관통할 것 같은 매서운 눈빛이었다. 그들은 입을 열지 않고 영으로 내게 물었다.

"신부님, 이 사람 역시 아군입니다. 저들을 위해서 무엇을 기도해야 할지 명령만 하십시오. 우리는 모두 전쟁에 능한 자들입니다."

나 역시 말을 사용하지 않고 그들에게 대답했다.

"이 전도사님과 아직 전투 경험이 부족한 군병들을 위해 모두 기도해주십시오."

내가 영의 대화를 마치기도 전에 그들은 기도하기 시작했다.

'만군의 여호와여, 참으로 감사합니다. 할렐루야!'

전도사님은 그제야 안심이 되었는지 만면에 희색을 띠고 주님께 영광을 올리며 그곳을 떠났다.

내 영은 우리 군단이 전투를 여기서 마치는 게 아니라는 사실을 알았다. 나는 몇 명의 지도자를 뽑아서 적군의 깊숙한 장소를 찾아 함께 떠나야 했다. 우리가 가야 할 장소는 현재 우리가 거하는 장소보다 더 위쪽에 있음을 알았다. 나는 지도자 세 명을 뽑아서 함께 작은 원형 경기장 밖으로 나갔다.

그러자 우리 앞에 한 문이 보였다. 내가 문고리를 열고 들어가니 캄캄한 세상이 펼쳐지며 빛이 존재하지 않았다. 그러나 어떻게 된 일인지 우리는 어둠 속에서도 잘 볼 수 있었다. 문의 바로 안쪽에는 비류(非類)의 일당 같은 젊은 남자 여덟 명이 책상을 중심으로 앉거나 걸쳐 서있었다. 그들은 모두 검은 양복 차림이었다.

우리는 그들이 원수의 영이 부리는 사악한 영들임을 알았다. 그런데 전혀 겁이 나지 않았다. 이것은 내게 너무나 경이로운 일이다. 왜냐하면 이전의 나는 꿈이나 환상 속에서 늘 혼자였으며 어둠의 영들 사이에 있을 때 무서워하거나 겁에 질려있었기 때문이다. 내가 적군인 그들에게 먼저 물었다.

"우리는 너희의 수장과 싸우기 위해 왔다. 졸개인 너희와 싸우고 싶지 않다. 그가 어디 있느냐?"

내가 묻자 그들 중 우두머리처럼 보이는 한 남자의 형상을 가진 자가 턱을 치켜들며 영으로 한 장소를 가리켰다. 우리는 그가 가리키는 방향으로 눈을 돌렸다. 거기에는 넓고 캄캄한 공간의 안쪽에 하늘로부터 내려진 쇠사슬로 만들어진 사다리가 걸려있었다. 사다리의 위쪽 끝은 너무 멀어 보이지 않았고, 아랫쪽 끝은 1미터쯤 바닥에서 떨어져 대롱대롱 달려있었다. 우리가 사다리 쪽으로 발걸음을 돌리려 할 때 악한 영들이 하는 대화가 내 영에 들렸다. 그중 우두머리가 말했다.

"요것 봐라! 젊고 곱상한 것이 수장인가 보네. 누가 저것들을 따라가 미행할래?"

그 옆의 한 영이 킬킬거리고 조소하며 대답했다.

"내가 할게. 기다리고 있어."

나는 그 영이 우리 쪽을 향해 은밀하게 걸어오는 게 느껴졌다. 미행하는 악한 영보다 우리가 더 재빨리 사다리 위로 올라가야만 했다. 나는 급히 우리 지도자들에게 낮은 소리로 속삭였다.

"다들 위쪽으로 순간 이동합시다!"

바로 다음 순간, 눈 깜짝할 사이에 우리 넷은 모두 사다리 위에 있었다. 또한 탄광에서 철로로 석탄을 실어 나를 때 사용하는 작은 사각형 형태의 차 안에 있었다. 우리가 탄 차는 굴처럼 캄캄한 어둠 속을 헤치고 매우 빠른 속도로 위쪽으로 미끄러지듯이 달렸다. 우리가 달리는 오른쪽으로 절벽의 바위 안에 크게 홈이 파여 마치 진열장처럼 물체들이 보였다.

너무나 빠른 속도로 이동해서 자세히 볼 수는 없었지만 가부좌를 한 부처의 석상들이 보였다. 또한 불교 법경과 목탁과 염주 등 우상을 섬길 때 사용하는 도구의 무더기가 보였다. 캄캄한 어둠 속에 아세라 상, 마호메트와 힌두교 우상들의 형태와 그들을 섬기는 종교의식에서 사용하는 여러 기구와 도구들이 긴 장식장처럼 진열되어 있었다. 그 암흑 속에서도 우리는 모든 걸 선명하게 다 볼 수 있었다.

'여기가 어디인가?'

나는 알 수가 없었다. 한 가지 분명한 사실은, 앞으로 닥칠 전투가 겁나지 않고 어떤 두려움도 일지 않는다는 거였다. 우리가 섬기는 주인 되신 예수님 때문이라면 천만번이라도 죽으면 죽으리라!

긴 숨을 들이마시며 눈을 뜨니 환상이었다.

'주님, 도대체 제가 어디에 다녀온 것입니까?'

38 가까이 가기에는 너무 먼 당신

샘가의 대화

제시카 주님, 죽고 썩어져 분토가 되어 마땅한 죄인이 당신을 생각하고 있습니다. 아프리카 적도의 햇볕이 내리쬐는 정오의 시간입니다. 세상은 제가 눈을 제대로 뜰 수 없을 정도로 눈부시게 밝은데, 정작 제 마음은 컴컴합니다. 제 속사람을 가득 메운 죄인의 성품 때문이겠지요?

예수님 **아니다. 너는 네 혼을 바라보는 것이다. 다시 제대로 눈을 뜨고 네 영을 바라보거라.**

제시카 보고 있습니다. 시베리아 벌판의 저녁처럼 어둑함 중에 마른 나뭇가지 하나 없는 광야에서 찬 바람이 스산하게 불고 있습니다.

예수님 **아니다. 너는 아직도 네 혼을 빠져나오지 못하고 갇혀있는 것이니라. 숨을 크게 들이쉬고 내 영을 마셔라. 내 영은 살아있는 생령이다. 내가 네게 불어넣어 주마.**

제시카 마시고 또 마셔도 제 영은 목마릅니다. 무엇으로도 채워지지 않는 갈증이 저를 휘덮고 있나이다.

예수님 **깰지어다, 나의 사랑하는 자여. 네 혼은 너의 가죽옷을 이미 뚫고 나왔다. 그럼에도 그 혼 안에 있는 네 영이 네 혼**

의 단단한 껍질에 싸인 채로 뚫고 나오지 못하고 있구나.

제시카 주님, 저는 깰 능력이 없습니다. 제 영을 깨워주십시오.

예수님 **나 예수 그리스도가 너를 사랑한다. 달리다 굼!** (그분은 내게 몸을 굽히시고는 나의 바로 앞에서 싱긋이 미소를 지으셨다. 그리고 입술을 오므리시더니 '후욱' 하고 숨을 내 코에 불어넣으시는 게 아닌가! 그 순간에 내 영의 꿈틀함이 내 혼에 전달되었다. 바로 이것이다! 나는 그분의 임재가 아니면 살아도 산 것이 아니고, 늘 졸음에 빠져 잠과 생명 사이를 왔다갔다한다)

제시카 내 아버지여, 제가 깼습니다. 당신의 피조물인 계집종이 여기 있나이다.

예수님 (부스스 깨어나는 나를 주님께서는 찬란한 미소를 머금고 주시하고 계셨다. 마치 내가 일어나는 때와 장소를 이미 다 알고 계시는 것처럼 말이다. 나는 저 미소를 가슴 터지게 사랑한다. 내 삶의 무엇과도 바꿀 수 없는 싱그러운 미소를 말이다) **내가 가슴 터지게 사랑하는 자여, 잘 잤느냐?**

제시카 어찌 제 마음을 읽으시고 제 속에 있는 것을 끄집어내신 듯한 말씀을 하십니까?

예수님 **네가 내 속에서 나왔지 않느냐. 내가 모르는 너도 있느냐. 그러니 내게로 다시 돌아올지니라.**

제시카 제 마음의 모든 걸 아시는 주인님, 그렇게 말씀해주시니 이제야 제 영이 소성하여 조금 움직일 힘이 납니다. 실상 제 영은 조금씩 졸고 있었습니다. 새벽에 너무 안 좋은 꿈을 꾸었어요. 꿈속에서 생생하게 보았습니다.

처음에는 제 영의 목 부분에 회색 막이 끼어서 놀라서 손으로 문질렀더니 때 같은 것이 줄줄 밀려 나왔습니다. 며칠이 지나 다시 영의 세계에서 저를 보니 온몸에 시커먼 때가 얼마나 덕지덕지 끼어있던지요.

새까맣고 겹겹이 두꺼운 숯검정 같은 흙이 온몸을 뒤덮고 있어서 손으로 아무리 뜯어내도 떨어지지 않았습니다. 마치 이집트의 죽은 시신이 두꺼운 역청으로 덮인 채 미라가 되어있는 것 같았습니다.

다행히 천사 싱애가 백향목으로 만든 문패 형상의 나무 판을 제게 건네주었습니다. 그 판으로 제 왼쪽 정강이 안쪽의 때를 세게 누르며 긁어내자 단단하게 굳었던 역청 같은 흙이 벗겨지더이다. 케이크의 마른 생크림처럼 두껍게 밀려 나며 제 속살이 보였어요. 마치 얼룩말처럼 검정과 하양의 다른 색깔이 뚜렷하게 보이더라고요. 이게 도대체 어떻게 된 일인지 영문을 모르겠습니다.

예수님 **어여쁜 나의 신부여, 졸지 말거라. 원수에게 조금도 틈을 보이지 마라.**

제시카 제가 미국에 돌아가서 너무 잘 먹고 잘 쉬었나 봅니다. 제 배에 기름이 끼어 아프리카로 돌아왔습니다. 모든 게 편리한 세상에 있었더니 제 마음에 녹이 슬었나 봅니다. 붉고 척박한 아프리카 땅에 돌아와 모든 게 불편해지니 하루 버티기가 힘들어졌습니다.

점점 감사가 사라지고 잔머리가 요동치며 제 자아가 독사처럼 대가리를 빳빳하게 들고 다시 살아났습니다. 점점 숨을 쉬기가 힘들어졌습니다. 그러더니 제 속사람에 때가 끼기 시작하고 제 영이 금방 잠에 빠졌습니다.

주님, 저를 깨워주셔서 참으로 고맙습니다. 할렐루야! 기름진 삶은 우리의 영을 잠들게 하는군요.

예수님 **기름지기 위해 대가를 지불하다 보면 영은 잠들게 되느니라. 사람은 무언가에 대해 대가를 어떻게 치르는지가 참으로 중요하단다. 육으로 심는 자는 육으로 썩어질 것을 거두고 영으로 심는 자는 영으로 영원한 생명을 거두느니라. 이제 붉은 사막에 온 지 두어 해가 지났으니 이곳에 온 이유를 알겠느냐?**

제시카 네, 이제는 그 이유를 조금 알 것 같습니다. 그러나 말씀해 주소서.

예수님 **나는 네 자아를 스스로 부스러뜨리길 원한다. 육신의 사람이 깨닫는 자아는 실상 떠있는 빙산의 작은 봉우리에 지나지 않는다. 자아 파쇄는 사람이 평생 해야 할 작업이다. 나는 그 작업이 네 아프리카의 삶에서 시작되어 그 씨가 썩어서 새싹을 내길 원했느니라. 썩지 않으면 결코 진주문 안에서 새로 소성하지 못한다. 많은 목양, 훌륭한 목**

회, 위대한 사역보다 더욱 중요한 건 네가 모두를 섬길 성품으로 빚어지는 것이다.

제시카 주님, 저는 당신이 좋습니다. 그러나 당신께 가까이 가면 갈수록 제가 감히 범접할 수 없는 거룩함이 당신을 둘러싸고 있음을 깨닫습니다. 그래서 실상 당신은 가장 가까이 계신 분이지만 가장 두려운 분이십니다.

39 《동산의 샘》은 수업용 참고서인 영서다

영의 세계

나는 강당 같은 큰 교실에서 영의 세계 수업을 듣는 중이었다. 많은 학생이 앉아있었다. 건물은 지어진 지 얼마 되지 않은 새 건물이었고, 그날은 새 교실에서 진행되는 첫 수업이었다. 학생들은 모두 진지했으며 배움의 열망이 가득 차있었다. 나는 교실 중앙에 서서 어떤 책을 두 손에 들고 학생들에게 읽어주고 있었다.

'무슨 책이지?'

내가 책을 자세히 보길 원하자 가까이 다가가지 않았음에도 눈앞에 책의 표지가 마치 돋보기를 통해 보는 것처럼 크게 확대되어 보였다. 겉표지에는 '동산의 샘'이라는 제목이 적혀있었다. 내가 아직 집필을 마치지 않은 상태였는데도 이미 출간된 책이 손에 들려있었다.

나는 저자의 서문처럼 보이는 책의 첫 장을 읽는 중이었다. 천천히 또박또박 읽는데 글의 내용이 얼마나 진실하게 느껴지는지 단어 하나하나가 내 가슴을 적시며 파고들었다. 책은 우리가 공부하는 교재였으며 수업에 참가하는 학생들이 배워야 할 내용임을 내 영은 알고 있었다.

신기하게도 펼쳐진 책의 서문 책갈피에서 푸른 광채가 뿜어져 나왔다. 책의 가장자리는 환하게 밝고 푸른 빛이 감싸고 있었다. 내가 읽는 글의 내용은 축복 기도 같았으며 하나님의 원대하심을 찬양하는 대목이었다. 그 장의 전체 내용은 대강 아래와 같았다.

하나님은 빛이시며 찬란히 아름다운 빛 가운데 거하시는 참으로 존귀하신 분이다. 그 빛은 밀도가 높아서 압축된 빛이며 푸른빛을 띠고 있다. 마치 수만 년 동안 언 빙산이 밀도가 높으면 푸른색을 띠는 것처럼 말이다. 하나님의 보좌 앞에는 사파이어색의 푸른 유리 바다가 있었다. 하나님의 임재에서 나오는 푸른빛이 그 유리 바다에 반사되어 짙은 쪽빛을 띠었다.

주님이 계신 천국 성 깊은 중심부의 성에 거주하는 이들은 푸른 쪽빛의 긴 옷을 입고 있었다. 그들은 하나님을 위해 스스로를 비운 자들로서 원래 그들의 옷은 무색이었다. 그러나 하나님으로부터 뿜어져 나오는 푸른빛으로 말미암아 반사되어 푸른빛으로 물들었다. 마치 흰색 의상이 붉은 조명을 받으면 붉은색이 되고 보랏빛 조명을 받으면 보라색으로 보이는 것과 같은 이치였다.

거룩하신 분으로 채워지기 위해 자신을 버린 자들의 수는 십사만사천이다. 그들은 모두 영의 거문고를 탈 줄 알며 새 노래를 지어 부를 줄 아는 자들이다. 하나님의 거룩하심을 알고 사모하는 자들이다. 성화되기 위해 대가를 치르는 삶을 산 사람들이다. 그들의 머리 위 면류관을 주님께 도로 돌려드린 자들이다. 그들의 세마포는 매일 정결하게 빨아서 희게 되었으나 자체의 색을 드러내지 않고 하나님의 청렴하신 푸른빛을 반사할 줄 안다.

인간의 역사와 전쟁과 평화, 축복과 저주, 그리고 지구의 시작과 종말 등 모든 사항이 이들이 땅의 삶에서 받는 훈련과 연단과 깊이 연관되어 있다. 하나님의 보좌 앞에는 세대를 연이어 존재하는 이들의 위치가 황금색 진주알로 표기되어 있었다. 사파이어색 유리 바다에 가라앉아 있는 황금색 진주알은 끊임없이 미세한 떨림으로 움직이고 있었다. 주님께서는 그것이 역동하는 산 믿음으로 살아있기에 움직인다고 하셨다.

그렇다. 영의 세계는 무엇이든지 움직이지 않으면 썩는다. 제자리걸음조차도 앞으로 나아가지 않으면 썩기 시작한다. 비록 움직이지 못하는 나무라도 그 안에서 끊임없이 이산화탄소를 마시고 산소를 뿜어내지 못하면 시들기 시작한다. 수액이 운동하지 않으면 썩어서 죽은 고목이 되어버린다. 생명을 가진 모든 피조물은 영의 세계에서 역동하는 힘을 소유하고 있고 완전을 위해 끊임없이 움직여야만 한다.

하나님의 말씀이 생명이 있는 이유는 생명의 본체 되신 그분에게서 나왔기 때문이다. 그러므로 피조물은 그 말씀대로 살며 살아있는 믿음을 나타낼 의무가 있다. 반대로 죽어있는 믿음의 피조물은 행위를 동반하지 않기에 역동함이 없다. 그들은 믿음의 행위가 삶으로 드러나길 거부한다. 즉 생명을 품고 사는 삶을 포기하는 것이다. 그들은 그들의 선택의 열매대로 영의 잠 속에 빠진다. 영의 깊은 잠에 취해 결국은 죽음을 맞이한다.

'악하고 게으른 종'이라는 불명예스러운 이름의 더러운 걸레를 덮어쓰고 영원히 어두운 장소로 쫓겨난다. 얼마나 소름 끼치게 무서운 진리인가!

피조물은 영원에 대한 진실한 개념이 없다. 시작이 있는 존재는 영원하지 못할 가능성이 있기 때문이다. 그래서 우리는 그 저주가 얼마나 무서운지를 깨닫는 지각이 없다. 당신이 태어나서부터 죽기까지 한평생을 몸과 마음의 어떤 극심한 불편함을 안고 산다고 생각해 보라. 하루하루 앞으로 나아가지 않고 그저 지탱하며 산다고 상상해보라. 그 고통과 불편함 때문에 차라리 태어나지 않는 편이 나았다고 얼마나 매 순간 마음으로 외치며 살겠는가!

그러나 그것마저도 시작과 끝이 있는 불편함과 고통이다. 영원은 육신이 버틸 수 없는 시간이다. 그러나 하나님으로부터 나온 영은 영원하다. 그 영은 우리가 간직만 할 뿐이지 소유할 수는 없다.

시간을 초월하여 끝이 존재하지 않는 바깥 캄캄하고 어두운 곳의 외로움과 저주의 고통을 어찌 선택하길 원하는가! 그곳은 목숨을 바쳐서라도 빠져나와야 한다.

그러나 많은 피조물이 말씀을 귓등으로 흘린다. 마치 자신은 죽음을 초월해서 영원히 살 존재로 착각한다. 결국 마귀의 박장대소하는 소리에 놀라서 질겁하고 벌떡 깨면 모든 삶의 게임은 끝이 나고 무대는 막이 내려진 상태일 텐데 말이다.

그러니 우리가 얼마나 무지하고 미련한가. 부끄러울 정도로 얼마나 자신의 멸망을 염두에 두지 않는 삶을 사는가 말이다.

'아이고… 주님, 살려주세요! 저는 다른 사람들의 무지까지는 책임질 힘도 능력도 없습니다. 그러나 이 감춰진 무서운 진리를 기록으로 전하겠습니다. 이것이 제 분수입니다. 주님, 제가 죄를 더 짓기 전에 속히 오시면 좋겠습니다. 마라나타!'

샘가의 대화

예수님 **하늘에서 떨어지는 하얀 은가루 같은 나의 신부여.**

제시카 주님이시여, 숯검정 같은 죄를 덕지덕지 묻히고 사는 제게 어찌 그리 예쁜 이름을 늘 불러주십니까?

예수님 **내게 있어서 나의 신부는 그런 자란다.**

제시카 아아… 주님, 너무나 고맙습니다. 게으름과 함께 선함이 없는 제 마음을 용서해주옵소서. 저는 남에게 온전히 베풀지 못하고 삽니다. 사악함을 품고 악을 매일 밥 먹듯 행하며 삽니다. 당신은 제게 백합화 같다고 칭하셨는데 좋은 향기를 날리기는커녕 독한 말로 악취를 뿜어대는 입술을 갖고 삽니다. 제가 매일 그렇게 살고 있나이다. 매 순간 행한 죄악이 지옥의 문 앞에서 저를 참소하며 엎드리니 어쩌면 좋습니까?

예수님 **그러기에 내가 너를 찾아오지 않았느냐. 원수의 영이 읊어대는 죄악의 참소가 너를 삼키지 못하게 하기 위해서다. 그 죄악의 문 앞에서 원수의 송곳니로부터 너를 빼앗아 품에 안는 네 신랑을 기억하라. 내 목숨을 내어주고 원수로부터 너를 찾아왔느니라.**

그러니 네가 내게 얼마나 귀한 존재인지 알겠느냐. 내가 너를 위해 치른 네 존재 가치를 알기 바란다. 만약 내 신부들이 자신의 가치를 진실로 깨닫는다면 삶이 결코 그런 형태로 남아있지 않을 것이다. 그런 방식의 삶을 살지도 않을 것이다. 그러나 다들 원수에게 자신의 가치에 대해 속고 산다. 나의 사랑을 입고도 깨닫지 못하고 내가 희생한 나의 생명을 헛되이 여기며 살고 있구나.

귀한 자의 딸이여, 이제는 그만 깨어나거라.

제시카 저는 제가 깨어있는 줄 알았습니다.

예수님 **아니다. 졸고 있느니라. 내가 오늘 아침에 깨우러 오질 않았느냐. 이제 내 손을 잡고 일어나거라. 샤론의 깊은 골짜기의 백합화같이 홀로 피어 감추어져 있는 나의 신부여.**

제시카 주님, 일어나겠습니다. 원수의 송곳니 앞에서 보란듯이 발딱 일어나 당신의 품에 안기겠습니다. 오직 당신의 마음만을 시원하게 해드리는 자가 되겠습니다.

예수님 (주님은 싱긋 미소를 지으셨다) **그러거라. 고맙다, 나의 귀한 자여.**

제시카 이제 《잠근 동산》을 영어로 번역할 시간입니다. 매일 아이들 점심시간마다 토니와 번역을 하고 있습니다. 그런데 목양관이 교회 부지 안에 있으니 점심시간인데도 사람들이 자꾸 문을 두드리며 찾아옵니다. 번역에 한창 몰두할 때 맥이 끊겨버리면 다시 정신을 가다듬기가 힘듭니다.

그래도 미국의 재활원교회에 있었으면 일에 치여 꿈도 꿀 수 없는 작업입니다. 번역을 가능케 해주신 주님께 감사합니다. 이제야 조금씩 당신께서 어찌 저희를 이런 외진 장소에 감추셨는지 알겠습니다. 당신의 뜻은 참으로 소중하고 귀합니다. 그러니 제가 아니고 주님이야말로 진실로 귀한 분이십니다.

예수님 **바위틈 낭떠러지 은밀한 곳에 숨어있는 나의 어여쁜 비둘기야, 나 역시 이 땅에 있을 때 늘 외진 장소를 찾아 아버지와 교제를 나누었다. 오병이어의 일을 마치고 내가 어떻게 하였느냐? 내가 무리에게 떡과 물고기를 먹인 후에 그들을 보내는 동안 나의 제자들을 재촉하지 않았느냐. 나보다 앞서 배를 타고 건너편 벳새다로 가라고 명했다. 그리고 나 홀로 외진 산에 올라가서 저물도록 내 아버지께 기도를 하였느니라.**

제시카 앞으로는 저도 외진 곳에 홀로 있기를 늘 선호하겠습니다.

예수님 **그렇게 하라. 모세가 광야의 서쪽 외진 호렙에 홀로 있을 때 내가 그를 불렀다. 다윗도 베들레헴 외진 들판에서 홀로 양을 지키고 있을 때 불렀다. 엘리야도 브엘세바의 외진 광야의 로뎀나무 아래에 홀로 있을 때 불렀다.**

사람은 아무도 없는 외진 곳에 홀로 있을 때 자기의 본체가 드러난단다. 그러나 진실로 영육이 홀로 있기는 쉬운 일이 아니니라.

제시카 영의 세계의 비밀을 무지한 종에게 알려주셔서 고맙습니다. 우리 주님 최고!

41 천국의 곳간

영의 세계

커다란 학교로 보이는 장소에 남편 토니와 나, 딸 미셸이 있었다. 우리는 학생 신분이었다. 방학을 하루 앞둔 종강 날이었다. 북적거리는 학생들 사이에서 조금 있으면 시작할 오후 마지막 수업을 기다리고 있었다. 그리고 저녁에 학교 문이 닫히기 전에 임시 거주하던 기숙사의 가구와 소지품을 정리해야 했다. 또한 창고에 있는 짐도 챙겨서 집으로 돌아가야 했다.

학생들 사이에 백인 남녀 선생님의 형상을 한 나이가 조금 들어 보이는 두 천사가 있었다. 그중 갈색 머리의 여자 형상을 한 천사가 우리에게 서둘러 창고를 치울 준비를 하라고 일러주었다.

나는 미셸과 창고에서 짐들을 정리하기 시작했다. 몇몇 큰 가구를 이삿짐 트럭에 빨리 옮겨 싣고 싶었다. 서랍장이나 안락의자 등은 우리 힘만으로는 옮기기가 불가능할 것 같았다. 그래서 두리번거리며 토니를 찾았다. 그러나 창고 안에는 나와 미셸뿐 그가 보이질 않았다. 토니가 돌아오길 기다리는 동안 시간 절약을 위해 작은 짐부터 먼저 정리해야겠다고 마음먹었다.

작은 짐들 중에 책상 위에 두고 사용하는 작고 예쁜 새 램프가 눈에 띄었다. 우리가 소유하고 있는 램프의 수가 많아 보여서, 나는 주위의 다른 학생들에게 나누기 시작했다.

열심히 짐을 분류해서 싼 후에 구석에 차곡차곡 모으는데 마지막 수업을 알리는 종소리가 울렸다. 미셸에게 내가 마무리할 테니 먼저 가라고 일렀다. 미셸이 창고를 떠나고 혼자 서둘러 짐을 싸는데 한 천사가 내게 와서 일러주었다. 지금 토니가 부재중이니 다른 남자가 종강 수업 후에 와서 우리의 무거운 가구들을 트럭에 실어줄 거라고 했다.

그런데 천사가 말한 그 남자는 내가 두 번 다시 만나고 싶지 않은 사람이었다. 하필 그가 도우미로 온다고 하니 마음에 부담감이 둥지를 틀기 시작했다. 영의 세계에서 왜 토니는 꼭 필요한 순간마다 잠을 자고 있거나 부재중인지 모르겠다. 나는 짜증이 살짝 나려는 마음을 추스르며 서둘러 교실로 발길을 옮겼다.

교실 앞에 도착하니 이미 수업이 한창 진행 중이었다. 교실 뒷문이 조금 열려있어서 문틈으로 보니 아까 본 나이가 조금 들어 보이는 남자 형상의 천사가 교실 앞쪽에서 크고 또박또박한 말투로 강의하고 있었다. 미셸은 앞쪽에 앉아있는지 잘 보이지 않았다. 행여 소리를 내어 수업에 방해될까 봐 교실 뒷문을 살며시 열었다.

큰 교실 안이 학생들로 꽉 차있어서 내가 앉을 의자가 없어 보였다. 아까 보았던 나이 든 여선생님 형상의 천사가 얼핏 눈에 들어왔다. 그녀가 멀리 교실 안쪽의 제일 뒷줄에 나를 위해 빈 좌석을 하나 남겨둔 것 같았다. 나와 눈이 마주친 여자 형상의 천사가 걱정스러운 눈으로 나를 바라보았다. 그러고는 나를 안심시켜주려는 듯이 내게 고개를 까닥하며 살짝 미소를 보여주었다.

나는 몸을 굽히며 서둘러 그 자리에 가서 앉았다. 그러자 겨우 안도의 한숨이 쉬어졌다. 내 마음이 전쟁을 한바탕 치르고 온 느낌이었다. 그런데 자리에 앉자마자 수업 내용이 마음에 정확하게 전달되어 들어오기 시작했다.

'주님, 감사합니다.'

샘가의 대화

예수님 **그대는 삶의 모든 모서리를 지날 때 반듯하거라. 모든 일에 나의 신부답게 처신하고 결정하거라. 그대는 나의 수고이며 자랑이다. 나에게 웃음을 끼치는 자가 되길 힘쓰**

거라. 어찌 내게 수치를 끼치는 자가 되어 원수의 입에 웃음을 흘리게 하겠느냐.

모든 생각과 언사와 행동에 선을 취하거라. 악은 그 어떤 모양이라도 내어버려라. 악은 조금도 용납하지 마라. 이스라엘이 가나안을 정복할 때 내가 내린 명을 잘 기억하거라.

가나안인들을 조금도 받아들이지 말고 남기지 말라고 하지 않았느냐. 어찌 그들과 통혼하며 남겨두어서 너희 옆구리를 찌를 가시 채를 만들려고 하느냐.

제시카 당신의 말씀에 순종하여 그리하겠습니다. 제 삶에 어떤 비싼 대가를 치르더라도, 악은 그 어떤 모양이라도 택하지 않길 노력하며 살겠습니다.

저는 차라리 처음에 비싼 손해를 감수하는 게 낫다고 생각합니다. 삶의 나중까지 찌르는 가시 채를 옆구리에 두고 살고 싶지 않습니다. 제 인생의 전반전에는 피 흘리는 대가를 치르기가 두려웠으나 후반전에까지 미련을 떨고 싶지는 않습니다. 이제는 변화된 모습을 주님께 보여드리길 원합니다.

눈물로 심은 것 없이 무슨 추수 거리를 거두리이까. 추수날 타작마당에서 거둘 곡식 없이 어떻게 당신의 얼굴에 미소를 기대하겠나이까. 아무쪼록 제 삶에서 제가 저울에 달리는 순간이 오면 주님께서 도와주시길 간구합니다.

예수님 (주님께서는 고개를 끄덕이셨다) **그리하라. 귀한 자의 딸이여, 그대는 나를 누구라고 생각하느냐?**

제시카 제 형질의 원천이시고 제가 영원히 사랑하고 섬기는 주인님이십니다.

예수님 (주님께서는 빙긋 웃으셨다) **어찌 그리 생각하느냐?**

제시카 흙덩어리에 불과한 제게 생령을 코로 불어넣으신 이가 당신이십니다. 하여 당신의 속에서 제가 나왔으니 당신은 제 형질의 원천이십니다.

또한 영원히 제 속에서 동행하심과 동시에 저를 친히 데리러 오신다고 약속하셨으니 제가 마땅히 사랑하고 섬기는 제 주인님이라고 생각하나이다.

예수님 (주님께서 환하게 웃으셨다) **먼 길을 돌고 돌아서 제대로 잘 와주었구나, 나의 신부야.**

제시카 주님, 처음 하와는 실패했습니다. 그러나 다시 열리는 잠근 동산 안에 불러들이실 당신의 신부인 마지막 하와들은 실패하지 않을 것입니다.

저는 당신의 눈처럼 제 눈이 밝아지길 원하지 않습니다. 왜냐하면 저는 비록 맹인이지만 당신의 눈이 제 눈이니 저는 당신을 통해 세상 만물을 보길 원하기 때문입니다.

저는 당신과 같이 되길 원하지 않습니다. 왜냐하면 저는 당신이 저를 사랑하시는 만큼 당신을 사랑하지 못하는 피조물임을 깨달았기 때문입니다.

저는 당신처럼 선악을 판단하고 싶지도 않습니다. 선악을 아는 이가 제 심장 안에 함께 계시니 제가 무지한 사람의 잣대를 들고 설칠 일이 무엇이 있겠습니까. 모든 선악의 주권은 당신께 있나이다.

그런즉 저는 동산에 거주하는 자이나 다시는 선악과를 먹지 않겠습니다. 그 열매를 보되 제 성품을 다스려 먹지 않는 길을 선택하겠습니다. 지혜롭게 할 만큼 탐스럽게 보이더라도 손을 들어 열매를 따지 않길 선택하겠습니다.

당신에게 속한 선한 지혜 외에는 그 어떤 지혜도 제게는 아무 가치가 없습니다. 선악과의 맛보다 당신을 향한 제 사랑이 더욱 가치 있기 때문입니다.

예수님 **그렇다면 그대는 무엇을 원하는가?**

제시카 저는 오직 당신 한 분만을 원합니다. 당신이 제 참 보화이시니 당신 외에 가치를 간직한 것은 이 우주 안이 아니라 우주 밖에도 존재하지 않습니다.

예수님 **그대는 가장 좋은 편을 택했으니 빼앗기지 아니하리라.**

제시카 아멘. 당신께서 명하신 그 축복을 믿나이다. 주님, 새벽녘 꿈에 제가 학교 수업에 지각했습니다. 방학 전 마지막 수업이었는데 제가 곳간에서 많은 것을 내오더이다. 특별히 책상 위에 놓는 램프를 많이 내왔어요. 너무 많아서 남에게 나눠주었습니다.

예수님 **램프가 무엇을 뜻하는지 아느냐?**

제시카 네, 주님. 램프는 당신의 말씀을 의미하는 것 아닌지요?

예수님 **그렇다. 그대가 기록한 글들을 통해 응당 바깥 캄캄한 장소로 보내져 어둠에 처할 많은 영혼에게 등불을 밝혔느니라. 천국의 창고는 각자 자신이 추수한 곡식과 열매들로 채워진다. 곳간 안에서 새것들과 묵은 것들을 각자의 천사들이 내오느니라.**

삶 속에 심은 것이 많아 가득 찬 곳간을 가진 자가 있는가 하면, 심은 것이 없어 텅 빈 곳간을 가진 자가 부지기수다. 그러나 실상은 우습게도 사람들은 정반대로 착각하며 산다.

제시카 네? 착각이요? 그게 무슨 뜻인지 가르쳐주소서.

예수님 **삶 속에서 나의 나라를 위하여 심은 것이 많은 자는 자신의 곳간이 비어있을 거라는 겸손한 마음을 가지고 산다. 소수지만 각 세대에 그런 자들이 남아있단다.**

정반대로 심은 것이 없는 수많은 자는 자신의 곳간이 가득 차있다고 착각하며 산단다. 그리하여 마지막 날 아버지의 보좌 앞에서 자신의 행위록이 펼쳐질 때 슬피 울며 이를 갈고 후회하는 순간을 맞을 것이다.

천국은 각자가 추수한 영존의 상과 영존의 벌이 현실로 실행되는 곳이란다.

제시카 천국은 공산주의 배분 법칙이 존재하는 나라가 아니라는 건 알고 있습니다. 모두가 같은 상과 같은 벌을 추수하지 않는다는 것을요. 때로 그 생각은 저를 두렵게 합니다. 주님, 저는 심지 않은 나무 밑에서 열매를 바라며 입을 벌리고 앉아있는 게으른 자 같습니다. 그런 우스갯거리인 미련한 자라는 생각이 듭니다.

예수님 **그대의 영혼이 잠을 자고 있을 때는 그랬다. 그러나 지금은 다르다. 그대의 영혼이 깨어나고 있지 않는가?**
그대는 변화되는 모습을 내게 보여주기 위해 부단히 애쓰며 눈물의 행위를 보이는 자다. 내 나라에서는 눈물로 심은 자만이 기쁨으로 단을 거둔단다. 좁은 길에 지름길은 없다.

제시카 그렇게 말씀해주셔서 참으로 기쁩니다. 사람이 저를 어떻게 보는지 저는 모릅니다. 알고 싶지도 않습니다. 그러나 당신의 눈에 제가 어떻게 비치는지는 제게 얼마나 중요한지 모릅니다. 매 순간 알길 원합니다.

예수님 **그대는 현재 마땅히 있어야 할 장소에서 지나간 목회 세월의 그 어느 때보다 가장 아름답게 빛나고 있다. 지금 그대가 속한 교단에서 순종하고 충성을 다하라. 모든 것을 침묵하고 정년 퇴임 시각까지 인내하라. 마지막 날은 사람이나 교단이 아니라 내가 정한다. 때가 차면 그대의 수고로 인해 천국의 곳간이 열릴 것이다.**

제시카 저는 당신의 계집종이오니 제가 가진 건 모두 당신의 것이 아닙니까. 천국의 제 곳간을 당신의 뜻대로 사용하소서.

당신은 흥하여야 마땅하고 제 분복은 쇠하여야 마땅합니다. 저는 죄인이니 사람들에게 멸시와 천대와 핍박을 받아 마땅합니다.

그런데 사람들이 제 실체를 잘 아는지 그렇게 대접합니다. 처음에는 좀 섭섭했는데 이제 조금씩 스스로 주제 파악을 하고 보니 그들이 참 현명한 것 같습니다.

예수님 **하하하… 그대는 정직하다. 꾸밈없는 그 마음이 참 좋구나. 모든 사람이 그대를 칭찬하면 화가 있느니라. 사람들이 거짓 선지자들에게 그랬느니라. 사람에게 칭찬을 받으면 내게 미움을 받는단다.**

사람들은 서로 영광을 취하기에 너무 바쁘다. 그래서 유일하신 내 아버지께로부터 오는 영광은 구하지 않는다. 그런 자세로 어찌 나를 믿을 수 있겠느냐.

사랑하는 자여, 스스로 쇠하는 것을 기쁘게 여기라. 내가 그대에게 열 친구보다 낫지 않느냐. 그대랑 대화하면 내 마음이 유쾌해진다. 내가 그대를 예쁘게 본다. 바로 내가 말이다.

제시카 주님, 저 같은 천출(賤出)이 당신에게 사랑을 받는다는 것만으로도 넘치게 충분한 분복입니다. 할렐루야!

나는 텔레비전을 잘 보지 않는다. 이유인즉 성품이 게을러서인지 무엇이든 시작하려고 하질 않는데, 일단 시작하면 끝장을 보기 때문에 텔레비전 쇼나 드라마 등을 아예 처음부터 시청하질 않는다. 가곡에 "타다가 남은 동강은 쓸 곳이 없소이다"라는 가사처럼 일단 보기 시작하면 며칠 밤을 새우더라도 마지막 결말을 알아야만 잠을 자기 때문이다.

이런 습성을 가진 내가 좋아하는 인터넷 게임이 있었다. 예전에 우리 딸 미셸이 열심히 하던 게임인데 나도 등 뒤에서 보다가 언제부턴가 함께하기 시작했다. 우리 집에 방문한 엄마까지도 옆에서 보다가 하시기 시작했다. 그렇게 해서 엄마, 나, 딸까지 삼대가 앉아서 각기 아이패드를 앞에 두고 농장 게임을 즐겼다. 각자의 인터넷 농장에서 심고, 거두고, 가축에게 먹이 주고, 서로 농산물과 물품들을 사고팔다 보면 두어 시간이 금방 가버렸다.

나는 한때 교회에서 퇴근하고 집에 돌아오면 매일 이 게임을 즐겼다. 게임 중독자처럼 조금만 틈이 나면 내 손에 게임기가 들려있었다. 종일 중독자나 노숙자들을 섬기는 힘든 목회와 사역에 지쳐서 집에 돌아오면 게임은 내게 휴식을 주었다. 게임에 빠진 그 시간만큼은 해야 할 숙제나 의무를 잊었다. 자연히 성경 읽기나 기도와 묵상 생활에 조금씩 게을러졌다.

그런 와중에 주님의 책망을 듣고 그분을 다시 만났다. 주님과의 첫사랑을 조금씩 회복해가며 나는 세상에서 내 마음이 기뻐하는 것과 즐기는 것을 하나씩 내려놓아야 함을 알았다. 이는 삶의 많은 선택과 결정을 내려놓는 과정이었다. 그 순간마다 아픈 대가를 치러야 했기에 절대 쉽지 않았지만, 나는 이 과정을 아픈 결단의 시간이라 여기며 기꺼이 감당했다. 이는 봄바람에 꽃놀이하러 밭에 나가는 피크닉이 아니지 않는가.

밭에 감춰진 보화를 발견하고 집에 돌아온 농부는 그 밭을 사기 위해 머리를 쥐어짜는 고민을 해야 한다. 이 귀중한 보화는 바로 다름 아닌 예수 그리스도시다. 이 보화를 얻으려면 반드시 자신의 모든 소유를 팔아야만 한다. 가진 목록을 다 열거한 후에 하나씩 내려놓을 순위를 정해야 한다. 밭의 계약금을 치르기 위해 행해야 하는 과정은 때로 뼈를 깎는 아픔과 피 흘리는 희생의 대가를 요구한다.

인터넷 게임을 중단하는 일도 그중 하나였다. 그때 나는 중독자 대부분은 자신이 빠진 중독을 언제든지 내려놓을 수 있다는 생각에 사로잡혀 있다는 걸 알았다. 중독자들은 자신의 욕구를 스스로 조절할 수 있다는 착각에 빠진다.

그러나 돈, 술, 담배, 마약, 노름, 섹스, 권력, 관계, 포르노, TV 시청 등 셀 수조차 없는 것들을 향한 집착은 내 힘으로는 내려놓을 수 없는 중독이다. 그것을 깨달은 순간, 나는 금식을 결심했다. 우물거리고 나약한 나보다 상상을 초월할 만큼 크신 하나님을 참으로 간절히 찾고 간구했다. 나를 살려달라고 말이다. 많은 날이 지나 주님을 향한 결심을 목말라하는 기도 속에서 마침내 게임을 삭제해버렸다.

워매! 한낱 게임을 끊는 것도 이렇게 힘이 드는데 돈, 술, 담배, 포르노를 끊는 결심은 얼마나 힘들까. 사람은 누구나 자신이 처한 문제가 가장 크게 보인다. 남의 문제는 자신의 문제만큼 확대되어 보이지 않는다.

그래서 왕따를 당하는 아이들이나 입시생들이 자살하는 안타까운 사건이 일어나지 않는가. 어른의 눈에는 대수롭지 않지만 아이들이 극단적인 선택을 하기까지 그 나름대로 얼마나 괴로웠겠는가!

사람은 자신에게 닥친 일이나 직접 경험한 일이 아니면 남의 상황을 이해하기 어렵다. 나도 그 일로 말미암아 재활원교회의 술과 마약, 노름 중독의 유혹과 싸우는 형제자매들을 더 이해하게 되었다. 수십 년을 그들과 함께 울고, 웃고, 먹고 살았어도 그때는 머리로만 이해하려 했었다. 아니다! 아예 내가 그 문제를 제대로 이해하지 못하는 인간인 줄 몰랐다고 하는 편이 더 정직한 고백일 것이다.

아프리카에서의 내 삶은 취미 생활이나 즐거움이 별로 없다. 대부분 내일의 배고픔을 채울 먹거리를 구하기도 힘들기에 다들 생존 욕구의 긴장된 마음가짐으로 산다. 음식은 배만 채우면 되니 맛이나 건강을 고려하지 않는다. 옷은 가리기만 하면 되니 체형이나 유행을 따져가며 선택하지 않는다. 집은 먹고 자는 공간일 뿐 쉬는 공간으로 생각하지 않는다. 그런 환경에서 그런 생각을 하는 사람들과 살다 보니 나도 모르게 조금씩 바뀌었다. 그런 사고방식으로 가치를 매기고 선택하자 모든 선택에서 조금씩 단순해지기 시작했다.

어쩌면 내가 이렇게 변하길 주님께서 처음부터 원하셨기에 이 척박한 장소로 보내신 게 아닐까. 무엇이든 결정을 내릴 때 나의 기호보다 환경이 허락하는 걸 받아들이는 태도를 갖도록 말이다.

사실 나는 유복한 가정에서 자라 부모의 복을 내 복처럼 참 많이도 누리고 살았다. 만일 가난하고 척박한 아프리카에서 내가 박살이 나고 깨어지지 않았다면 아마도 철딱서니 없는 바리새인의 삶을 계속 살았을 것이다.

기름진 삶을 사랑하며 주위의 세리들을 판단하고 비판하며 살았을 것이다. 그것을 감추기 위해 때로 감사의 기도로 위장하며 반질반질하게 길들여진 종교인으로 살았을 것이다.

움켜쥔 모든 걸 내려놓고 낮은 곳으로 가라고 하신 하나님의 명령이 나를 살렸다. 사실 소유를 내려놓는 건 참 쉽지 않았다. 떠날 때는 죽을 것처럼 슬프고 힘들었다. 그러나 케냐의 삶은 엉터리 나이롱 목사 같은 내게 개과천선할 수 있는 최고의 시간이 되었다. 아마 이런 기회는 두 번 다시 오지 않을지도 모른다. 나는 자의든 타의든 확실히 조금씩 변하고 있다.

'오… 주님, 감사합니다.'

하루는 새로 산 중고 휴대폰을 보며 기뻐하는 원주민 부목사에게 인터넷 게임을 할 수 있도록 앱을 설치해주었다. 나이 들어 미혼으로 혼자 사는 그녀는 저녁 식사만 마치면 초저녁부터 잠자리에 들었다. 삶에 낙이라고는 별로 없어 보였다. 그 모습이 안쓰러워서 심심풀이로 즐기라고 게임을 설치해주었다.

그런데 평생 인터넷 게임의 존재조차 모르던 그녀에게 게임하는 방법을 가르쳐주려니 우선 나부터 게임을 설치해야만 했다. 그러면서 잊고 살았던 농장 게임을 다시 시작하게 되었다.

아이고… 목마른 사슴이 시냇물을 찾은 것도 아닌데 큰일 날 일이 발생했다. 도무지 편안한 휴식이나 오락이라고는 없던 내 생활에 이 게임의 시작은 마른 섶에 불을 지핀 것 같았다. 나는 조금이라도 짬이 생기면 오래된 아이패드를 눌러대며 게임을 하기 시작했다.

그렇다고 교회 사역이 줄어드는 건 아니다 보니 자연히 아침 묵상 시간이 짧아지기 시작했다. 성경도 매일 정해둔 분량까지만 읽고 덮어버렸다. 게임에 열중하니 잠자리에도 늦게 들었다. 그렇게 길던 하루가 얼마나 빨리 지나가는지 모를 지경이었다. 거의 1개월 정도를 그렇게 살았나 보다.

그런데 이상하게 《봉한 샘》의 출간이 자꾸 늦어졌다. 몇 달 전에 출판사에 넘긴 원고가 진척 없이 차일피일 미뤄지고 있었다. 우리의 삶 속에는 예상치 않은 복병이 나타날 때가 종종 있다. 때로는 상상하지도 못한 지뢰가 '콰앙' 하고 터지기도 한다.

평상시의 나 같으면 이럴 때 당연히 주님과 대화하기 위해 자신을 돌아보는 회개의 시간을 갖는다. 할 줄 아는 게 별로 없으니 주로 금식을 한다. 그런데 인터넷 게임 때문에 세상이 주는 쾌락에 빠져서 내 영이 졸고 있으니, 무슨 기도와 금식이 되겠는가!

매주 화요일에 하는 금식을 이번 주는 짧게 끝내버렸다. 어젯밤에도 두어 시간 게임을 하고 고물 아이패드를 끄면서 시간을 보니 자정이 넘은 게 아닌가! 갑자기 정신이 번쩍 들었다.

'아이코… 제시카야, 잠에서 깨거라!'

개가 토한 것을 도로 먹는다고 했는데 예전에 토해낸 세상 쾌락을 긁어모아 다시 먹는 이 더러움은 뭐란 말인가! 나는 정신을 차리려고 밖에 나가서 찬물로 세수하고 들어왔다. 그리고 기도했다.

'예수님, 도와주세요. 제 입에서 토한 것을 다시 먹는 개가 되지 않게 해주세요.'

숨을 크게 들이쉬면서 아이패드를 꺼내 "주여!"를 외치며 게임을 지워버렸다.

'내게 아직도 세상이 주는 유혹을 끊지 못하는 속물근성이 남아있구나!'

귀한 밭을 사려면 모든 걸 팔아야 한다. 나는 다시 마음이 변할까 두려워 종종걸음으로 잠자리에 가서 누웠다.

'예수님, 저는 언제쯤 철이 들까요. 정말 죄송합니다.'

남편 토니와 나, 미셸이 무척 크고 멋진 대형 백화점 같은 건물 안에 있었다. 건물은 투명한 수정 같은 유리로 만들어져 있었다. 바닥에는 상아색 대리석이 깔려있었다.

미셸은 글자가 빼곡히 적힌 공책을 테이블 위에 올려놓고, 의자에 앉아 어떤 계획서를 작성하고 있었다. 토니는 그 옆에서 계획에 대해 조언해주는 중이었다. 둘의 모습이 하도 심각해 보여서 방해될까 봐 옆에 그냥 서있기로 했다.

유리 벽 너머 건물 바깥에는 행인들이 보였다. 문득 내 시야에 신학교 선배 목사인 리처드(가명)가 급히 걸어가는 게 보였다. 나는 반가운 마음에 건물의 바깥으로 뛰어나갔다. 그는 인터넷 게임이나 소셜미디어를 많이 하는 목사로 소문이 나있는 사람이었다.

그의 뒷모습을 향해 그의 이름을 크게 외쳤다. 거리에 행인이 없는 탓인지 그가 금방 뒤돌아보았다.

그는 건물의 문 앞 계단에 서있는 나와 눈이 마주치자 걸음을 멈추었다. 그러고는 돌아서서 특유의 사람 좋은 미소를 지으며 내 쪽으로 걸어왔다. 내게 악수를 청하더니 웃으며 말했다.

"제시카 목사, 나는 당신이 아프리카에 선교사로 있는 줄 알았는데 여기는 어쩐 일이에요?"

내가 대답했다.

“미국에 잠깐 볼 일이 있어서 돌아온 겁니다. 곧 돌아갈 예정이에요.”

우리는 이런저런 대화를 나누었다. 그때 나는 리처드 역시 몇 년 전 리디아처럼 천국에 자기 처소가 없는 사람임이 알아졌다. (《잠근 동산》 39. 나의 수호천사를 보다 참조) 그러나 안타깝게도 그는 전혀 모르고 있음도 알아졌다.

나는 건물 바깥에 오래 머물 수 없음을 깨닫고 말했다.

“리처드, 저는 지금 빨리 건물 안으로 돌아가야만 해요. 그 안에 토니 목사와 딸이 기다리고 있거든요. 당신도 속히 이곳에 당신의 거처를 마련하길 바랍니다.”

그는 다급하게 말하는 내 말에 아랑곳하지 않는 것처럼 보였다. 그저 자기 근황을 마치 소셜미디어에 올리는 것처럼 신나게 열심히 떠들었다. 나는 할 수 없이 그와 작별 악수를 하고 뒤돌아섰다. 그리고 계단 위 정문으로 서둘러 뛰어 올라가 안으로 들어갔다.

얼마나 많은 기독교인이 천국에 자기 거처가 마련되어 있다는 터무니없는 착각 속에 살고 있을까. 그러다가 인생의 마지막 날, 하나님의 보좌 앞에서 천국이 아닌 엉뚱한 장소로 가야만 한다는 사실을 알고 얼마나 당황할까. 수십 년을 목사로 산 나도 그렇게 믿고 살았으니 참으로 슬픈 일이 아닐 수 없다.

마태복음 25장에 예수님이 언급하신 각자의 영이 갈 장소는 절대

농담이나 허구가 아니다. 천국을 소망하는 자라면 자신의 마지막 종착역이 어디인지 심각하게 스스로 질문하고 고민해보아야 한다. 그곳은 우리가 평생 초점을 두고 살아야 하는 장소이기 때문이다.

43 신부가 지녀야 할 세 가지 성품

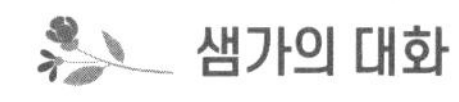
샘가의 대화

예수님 **헌신을 통해 태우는 기름의 향기가 각양 향품 중에 최상급인 나의 신부야, 너는 나의 나라를 무엇이라고 생각하느냐?**

제시카 당신의 나라는 사람의 마음으로는 감히 상상조차 할 수 없이 크고 아름다운 나라라고 생각합니다. 또한 당신의 임재가 있으니 거룩한 장소이고, 참 생명이 살아있는 나라일 것 같습니다.

주님, 사실 제가 그곳에서 보고 온 장소들이 극히 일부이고, 제 식견이 얕아서 잘 모르겠습니다. 제게 가르쳐주소서.

예수님 **나의 나라는 의인들이 해와 같이 빛나는 나라다. 용서받**

은 죄인들이 매 순간 하나님과 교통하며 그분의 임재로 충만한 곳이다. 나의 나라는 내가 네 안에, 네가 내 안에 함께 거함으로 서로의 마음을 완전히 알며 순종하는 기쁨 속에 영원히 거하는 곳이다.

또한 포도원에 작은 여우가 없는 곳이란다. 빛이 없는 구석이라고는 단 한 군데도 없고, 만물이 살아서 숨 쉬고 있으니 기쁨이 충만하단다. 모든 피조물과 사건이 아버지의 다스림을 받으며 아버지의 영광이 거하는 곳이란다.

사람의 말로 가히 표현할 수 없는 아름다운 자연과 풍광이 어우러지며 네가 보지 못한 숱한 동식물이 존재한단다. 그곳은 거룩하고 영원한 거주지다.

제시카 주님, 그런 나라를 제게 보여주소서. 저는 죄인입니다. 죄에서 잉태되어 성장하고, 죄를 파먹고 살다가 죄 속에서 죽을 것입니다. 그러니 이런 더러운 제가 아무리 세월이 흐른들 무슨 자격이 있어서 당신의 나라에 가겠습니까?

오직 당신의 보혈만 의지하여 좁은 길을 한 발자국씩 걷고 있습니다. 제가 육신이라는 가죽의 장막에 갇혀있는 줄 알지만, 감히 소망하나이다. 제게 당신의 나라를 보여주시길 구합니다. 제가 천국을 보고 오면 제 마음이 오직 천국에만 있을 것입니다. 세상에 더는 미련을 두지 않을 것입니다. 제게 보여주신 모든 걸 온 세상에 전파하도록 힘쓰겠습니다.

예수님 **딸아, 너는 이미 천국에 왔었고 또한 그곳을 보았다. 어찌 그 사실을 모르느냐?**

제시카 꿈에서 깨고 나면 모든 게 잊혀져 번개의 섬광처럼 언뜻 떠오르지만 모든 장면이 이어져서 기억이 나질 않습니다. 제 아둔함을 용서하시고 제 눈이 열리는 자비를 베풀어주시길 간청하나이다, 주님.

예수님 **잠에서 깨거라, 나의 신부여.**

제시카 깨기를 구합니다. 저를 깨워주소서. 당신의 입맞춤이 없이 사람이 어찌 그 영의 잠에서 깰 수 있겠습니까. 주인님, 저를 도우소서.

예수님 **알았다, 내가 그리할 것이니라. 어제는 잘하였다. 나는 나눠주는 제사를 기뻐한다. 네가 사람이 가려운 곳을 찾아서 긁어주는 것처럼 내 마음을 시원하게 해주었느니라.**

제시카 어제 교회의 스무 명 남짓한 직원들에게 옷과 손전등, 양말, 생필품 등을 나눠준 걸 말씀하십니까? 나가서 산 것은 없고 제게 있던 것들을 나누었을 뿐입니다. 사람들이 어찌나 좋아하는지 지켜보는 제가 오히려 더 기뻤습니다. 그러나 모든 물품은 처음부터 당신의 것이니 저는 당신의 것을 당신의 백성에게 준 전달자일 뿐입니다.

예수님 **아니다. 우리의 것을 우리의 백성에게 준 것이니라. 너는 항상 나와 함께 있으니 내가 가진 모든 건 다 네 것이 아니냐. 나는 지금 너를 축복의 통로로 사용하는 중이니라.**

모든 걸 팔아 밭을 산 나의 신부들은 천국의 곳간에 출입할 줄 안다. 나는 내 신부들을 천국의 곳간에 출입하는 권세를 받은 축복의 통로로 사용한다.

그러나 마귀 역시 제 종인 사람들을 저주의 통로로 사용하느니라. 그들은 마음에 나를 두기를 싫어하니 아버지께서 그들을 그 상실한 마음대로 내버려 두어 합당치 못한 일을 하게 하셨다.

모든 거짓과 불의, 추악, 탐욕, 악의가 가득한 자들이다. 미움, 시기, 살인, 분쟁, 사기, 악독이 가득한 자들이다. 수군수군하는 자요, 비방하고 불평하는 자요, 아버지가 미워하시는 자들이다. 능욕하는 자요, 교만한 자요, 자랑하는 자요, 악을 도모하는 자들이다. 부모를 거역하는 자요, 우매한 자요, 배약하는 자요, 무정한 자요, 무자비한 자들이다. 이 같은 일을 행하는 자는 사형에 처한다는 아버지의 정하심을 그들은 알고 있다.

게다가 그런 악을 자기들만 행할 뿐 아니라 그 일을 행하는 자들을 옳다고도 하느니라. 이 모든 마귀의 저주가 아래에서 영계의 통로를 통해 궁창으로 올라오느니라.

나의 축복은 위에서 아래로 내려오고, 마귀의 저주는 아래에서 송곳니를 드러내고 고개를 든 독사처럼 위로 올라온다. 마귀의 거주지인 음부에서 사람이 사는 세상으로 올라와 그 저주가 임한 사람의 삶에 흉악한 가시와 엉겅

퀴를 순식간에 내느니라.

그러나 사람들은 그 사실과 저주의 끈을 끊는 방법을 모른 채 저주에 빠져 저주의 밥이 되어 음부 아래로 끌려들어 가느니라. 자신이 위로 올라가는지 아래로 내려가는지 분간도 못한 채 말이다.

결국 정신을 차리고 눈을 떠보면 제 아비인 마귀의 거주지, 곧 음부의 나락 안에서 영원한 불의 형벌을 받아 고통의 신음을 부르짖는다. 참담한 일이다.

나는 그런 지옥에 가라고 사람을 창조하지 않았다. 그러나 그들은 내 음성을 청종하지 않고 자기 의지로 멸망의 구렁텅이로 빨려 들어가길 택한다. 존귀에 처하나 깨닫지 못하는 사람은 멸망하는 짐승과 같으니라.

제시카 주님, 정말 두렵습니다. 저 역시 당신의 살아계심을 모르는 무지함 속에 살 때, 그 멸망할 짐승의 길에 서있었습니다. 무엇이 선이고 악인지 구분하지 못한 채 철저한 인본주의에 근거해서 모든 걸 제 중심으로만 판단하고 선택했습니다. 그러나 이제는 다릅니다. 제가 변했습니다.

제가 따먹은 열매나무 아래에서 당신의 거룩한 입맞춤을 받고 다시 태어났나이다. 첫사랑을 회복하고 기름병에 기름을 준비하는 삶이 되었습니다. 그 기름으로 수많은 소망의 비눗방울을 불어서 당신께서 허락하신 우리 백성의 삶에 참 소망을 주는 축복의 통로가 되었습니다. 그들을 섬기고 사랑하는 마음을 허락하소서.

이제 당신의 마음을 기쁘게 해드리겠나이다. 당신께 수치를 끼치는 삶에서 웃음을 드리는 삶이 되도록 노력하겠습니다. 그것이 제 소망입니다. 저를 도우시고, 지켜봐 주소서. 악한 일을 할 때 깨우쳐주시고, 선한 일을 할 때 모든 영광을 당신께만 돌리게 하소서. 사람들에게 축복의 영롱한 비눗방울을 불 때 당신의 마음을 시원하게 하는 자가 되게 하소서.

지극한 사랑을 당신께 받았사오니, 그 사랑을 우리 백성에게 나누게 하소서. 귀한 섬김을 당신께 빚졌사오니, 그 섬김을 우리 백성에게 실천하게 하소서. 거룩한 정결함을 당신께 보았사오니, 그 정결을 우리 백성에게 전파하게 하소서. 당신께서 보여주신 그 정결함으로 제가 먼저 정결함 속에 거하게 하소서. 그 정결함에 행여 흠집을 내지 않게 해주셔서 우리 백성에게 마땅히 가야 할 길을 알려주고 제시하게 하소서. 당신의 나라는 이곳저곳에 있는 게 아니라 각자의 마음 안에서 이미 시작된 것임을 알리게 하소서.

아하! 이제야 알겠나이다. '사랑'과 '섬김'과 '정결함'입니다. 이 세 가지가 그리스도의 신부가 마땅히 가져야 할 성품인 것을 온 세상에 알리게 하소서.

예수님 (주님은 미소를 지으며 고개를 끄덕이셨다) **너는 반드시 그리할 것이다. 이 사실도 알리거라. 사람이 생각하길 모든**

게 끝났다고 여기는 바로 그때가 내가 시작하는 순간임을 말이다. 즉 사람의 마지막은 새로운 영의 세계로 입장하는 시작의 순간이다.

또한 모든 것이 시작한다고 생각하는 순간이 내 끝남이다. 즉 사람이 움켜쥔 걸 육신으로 누리길 원하는 순간에 더 이상 참 생명은 존재하지 않느니라.

내 제자들 모두가 내가 살아서 이스라엘의 해방을 되찾을 것이라는 희망에 들떠있던 시작의 순간, 나는 십자가에서 눈을 감는 마지막을 보였다. 그러나 내 제자들 모두가 내가 죽었다고 생각하는 그 침묵의 순간, 나는 부활의 첫 열매가 되어 시작을 알렸다.

그러므로 사람은 출입하는 법을 모른다. 그들에게는 일의 시종을 아는 지혜가 없느니라. 사람의 길에 어려운 길 같으나 결국 생명으로 이끄는 길이 있고, 쉬울 것 같으나 결국 사망으로 이끄는 길이 있는 것과 같으니라.

제시카 주님, 이 무식한 여종을 이 아침에 가르쳐주셔서 고맙습니다. 영광과 존귀를 받기에 합당하신 여호와여, 오직 당신만이 우리의 창조주이시며 우리 삶의 주인 되시나이다. 할렐루야!

44 눈물 젖은 가짜 베이컨 버거

양떼의 발자취-간증

오늘은 아프리카에서 두 번째로 맞이하는 추수 감사절이었다. 미국은 추수 감사절과 크리스마스가 가장 큰 명절이다. 토니 목사나 나도 예외는 아니어서 괜히 가슴 한편이 짠했다.

케냐에 와서 처음 맞은 추수 감사절 때는 미국에서 가져온 비상금이 조금 남아있었다. 그래서 두어 시간을 운전하여 수도 나이로비의 외국인 전용 마트에 갔다. 미국에서 추수 감사절에 주로 먹는 햄과 호박파이 등의 음식을 사 와서 먹었다. 물론 칠면조 구이를 먹으면 좋지만 여기서는 비싸서 감히 엄두를 내지 못하고 구경만 했다.

그런데 두 번째 추수 감사절엔 비상금도 다 써버리고 없었다. 또 미국에서 갈 곳 없이 혼자 명절을 보내는 미셸을 생각하니 가슴이 미어졌다. 아이에게 남겨두고 온 늙은 개까지 콩팥에 병이 생겨 동물병원을 드나든다고 하니 더욱 속이 상했다.

그럼에도 아프리카에서 맞는 2년여 전의 추수 감사절과 이번 추수 감사절은 확연히 다르다. 내 마음이 변한 까닭이다. 2년 전의 나는 입술로 내가 처한 불편함과 마음 아픈 사정을 쏟아내는 사람이었다. 먹고 싶어도 못 먹는 음식의 이름을 쏟아냈었다.

그러면서 오락이라고는 전혀 없는 오지에서 밤에 남편 토니와 잠자리에 누우면 둘 다 천장을 바라보며 무슨 음식이 먹고 싶은지 끝말잇기 놀이를 하듯 생각나는 음식의 이름을 말하곤 했다.

또 일상의 불편함 때문에 짜증을 토해냈었다. 그러면서 '이 물건이 있으면 좀 더 편할 텐데' 하며 없는 물품의 이름을 열거했다. 보고 싶은 사람을 못 보고, 가고 싶은 장소에 못 가는 것도 힘들었다. 기름값을 절약해야 하기에 될 수 있으면 외출을 자제하며 살았다.

보고 싶은 사람들을 떠올리며 눈물로 기도했고, 가고 싶은 장소를 떠올리며 귀향 휴가 계획을 마음속으로 그려보기도 했다. 꿈이나 상상은 돈이 없어도 할 수 있으니까…. 그런 와중에 우리가 처한 모든 환경이 내가 주님을 위해서 희생해드리는 거라고 믿었다.

그러나 올해 추수 감사절은 좀 다르다. 언제부턴가 토니와 나는 불편함이나 아픈 마음을 속으로 삼키는 사람으로 변해가고 있었다. 먹고 싶은 음식 이름을 더 이상 열거하지 않았고 갖고 싶은 물품도 말하지 않았다. 보고 싶은 사람들 때문에 울며 기도하지 않았고, 더 이상 가고 싶은 장소를 소망하지도 않았다.

대신에 우리의 모든 일상을 주시하시는 하나님의 눈을 의식하는 삶으로 바뀌고 있다. 내 입에서 나오는 말에 귀를 기울이시는 하나님을 두려워하는 사람으로 차츰 변하고 있다. 그 어느 때보다 주님의 현존하시는 임재가 우리의 생활을 가득 채우고 있다. 우리 둘 다 조금씩 새롭게 빚어지고 있다.

토니와 나는 추수 감사절 아침에 눈이 마주치자 "해피 땡스기빙!"

(Happy Thanksgiving!)이라고 낮게 속삭였다. 우리는 미국에서 명절에 주로 먹던 칠면조 고기나 햇과일이나 견과류 등은 구할 수조차 없는 케냐의 오지인 시골에 살고 있다. 그런데 아침에 눈을 뜨자마자 주님께 모든 게 너무나 감사했다.

지난 한 해를 돌아보면, 토니는 아프리카 풍토병인 패혈증에 걸려서 혈변을 보며 쓰러졌지만 죽지 않고 살아났다. 나는 대형 교통사고가 나서 앉지도 서지도 못하고 숨도 제대로 못 쉬는 상황이었지만 불구가 되지 않았다. 우리 둘 다 거의 죽음의 문턱까지 갔음에도 하나님은 늘 천사들을 보내어 살려주셨다.

이 모든 사건은 예전처럼 우리의 능력을 맹신하지 않고 오직 하나님의 신실하심만을 의지하도록 훈련하시는 그분의 자비하신 은혜였다. (《봉한 샘》 87. 악몽의 하루 참조)

나는 추수 감사절인 오늘만큼은 토니에게 미국에 살 때 그가 평소 좋아하던 음식을 먹이고 싶었다. 그는 햄이나 베이컨이 들어간 버거를 아주 좋아한다. 그러나 이곳에서는 햄이나 베이컨은 고사하고 햄버거용 빵이나 양상추, 케첩 등도 구할 수가 없다.

대신에 나는 오전에 읍내에 가서 식빵과 돼지고기를 샀다. 그리고 목양관 옆 텃밭에서 먹을 수 있는 초록색 이파리를 몇 개 뜯어왔다(사실 나는 원주민들이 먹는 음식의 이름을 다 알지 못한다).

베이컨 대용으로 돼지고기를 최대한 얇게 썰어서 구웠다. 텃밭에서 따온 토마토를 걸쭉해질 정도로 푹 삶아서 물 같은 케첩도 만들었다. 그렇게 내가 가진 식재료 안에서 최선을 다해 추수 감사절 식사로 베이컨 버거를 흉내만 내어 완성했다.

마침내 점심시간이 되어 토니가 사무실에서 돌아왔는지 목양관 문을 여는 소리가 들렸다. 손을 씻는 물소리가 나더니 그가 식탁 앞으로 오는 발소리가 들렸다. 그리고 마침내 이상하게 생긴 베이컨 버거가 놓인 접시를 발견하는 순간, 토니는 "아이고, 하나님!"(Oh, my God!)이라고 외쳤다. 나는 겸연쩍게 웃으며 말했다.

"여보, 이게 나의 최선이야, 재료가 없어서…."

토니는 아무 말도 하지 않고 가까이 다가오더니 나를 가만히 안았다. 그는 한참을 그렇게 있다가 식탁에 앉았다. 나는 여느 때처럼 토니가 식사 기도를 시작하길 기다리며 두 손을 모으고 눈을 감았다. 그런데 시간이 흘러도 아무 말이 없어서 슬며시 실눈을 떴다가 깜짝 놀랐다.

토니가 햄버거에 손을 얹고 눈을 감은 채 소리 없이 울고 있는 게 아닌가! 평소 말이 없고 감정 표현을 잘하지 않는 남편의 눈물을 보는 순간, 나도 목이 메었다. 우리는 한참을 함께 울었다. 토니는 눈을 감고 울고, 나는 눈을 뜨고 울었다. 그는 엉터리 베이컨 버거를 보고 울었고, 나는 그런 남편을 보고 울었다.

결국 토니가 펑펑 울며 식사 기도를 하면서 우리는 아프리카에서 두 번째 추수 감사절을 맞았다. 30년의 결혼생활 동안 둘이 음식을 앞에 두고 하나님께 그렇게 뜨거운 감사 기도를 올려드린 건 처음이었다. 주님은 아주 조금씩 그러나 확실하게 우리를 변화시키셨다.

45 그 책은 마귀가 막을 수 있는 책이 아니다

샘가의 대화

제시카 주님, 《봉한 샘》의 출간이 자꾸 미뤄지고 있습니다. 모든 준비를 마쳤는데, 이유를 모르겠습니다. 지금 제가 할 수 있는 게 뭔지도 모르겠습니다. 처음에는 마귀가 방해하는 줄 알고 날을 정해 작정 금식을 했습니다. 그런데도 상황이 변하지 않아서 이상합니다.

저는 금식으로 당신의 얼굴을 찾는 중입니다. 제가 할 줄 아는 게 이것밖에 없어서요. 당신께서 북극성 위에 좌정해 계시니 나침반까지 북쪽을 향해 두고 그쪽으로 무릎을 꿇고 당신의 거룩한 임재만을 기다리고 있습니다. 아무래도 마귀가 책의 출간을 방해하는 것 같은데 맞나요?

예수님 **그 책은 마귀가 막을 수 있는 책이 아니다.**

제시카 네? 저는 이제껏 그렇게 기도했는데요?

예수님 **나의 육성이 실린 책이 아니냐. 그런즉 이는 하늘에 속한 책이니 천국 왕국의 시와 때에 맞추어 나타내려고 하느니라. 염려치 마라. 사람의 어느 날은 중하고 어느 날은 보통 때와 같으니 세상만사의 모든 시간도 정해진 시와 때가 있다. 천국도 이와 같으니라.**

그 책은 사람의 생각이나 뜻이 담긴 기록이 아니다. 내 것이니 내 뜻대로 내 시간에 모든 걸 이룰 것이다. 그대의 생각을 지우라. 《잠근 동산》, 《덮은 우물》, 《봉한 샘》을 기록하는 것까지가 네 몫이다.

제시카 주님, 세 책을 기록하기까지 만 3년이 걸렸어요. 그동안 제게는 무수한 금식과 회개의 과정이 있었지요. 그런데 제가 시간과 정성을 바쳐 온 힘을 다해 글을 기록하면 무엇합니까. 읽는 사람도 별로 없고 책은 잘 팔리지도 않는데요. 팔리지 못한 책들이 미국에 있는 제 친구 목사의 목양관 차고의 상자 안에서 누렇게 변해가고 있습니다.

당신과 나눈 대화를 열심히 기록하다가도 가끔 그런 생각이 들면 맥이 풀리고 김이 팍 새버려요. 지금 제 인생 행로가 잘 가고 있는지 아닌지조차 잘 모르겠습니다.

예수님 **잘 가고 있고, 잘하고 있다. 잡생각은 거두어라. 하찮은 세상의 인심에 왜 그리 마음을 두는 게냐.**

제시카 죄송해요. 그래도 이 책들을 기록한 지난 3년은 제 인생에서 최고로 힘든 시간이었고… 또한 최고로 아름다운 시간이었습니다.

예수님 **다시 하라고 하면 하겠느냐?**

제시카 당신께서 하라고 하시면 천 번을 죽었다 깨어난다고 할지라도 다시 시작할 것입니다. 그 과정에서 모든 걸 버리기는 너무 힘들었지만요…. 당신을 가진 자는 모든 것을 가진 자라고 제게 이르지 않으셨습니까. 이렇게 멋진 제 주인님께서 이렇게 미천한 저와 동행하며 친히 대화를 해주시는데 제가 무얼 망설이겠습니까.

예수님 (주님은 그제야 싱긋 웃으셨다) **너는 오늘 예쁜 말만 하는구나.**

제시카 (주님은 내가 불평과 감사의 말을 동시에 해도 미운 말에는 귀 기울이지 않으신다. 예쁜 말에 귀 기울이시고 더욱 기뻐하신다. 마치 자식이 열 가지 못된 짓을 하다가도 한 가지 예쁜 짓을 하면 우리 눈에 더욱 귀하게 보이는 것처럼 말이다. 이런 주님과 그분의 사랑을 알기를 거부하는 무리가 세상에는 너무 많다. 나는 그런 사람들이 더 놀랍다. 도저히 내게는 가능하지 않을 마음과 행위를 가지고 있으니 말이다)

주님, 기쁘셔요? 책을 세 권이나 기록하고 났더니 제가 쬐끔 철이 들었나 봐요.

예수님 **그래, 네가 잘 성장해주어서 기쁘다.**

제시카 얼마 전에는 누군가가 제게 당신의 음성을 듣는 게 진짜냐고 물었습니다. 그러고는 만일 진짜라면 왜 책을 읽은 사람의 삶이 변하지 않느냐며 제게 '열매'를 운운하면서 따졌습니다. 우리 책이 무슨 마술의 주문입니까. 사람의 행동이 변화되는 건 각자의 선택의 결과가 아닙니까.

아무리 옆집이 전기 발전소라고 해도 자기 집의 스위치를 켜지 않으면 빛이 어떻게 들어오겠습니까. 그 자의 말이 하도 어처구니가 없어서 대꾸하지 않았습니다. 처음에는 속상했지만 기도하며 마음을 가라앉히니 사람의 어리석음이 제 속에 둥지를 틀고 있는 것 자체가 부끄러워지더이다. 개들이 아무리 짖어도 기차는 달린다는 어떤 목사님의 고백이 떠올라 쓴웃음을 지었습니다. 그런데 지금은 괜찮습니다. '세상이 뭐라고 한들 결국 주님만 알고 계시면 되지 않나' 하는 믿음이 저를 감싸더이다.

예수님 **아직도 서운하냐?**

제시카 아닙니다. 당신께서 제게 마음을 다스리는 법을 훈련하고 계시는 중임을 압니다. 눈에 보이는 환경에 마음이 영향을 받지 않도록 하라고 말씀하지 않으셨습니까. 가치를 지니지 않은 사람의 마음에 제가 좌우되는 걸 당신께서 기뻐하지 않으실 걸 알기에 그에 대한 마음을 접었습니다.

예수님 **그 사람과 너는 각자 지는 십자가의 종류가 다르다. 그뿐 아니라 십자가의 재질과 영의 색깔조차도 다르니라.**

제시카 당신께서 진짜는 가짜를 알아보는 눈이 있으나, 가짜는 진짜를 알아보는 눈이 처음부터 없다고 하셨지요? 저희는 각자에게 허락된 만큼 선택한 길로 가면 됩니다. 그래서 이제는 제 마음이 예전처럼 요동하지 않습니다. 그저 그를 저보다 인품이 나은 사람이라고 생각하고 섬기고자 합니다.

예수님 **사람들은 눈에 보이는 것으로 모든 걸 판단하려 한다. 너는 그러지 말거라. 또한 사람들에게 변명하지도 말거라.**

너를 좋아하는 자는 네 변명이 필요하지 않고, 너를 싫어하는 자는 네 변명을 믿지 않는다.

제시카 그전에는 남을 판단하고, 저 자신을 변명했지만 그런 저를 당신께서 변화시켜주셨습니다. 참된 것을 보지 못하던 제 눈을 열어주신 이가 바로 당신이십니다. 그래서 이제는 밀려오는 세상의 파도를 보지 않고, 그 세파를 움직이는 바람을 볼 수 있게 되었습니다. 참으로 고맙습니다.

그런데 주님, 어찌하여 사람들이 이런 영서를 읽고도 기뻐하지 않습니까? 당신의 거룩하신 육성을 읽고도 왜 삶이 변하질 않습니까? 저는 그 사실이 두렵습니다.

예수님 **나의 음성을 듣고 삶에 적용하길 미루고 거부하니 그 마음에 무슨 기쁨이 실리겠느냐. 내 육성을 듣고도 믿음으로 받아들이지 않으니 어찌 삶이 변하겠느냐. 그들은 이 기록을 그저 글자로만 읽을 뿐이니라.**

이 영서는 반드시 신앙의 삶이 변화하길 원하는 가난한 마음으로 읽어야 한다. 낮은 자가 읽을 때 생수가 되는 책이다. 거룩해지길 간절히 갈망하는 목마른 영으로 읽어야 하는 책이다.

불씨를 담은 책이니 기름병을 준비한 자만이 그 불을 받을 수 있다. 기름 한 방울은 고사하고 그것을 담을 기름병조차 마련하지 못했는데 무슨 수로 그 마음에 기쁨이 전수되고, 삶이 변하겠느냐!

그런 자는 그저 이 책들의 글자만 읽고 복음으로 말미암아 잠시 흥분해있다가 금방 제자리로 돌아가 버리느니라. 성결한 삶을 살기 위한 피 흘리는 대가를 치르길 거부하기 때문이다. 밭에 감추어진 보화는 보았으나 그 밭의 비싼 가격을 치르길 거부하니 한평생을 원수의 머슴살이만 하다가 결국 천국 성 안에는 들어가지 못하는 불쌍한 자다.

제시카 아아… 주님, 참으로 슬프고 안타깝습니다.

예수님 **거룩한 것을 개에게 주지 말며 너의 진주를 돼지 앞에 던지지 마라. 그들이 그것을 발로 밟고 돌이켜 너를 찢어 상하게 할까 염려된다. 나는 처음부터 이 책을 모두에게 주지 않았다. 모두에게 읽힐 기록이 아니니라. 내 양은 내 음성을 알지만, 내 양이 아닌 자는 내 음성을 모른다.**

제시카 비천한 여종을 도구로 사용해주셔서 감사합니다.

예수님 **네가 스물여섯 살 8월에 한 기도를 기억하느냐?**

제시카 네, 하나님 아버지를 처음 만난 날이었습니다. 제 짧은 인생에 최초로 한 기도였습니다. 저를 당신의 도구로 사용해 달라고 하였나이다. 그러나 실상 저는 그때 당신을 잘 알지 못했습니다. 그 기도 역시 제가 무엇을 간구하는지 뜻조차 제대로 알지 못하였나이다.

예수님 **괜찮다. 내가 너를 알았다. 장차 너의 참 신분을 알았다. 나는 그 예배당 안에서 너를 기다리고 있었다. 그날 밤 수**

많은 사람 중에 내가 너를 알기에 불러내어 구분했다. 너는 지금 너의 본래 창조 목적의 신분에 걸맞는 자로 빚어지고 있단다.

이 책들은 내 백성을 위한 나의 육성이 실려있다. 나는 너를 나의 도구로 사용하고 있고, 나의 귀한 도구로 빚는 중이다. 너는 창조 목적에 맞게 잘 빚어지거라.

제시카 그렇습니까? 주님, 그런데 제가 나이가 많이 들었습니다. 시간이 얼마 남지 않았습니다. 이 아프리카의 장애아이들을 위한 목회와 사역이 마지막입니까?

예수님 **아니다. 모든 건 내가 시작이라고 명해야 시작이며, 내가 끝이라고 명해야 끝이다.**

제시카 워매… 숨이 찹니다. 저는 주님의 피조물이오니 오직 당신의 명만 따르겠습니다. 이제는 아예 끝이 언제인지 묻지도 않겠습니다. 순종은 대가를 요구합니다. 대가를 치를 각오가 선 자로 빚어지길 원합니다.

예수님 **나의 동산에 들어온 자여, 너는 반드시 그 대가를 우리의 혼인 예물로 치를 것이다.**

제시카 좁은 길은 협착한 길이라는 사실을 알았습니다. 주님을 사랑하는 심장이 없는 자는 가지 못할 길임을 깨달았습니다. 제게 그 협착한 길을 갈 힘과 능력을 허락하옵소서. 아멘. 주 예수여, 어서 오시옵소서. 마라나타!

46 옛 동무와의 만남과 KNOA8의 뜻

나는 한국에 방문차 가있었다. 유성희(가명)라는 어릴 적 친구와 함께 어린 시절 이야기를 하며 또 다른 옛 친구를 만나기 위해 어딘가로 가고 있었다.

우리는 목적지에 도착해서 아주 작은 편의점 같은 장소로 들어갔다. 계산대 쪽은 어둑했으며 중년 남자로 보이는 직원이 앉아있었다. 실내에는 허름한 테이블과 의자가 4개 있었는데, 실내가 너무 좁아서 거의 유리 창문이나 벽에 붙어있었다.

우리가 만나기로 한 여자 친구는 딸을 데리고 나왔다. 여덟 살쯤 되어 보이는데 우리와 만나고 난 다음에 영어 레슨을 간다고 했다. 그 친구는 내가 딸과 영어로 대화해주길 바랐다. 딸이 영어를 잘하는 걸 우리에게 보여주고 싶은 것 같았다. 나는 친구를 위해 아이에게 간단한 영어로 말을 걸었다. 아이는 처음에 약간 수줍어했다. 눈은 내 얼굴을 응시하면서도 머리는 엄마 쪽으로 기대어 한국말과 서툰 영어를 섞어가며 말했다.

나는 대화하면서 문득 입이 궁금했다. 군것질하고 싶은 충동이 생겼다. 핸드백을 열어보니 여러 개의 그래놀라바(곡물과 견과류가 섞인 막대 과자)가 포장도 되지 않은 채 차곡차곡 들어있었다. 직사각형 모양의 그래놀라바는 가로 10센티미터, 세로 5센티미터, 두께 1센티미터 정도의 크기였다. 나는 몇 개를 꺼내 테이블 위에 올려두고 함께 먹으면서 아이와 영어로 대화했다.

그러다 갑자기 장면이 바뀌었다. 커다란 버스가 왕복 통행로에서 서로 마주 보고 반대쪽으로 스쳐 지나가고 있었다. 버스의 유리창이 커서인지 차 안이 잘 보였다.

버스 안은 마치 인테리어가 잘된 사무실 같았다. 모든 직원이 젊고 용모가 단정했다. 남성은 양복, 여성은 정장을 입고 다들 앉거나 서서 바쁘게 업무에 열중하는 듯 보였다.

짙은 마호가니 색깔이 나는 고급 책상과 회전의자도 보였다. 모든 가구가 차체에 고정되어 버스가 운행해도 전혀 움직이질 않았다. 직원들의 표정에 미소는 없으나 자신의 업무에 아주 만족하는 듯했다. 그들은 고객의 돈을 관리하는 금융업 종사자들처럼 보였다. 한군데 머무르지 않고 대형 버스를 타고 여기저기를 돌아다니며 사무를 보았다.

순간, 나는 그들이 천사라는 사실이 알아졌다. 그들은 영의 세계에 다니며 인간의 삶에서 일어나는 성도의 기도에 의해 어떤 재정적인 업무를 보는 것이었다.

그에 반해 내가 탄 버스는 낡고 초라했다. 나는 창가 좌석에 앉아 유리창에 비친 내 모습을 보았다. 교단의 군복 속에 입는 견장을 단 흰 블라우스를 입었는데 제일 윗단추를 풀어 캐주얼하게 보였다. 그런데 피곤하고 힘이 없었다. 버스 안에 앉아있는 사람들은 다들 각 가정의 부모인 듯 자식과 함께 앉아있었다.

사실 나는 미국에서 40년을 살면서 관광버스 외에는 버스를 탄 적이 별로 없다. 그런데 영의 세계에서는 버스를 타는 일이 종종 있었다. 버스를 타기 위해 토큰 판매점을 찾아다니거나, 동전이나 표를 주고 토큰을 사는 일이 많았다. 또한 버스를 탔을 때 운전사나 차장에게 차비로 토큰을 지불했다.

이상하게도 환상 속의 장소들은 내가 잠시 여행하는 나라였다. 나는 본국으로 다시 돌아가야 하는 사람과 같은 마음 상태를 지니고 있었다. 반면에 내 주위의 사람들은 늘 그 나라에 익숙해 보였다. 나만 먼 나라에서 방문한 사람처럼 장소와 제도, 차비 등에 익숙하지 않았다. 그래서 언제나 다른 이들에게 물어서 그곳의 규칙과 법규를 겨우 따라가는 이방인 같은 존재였다.

나는 순간 이동을 했다. 이번엔 육중하고 멋진 사무실 형태의 버스 안에 타고 있었다. 책상 앞에 앉아있었고 내 앞에는 팸플릿같이 보이는 서류가 많이 있었다. 그것은 금융이나 여행 관련하여 내가 구입한 여러 가지 상품들이었다. 내가 사기로 서명한 여덟 가지 정도의 서류가 앞에 놓여있었다.

유난히 눈에 들어온 것은 'KNOA8'이라는 상품이었다. 처음 들어보는 언어인데 내가 언제 서명하고 샀는지 기억이 나질 않았다. 그 내용을 살펴보기 위해 팸플릿을 펼치면서 나는 눈을 떴다. 영의 세계에 다녀온 거였다.

영적인 환상은 깨어나도 장소나 사람, 사물 등이 사진처럼 선명하게 기억나며 느낌까지 재현된다.

'KNOA8이 대체 어떤 언어이고 무슨 뜻을 가졌을까?'

나는 잠자리에서 일어나자마자 급히 사전을 뒤지기 시작했다. 'KNOA'는 히브리어로 '노아'라는 이름이고 '평화로운 안식'을 뜻했다. 히브리어를 잘 모르는 나는 깜짝 놀랐다.

또한 히브리어의 모든 숫자는 상징적인 뜻이 있는데, 숫자 8은 자연 세계에서 벗어나 초자연 세계로 입장하기 위해 넘치도록 충분한 상태가 된 것을 의미했다.

이스라엘인은 아기의 출생 8일째에 아기를 헌아(獻兒)하는 할례식에 입장한다. 노아의 홍수 이후 정화된 새로운 세상에 입장하기 위해 방주에서 내린 사람의 숫자가 8명이다.

유다의 요시야 왕자가 감춰진 채 살다가 새로운 세상으로 입장하여 왕이 된 나이가 8세다. 히스기야 왕이 여호와의 전을 성결케 할 때 8일 만에 성전의 낭실까지 깨끗하게 했다. 이후 다시 8일이 지나서야 성전을 완전히 성결케 하고 그 안으로 입장했다.

도마가 의심 속에서 살다가 주님을 '나의 주님이요 나의 하나님'이라고 고백하며 믿음의 세상에 입장한 날이 그리스도가 부활하신 지 8일째 되는 날이었다.

내가 서명한 'KNOA8'이라는 서류의 뜻을 알고 나자 마음이 가라

앉았다. 왠지 《봉한 샘》의 출간 이후에 내가 처해있는 모든 상황이 바뀔 것 같은 예감이 들었다.

'그것이 도대체 무엇이며, 장차 내게 어떤 일이 일어날까?'

지금 내가 속해있는 영적인 단계에서 다른 단계로 입장하기 위해 준비되고 있다는 사실이 마음으로 느껴졌다. 가슴이 떨리고 흥분됐다. 물론 더욱 낮아지고 더욱 연단을 받아야 한다는 두려움이 없는 건 아니었다.

나는 더 외로워지고, 종교인들에게 더 핍박받고, 교인들에게 더 우스갯감이 되고, 원수들에게는 더 조롱감이 될 것이다. 그런즉 영의 세계에서 더욱 성숙한다는 건 세상에서 더 큰 대가를 치르는 삶을 산다는 걸 의미한다. 그럼에도 주님께서는 내 영이 성장하길 간절히 바라실 것이다. 그분만 기뻐하시면 되지 무엇이 더 필요하겠는가!

영의 세계는 무한하다. 다음 세계는 내가 가보지 못한 미지의 세계일 것이다. 이 길 끝에 서서 나를 기다리실 오직 나의 님이신 그분, 예수님만을 기억하자. 할렐루야!

47 무릉도원의 비밀 문

영의 세계

나는 저녁 무렵에 엄마를 모시고 산 정상을 향해 가파르고 좁은 계단을 올라가고 있었다. 그 꼭대기에는 하나님의 사람들이 보고 싶어 하고 원하는 무언가가 있다는 걸 내 영이 알고 있었다. 나는 예전에 오른 적이 있었으나 엄마는 초행이었다. 엄마에게 산꼭대기를 꼭 보여드리고 싶은 마음이 가득하여 함께 발걸음을 재촉했다.

그런데 산 중턱 정도에 다다랐을 때 해가 뉘엿뉘엿 기울면서 황혼이 깔리기 시작했다. 정상에 도착할 쯤에는 분명히 깜깜해질 거라는 생각이 들었다.

'만약 산속에서 어둠을 맞이한다면 길을 잃을 가능성이 있다. 그러면 되돌아오기가 힘들지 않을까?'

걱정하면서 계단을 오르며 조금 더 가니 중턱에서 계단길이 끝났다. 그리고 산을 깎아 만든 크고 평평한 공터가 나타났다. 공터 안쪽으로 조그만 전망대 형태의 식당이 있었다.

나는 계속 올라가서 산 정상에서 밤을 맞든지 아니면 발길을 돌려 다음을 기약하든지 신속히 결정을 내려야만 한다는 생각이 들었다. 내가 엄마에게 먼저 말했다.

"엄마, 우리가 지금 여기서 멈추지 않고 계속 올라가면 정상에 도착했을 때 밤중이 될 거예요. 아무래도 우리가 출발을 좀 늦게 한 것 같아요. 어떻게 할까요?"

엄마가 대답하셨다.

"네가 전에 가본 길이니 네 생각이 맞겠지. 여기까지 겨우 올라왔으니 식당에서 조금 쉬다 내려가자꾸나. 다음에 갈 기회가 있겠지."

"네, 그렇게 해요."

나는 주위를 둘러보았다. 그때 내 수호천사 싱애가 계단 출구 앞 공터에서 조금 떨어진 곳에 서있는 게 보였다. 싱애는 자기가 있는 쪽으로 오라고 손짓하며 말을 걸었다.

"신부님, 여기서 산 아래를 내려다보세요. 저 마을은 참으로 아름다운 장소입니다."

나는 엄마의 손을 잡고 싱애가 서있는 쪽으로 걸어갔다. 무심코 산 아래쪽을 바라보다가 깜짝 놀랐다. (《잠근 동산》 191. 새 천사가 오시다 참조)

우리 눈앞에 그림엽서처럼 아름다운 마을이 자리 잡고 있었다. 밝은 초록색의 잔디와 각양의 예쁜 꽃들이 어우러져 있고, 아름드리 커다란 과일나무가 여러 종류의 열매를 주렁주렁 맺고 있었다. 그 사이사이로 초록색 나무와 잔디 위에 빨강 지붕의 아담한 집들이 보색의 조화를 이루며 군데군데 있었다. 마치 어릴 적 동화책에서 본 무릉도원 같았다.

나는 엄마에게 물었다.

"엄마, 우리 어차피 오늘은 꼭대기까지 못 올라가요. 지금 산 아래로 도로 내려갔다가 내일 여기까지 다시 오르기보다는 차라리 저 마을로 가서 좀 쉽시다. 그리고 내일 아침 일찍 여기서 산 정상으로 올라가는 건 어때요?"

"나는 괜찮아. 그렇게 하자."

우리는 겨우 도착한 산 중턱의 공터에서 조금 아래쪽에 자리한 무릉도원 같은 마을로 가기 위해 길 입구를 찾았다. 그러나 아무리 봐도 마을과 공터 사이에는 울창한 숲만 우거져 있을 뿐 길이 보이질 않았다. 나는 싱애에게 물었다.

"싱애 님, 마을로 가는 길 입구를 못 찾겠어요. 날은 점점 어두워지는데 어떻게 하지요?"

싱애는 목소리를 낮추어 내 귀에만 들리게 속삭였다.

"신부님, 사람의 힘으로는 저 마을의 입구를 절대 찾을 수 없습니다. 저기 보이는 전망대 식당으로 들어가세요. 그러나 식당 실내에서 음식을 먹으려고 손님 행세를 하며 식탁에 앉아있지 마세요. 그저 겸손하게 자신을 낮추어야만 합니다.

그리고 실내에서 아래층으로 내려가는 계단을 통해 주방으로 들어가세요. 그 주방 깊숙이 들어가면 가장 뒤쪽에 밖으로 나가는 출구가 있는데 항상 자물쇠로 잠겨있어요. 바로 그 문이 저 아름다운 마을로 들어가는 유일한 입구입니다. 오직 그 문을 통해야만 마을로 들어갈 수 있어요.

주방에서 침묵한 채 정리 정돈과 청소를 하며 인내하고 기다리면 전망대 주인인 천사가 나올 겁니다. 사람들은 그 천사를 허드렛일 하는 주방 아줌마로 생각하지요. 그러나 바로 그가 열쇠를 갖고 있어요. 겸손한 마음과 자세로 그에게 부탁해보세요. 이 모든 건 아무에게도 알리면 안 됩니다."

나는 질문을 했다.

"우리 이전에 저 마을에 들어간 사람은 없었나요?"

싱애가 대답했다.

"신부님보다 먼저 믿음으로 말미암아 겸손의 길을 간 주님의 양들이 있습니다. 그들은 저 마을에 들어갈 수 있었습니다. 먼저 가신 그 양떼는 선지자와 선견자들의 발자국을 남겨두었지요. 신부님이 쓴 책은 바로 그 양떼의 발자취를 따라가는 지도입니다. 장차 주님의 신부가 마땅히 가져야 할 마음가짐과 행동을 제시해주는 기록이지요."

이런 중요한 비밀을 알려주는 싱애가 정말 고마웠다.

"아… 정말 감사합니다. 저는 연세 많으신 엄마에게 저 아름다운 쉼터 같은 마을을 꼭 보여드리고 싶어요."

우리가 전망대 식당으로 들어가는 문에 이르자 입구 앞에 짙은 청록색의 간이 화장실 4개가 나란히 있었다. 싱애가 말했다.

"신부님, 식당에 들어가시기 전에 먼저 화장실에 가서 용무를 보고 몸 안의 더러운 것을 다 제거하세요. 그리고 손을 꼭 깨끗이 씻고 식당에 들어가야만 합니다. 모든 일에 인내하고 절차를 밟아야만 해요."

나와 엄마는 싱애가 시키는 대로 다 행한 후에 식당 안으로 들어갔다. 식당 안은 깨끗했다. 우리는 피곤해서 의자에 앉아 좀 쉬면서 서비스를 받으며 음식을 주문하고 싶었다. 그렇지만 싱애가 알려준 대로 아무 데도 눈길을 주지 않고 곧장 계단을 내려가서 아래층 주방으로 들어갔다.

그 안에는 평범한 중년 아저씨 형상을 한 천사가 남루한 갈색 점퍼 같은 노동복을 입고 혼자 일하고 있었다. 그런데 천사는 우리가 누구인지 물어보지도 않고, 눈길조차 주지 않은 채 자기가 하던 일을 계속했다.

우리는 서로 아무 말도 하지 않았다. 그리고 주방에서 더러운 그릇을 씻고, 선반을 닦고, 정리 정돈과 바닥 청소도 했다.

한참을 열심히 일하는데 갑자기 주방 문이 슬며시 열렸다. 그리고 아주 평범해 보여서 마치 주방 도우미 아줌마처럼 보이는 주인 천사가 들어왔다. 싱애는 주인 천사와 인사를 하지 않고 목례만 했다. 둘은 아는 사이 같았다.

'드디어 왔구나!'

나는 반가워서 천사에게 말을 걸었다.

"천사님, 저희는 그림처럼 아름다운 옆 마을에 꼭 가고 싶습니다. 산 중턱까지 올라와서 꼭대기에 올라가 보지도 못하고 내려가고 싶지 않습니다. 오늘 밤 옆 마을에서 쉬고 날이 밝아 빛이 있을 때 다시 산꼭대기로 올라가려고 합니다. 부디 저희를 도와주시길 소원합니다."

주인 천사가 말했다.

“그 마을은 아무나 출입하지 못합니다. 속이 정결한 자만이 들어갈 수 있어요.”

“저희는 식당에 들어오기 전에 먼저 화장실에 들러서 몸의 배설물과 더러움을 다 제거했습니다. 손도 깨끗이 씻고 왔습니다. 정말입니다.”

“지금은 밤이고 바깥세상이 깜깜해서 이렇게 늦은 마감 시간에 우리는 더 이상 사람들을 마을로 보내지 않습니다.”

“저희는 여기에 도착하자마자 곧장 주방으로 내려와서 계속 일하느라고 시간이 이렇게 된 줄도 몰랐습니다. 정말 죄송합니다.”

주인 천사는 그제야 깨끗하게 정리 정돈이 된 주방을 둘러보았다. 그리고 옅은 미소를 지으며 말했다.

“알겠습니다. 준비가 되셨군요. 저는 아직 위에서 하다 남은 업무가 있어서 다시 올라가 보아야 합니다. 그러나 제 보조 천사가 당신을 도와줄 겁니다.”

주인 천사는 노동복 점퍼를 걸친 초라한 행색의 천사에게 가더니 낮은 음성으로 무언가 지시하는 듯 보였다. 보조 천사는 고개를 끄덕이며 몇 마디를 주고받았다. 그 후 주인 천사가 고개를 돌리더니 싱애와 다시 가벼운 목례를 하고는 주방 문을 급히 나갔다.

보조 천사가 우리에게 말했다.

“저와 제 상관은 지금 천국으로 돌아가야 합니다. 여기 불을 켜고 끄는 스위치가 보입니까? 다들 나가실 때 이 스위치로 불을 반드시

끄고 나가주시길 바랍니다. 또한 안쪽 문 출구의 열쇠는 여기 있습니다. 문을 연 다음에 열쇠는 열쇠 구멍에 그냥 꽂아두고 문 바깥으로 나가면 됩니다."

천사는 희고 반짝이는 금속 열쇠를 내게 건네주었다.

"아… 주님, 고맙습니다. 천사님도요. 할렐루야!"

나는 너무 기쁘고 흥분해서 음성을 높였다. 싱애가 이런 나와 눈이 마주치자 싱긋 웃었다. 싱애의 인도가 고마웠다. 우리는 주방 안 깊숙이 자리한 뒷문 출구 쪽을 향해 빠르게 걸어갔다.

무릉도원 같은 마을로 들어가는 길의 입구라는 그 문! 나는 함박웃음을 흘리며 열쇠 구멍에 열쇠를 꽂고 돌렸다. 바로 그 순간 숨을 크게 들이마시며 영의 세계에서 깨어났다.

'아이고! 그 문 뒤에 뭐가 있는지 꼭 보아야 하는데….'

영의 학교에 입학하다

5

PART

THE FOUNTAIN OF GARDEN

48 옛사람이 나간 이후 영의 학교 훈련생이 되다

영의 세계

나는 대형 병원의 건물 안에 있었다. 전문의가 되기 전 인턴 과정을 밟는 중이었다. 인턴들이 잠시 쉴 수 있는 작은 휴게실에서 홀로 휴식을 취하고 있었는데, 문득 화장실에 가고 싶었다. 마침 휴게실에는 변기가 딸린 작지만 깨끗한 욕실이 있었다. 나는 그곳에 들어가서 문을 안으로 잠그고 변기에 앉았다. 마치 대변을 보는 듯한 느낌으로 앉아있는데 그런 나를 바라보는 또 다른 내가 있었다.

그때 여인이 아기를 낳을 때처럼 내 속에서 짙고 하얀 연기가 밑으로 뿜어져 나왔다. 연기는 점차 커지더니 사람의 형상으로 변했다. 기이하게도 해산할 때는 아기의 머리가 먼저 나오는데 내 안에서 나온 흰 연기는 두 발이 먼저 천천히 나오는 게 아닌가! 처음에는 몽글몽글한 흰 연기가 두 발의 형상으로 나오더니 시간이 흐르면서 마침내 내 몸 크기와 똑같은 사람의 형체가 천천히 빠져나왔다. 흰 연기는 또 하나의 나 같았다.

나는 아무 고통이 없었고 오히려 무거운 갑옷을 벗어버린 듯 시원하고 홀가분했다. 그 흰 연기가 내게 영으로 말을 걸었다.

"사람이 나쁜 생각을 하는 게 죄가 아니다. 죄의 소욕은 항상 사람을 삼키려고 한다. 그러나 죄 된 생각을 다스리지 못하고 그 소욕에 삼켜져서 하나님과 멀어지는 게 바로 죄다."

이 한마디를 하더니 갑자기 마술처럼 연기 형태를 한 또 하나의 내가 순식간에 사라졌다.

'사람의 형상을 하고 내 몸을 빠져나간 흰 연기는 도대체 무엇인가? 혹시 가죽옷(몸)에 싸여있는 내 마음의 옷을 입은 옛사람인가?'

나는 여러 생각에 휩싸인 채 욕실 문을 열고 바깥으로 나갔다. 방에는 나와 같은 인턴 신분의 두 남녀가 서서 대화하고 있었다. 둘은 우리를 가르치는 선생님의 수제자들로서 인턴 중에서도 가장 학업 성적이 뛰어나고 모범적인 학생이었다. 우리는 곧 전문의가 될 인턴들이었다. 그런데 나는 아르바이트를 하며 학교에 다니는 처지여서 학업 성적이 뛰어나지 못했다.

맨날 바빠서 학교에 제대로 다니지 못해 수업 일수도 채우지 못했다. 그런데 수업 일수를 가까스로 채우고 모범생들과 함께 꼴찌로라도 졸업하게 된 데는 단 하나의 이유가 있었다. 이런 못난 나를 불쌍히 여기고 아껴주는 천사 선생님 덕분이었다. 그 분으로 말미암아 겨우 전문의 자격증을 딸 수 있다는 걸 내 영이 알고 있었다.

그때 휴게실 문이 열리더니 천사 선생님이 들어왔다. 약간 나이가 들어 보이는 여자 형상의 선생님은 조그만 상자를 들고 왔다. 그리고 나를 보더니 반갑게 웃었다. 선생님은 상자를 바닥에 내려놓고 내게 말했다.

"신부님, 이곳은 바깥의 영의 학교에서 교육하는 자들을 훈련하는 높은 수준의 영의 학교입니다. 당신도 영의 학교를 열어야 할 때가 옵니다. 당신이 영적 의사가 된 후에는 나가서 다치고 아픈 많은 이를 위해 일해야 합니다. 그들의 영을 격려하고 치료하며 주님께로 향하게끔 회복시키는 일을 해야 합니다. 그래서 앞으로 많은 영혼의 질병과 암을 수술할 겁니다. 당신의 손을 제 쪽으로 펼쳐보세요."

나는 선생님 앞에 두 손을 활짝 펼쳤다. 선생님이 내 손목을 잡는 순간, 열 손가락의 끝마디가 각기 다른 색깔로 변했다. 특히 오른손 집게손가락 끝마디가 가장 짙은 청색으로 변했다. 나는 이 색들의 의미를 알지 못했지만 신기했다. 선생님은 바닥에 놓인 상자를 다시 들어 올리더니 내 손에 건네주며 말했다.

"이 안에는 많은 상비약이 들어있어요. 영적 환자들을 위해 지혜롭게 잘 사용하세요. 그리고 일하다가 피곤하거나 시장할 때는 여기로 다시 돌아오세요. 당신을 위해 포도주와 음식이 늘 준비되어 있을 겁니다."

고개를 돌려 방의 왼쪽을 보니, 높고 조그만 서류함 위에 작은 케이크들과 포도주병이 놓여있었다. 다양한 색과 맛이 나는 둥글고 납작한 케이크는 내가 좋아하는 부드러운 푸딩 종류로 보였다. 나는 그들에게 인사하고 휴게실에서 나왔다.

바깥은 영의 세계에서 내가 자주 방문하는 커다란 학교 같은 고층 건물이었다. 건물 실내의 각 층 중앙에는 고풍스러운 원목 계단이 있었다. 짙은 색의 나뭇결이 살아있는 폭이 넓은 계단이었다. 층마다 계단을 중심으로 많은 교실과 사무실 그리고 강당이 있었다. 또한 실내의 좌우 가장자리에는 가파르고 좁은 비상구 계단이 이어져 있었다. 주위를 둘러보니 눈에 익고 정든 곳이었다. 그러다가 나는 영의 세계에서 깨어났다.

나는 왜 이런 환상을 보았는지 모른다. 사실 나는 의사가 되고 싶기는커녕 병원에 가기조차 매우 싫어한다. 어지간히 아파도 병원에 가지 않는다. 약을 복용하는 것도 싫어한다.

어릴 적에 늘 또래보다 왜소했고 편식이 유난히 심해서 부모님은 내게 약을 정말 많이 먹였다. 계절이 바뀔 때마다 보약과 외제 비타민과 심지어 항생제까지 먹고 자랐다. 어떤 보약은 맛이 하도 써서 어머니가 방에서 나가면 방 안에 있던 화분에 다 부어버렸다. 아버지의 책상 서랍에는 내가 약을 먹고 토할까 봐 약을 먹으면 바로 먹이려고 사탕이 가득 준비되어 있었다.

당시 같은 반 친구 중에서도 집이 가난해서 도시락을 못 싸오는 아이들이 종종 있었다. 그럼에도 나는 오랫동안 부모님께 감사한 마음을 갖지 못하는 못된 아이였다. 얼마나 철없이 천방지축으로 자랐는지 지금 생각해도 부끄럽다. 그런 내가 주님을 만났으니 얼마나 은혜 중의 은혜인가!

나같이 남을 배려할 줄 모르고 철없는 성정을 가진 자를 만약 하나님께서 불러주시지 않았다면… 끔찍하다. 나는 틀림없이 바깥 캄캄한 곳이나 지옥행을 자초하며 살았을 인생이었다.

49 내 사랑하는 자는 가시나무 가운데 레바논의 백향목 같구나

샘가의 대화

제시카 주님, 방금 침실 문 틈새로 새까만 개구리가 폴짝 뛰어 들어왔어요. 처음에는 까매서 바퀴벌레인 줄 알았는데 가만히 보니까 개구리였어요. 지금 밖에는 장맛비가 억수같이 내립니다. 그래도 어떻게 방 안까지 개구리가 들어옵니까. 모세 시절, 이집트 바로의 방도 아닌데요.

방 안에서 뛰어다니는 게 자꾸 눈에 거슬리고 징그러워서 제 옆에 있던 안경집으로 한 방에 확 뭉개버렸어요. 제 평생에 개구리를 잡은 건 또 처음이에요. 예전 같으면 침대에 뛰어오르고 남편 토니를 부르며 발을 구르고 난리를 부렸을 텐데 제가 확실히 변하긴 변했나 봐요.

저 이제 아프리카 사람이 다 되었어요. 강심장이 되었지요! 2주 전쯤에는 우리 아이들을 먹인다고 기르던 숫염소를 잡았어요. 아이들이 1년에 한 번이라도 고기를 먹고 싶어 해서 토니에게 염소를 잡자고 했더니 그냥 도망을 가버렸어요. 그래서 제가 했지요. 눈을 딱 감고 아이들의 웃는 얼굴만 떠올리며 당신의 이름을 부르면서 고기 장만을 했답니다. 정말 끔찍했습니다.

그러고는 다른 사람들은 다 고기를 먹는데 정작 저는 입에 대지도 못했습니다. 저를 바라보던 염소의 눈이 생각나서요. 도망간 토니도 고기 먹는 식사 시간에는 나타나더라고요. 사실 저는 그날 이후 며칠 동안 잠도 설쳤어요. 저는 염소 한 마리를 잡고도 이런데 어떻게 옛날 이스라엘 제사장들은 매일 제사를 준비했을까요!

아이고… 주님, 제가 여자가 맞긴 맞나요? 아프리카에 살다 보니 점점 여자이길 포기하게 되는 것 같아요. 백 명 남짓한 아이들에게 엄마 노릇을 하려니 변하지 않고는 안 되더라고요. 예전처럼 머뭇거리거나 징징거리지 않고 점점 강해져야만 하는 걸 느낍니다. 그래서 아이들이나 다른 사람들 앞에서는 울지도 못하고 당신 앞에서만 웁니다. 요즘은 더욱 자주 웁니다.

아프리카에서 맞는 두 번째 크리스마스입니다. 미국에 두고 온 늙은 어머니도 보고 싶고 딸 미셸도 너무나 보고 싶어요. 엄마는 눈 수술을 하시고는 잘 안 보인다고 하세요. 요즘은 무릎이 쑤셔서 매일 한의원에 침을 맞으러 다니시고요. 명절인데 미셸을 불러주는 곳이 있을지… 안쓰러워 한숨만 납니다. 아이가 늙고 병든 개 진도랑 단둘이 방에 앉아있는 건 아닌지 알 길이 없네요. 진도는 병에 걸려서 하루걸러 한 번씩 링거주사를 맞아야 한대요. 몇 푼 안 되는 아이 월급이 병원비로 다 나간다고 합니다.

그런데 이번 달에 결국 교회 학교의 재정이 바닥나서 스무 명이나 되는 직원들의 월급을 줄 수 있을지 잘 모르겠어요. 지금 제 마음이 참으로 답답합니다. 낯선 나라에서 모든 걱정과 근심을 혼자 가슴에 품고 벽을 바라보며 울고 있습니다. 주님, 나의 주님!

예수님 **사랑하는 나의 딸아, 네 근심과 걱정을 다 털어버리거라. 내가 있지 않느냐. 너는 가장 가난한 자 같으나 가장 부요한 자다. 내가 너를 바라보고 있으니 너는 아무것도 염려치 말고 고개를 들어 내 얼굴만 바라보거라. 그것이 네 할 일이다. 나를 바라보는 것만이 네 할 일이다.**

그 외에는 아무것도 없다. 나는 오직 그것을 네게 훈련시키는 중이다. 처한 환경의 압박에서 털고 일어나는 법을 배우거라. 일어나 잘 견뎌내어 환경을 다스릴 줄 아는 사람이 되거라. 세파를 보지 말고 그 위에 존재하는 나의 임재를 바라보거라. 수십 년의 목회 세월을 통해 내가 너를 그렇게 훈련했단다. 너는 지금 그 정도는 능히 할 수 있다. 전쟁의 칼을 쥔 손목에 힘이 실려있는 자여, 내가 너를 자랑스럽게 보게 하라.

제시카 당신께서 명하셨으니 고개를 들겠습니다. 연약한 척하지 않겠습니다. 제가 비록 모범생도 아니고 영의 학교의 출석 일수조차 못 채우는 열등생이지만 제게는 당신이라는 '빽'이 있습니다. 힘을 내겠습니다.

예수님 **네가 그렇게 말하면서도 속 깊은 곳에 뼈 시린 외로움이 자리 잡고 있구나.**

제시카 당신께 제 속을 들켜버렸습니다. 당신 앞에서 아직도 무언가를 숨기려는 제가 바보입니다. 그러나 이제는 이 낯선 곳에서 외로워하지도 않겠습니다.

예수님 **사람은 '외로움'의 참뜻을 모른다. 사람들이 말하는 외로움은 '홀로 있는 것'을 뜻한다. 그러나 참다운 외로움은 '죄에서 분리된 공의'임을 알라. 내가 지나온 길이니라.**

제시카 이제 깨달았습니다. 저 같은 자는 이 땅에서 외롭다고 칭얼거릴 자격조차 없는 것을요. 전 인류의 세상 죄를 짊어지고 십자가에 오르신 오직 당신만이 외로움의 참 의미를 아십니다. 당신은 거친 나무 위에 박혀서 저희를 내려다보셨습니다. 저희가 아무도 당신의 진짜 신분을 모른 채 거들먹거리며 비웃고 조롱할 때도 당신은 죄인인 저희를 끝까지 참아주셨습니다.

주님, 홀로 얼마나 외로우셨습니까! 당신은 죽기까지 하나님의 공의를 온전하게 이뤄드렸습니다. 당신이야말로 죄인인 저희로부터 철저하게 분리된 정의로운 분이시며 외로운 분이십니다. 앞으로 아프리카에서 외롭다는 생각은 하지 않겠습니다.

외로움의 참뜻을 모르는 자가 어찌 외로움을 논하겠습니까. 당신은 처음부터 그 외로운 십자가 위에서 죽기 위해 태어나신 분이 아닙니까. 그러니 저도 언젠가는 당신의 마음에 흡족한 신부가 되어드릴 것입니다. 제게 닥친 이 모든 어려움이 우리의 왕국을 향한 연습이오니 마음을 강하게 먹고 이겨내겠습니다. 반드시 당신의 거룩하신 얼굴에 웃음을 만들어 드리겠나이다.

제 생명보다 더 귀한 것이 제 자식 미셀이었습니다. 제 가슴에서 가장 파내기 힘들었던 자식을 당신 앞에서 파내어 버렸는데 제게 무엇이 남아있겠습니까. 저는 죽음을 각오한 이 영적 전쟁 중에 원수의 목전에서 당신의 영토에 당신과 함께 반드시 승리의 깃발을 꽂겠습니다.

예수님 **장한 나의 신부여, 나는 흡족하다. 너는 오직 나를 섬기고 감사하며 찬송하라. 그리하려고 내가 너를 여기까지 불렀다.**

제시카 이제 사람에게서 받는 영광과 감사는 아무 의미가 없습니다. 처음부터 그런 자리는 제 몫이 아닙니다. 섬기는 자리에서 아버지의 눈길 속에 머무르는 것만이 제 삶에 참 의미를 부여할 뿐입니다. 오직 당신만이 참 하나님, 살아계신 영원한 왕이십니다. 당신의 음성은 단비와 같아서 우리 마음 밭에 떨어질 때 소성케 하는 역사가 있습니다.

예수님 **입김이 사과 향기 같은 자여, 암사슴과 노루같이 우리의 밭을 빨리 달리라. 내 사랑하는 자는 가시나무 가운데 레바논의 백향목 같구나.**

나는 원수 마귀의 영토에 있는 어떤 건물 안에 있었다. 그 안은 빛이 들어오지 않는지 컴컴했지만, 눈이 어둠에 익숙해져 사물을 겨우 분간할 수 있었다.

내 옆에는 나이 든 여자 형상의 천사와 젊은 남자 형상의 천사가 함께 있었다. 우리는 그동안의 격렬한 영적 전투로 인해 피곤하고 지쳐있었다. 또한 얼마 있지 않아 우리를 데리러 아군의 로켓이 도착할 걸 이미 알고 있었다. 내가 말했다.

"천사님, 어떤 장소든 좋으니 원수의 영들의 눈길이 미치지 못하는 방으로 들어가서 조금만 쉬다 갑시다. 저는 지금 너무 지치고 허기져서 쓰러질 것만 같아요."

젊은 남자 형상의 천사가 말했다.

"이 방으로 들어갑시다. 나는 이 건물의 구조에 익숙합니다. 전에도 이 방에 들어간 적이 있습니다. 아마 신부님을 위한 요깃거리도 있을 겁니다."

우리는 서둘러 문을 열고 그 방에 들어갔다.

영의 세계에서 문을 출입한다는 건 아주 중요한 의미가 있다. 문을 열고 들어가면, 각 방 안에는 우리가 전혀 상상할 수 없는 다른 세상이 펼쳐져 있다. 또한 입구로 들어가는 것뿐만 아니라 출구를 찾아 나오는 것도 매우 중요하다. 나는 때로 원수의 진영에 들어갔다가 빠져나오지 못해서 주님께 그 악한 곳에서 나가게 해달라고 울며 간구한 경험이 여러 번 있다.

천사가 안내한 방 안은 밝았고 아담한 사무실 형태였다. 중앙의 작은 탁자를 중심으로 각 사면 벽에는 서류함이 가득 차있었다. 마치 누군가가 오랫동안 사용한 것처럼 여러 자질구레한 사무용품들이 구석마다 어질러져 있었다. 왼쪽 서류함 위에 빵과 과자류로 보이는 간식거리가 음료수와 함께 놓여있었다. 나이 든 여자 형상의 천사가 말했다.

"신부님, 우선 의자에 잠시 앉아서 허기를 채우세요. 저희는 괜찮아요."

감사하게도 그 천사는 내가 의자에 앉길 기다렸다는 듯이 접시에 음식을 담고 컵에 음료수를 따르는 등 내가 휴식할 수 있도록 시중을 들어주었다. 젊은 남자 형상의 천사는 방에 들어오자마자 오른쪽 서류함들을 빠른 속도로 뒤지기 시작했다. 내가 앞에 있는 음식을 거의 다 먹을 즈음에 그가 아주 기쁜 목소리로 외쳤다.

"신부님, 찾았습니다. 바로 이것입니다."

그는 작은 나무상자 같은 걸 두 손으로 소중하게 감싸 들고 내 쪽으로 걸어왔다. 그리고 조심스레 상자를 내 앞 탁자 위에 내려놓았다. 상자는 밝은 나뭇결이 보이는 작은 직사각형으로 가로 10센티미터, 세로 7센티미터, 높이가 3센티미터쯤 되어 보였다.

천사가 상자를 하도 소중하게 내려놓아서 나 역시 조심스레 뚜껑을 열어보았다. 그 안에는 한국에서 흔히 사용하는 평범한 타원형의 나무 도장이 들어있었다. 상자의 중앙에는 그 도장과 꼭 맞는 크기의 홈이 정교하게 파여있었다. 홈과 가장자리는 비단처럼 광택이 나는 흰 천으로 덮여있었다.

별로 비싸 보이지 않는 도장이 어째서 귀중한 물품의 보관함 같은 아름답고 품위 있어 보이는 상자에 간수되어 있는지 의아했다. 그래서 그에게 물어보았다.

"천사님, 이건 도장 같은데 왜 이것을 제게 줍니까?"

그가 대답했다.

"신부님, 이 도장은 원래 당신의 것입니다. 당신의 계약서나 소유권을 주장할 때 이 도장으로 인을 찍으면 모든 사실이 공식적으로 확정됩니다. 소중한 물건이니 잘 간직하고 계십시오. 언젠가 주님의 때가 이르면 당신은 이 도장을 긴요하게 사용할 것입니다. 이것을 도로 찾기 위해서 우리는 이 원수의 진영에 들어온 겁니다. 임무를 수행했으니 이제 서둘러 이곳을 빠져나갑시다."

그의 말에 나는 도장을 집어 들고 주의 깊게 바라보았다. 그때 도장의 겉면이 반짝거리기 시작했다. 또한 도장이 신비한 기운으로 감싸져 있는 아주 귀중한 물품이라는 사실이 깨달아졌다. 나는 흰 비단 천이 둘려있는 나무 상자 안에 도장을 도로 소중하게 넣어서 들고, 의자에서 일어나 탈출 로켓을 타기 위해 서둘러 나갔다. 그리고 영의 세계에서 깼다.

환상에서 깼는데도 그 도장을 감싸던 기품 있고 신비한 기운이 마치 사진처럼 뇌리에 생생하게 남아있었다.

'주님, 언젠가 당신의 때가 오면 제 영이 간직하고 있는 이 도장을 어떻게 사용할지 꼭 가르쳐주세요, 아멘!'

51 케냐의 마사이족

샘가의 대화

제시카 주님, 이번 한 주간 집회 여정이 정말 힘듭니다.

예수님 (빙긋이 웃으시며) **그래, 수고한다.**

제시카 이번 마사이족 집회는 오래전에 계획되어 있었어요. 그런데 우기가 닥쳐온다는 걸 미처 염두에 두질 못했어요. 토니와 저는 아프리카의 연중 날씨 흐름에 아직 익숙하지 못하거든요. 도로 사정과 날씨가 깊은 연관이 있다는 것도 몰랐고요.

이곳은 1년에 큰 우기가 두 번 있어요. 도로가 대부분 흙이다 보니 장마철에는 모든 길이 붉고 걸쭉한 진흙탕으로 변해버려요. 게다가 나무가 없어서 흙산이나 언덕이 무너져 산사태로 사람들이 죽는 재해가 많이 일어나요. 그래서 위험한 곳은 도로를 막아버리는 통에 장마철에는 장거리 여행이 거의 불가능해요.

또 진흙 갯벌에 차 바퀴가 빠지기라도 하면 아무리 가속 장치를 밟아도 바퀴가 헛돌면서 전진이 안 돼요. 오히려 밟으면 밟을수록 차가 갯벌 속으로 더 깊이 들어가더군요. 몇 번 그런 일을 당했는데, 특히 인적이 없는 길에서는 몹시 무서웠어요.

게다가 자동차가 겨우 지나갈 좁은 길 위에 풀들이 수북하게 자라있어 도로 바닥에 뭐가 감춰져 있는지 볼 수가 없어요. 무성한 풀 밑에는 큰 돌들이 여기저기 솟아있어서 차가 지나갈 때 어쩌나 덜컹거리던지요. 한번은 큰 돌들을 지나는데 차가 아예 위로 치솟았다가 내려오면서 차체 밑바닥이 부딪쳐 '꽝' 하고 부서지는 소리가 났어요. 제 평생에 복음을 전하러 가는 길이 이토록 험한 건 처음이었습니다.

예수님 **복음의 길이 험할수록 내가 지키고 동행한단다. 그 길이 험난하지 아니하면 네게 무슨 상이 있겠느냐.**

제시카 그렇군요. 저는 당신이 마사이족 집회에 처음부터 끝까지 동행하신 줄 믿습니다. 몇 번이나 차가 갯벌에 빠져 진퇴양난의 상황을 겪었지만, 당신이 동행하지 않으셨다면 절대 나올 수 없었지요. 그때를 떠올리기만 해도 무서워요.

그래서 사실 이번 장마가 시작될 때 겁이 나서 마사이족 추장에게 연락해 집회를 취소했어요. 다음에 비가 그치면 가겠다고요. 그런데 추장이 손님 맞을 준비를 다 했다면서 안 된다고 하는 겁니다. 그래서 할 수 없이 강행군을 결심하고 20년 된 우리 차를 끌고 무리하는 줄 알면서도 진흙탕 속으로 떠났습니다.

저는 추장의 얘기를 듣고 마사이족이 손님을 맞으려 엄청난 준비라도 한 줄 기대하고 갔어요. 그런데 집회를 마치고 버터 바른 식빵 두 조각과 아프리카 차 한 잔을 주더라고요. 그게 뭐예요! 아이고… 저는 정말 실망했습니다.

예수님 (주님은 빙긋 웃으셨다) **다른 사람들이 그 빵을 먹더냐?**

제시카 아니요. 그 교회의 목사님과 장로님, 토니와 저만 먹었어요. 예배를 마치고 저희는 예배당 중간에 앉고 다른 사람들은 저희를 중심으로 둥그렇게 앉아있었지요. 실은 어른과 아이들이 모두 빵을 먹는 제 입만 바라봐서 빵이 목구멍으로 안 넘어가더라고요. 그래도 들판 한복판에서 하룻길을 종일 고생하고 갔더니 허기가 져서 먹었어요.

그런데 조그만 아이들이 우물거리는 제 입만 바라보고 있어서 빵을 제 몫인 두 조각밖에 못 먹었어요. 토니 목사도 배가 고팠을 텐데 사람들이 쳐다보니 제가 먹는 만큼만 먹더라고요.

마사이족은 정부에서 무상 지원으로 지정받은 땅을 헥타

르 단위로 소유하고 있어요. 목축업이 주업인 족속이니 가축을 팔면 돈을 벌 수 있을 텐데 다들 왜 그렇게 살지요? 가정마다 소나 양, 염소, 닭이 최소한 몇십 마리는 기본으로 있던데요. 저희 교회는 다 합쳐도 염소 여섯 마리가 전 재산입니다.

마사이족 예배에 참석한 사람들이 전통 복장인 짙은 원색 망토에 크고 화려한 목걸이와 귀걸이를 착용해서 보기가 좋았어요. 그런데 옷은 화려하지만 사는 건 정말 초라했어요. 집은 여자들이 쇠똥과 진흙을 섞어 반죽해서 만든 낮은 흙집이었어요. 그 안에 가구는 또 얼마나 초라하고 궁색한지, 사실 가구라고 부를 게 없었어요. 부엌용 조리기구 몇 개가 살림의 전부였지요. 부엌도 없었는데요, 불을 피워 냄비를 올릴 수 있는 납작한 돌멩이 3개를 놓아두고 부엌이라고 불렀어요. 벌판에는 반듯한 집들도 군데군데 있었지만 저희를 초청한 가정은 다 가난했어요.

예수님 **그들은 외국인에게 그렇게 보여야 뭔가가 나온다고 기대하기 때문이다.**

제시카 네? 주님, 우리 교단은 저희에게 아프리카 현지인 목사들이 받는 월급만큼만 지불해요. 그 금액으로는 빵과 치즈를 사기도 힘들어요. 그런데 우리가 어떻게 그들을 도와줍니까. 복음이 필요해서 우리를 부른 게 아니었나요? 저희 부부는 가진 게 복음밖에 없어요.

예수님 **철없는 나의 딸아, 그들은 너희 부부에게 '무엇을 얻을 게 있을까' 기대하고 부른 것이다.**

제시카 저는 우리 교회 아이들을 하루 세끼 밥 먹이는 것만 해도 어깨가 휘어지도록 힘들어요. 이번 달은 교회 직원 선생님들 월급도 못 주는 줄 알고 얼마나 노심초사했는데요.

마사이족은 가축을 수백 마리나 소유했는데, 저는 몸과 정신이 온전치 못한, 배고픈 아이들 외에는 가진 게 없어요. 그들은 땅을 헥타르 단위로 가졌지만, 저는 제 몸 하나 누일 땅도 소유하지 않았어요. 제가 더 가난한데 어떻게 나눠줄 게 있습니까.

예수님 **하하하, 너는 네가 가진 것을 그들에게 나눠주면 된다. 너는 내 이름을 가지지 않았느냐?**

제시카 그게 다인데요.

예수님 **그것이 모든 것이니라.**

제시카 흠… 저는 열심히 당신의 복음을 전했습니다. 그러나 그들은 제게 눈에 보이는 걸 구하는 거였군요.

예수님 **나는 음식을 나눠주라고 너를 그곳에 보낸 게 아니다. 네 속에 있는 나를 나누라고 보낸 것이다. 각자는 자기가 가진 걸 분수껏 나누면 된다.**

제시카 제 멘토 목사님은 옥수수 가루를 트럭으로 싣고 가서 주고 온대요.

예수님 **그 역시 그의 가진 것을 나누는 것이니라.**

제시카 제가 내년에 갈 때는 어떤 일이 있어도 식량을 마련해서 그들에게 주고 올게요. 하다못해 식빵이라도 많이 가져가서 제 입만 쳐다보는 아이들과 사람들에게 나눠주겠습니다.

예수님 **그리하거라.**

제시카 마사이족 남자는 가축들을 끌고 풀이 난 장소를 찾아 이동하며 다니기에 몇 주일에 한 번씩 집에 돌아온대요. 그래서 집에 남아있는 여자가 가족이 거주할 집을 짓는대요. 그 흙집에 들어가 보고 깜짝 놀랐습니다.

창문이라고는 흙담 위에 제 손바닥만 한 구멍이 하나 달랑 있는 게 다였어요. 집 안이 얼마나 깜깜한지 아무것도 보이지 않았어요. 제 휴대전화 플래시로 불을 켜보니 좌우에 있는 흙으로 빚은 침상 2개가 전부였어요. 그 두 침상 사이의 간격은 제 몸 하나 겨우 들락날락할 정도였지요. 그런데 그들이 왼쪽 침상은 첫째 부인, 오른쪽 침상은 둘째 부인 것이라고 알려주었어요.

아하하… 셋째 부인은 바깥에서 달 보고 자는가 봅니다. 마사이족 남자들은 부인이 많습니다. 가축을 팔아서 부인을 자꾸 산대요. 귀한 손님이 오면 부인을 잠자리에 빌려주는 관습도 있다고 합니다. 추장에게 그 말을 듣고 토니가 자기는 마사이족에서 살고 싶다고 해서 제가 팔을 콱 꼬집어주었어요. 주님, 저를 마사이족 여자로 태어나지 않게 해주셔서 정말 고맙습니다.

예수님 (주님은 빙긋 웃으셨다) **그렇다면 토니는 마사이족에서 태어나지 않은 것이 서운하겠구나.**

제시카 아니에요. 마사이족 남자는 성인식을 할 때 반드시 사자 한 마리를 죽여야만 성인으로 인정을 받는대요. 만약 토니가 마사이족으로 태어났으면 사자를 못 죽여서 평생 성인이 되지 못했을 겁니다. 제가 아는 토니는 시커먼 왕거미 한 마리를 보고도 벌벌 떨거든요. 아프리카는 벌레 천국 아닙니까. 저희 집에는 도마뱀, 거미, 바퀴벌레, 집게벌레, 개미 등 종류대로 다 있습니다.

난생처음 본 희한한 곤충이 하도 많아서 일단 보면 제가 그냥 손으로 잡아 죽입니다. 처음에는 휴지로 덮어 죽였는데요, 이제는 휴지도 아껴야 할 판국이라서요. 저도 이제 강심장이 되었어요. 저희 둘 다 구석에서 떨기만 하면 어떡합니까.

그런데 제가 아무리 노력해도 안 되는 게 있다는 걸 오늘 아침에 알았어요. 마사이족은 물이 귀해서 가축의 젖과 피를 반씩 섞어서 아침 식사로 마셔요. 하지만 저는 비위가 약해서 그건 도저히 못 먹겠어요. 아직 진짜배기 선교사가 되려면 멀었나 봅니다. 어떻게 하지요?

예수님 **고기를 생명인 피째 먹지 말 것이니 먹지 않아도 된다.**

제시카 그렇지요? 아… 주님, 감사해요. 마사이족은 남자는 사납고 여자는 미인이 많다고 합니다. 아프리카에서 몇 년 살다 보니 제가 예전에 생각하던 미인의 조건이 점차 변하는 것 같아요. 아무튼 그들은 예배 시간에 화려한 전통 복장을 하고 신나게 춤추고, 찬양하고, 당신을 믿고 경배합니다. 예전에 미국에서 가만히 앉아 예배드리던 제가 부끄러워질 정도로요.

지금은 저도 익숙해져서 그들과 함께 춤을 춥니다. 마사이 춤은 노래 박자에 맞춰서 어깨를 들썩거리는 거예요. 작은 구슬을 손으로 꿰어 만든 큰 목걸이가 박자에 맞춰 올라갔다 내려갔다 하니 나름 흥겨워집니다.

주님, 만물의 영장인 사람의 전통과 관습이라는 잣대가 얼마나 어리석고 허무한지 알았어요. 선진국에서는 자기의 부인이 남의 남자와 잠자리를 가지면 간통죄를 범했다고 합니다. 그러나 마사이족은 남의 남자가 오면 자기의 부인을 빌려주는 걸 예우라고 합니다. 사람들은 자기 나라의 풍습을 정당화시키며 예의를 차리지요. 저 역시 그렇게 살았고요. 저희는 아직도 아프리카를 배웁니다.

제가 비록 지금 아프리카의 열린 감옥에 살고 있지만 그것에 걸맞는 열린 마음을 주실 수 있는지요? 저는 이곳에서 조금씩 그러나 확실히 변하고 있습니다.

예수님 **그렇다, 너는 변하고 있다. 이제야 마음을 다스리는 법을 배우고 있다. 힘을 다해 열심히 연습하거라. 나의 나라에서 실습하는 순간이 올 것이다. 자기 마음을 다스리는 자**

는 땅을 정복하고 만물을 다스리는 법을 알게 된다. 그러므로 나의 신부들은 이 세상에서 전개되는 모든 상황과 환경을 반드시 정복할 줄 알아야 한다.

또한 나의 신부들은 내가 허락한 이 세상의 만물을 다스리고 관리하며 반드시 사용할 줄 알아야 한다. 이를 위해 내가 이미 내 신부들에게 축복을 주었다. 그러나 먼저 스스로 변화하지 않으면 아무것도 시작할 수 없느니라.

제시카 당신은 은혜로우시고 사람을 긍휼히 여기시는 제 주인님이십니다. 아아… 주님이여, 당신은 광대하시고 능하시고 두려우시며 언약과 인자를 지키시는 분입니다. 당신의 신부들, 지도자들, 목회자들, 제직들, 선지자들, 조상들, 당신의 모든 백성이 아담의 때로부터 오늘날까지 원수의 영에게 당한 환난을 작게 여기지 마시옵소서.

우리는 원수의 꾐에 빠져 당신을 배반하고 옛적 그 아름다운 동산에서 내침을 받았나이다. 우리가 당한 모든 일에 당신은 공의로우십니다. 우리는 악을 행하였으나 주님은 진실히 행하셨습니다. 그러나 당신의 신부들에게 이제는 그 '잠근 동산'을 회복시키소서. '덮은 우물'을 여시옵소서. '봉한 샘'의 봉인을 떼어 생수가 솟아나게 하소서. 이제는 '동산의 샘'의 생수가 흘러 영의 학교에 있는 당신의 신부들에게 퍼져나가게 하옵소서. 예수님, 그 순간을 위해 속히 오소서. 마라나타!

52 크리스마스이브의 기도

생일 축하 편지

예수님, 아프리카에서 맞는 두 번째 크리스마스이브입니다. 하루하루가 그렇게 더디 가더니 또 세월은 그렇지도 않은가 봅니다.

제가 사는 아프리카는 크리스마스가 여름입니다. 먹고 살기도 힘든 곳이라 그런지 아무리 주위를 둘러보아도 크리스마스 장식은 고사하고 성탄 노래조차 들을 수 없습니다. 읍내에 가도 마찬가지예요.

오늘따라 지구 반대편에 두고 온 미셸이 유난히 보고 싶습니다. 저는 그 아이가 오늘 밤 혼자 있지 않길 간절히 바랍니다. 정직하게 말씀드리면 그 사실을 알게 되는 게 두려워서 아이에게 전화조차 하지 못했습니다. 제가 아직도 참 못났지요? 정말 죄송해요, 주님.

저희는 지금 심심산골인 엠부족 마을에 집회하러 나와있습니다. 이들은 농업을 하는 몹시 가난한 부족입니다. 그래도 저희가 왔다고 다들 최고로 좋은 옷을 골라 입고 산 밑으로 마중을 나왔더군요. 그 따뜻한 마음에 눈물이 살짝 나려고 했습니다.

그런데 아까 이곳에 올 때 길이 없어서 산속 옥수수밭 가운데를 걸어 산골 마을로 올라오다가 얇은 종이에 손가락 베이듯 옥수수 이파리에 온몸과 다리 여기저기를 엄청 베였습니다. 여름이라서 옷을 얇게 입고 온 제 실수입니다.

산에 올라오느라고 땀을 많이 흘려서 온몸에 소금기가 있는데도 물이 없어서 씻지 못하고 그냥 있었습니다. 마시는 물도 귀하게 여기는 사람들 앞에서 어떻게 씻을 수 있겠습니까. 그런데 잠자리에 눕자 베인 상처 안으로 제 더러운 피부의 땀의 소금기가 스며드는지 쓰리고 가려워서 잘 수가 없습니다.
그럼에도 주님께 모든 것이 감사합니다. 여기는 너무 가난한 마을이라 끼니를 만들 거리가 없어서… 크리스마스이브인데 저희는 저녁도 못 먹고 잠자리에 누워 따가운 상처들을 긁고 있지만, 주님께 눈물 나게 감사합니다.
산도 물도 사람도 낯선 이 붉은 사막 땅에서 늘 인도해주셔서 정말 감사합니다. 성탄 축하 행사도 없고, 성탄 감사 헌금도 없는 고적한 아프리카 산골의 밤이지만… 그래도 예수님, 생일 축하합니다. 메리 크리스마스!

53 번제단의 불꽃은 재가 될 때까지 타야 한다

샘가의 대화

제시카 주님, 사랑이 뭐예요?

예수님 **사랑은 '나'를 주는 거란다.**

제시카 아무런 조건이 없이요?

예수님 **그래.**

제시카 주님은 제게 조건을 걸지 않으셨어요?

예수님 **무슨 조건?**

제시카 제가 주님을 입으로 시인하고 마음으로 믿어야만 구원받는다고 하셨잖아요. 저는 그게 구원의 조건이라고 생각해요.

예수님 (씨익 웃으시며) **그건 조건이 아니고 너를 위한 배려란다. 네가 나를 입으로 주인이라고 시인할 때 내가 너를 책임지게 되고, 네가 마음으로 나를 믿을 때 이 험한 세상을 이겨낼 힘을 갖게 된단다.**

또한 네가 구원을 받지 않으면 어떻게 나랑 영원한 행복을 함께 누릴 수 있겠느냐. 그러므로 나의 사랑은 조건이 아니고 배려란다.

제시카 아아… 주님, 그렇군요. 배려라면 강제가 아니군요.

예수님 **나는 너를 존중한다. 강제는 없다. 당연히 네 선택이다. 그러나 모든 선택은 책임이 따르는 법이란다.**

제시카 저는 선택 같은 건 필요 없는데요. 제 모든 것을 그냥 당신의 뜻대로만 해주시길 바랍니다. 왜냐하면 저는 스스로 책임질 자신이 없거든요. 사실 저는 아무것도, 그 누구도 책임지고 싶지 않고 그럴 만한 능력도 없어요.

주님, 제가 잘못된 선택을 할 수도 있으니 차라리 제 선택권을 거둬가 주시면 안 될까요.

예수님 **네가 선택하지 않았으면 네 의가 어디 있겠느냐. 이전에는 네가 살고 싶은 대로 살며 넓은 길을 활보하고 다니던 신앙이었다. 네가 믿고 싶은 방식대로 나를 믿지 않았느냐. 그러나 지금 너는 변했다. 예전의 너라면 결코 가고 싶지 않을 그 좁은 길을 찾기를 내게 구했다. 그래서 나는 네 소망을 기뻐하며 이뤄주었느니라.**

지금의 너는 스스로 선택한 길을 걷고 있다. 나는 네 선택을 믿는다. 너는 이제는 변질되지 않을 것이다. 그 까닭은 너는 좁은 길의 대가를 치르는 삶을 살고 있기 때문이다. 나는 삶의 올바른 선택을 하는 나의 신부들을 기뻐한단다.

제시카 그 좁은 길은 소망이 있기에 제가 지탱하며 갈 수가 있습니다. 주님, 제 소망을 꼭 들어주셔야 합니다.

예수님 **네 소망을 말하라. 원하는 것이 무엇이냐?**

제시카 당신이옵니다. 당신의 사랑만을 탐합니다. 당신 외의 어떤 것도 더 이상 제게 의미가 없습니다.

예수님 **내게 있어서 너 역시 마찬가지다. 사랑하는 자여, 이제는 사랑의 뜻을 알겠는가?**

제시카 네, 사랑은 저를 당신께 드리는 것입니다.

예수님 **나 역시 그러하다. 내 스스로의 선택으로 나를 네게 주었다. 아무것도 남김없이 온전하게 생명을 바친 내 사랑을 네게 주었다. 그러니 너도 나를 위해 이 사악한 세상에서 아무것도 남김없이 나를 사랑하거라. 제단 위의 불꽃이 탈 때는 재가 될 때까지 남김없이 타야 온전히 바쳐진 번제물이 될 수 있단다.**

제시카 제가 이제껏 당신을 위해 그렇게 못 살아드린 것을 잘 압니다. 세상 신과 짝하고 주님을 배신했어요. 너무나 오랜 세월을 당신께 신부의 절개를 지켜드리지 못한 채 세상과 음행의 포도주에 취해있었습니다. 큰 음녀의 손에 들린 금잔 속 포도주의 찌꺼기를 마시고 취해 살았습니다.

땅의 음녀들과 가증한 것들의 어미인 그 음녀는 물 위에 떠 있는 이 커다란 세상 땅의 영이지요. 물 위에 떠있지 않은 대륙은 존재하지 않으니까요. 바로 바벨론 음녀의 사악한 영입니다.

당신은 몇십 년 전, 하와이 호놀룰루에서 제가 전도사 인준을 받은 즈음을 아시지요? 그때 많은 물 위에 누워서 요망한 웃음을 흘리고 있는 큰 음녀를 환상 중에 보여주신 적이 있습니다. 당신께서 보여주신 것은 세월이 아무리 흘러도 잊히지 않고 마치 사진처럼 제 뇌리에 선명히 박혀있어요. 저는 평생을 그 큰 음녀의 영에게 속고 살았습니다.

그러나 해 아래에서 그렇게 살지 않는 인간이 얼마나 되겠습니까. 정말 참담한 현실입니다. 부끄러워 감히 당신을 향해 얼굴을 들지 못하겠습니다. 우리의 죄악이 많아 정수리에 넘치고 우리의 허물이 커서 하늘에 미치고 있어요.

조상 때로부터 오늘까지 우리 죄악이 중함으로 인해 당신께서는 우리 백성과 지도자들과 심지어 목회자들까지도 원수 마귀의 손에 붙이신 걸 압니다. 사람은 스스로 자신의 죄에 팔려 마귀의 칼에 죽으며, 사로잡히며, 노략(擄掠)을 당했습니다. 하여 오늘날 우리가 사는 세상이 요지경이지 않습니까.

그러나 당신께서 우리에게 은혜를 베푸사 남겨두어 피하게 하신 당신의 희귀한 신부들을 그 거룩한 처소에 박힌 못과 같게 하셨습니다. 우리의 눈을 밝히사 마귀에게 종노릇하는 중에서 조금 소성하게 하셨지요. 그 은혜로 인해 이제는 당신의 질투를 깨닫고, 새롭게 태어난 제시카가 되었어요.

하지만 어느덧 저는 나이 들고 적도의 햇볕에 그을려 쭈글쭈글한 할머니가 돼버렸습니다. 살아온 날들이 살아갈 날

보다 더 많은 저입니다. 남은 시간이 별로 없습니다. 너무 죄송합니다.

주인님, 그래도 조금 남은 인생은 당신의 뜻대로 살아드리고 싶어요. 당신께서 흠향하시는 제단 위에서 제 남은 시간을 재가 될 때까지 남김없이 태워 올려드리겠습니다. 그렇게 살겠나이다. 저를 도우소서.

예수님 **내가 그리하마. 너는 추한 자가 아니다. 내가 네 시간을 다시 찾아주마. 나의 영원한 나라의 시간 속에서는 네가 이 땅에 거주했던 삶의 시간이 아무것도 아니다.**

이후로는 내 왕국에서 네가 나의 신부로 입장하는 날을 기억하며 살거라. 그리하면 네 정체성이 무엇인지 깨달을 것이니라.

나는 왕이다. 너는 왕 된 예수 그리스도의 신부다. 내가 네 영을 그런 존재로 창조했다. 숲속의 나뭇잎 사이로 비추는 햇살 한 자락 같은 나의 상쾌한 신부야, 이제 우리의 날을 시작하자.

제시카 아아… 사모하는 나의 주님, 어서 빨리 여종을 데리러 오시옵소서. (이 대화를 기록하고 있는 내 왼쪽 눈높이 정도에서 아주 작고 반짝이는 은가루가 하나 나타났다. 그 은가루는 천천히 위로 날아갔다. 사랑하는 내 주님의 현존하심을 알리는 사랑의 표식이다. 마라나타!)

또 일곱 대접을 가진 일곱 천사 중 하나가 와서 내게 말하여 가로되 이리 오라 많은 물 위에 앉은 큰 음녀의 받을 심판을 네게 보이리라 땅의 임금들도 그로 더불어 음행하였고 땅에 거하는 자들도 그 음행의 포도주에 취하였다 하고 계 17:1,2

54 천국 내 집의 창문

영의 세계

하늘이 너무 밝아서 눈이 부셨다. 밝은 빛이 위로부터 쏟아지고 있었다. 온 마음이 빛으로 따뜻하고 포근해지는 이 느낌은, 내 영이 천국의 어딘가를 방문했을 때 경험한 익숙한 느낌이다. 그렇다. 나는 천국의 밝은 내 집 안에 서있었다. 천장이 얼마나 높은지, 과연 있는지조차 알 수 없을 만큼 그 끝이 보이질 않았다.

내 앞에는 좌우상하의 끝을 가늠할 수 없는 거대한 흰 벽이 버티고 있었다. 나는 눈을 들어서 흰 벽의 까마득히 올려다보이는 거대한 창문을 바라보았다. 그것은 세상의 여느 창문들처럼 유리로 되어있지 않았다. 통으로 된 직사각형의 거대한 창문을 통해 눈부시게 하얀 하늘이 보였다. 창문의 가장자리는 마치 액자 틀처럼 사각으로 테를 두르고 있었고, 그 테는 황금과 웅장하고 아름다운 조각으로 장식되어 있었다.

그 순간, 아름다운 황금 테두리의 창문을 통해 바깥 풍경을 내다보고 싶은 욕구가 생겼다. 그런 마음을 품자 내가 깃털처럼 가볍게 날아오르더니 드높은 창문의 바로 앞 공중에 멈추었다. 바깥은 풍경이 없이 대낮처럼 밝고 흰 하늘만이 끝없이 펼쳐져 있었다. 구름 한 점 보이지 않았다.

그런데 그때 하늘에서 큰 음성이 들렸다. 정말 신기한 것은 내가 그 음성을 들을 때 귀로 듣는 게 아니고 마치 솜사탕이 녹는 것처럼 그 뜻이 내 마음속에 녹아들어 왔다. 그 음성은 내 영 안에 이런 뜻을 가져다주었다.

"보라 처음 것은 지나갔으니 이제 새것이 되었도다."

그 음성이 내 안에 녹아들 때 내 영은 깨달았다.

주님과의 첫사랑을 회복한 이후 몇 년간 내 삶에 너무나 많은 변화가 있었다. 편하고 안락한 것들을 내려놓고 버리는 과정 중에 철없고 못난 나는 얼마나 아파하고 울었던가! 그에 반해 그분과 잃어버렸던 관계를 하나씩 회복하는 순간이 얼마나 행복했던가!

지나간 날들의 모든 사건은 위대하신 하나님의 아름다운 계획이었다. 그분은 예수님으로 말미암아 나를 창조주 하나님과 화목하게 하셨다. 또한 내게 '그리스도의 신부'라는 화목의 직책을 주심으로 자기의 사랑을 확증하셨다.

이 모든 일은 하나님께서 예수님 안에 계심으로 나를 그분과 화목하게 하시려는 사건이었다. 나의 죄를 내게 돌리지 않으시려는 그분의 원대하신 뜻 아래 이루어진 계획이었다. 그래서 나는 지난 세월 동안 예수님과 그분의 신부들을 화목으로 중매하는 말씀을 기록했다. 내 목회 생명을 바쳐서 써 내려갔다.

지난 세월 속에 있었던 많은 일이 주마등처럼 내 머릿속을 빠르게 지나갔다. 그렇다. 나는 이제 새로운 피조물이 되었다! 또한 '회개를 통한 성화'라는 화목의 과정을 지날 때 내 인생의 모든 고비 중에 의미심장한 순간들이 있었다.

나는 천국의 내 집 안에 있는 대형 창문의 액자 안에 그 순간들이 각각 그림처럼 영원히 남는다는 사실을 알았다. 한 창문에 한 순간씩 말이다. 기이하게도 이 모든 사실을 내 영이 알았다. 참으로 놀라운 깨달음이었다.

'주님이시여, 그리스도의 신부들은 마땅히 일어나 영원부터 영원까지 계신 우리 하나님 여호와를 송축해야 합니다. 그 이유는 당신의 존귀하신 이름이 모든 축복이나 찬양보다 뛰어나시기 때문입니다. 오직 당신만이 창조주 여호와이십니다. 하늘과 하늘들의 하늘과 일월성신과 땅과 땅 위의 만물과 바다와 그 가운데 모든 것을 지으시고 보존하시니 모든 천군과 당신의 신부들이 당신께 경배합니다. 또한 당신의 신부는 오직 당신만을 지극히 사랑하나이다. 할렐루야!'

그런즉 누구든지 그리스도 안에 있으면 새로운 피조물이라 이전 것은 지나갔으니 보라 새것이 되었도다 모든 것이 하나님께로 났나니 저가 그리스도로 말미암아 우리를 자기와 화목하게 하시고 또 우리에게 화목하게 하는 직책을 주셨으니 이는 하나님께서 그리스도 안에 계시사 세상을 자기와 화목하게 하시며 저희의 죄를 저희에게 돌리지 아니하시고 화목하게 하는 말씀을 우리에게 부탁하셨느니라 고후 5:17-19

55 아이들 졸업식의 후유증

샘가의 대화

예수님 **흰 세마포에 묻어있는 까만 겨자씨 한 알처럼 작은 나의 신부야, 이제 일어나거라.**

제시카 예수님, 깨워주셔서 감사해요. 어찌 저는 이리도 믿음이 없는지요. 저를 꾸짖어주세요. 저는 꾸중도 주님의 꾸중이면 좋습니다. 당신의 관심사 안에 제가 거한다는 증거니까요. 죄악의 피 묻은 손으로 인해 당신께서 얼굴을 가리고 듣지 않으시는 사람들이 세상에 얼마나 많습니까.

그래도 여종을 잊지 않으시고 제 삶에 관여하시고 권면해 주셔서 고맙습니다. 세상에서 받은 제 상처를 고치고 싸매려고 하시는 주님의 사랑을 받는 자의 삶은 축복받은 삶입니다. 그래서 이스라엘은 행복한 백성입니다. 저는 당신의 신실하심을 믿습니다.

예수님 **나를 믿어주어서 고맙구나.**

제시카 주님, 우리 아이들 수가 많이 줄었습니다. 몇몇 장애아이들은 여기 와서 수년이 지나도 지적 장애가 너무 심해 배운 기술이 별로 없습니다. 배우는 과정에 진전이 별로 없는 것 같아요. 그 아이들은 부모가 있는 아이들인데, 아이들 밥값을 가져오는 부모들에게 너무 죄송한 마음이 들었어요. 그들의 얼굴을 보기가 민망했습니다.

원래 장애청소년 재활기술학교는 2년을 정규 과정으로 규정하고 있어요. 그래서 지난 학기에는 5년 이상 이곳에서 기술을 배우고도 국가고시에 응시조차 못 한 아이들은 그냥 다 졸업을 시켰습니다.

늘 함께 있던 아이들을 못 본다고 생각하니 마음이 좀 아팠어요. 그렇지만 가난한 부모들에게 이루어질 수 없는 기대감만 안기고 밥값을 받는다는 게 양심에 걸렸습니다.

졸업식 날, 졸업 가운을 입고 사각모를 쓴 자식들을 바라보며 부모들이 울었습니다. 아이 평생에 무엇인가를 끝내고 졸업장을 받는 게 처음이라면서요.

그런데 이제 밥값을 보태던 부모들이 사라졌으니 부모 없는 장애아이들이 힘들게 되었습니다. 아무래도 밥값은커녕 선생님들 월급마저도 안 나올 것 같아요.

지난달 크리스마스 때는 직원들 월급을 못 줄까 봐 얼마나 노심초사했는지 모릅니다. 선생님들이 너무 연로해서 절반은 정년퇴직을 해야 해요. 그런데 퇴직금을 줄 수가 없으니 다들 눈치만 보며 그냥 있습니다. 여기서는 공동생활을 하지만 나가서 다른 숙소를 마련할 처지도 못 되니까요.

이 모든 상황이 제 마음을 무겁게 합니다. 주님, 제가 믿음이 부족합니다. 어떻게 하지요?

예수님 (주님은 빙그레 웃으시며 말없이 나를 물끄러미 보시더니 이윽고 입을 떼셨다) **내가 이 장애아이들과 선생님들을 먹여 살릴 수가 없어서 너를 불렀겠느냐?**

제시카 아닙니다. 주님께서는 무엇이든지 하실 수 있으며 그 어떤 자도 사용하실 수 있는 분이십니다.

예수님 **그렇다면 무엇을 심려하느냐. 내 아이들은 내가 먹이고 입히고 가르친다. 너는 그저 내게 쓰임 받으면 될 뿐이다. 네가 아프리카에 온 이후로 금식할 때 외에 단 하루라도 끼니를 굶은 적이 있었더냐?**

제시카 아니요. 없습니다.

예수님 **쌀과 김치가 떨어진 적이 있었더냐?**

제시카 아니요. 당신은 누구를 보내서라도 제게 쌀과 김치를 공급해주셨습니다. 비록 정말 아껴 먹었지만, 꼭 먹고 싶으면 한 젓가락이라도 먹게 해주셨습니다.

예수님 **그 외에 먹고자 하는 걸 못 먹은 적이 있으면 말해보거라.**

제시카 그렇군요, 주님. 제가 먹고 싶은데 먹지 못한 것은 아무것도 없습니다. 없으면 다른 음식으로 대체하면 되는 일이었어요. 제 믿음 없음을 용서해주소서.

예수님 **되었다. 나의 어여쁜 자여, 나를 믿고 근심을 거두고 일어나거라. 네가 삶에 익숙하고 편한 것들을 나를 위해 버리고 떠나온 걸 안다. 그래서 내가 너와 함께 이곳에 오지 않았더냐. 나는 세상 끝날까지 결코 너를 떠나지도 버리지도 않을 것이다.**

항상 말을 삼가고, 무릇 지킬 만한 것보다 더욱 네 마음을 지켜라. 생명의 근원이 이에서 남이니라. 너는 행위로써 판단을 받을 때는 지났다. 이제는 마음의 중심으로 내게 판단을 받는 영의 나이를 지녔다.

매사에 나를 중심으로 생각하고 결정하여라. 그리하면 마땅히 취해야 할 길을 알리라. 의식주의 걱정은 애초에 마귀로부터 나왔느니라. 그런 걱정은 마귀에게 도로 던져 주거라.

내 신부가 왜 먹을 것과 입을 걸 걱정하느냐. 네가 입을 예복을 내가 이미 보여주지 않았더냐.

제시카 그렇군요. 아아… 주님, 제가 원수의 영에게 깜빡 속았습니다. 간교한 마귀가 또다시 저를 격동시켰습니다. 마귀의 놀음에 휘둘리고, 삶의 근심과 걱정이 저를 삼키게 허락했습니다. 어리석은 저를 용서하소서. 제가 못났습니다.

예수님 **아프리카보다 물가가 더욱 비싼 미국을 기억하거라. 네 지난 40년의 이민 생활에서 단 하루도 의식주로 내가 네게 근심을 끼친 적이 있었더냐?**

제시카 아니요. 단 하루도, 단 한 끼도 없었습니다.

예수님 **그것이 너를 관심 갖고 보살피는 내 마음이었던 걸 잊은 것이냐?**

제시카 주님, 잘못했습니다. 이 아이들이 제 아이들이라고 잠시 착각했습니다. 저는 아이들의 베이비시터에 지나지 않습니다. 종이 주제넘게 주인의 일을 책임지려고 고민했습니다. 앞으로는 절대 그런 어리석고 철없는 걱정을 하지 않겠습니다.

56 천국에서 본 명철의 열매

나는 낮에는 교회 직원들, 재활기술학교 선생님들과 함께 목회와 사역에 분주하다. 매일 이른 아침부터 저녁까지 함께 사는 몸이 불편한 장애아이들 때문에 늘 시간에 쫓긴다.

그러다 보니 어떤 때는 종일 성경을 펼쳐보지도 못한다. 그런 날은 내 영이 굶어서 허기지는 날이다. 주님께 너무 죄송해서 죄의식을 느낄 때도 있다. 그래서 아예 잠자리에 들 때 헤드폰을 쓰고 잔다. 특별히 내가 가장 좋아하는 아가서의 묵상을 단 하루도 놓치고 싶지 않아서 밤새도록 반복이 되도록 켜두고 들으면서 잔다. 어젯밤도 그랬다.

그러다가 새벽녘에 일찍 깨어 일하다가 점심시간에 겨우 목양관에 들어왔다. 몸이 너무 피곤해서 점심을 먹기보다는 잠시 눈을 붙이고 싶었다. 침대 위에는 말라리아 때문에 늘 모기장이 드리워져 있다. 그런데 너무 지치니까 팔다리가 쑤셔서 빨리 잠들지 못하고, 모기장 안에서 비몽사몽 헤매고 있었다.

그런데 갑자기 누군가가 내게 찬물을 확 끼얹은 듯 정신이 번쩍 드는 게 아닌가! 순간적으로 나는 잠이 깨면서 머리가 맑아졌다. 눈을 떴는데 왼쪽 2미터 전방의 허공에 어떤 열매 하나가 선명하게 보였다. 난생처음 보는 희한하게 생긴 열매였다. 커다란 멜론 크기의 둥글고 갈색인 호두 모양 열매였다. 하지만 호두 껍데기처럼 딱딱해 보이진 않고 잘 부서질 것 같은 얇은 껍질에 싸여있었다.

열매의 윗부분에는 마치 홍당무 머리에 이파리가 자라듯 희고 아주 작은 꽃들이 많이 자라있었다. 꽃들의 모양은 초록색 줄기 위에 안개꽃처럼 보였다. 갈색의 큰 열매는 하얗고 작은 꽃들과 어우러져 신기하게 보였다. 그런데 이 열매는 내가 눈을 떠도 보였고 감아도 보였다.

'도대체 사진처럼 선명하게 보이는 이 열매는 뭐지?'

나는 잊기 전에 얼른 주님께 여쭤보고 싶었다.

샘가의 대화

제시카 주님, 어디 계세요? 제가 조금 전에 아주 기이하게 생긴 열매를 보았어요.

예수님 **너는 기이하게 생긴 열매들을 자주 본단다.**

제시카 언제요? 저는 전혀 기억이 나질 않는데요.

예수님 **천국에서 너는 여러 아름다운 식물과 열매들을 본단다. 그러나 잠에서 깨어 네 영이 육신에 돌아오고 난 후에는**

영이 마음에 덮여 네 생각 속에서 떠오르지 않을 뿐이지.

제시카 아이쿠… 그럼 제가 영영 잊어버리나요? 너무 아깝습니다.

예수님 **아니다. 네가 다시 천국에 방문하면 모든 기억이 되살아난단다. 천국에서는 네 영이 마음의 껍질을 벗어버리기 때문이지.**

제시카 휴우… 다행이네요. 그런데 제가 방금 본 그 열매는 무엇입니까?

예수님 **'나녤' 말이냐?**

제시카 아, 안개꽃 같은 것을 윗부분에 얹고 있는 그 열매의 이름이 나녤이군요. 땅에서 수확한 열매는 우리 몸에 흡수되어 들어가면 각기 다른 비타민과 같은 영양소를 공급해주는 걸 압니다. 천국의 생명수 강가에는 열두 가지 실과가 열린다고 하셨지요? 그런데 나녤이 제 영에 흡수되면 어떤 작용을 하나요? 영은 육신이 아니니 영양소나 비타민이 필요 없을 것 같아요.

예수님 (주님은 빙긋 웃으셨다) **천국의 열매에 관해서는 땅의 생각을 버리거라. 나녤을 먹고 나면 네게 명철이 생긴단다. 어젯밤에 네가 먹었기에 기억하는 것이다.**

천국의 각 열매는 먹고 나면 네 영에게 각기 다른 성분의 영양을 준단다. 사랑, 기쁨, 평안, 인내, 친절, 선, 신실함, 온유, 절제 등이 있지. 마치 네가 땅에서 육신의 건강을 위해 비타민을 복용하듯이 말이다.

제시카 그것은 성령의 열매들이 아닙니까? 저는 그런 열매들이 성경책 안에서만 언급되는 상징적인 뜻인 줄 알았는데요.

예수님 **아니다. 이 땅의 모든 것은 영의 세계의 그림자일 뿐이니라. 천국이 실체이고 이 땅은 사라질 그림자인 것을 잊지 말거라.**

제시카 일상에 쫓기다 보면 오히려 그 반대로 생각할 때가 종종 있어요. 제가 매일 사는 이 땅이 실체고, 가끔 방문하는 천국이 그림자같이 여겨집니다.

예수님 **내가 천국 방문을 허락해준 너도 그런데, 이 땅에만 발붙이고 평생을 사는 사람들은 오죽하겠느냐. 다들 고깃덩어리 같은 육신의 가죽옷에 싸여서 죄로 덮인 마음을 조끼처럼 두르며 산다. 그들의 영은 죽거나 잠자고 있고, 마음은 혼미해져서 육신의 정욕의 휘둘림을 받고 있지. 그러나 가장 중요한 건 영이다. 너를 살리는 건 영이니 육은 무익하니라.**

제시카 그러고 보니 제가 요즘 정규 금식일에 소홀했던 것 같아요. 회개합니다.

예수님 **나와 네게는 헌금보다 더욱 중요한 게 금식이다. 사람들은 물질에만 인색한 게 아니고 금식에는 더욱 인색하지. 어쩌다 한 번 한 금식으로 오랜 날을 우려먹으며 여러 가지를 내게 요구하는 교인들이 얼마나 허다한지… 내 마음이 답답하구나.**

제시카 옴마야… 예수님, 지금 저를 말씀하시는 거지요? 제가 온전한 금식을 한 지가 좀 오래되었습니다. 제가 어릴 적부터 편식이 있어요. 여기 원주민 음식이 입에 안 맞다 보니 미국에 살 때처럼 잘 먹질 못합니다. 그래서 소식하는 게 아예 습관이 되어 금식을 소홀히 한 것 같습니다. 앞으로는 습관적인 금식이 아니라 성심껏 신실한 마음으로 금식할게요. 잘못했습니다, 주인님.

오직 성령의 열매는 사랑과 희락과 화평과 오래 참음과 자비와 양선과 충성과 온유와 절제니 이 같은 것을 금지할 법이 없느니라 갈 5:22,23

57 벼랑 중턱의 좁은 길에서

 영의 세계

오래전에 이스라엘을 여행할 때 유대인 광야에 있는 기드론 골짜기에 가본 적이 있다. 그곳은 다윗왕의 아들인 압살롬의 무덤이 있는

곳이기도 하다. 그 골짜기 아래는 바알과 아세라, 일월성신 등과 같은 우상과 제단들을 부수어 불태우던 장소였다. 요시야 왕 때 공동묘지가 되었다고 한다(왕하 23:6).

나는 영의 세계의 기드론 골짜기라는 장소에 있었다. 그곳은 여러 동굴을 품고 있던 가파른 절벽과 매우 흡사했다. 그러나 실제 기드론 골짜기와는 사뭇 모습이 달랐다.

같은 장소라 할지라도 육신의 눈으로 보는 풍경과 영의 눈으로 보는 풍경은 다르다. 즉 육신의 눈에 보이는 기드론 골짜기가 설령 햇빛에 노출되어 있더라도, 영의 눈으로 그 실체를 볼 때는 탁하고 흐리며 어두컴컴한 장소로 존재하기도 한다. 또 육신의 눈으로는 낮은 절벽으로 보일지라도, 영의 눈으로 볼 때는 높은 절벽으로 존재하기도 한다. 실제로 예루살렘성과 감람산 사이를 연결하고 있는 기드론 골짜기는 영의 세계에서 여러 다른 차원의 문을 연결하는 장소이기도 하다.

나는 깎아지른 듯 높고 가파른 벼랑의 중간 턱에서 좌우 옆으로 길게 벼랑의 옆면을 끼고 구불구불하게 나있는 아주 좁은 길 위에 걸터앉아 있었다. 암벽에 붙은 그 길은 거친 나무로 만들어져 있었다. 길 너비가 얼마나 좁은지 겨우 30센티미터 정도로 보였다.

벼랑 꼭대기는 곧은 직각처럼 위로 치솟아 있었고 하도 높아서 내가 앉은 곳에서는 잘 보이지조차 않았다. 벼랑의 아래를 보니 발밑으로 탁하고 어두운 구름이 떠있어서 땅인지 시내인지 보이지 않았다.

나는 벼랑 벽에 등을 대고 벼랑에 붙은 좁은 길 위에 앉아있었다. 두 발은 허공에 흔들거렸다. 내가 앉은 자리의 오른쪽에는 여러 종류의 서류가 포개진 채 놓여있었다. 어떤 서류인지 알 수 없었지만, 꼭 필요하고 중요한 것으로 버리고 갈 수 없다는 사실만 알았다.

내 한 몸 지탱하기도 힘든 위험한 판국에 다른 무언가를 들고 간다는 게 도저히 불가능해 보였다. 더욱 공포스러운 건, 내가 남자 아기를 안고 있는 게 아닌가!

이 벼랑 옆 좁은 길에 혼자 일어서기도 힘든 상황에 아기까지 품에 안고 있으니, 이 일을 어떻게 하면 좋단 말인가! 나는 이 장소를 어떻게든 벗어나고 싶었다. 그러나 혼자라면 어떻게든 일어나려 시도해보겠는데 아기를 안고는 도저히 일어날 수도 움직일 수도 없었다. 그렇다고 위험한 곳에서 계속 퍼질러 앉아있을 수도 없고…. 나는 울상이 되어 하늘을 우러러보며 주님을 찾았다.

"주님, 어디 계세요? 저 좀 구해주세요!"

입에서 간절한 탄식의 기도가 나오자마자 누군가가 내 왼쪽에 같이 앉아있는 게 느껴졌다. 고개를 돌려 보았다. 세상에… 놀랍게도 예수님이셨다. 살았다… 주님이시다!

벼랑 중턱의 좁은 길 위에서 주님의 동행하시는 임재가 눈물나게 반가웠다.

제시카 주님, 저는 여기서 계속 앉지도 서지도 못하고 진퇴양난이에요. 저 혼자만으로도 힘들고 위험한 판국에 이 아기는 대체 누구입니까? 제가 지금 어떻게 해야 하나요?

예수님 **이 아기는 네 남편 토니의 영혼이란다. 너희 둘은 기쁘나 슬프나, 비가 오나 눈이 오나 평생을 함께할 거라고 내 앞에서 서약하지 않았느냐?**

제시카 제가 언제요? 저는 그런 약속을 한 적이 없습니다.

예수님 **30년 전 교회에서 결혼식을 올릴 때 둘이 손을 들고 십자가 앞에서 서약하지 않았느냐? 나는 기억을 하는데 왜 너는 기억하지 못하는 것이냐?**

제시카 주님은 모든 걸 다 기억하시지만 저는 어제 아침에 뭘 먹었는지도 기억을 못 합니다. 진짜로 아둔한 머리를 가졌어요. 저는 지금 이 힘든 사역지에서 너무 지쳐서 아기를 안고는 더 이상 영의 세계의 이 좁은 길을 전진할 수가 없어요. 그나저나 저는 도대체 어디로 가고 있는 것입니까?

예수님 **이번 아프리카 붉은 사막의 훈련은 정확하게 중간의 정점에 이르렀다. 이제껏 온 만큼만 더 가면 되느니라.**

제시카 그래요? 아… 다행이다! 그런데 아기를 어떻게 하지요? 저는 아기를 품에 안고는 일어설 자신조차 없어요. 휘청거리다 벼랑 아래로 추락할 것만 같아요.

예수님 **아기를 내 품에 잠시 다오.**

제시카 설령 아기가 제 품에 없어도 당신께서 바로 제 옆에 앉아

계십니다. 그런데 제가 어떻게 당신을 지나쳐서 이 벼랑 옆 좁은 길을 떨어지지 않고 건널 수 있겠어요?

예수님 **네 손을 다오. 내가 네 손을 잡고 반 바퀴를 돌리면 나를 거쳐 반대쪽으로 갈 수 있느니라.**

제시카 (나는 발아래를 보았다. 아래의 세상은 캄캄한 구름에 가려 잘 보이지도 않고 무서웠다) 주님, 너무 무섭습니다. 제가 그렇게 하면 정말 이 길로 계속 전진할 수 있을까요?

예수님 **내가 할 수 있다고 하지 않느냐. 너는 네 믿음을 의지하지 말고 내 능력을 의지하거라. 훌륭한 일을 하려고 애쓰지 말고, 훌륭한 내게 모든 걸 맡기면 되느니라.**

제시카 오케이, 주님. 우선 제 옆에 수북하게 쌓여있는 이 서류부터 처리해야 할 것 같아요. 그다음에 토니를 받으세요. (나는 서류 뭉치를 남은 한 손으로 잘 포개서 내 배를 덮고 있는 바지 허리춤 사이에 꽂았다. 그 후에 조심스레 아기를 들어 주님의 품으로 드렸다. 주님은 왼손으로 아기를 안으시더니 오른손으로 내 손을 잡으셨다. 나는 그분의 오른손을 내 두 손으로 꼭 잡았다)

예수님 **사랑하는 자여, 이제 내게 모든 걸 맡길 준비가 되었느냐?**

제시카 네, 아이고… 사람 살려! (나는 공포에 질려 눈을 질끈 감았다. 이제 내 몸이 벼랑의 벽을 떠나서 공중에 붕 뜨게 될 것이다. 몇 초가 지났다. 그런데 내 몸은 미동도 하지 않았다. 나는 공포에 질린 채 한쪽 눈을 살포시 떴다. 그런데 이게 웬일인가! 분명히 예수님은 조금 전까지도 내 왼쪽에 앉아계셨다. 그런데 눈을 떠보니 내 오른쪽에 앉아계신 게 아닌가! 그분은 미소를 띠며 나를 바라보셨다)

예수님 **잘했다, 내 신부야. 믿음이란 그런 것이다. 그저 내게 순종하고 나와 함께 벼랑 위의 보이지 않는 외줄을 타기 위해 줄 위에 발을 올리면 된다. 그리하면 반대쪽에 닿을 수 있단다.**

제시카 (나는 왈칵 눈물이 났다) 이 길은 저 혼자 걷기도 힘들고 위험한 길입니다. 게다가 저는 무거운 서류 뭉치에 아기까지 품에 안고 가고 있습니다. 좁은 길을 전진하기 위해 발을 떼기조차 정말 힘듭니다. 그러나 당신의 말씀대로 제가 옛날에 당신 앞에서 남편과 혼인 서약을 했으니 지키겠습니다. 도와주세요, 주님!

예수님 **아기를 품에 안고 가지 말고 내가 띠를 줄 테니 네 품에 묶고 가거라. 이 띠는 진리의 허리띠이니 그 위에 둘이 같이 의의 호심경을 단단히 붙이면 전진이 쉬울 것이다.**

힘들다는 생각을 버려라. 혼자보다는 둘이 낫다. 장차 두 사람이 함께 일할 때 더 좋은 결과를 얻을 수 있기 때문이다. 하나가 넘어지면 다른 한 사람이 일으켜 줄 수 있다. 그러나 혼자 가다가 넘어지면 딱하게도 일으켜 줄 사람이 없지 않느냐. 또 둘이 누우면 따뜻하지만, 혼자면 어찌 따뜻하겠는가!

그러니 하늘 아래서 허락받은 덧없는 인생을 남편과 함께 끝날까지 즐기며 살도록 노력하여라. 이것이야말로 하늘 아래서 수고하며 살아있는 동안 네가 누릴 분복이다.

이제 너희가 이 훈련의 전반전을 잘 마쳤으니 후반전도 긴장을 늦추지 말고 잘 전진해서 나아가거라.

제시카 토니의 영은 왜 항상 아기입니까? 어찌 자라질 않나요? 제게 별로 도움을 주지 못합니다. 사실 저 혼자만으로도 영의 세계에서 하는 전투가 너무 힘듭니다.

예수님 **그는 자신의 영의 나이에 걸맞은 성숙도에 맞춰서 자기 나름대로 열심히 하고 있다. 그러니 인내하거라. 너희 둘이 함께 《잠근 동산》, 《덮은 우물》, 《봉한 샘》의 번역을 하지 않느냐. 그 과정에서 그도 영의 세계로 입문을 시작하고 있느니라. 언젠가 그 역시 우리의 세계로 들어올 거라고 내가 이미 언급하지 않았느냐.** (《잠근 동산》 193. 꽃과 꽃받침의 다른 소명 참조)

그 세 권의 책에는 나의 숨결이 담겨있으니 영의 전이가 가능하다. 어떤 언어로 출간되든지 말이다. 그러니 믿음의 반석 위에 굳게 서서 힘을 내거라. 내가 바로 그 만세의 반석이며, 영원토록 변함없는 네 주인이다. 언젠가 우리 셋이 함께 웃을 날이 오리라.

제시카 셋이 누구입니까?

예수님 **너와 토니 그리고 나다. 세 겹줄은 쉽게 끊어지지 않는다.**

제시카 명심하겠습니다. 저는 가을 들판에 날리는 낙엽 같은 자이니 저를 놀라게 하지 마소서. 마른 검불 같은 허망한 자인데도 당신의 눈이 저를 따르니 늘 심히 두렵습니다. 당신의 눈이 저를 놀라게 하니 돌이켜 저를 보지 마옵소서.

네 눈이 나를 놀래니 돌이켜 나를 보지 말라 네 머리털은 길르앗산 기슭에 누운 염소 떼 같고 아 6:5

예수님 **나의 누이, 나의 신부야, 내 눈을 어찌 두려워하느냐. 네 눈으로 한 번 보는 것과 네 목의 구슬 한 꿰미로 너는 이미 내 마음을 빼앗았는데 말이다. 기억하거라. 영의 세계는 곳곳에 복병이 숨어있다. 그러나 네가 진실로 나를 믿으면 두려움에서 벗어날 것이다.**

제시카 저는 얼마 전 새벽에 영의 세계의 복병을 보았습니다. 숲이 우거진 어두컴컴한 오르막 산길을 겨우 걸음마를 하는 어린 아기가 된 토니와 제가 낑낑거리며 힘들게 올라가고 있었습니다. 우리는 원래 다수의 아군과 함께 있었는데 어쩌다 둘만 무리로부터 떨어져 나오게 되었어요.

예수님 **너희가 미국에서 동료 친구 목사들과 항상 함께하다가 내가 너희를 아프리카로 보내서 그렇게 된 것이니라.**

제시카 그런데 갑자기 우리 뒤쪽에서 호랑이의 형상을 한 짐승이 나타났어요. 저는 그 형상을 하고 사람들을 홀리던 사악

한 돈 마귀의 영을 본 적이 있어요. (《봉한 샘》 11. 뿔 달린 장님 짐승 참조)

네 발로 걷던 그 짐승이 갑자기 뒤에서 마치 사람처럼 두 발로 우뚝 서서 저와 토니 사이에 끼더니 제 왼쪽에서 저랑 키재기를 하는 겁니다. 물론 짐승의 키가 저보다 훨씬 컸지요. 그 짐승이 왜 저랑 키재기를 했던 것입니까?

예수님 **악한 영은 너희를 해치기 전에 자기의 영의 계급보다 상대의 영의 계급이 더 높은지 낮은지를 탐색한다. 수많은 세월을 거치면서 싸움에 능한 존재들이니 공격을 하기 전에 반드시 적을 먼저 조사한단다. 너는 그것을 영의 눈으로 본 것이다. 그 마귀는 너보다 계급이 높은 피조물이었느니라.**

제시카 그런데 걸음마를 겨우 하던 토니가 돌연히 그 짐승과 제 중간에 끼어 서더니 돈 마귀에게 이렇게 큰 소리로 선포했습니다.

"제시카의 키는 너보다 작다. 그러나 제시카와 나의 키를 합치면 너보다 큰 것을 알아야 한다!"

그와 동시에 그 사악한 짐승의 영이 시커먼 연기 기둥처럼 급히 사라졌습니다. 그리고 저는 꿈에서 깼지요.

예수님 **너희는 혼자 싸우면 지지만, 둘이 힘을 합하면 원수의 영에게 능히 맞설 수 있단다. 네게 그 사실을 알려주기 위해 내가 현존하는 영의 세계를 보여준 것이다.**

제시카 백문이 불여일견이군요. 그 말의 참 의미를 알았어요. 제가 직접 눈으로 보았으니 앞으로는 토니의 영을 버거워하지 않을게요. 주님, 제가 잘못했습니다.

예수님 **그렇게 하거라, 나의 사랑하는 자여.**

제시카 주님, 저를 항상 가르치느라고 힘드시지요? 저는 맨날 뾰족하고 흘기는 눈으로 툴툴거리기만 하는데요. 저는 왜 이렇게 빨리 자라질 못하는 걸까요? 휴우…. (한숨이 나왔다)

예수님 (주님은 미소를 띠며 나를 바라보셨다) **가시나무 속에 백합화 같은 나의 신부야, 심려치 마라. 네 영은 조금씩 성장하고 있단다.**

제시카 죄송해요. 그럼에도 당신께서는 신기한 능력으로 생명과 경건에 속한 영의 세계의 모든 걸 제게 주셨습니다.

예수님 **그 이유가 무엇이겠느냐? 나의 영광과 덕으로 말미암아 너를 부르신 우리 아버지 하나님을 배워 알아가기 위함이니라.**

제시카 그래서 당신께서 보배롭고 지극히 크신 신랑의 약속을 제게 주셨군요. 당신의 이 약속으로 말미암아 제가 정욕으로 인해 세상에서 썩어질 것을 피하고 있습니다. 신의 성품에 참예하는 자가 되려 노력하고 있나이다.

제 영의 성품 되는 금 사슬에 당신의 성품인 은을 박아주옵소서. 제 영의 성품 되는 성벽 위에 당신의 성품인 은 망대를 세워주옵소서. 제 영의 성품 되는 문 위에 당신의 성품인 백향목 판자를 둘러주옵소서.

예수님 **그렇게 되기를 원한다면, 영의 세계 안에서 네 성장에 더욱 애쓰고 힘써라. 침노하는 자가 되어야 한다. 네 믿음에서 덕을, 덕에서 지식을, 지식에서 절제를, 절제에서 인내를, 인내에서 경건을, 경건에서 형제 우애를, 형제 우애에서 사랑을 공급하도록 자라야 하느니라.**

제시카 귀하신 나의 주님, 모든 선한 일의 마지막 완성이 결국은 '사랑'이군요. 부족한 여종이 깨달았사오니 제가 반드시 성도에게 당신의 사랑을 공급하는 자가 되겠나이다. 저를 도우소서. 할렐루야!

그의 신기한 능력으로 생명과 경건에 속한 모든 것을 우리에게 주셨으니 이는 자기의 영광과 덕으로써 우리를 부르신 자를 앎으로 말미암음이라 이로써 그 보배롭고 지극히 큰 약속을 우리에게 주사 이 약속으로 말미암아 너희로 정욕을 인하여 세상에서 썩어질 것을 피하여 신의 성품에 참예하는 자가 되게 하려 하셨으니 이러므로 너희가 더욱 힘써 너희 믿음에 덕을, 덕에 지식을, 지식에 절제를, 절제에 인내를, 인내에 경건을, 경건에 형제 우애를, 형제 우애에 사랑을 공급하라 **벧후 1:3-7**

엄청나게 커다란 성 같은 2층 건축물 안에 내가 있었다. 영의 세계에서 2층은 주로 궁창의 세계를 의미한다. 바깥의 건물 재료는 알 수 없으나 실내는 짙은 갈색 나뭇결이 보이는 고전풍의 벽과 마루로 단장되어 있었다. 실내 공사를 막 마무리했는지 내부가 멋지고 세련된 구조로 고풍스러운 멋을 구석구석 풍기고 있었다.

방 하나가 커다란 농구 경기장보다 더 컸다. 벽에는 오래된 성에 걸려있을 법한 전통 기법으로 그린 풍경화들이 걸려있었다. 마치 그 그림들을 진열하기 위해 미리 계획하여 마련된 공간처럼 액자의 틀이 기품 있게 짜여있었다.

방마다 구석에 앞으로 장식할 여러 아름다운 인테리어 소품들이 쌓여있었다. 특별히 눈에 들어온 건, 순금으로 만든 큰 촛대들이었다. 또한 손으로 만든 듯한 한 쌍의 신랑 신부 인형도 아름다웠다.

우리 엄마는 장식 인형을 좋아하셨다. 그래서 내가 어릴 때 안방에는 늘 예쁜 한국 전통 인형이 유리 상자 안에 있었던 기억이 난다. 목사가 되고는 십계명에 형상을 만들지 말라고 명하신 하나님의 명령에 순종하기 위해 인형류는 아예 사질 않았다.

'이 신랑 신부 인형은 뭐지? 천국에도 인형이 있나?'

나는 의아했고 이런 내용은 별로 기록하고 싶지 않았다. 사실 나는 이 책에 종교인들이 비판할 수 없는 내용만 기록하고 싶다. 자원해서 돌을 맞고 싶은 자는 없으니까 말이다. 그럼에도 영의 세계에서 주님께서 보여주신 것을 거짓 없이 정확하게 기록할 의무가 있기에 적는다. 주님이시여, 제가 보고 들은 것에 대해 정직하고 담대할 수 있도록 도우소서.

방의 크기에 비해 가구는 별로 보이질 않았다. 식당에는 검은 수정으로 깎아 만든 커다란 직사각형 식탁이 하나 놓여있었다. 흑수정 덩어리 하나가 식탁 하나였다. 눈으로 가늠하기에 족히 삼십 명 정도가 함께 둘러앉아 식사할 수 있는 크기로 보였다.

거실에는 우리 형제자매, 제부와 올케들이 있었다. 그러나 그들은 그 집을 방문한 것이지 그들이 사는 집은 아니라는 게 알아졌다. 나는 크고 많은 방을 둘러보며 감탄했다.

마지막으로 들어간 방에는 침대가 있었다. 침대 역시 크고 높았으며 짙은 나뭇결이 보이는 고풍스러운 스타일이었다. 그런데 침대 위에 약간 나이가 들어 보이는 한 여자가 이불로 무릎을 덮고 앉아있었다. 침대의 발치에는 같은 나무 재질의 안락해 보이는 의자가 있었고, 한 젊은 백인 남자가 앉아있었다. 내가 물었다.

"안녕하세요? 여기는 제 엄마의 집인데 두 분은 누구세요?"

남자가 대답했다.

"신부님, 저희는 이 집을 관리하는 천사들입니다. 제가 존경하고 사랑하는 상관 천사님이 이 집 공사의 마무리를 이제 다 마쳤습니다.

그래서 우리는 잠시 휴식을 취하는 중입니다."

"천사님, 정말 수고 많으셨어요. 집의 모든 내부가 나무랄 데 없이 멋집니다. 값지고 고풍스러운 느낌이 곳곳에 배어납니다."

두 천사는 미소를 띠며 내게 고개를 숙였다. 둘은 마치 엄마와 아들처럼 친근한 사이임이 내 영에 전달되었다.

엄마의 멋진 천국의 집을 본 나는 밝고 평온한 마음으로 그 성을 나왔다. 바깥은 어느새 약간 어둑해져 있었다. 대문 바깥에서 보니 엄마의 집은 완만한 언덕길의 왼쪽 중턱 정도에 있었다.

대문 앞에서 보니 집의 왼쪽은 언덕의 위쪽으로 올라가는 방향의 길이었다. 반면에 집의 오른쪽은 내리막길이었다. 나는 왼쪽 언덕길로 걷기 시작했다. 언덕의 경사가 심하지 않아서 산책하듯 경쾌한 마음으로 걸음을 떼었다.

얼마를 걸었을까? 어디서 왔는지 알 수 없는 한 남자가 내 왼쪽에서 나타났다. 그는 삼십 대 초반의 한국 남자처럼 보였다. 외모가 준수하고 아주 깔끔했다. 우리는 말 없이 한참을 함께 걸었다. 난생처음 본 남자와 길을 가는데 별로 어색하지 않고 왠지 친숙하게 느껴졌다. 내가 먼저 입을 열었다.

"안녕하세요? 초면인 것 같은데 이상하게 제가 아는 분 같아서요. 제 이름은 제시카 윤입니다."

그가 대답했다.

"네, 잘 알고 있습니다."

나는 깜짝 놀라서 다시 물었다.

"그래요? 우리는 한 번도 만난 적이 없는데요. 저를 어떻게 아세요? 실례지만 당신은 누구세요?"

그는 내게 눈길을 주지 않고 앞만 보고 걸으며 대답했다.

"저는 천사이며 이름은 '신규'라고 합니다. 제 직책은 총리입니다."

'아니, 천사가 왜 내 곁에 와서 동행하지? 그리고 총리라니?'

내 곁에서 항상 나를 지키고 동행하는 천사, 싱애가 있지 않은가! (《잠근 동산》 191. 새 천사가 오시다 참조) 그러고 보니 싱애 천사를 보지 못한지 한참이 되었다. 《봉한 샘》이 출간된 이후부터 보이지 않았다.

'싱애는 대체 어디로 간 거지?'

머릿속에는 여러 의문이 꼬리에 꼬리를 물고 이어졌다. 걸음을 멈추지 않고 계속 언덕 위로 걸어가면서도 모든 게 궁금해서 견딜 수가 없었다. 나는 다시 그에게 물었다.

"제 수호천사 싱애는 어디로 갔습니까?"

그가 대답했다.

"싱애는 더 이상 당신 곁에 없습니다, 신부님."

내 질문에 그는 조금도 동요하지 않고 걸어가며 답했다. 나는 충격을 받았다.

'싱애가 내 곁에 없다니?'

갑자기 서운하고 불안한 마음에 휩싸였다.

'아아… 세 권의 영서를 집필하는 지난 3년 동안 내 곁을 신실하게 지켜주던 싱애가 없어졌다니?'

문득 서러운 마음이 들었다. 걸음을 멈추고 그 자리에 털썩 주저

앉아 울면서 마음을 추스르고 싶었다.

'그렇다면 이 천사는 도대체 누구인가?'

영과 영이 대화할 때는 말이 필요하지 않다. 이 천사가 이런 내 마음을 꿰뚫어 보고 있음을 내 영은 알고 있었다. 두려운 마음에 무릎이 휘청였지만, 나는 다시 물었다.

"총리라니요? 제가 아는 총리는 국무총리밖에 없는데요. 국무총리는 대통령 다음의 직책입니다. 때로 대통령의 부재 시에 그의 직책을 대신하는 자가 국무총리 아닙니까?"

그가 대답했다.

"천국에서는 천국 언어로 제 직책의 명칭이 있습니다. 그러나 지금 저는 신부님께서 익히 알고 있는 사람의 언어로서 가장 알아듣기 쉽게 명칭을 말한 것뿐입니다. 저는 제 계열의 천사 서열에서 제2인자이며 상관이 부재 시에 제가 그의 일을 대신합니다. 저는 장차 그의 직무를 이어받을 직책을 갖고 있습니다. 주님께서 명하시길 앞으로는 제가 신부님의 곁을 지키라고 하셨습니다."

나는 처음 보는 '신규'라는 이름의 천사에게 재차 물었다.

"당신 이름의 뜻은 무엇입니까?"

모든 천사는 각각 이름이 있다. 그 이름은 각 천사의 성품이나 특기, 직책을 잘 나타낸다.

"저는 신이신 야훼 하나님께서 정하신 모든 규례와 법도를 맡은 계열의 천사입니다. 저는 앞으로 신부님께 주님의 규례와 법도를 가르치고 훈련할 것입니다. 사람에게는 하나님의 거룩한 말씀인 성경이 주어졌으나 그분의 규례를 깨닫는 지혜와 계시는 모두에게 허락된 게 아닙니다. 그 모든 걸 깨닫고 실행하지 않으면 그 죄로 인해 오히려 화가 미치기 때문입니다.

그러니 신부님께서는 거룩하신 주님께서 허락하신 범위 안에서 그분이 밝히고 싶은 뜻만큼만 아시면 됩니다. 성경은 하나이지만 각 사람은 말씀의 규례에 대해 다른 깊이와 수준으로 깨닫습니다."

신규 천사의 차근차근한 설명을 들으면서 나는 조금씩 정신을 차리고 주님의 결정에 순종하기로 결심했다. 문득 그를 존경하는 신뢰감이 내 마음에 조금씩 생기기 시작했다.

우리는 계속 한 방향으로 걸으며 대화를 나누었기에 서로의 얼굴을 보지는 않았으나 문득 신규 천사에게 친밀한 마음이 들었다. 주님께서 나를 위해 보내주신 천사다. 나는 앞을 보고 걸어가면서 왼손을 내밀어 천사의 오른손을 잡았다. 그런데 신규 천사가 조용히 내 손을 밀쳐 냈다. 무안한 마음이 들었다. 바로 그때 생각했다.

'나는 더럽고 추한 죄인이다. 나의 과거가 얼마나 비천했던가? 그러나 앞으로는 이 천사가 가르쳐주는 주님의 규례와 법도를 열심히 배우고 순종하며 따라가서 주님의 마음을 기쁘시게 해드려야겠다.'

겸손한 마음가짐으로 나는 다시 왼팔로 신규 천사의 오른팔에 팔짱을 끼었다. 신규 천사는 침묵했다. 그러고는 팔짱을 낀 내 왼손 위에 그의 왼손을 뻗쳐 조용히 포개주었다. 그때 나는 깨달았다.

우리의 영이 자라면 우리의 천사도 바뀐다는 사실을 말이다. 우리의 영이 성숙하면 우리 옆을 지키는 천사의 계급도 바뀐다. 하나님은 정확하고 무결하며 완전한 분이시다. 오직 그분을 믿고 그분의 뜻에 순종하며 따라가면 된다. 나는 신규 천사와 팔짱을 끼고 언덕길을 오르며 생각했다.

'예수님… 당신의 눈에 제가 조금 자랐나요? 정말 감사합니다.'

양떼의 발자취-간증

엄마가 내게 말하길, 가끔 꿈에서 어떤 큰 성 같은 집의 기초공사를 하는 장면을 본다고 했다. 이제 엄마의 천국 집이 거의 완공되었나 보다. 할렐루야!

'예수님, 몇십 년 전 하와이에서 제가 목회와 사역을 하느라 아버지의 임종을 지키지 못했습니다. 지금도 목회와 사역 때문에 노모를 떠나서 아프리카에 있습니다. 저는 엄마의 임종마저 못 지키는 불효를 또 저지르고 싶지 않습니다.

비록 엄마의 천국 집이 완성되었다고 해도 엄마를 지금 데려가시면 안 되는 것 아시지요? 다시 그러시면 제가 상처를 받습니다. 부디 제가 미국에 돌아갈 때까지 엄마를 건강하게 지켜주시길 바랍니다.

주인님의 이름으로 믿음으로 간구합니다, 아멘!'

59 봉인된 언어

영의 세계

밝은 빛이 내리쬐는 광대하게 펼쳐진 풀밭 위에 서있었다. 무성한 풀들은 마치 봄날에 돋아나는 새순처럼 아주 밝은 초록을 띠고 있었다. 풀은 길게 자라서 거의 내 허리까지 닿았다. 나는 잔디를 막 깎은 후에 풍기는 싱그러운 풀 냄새를 매우 좋아한다. 풀 냄새를 가득 실은 따뜻한 바람이 얼굴을 간지럽히며 지나갔다.

나는 고개를 돌려 뒤를 바라보았다. 저 멀리 나지막한 초록색 산들이 마치 병풍을 두른 것처럼 펼쳐져 있었다. 여기가 어딘지는 모르지만, 밝은 빛 속에 주님의 따뜻한 임재가 있음을 내 영은 알고 있었다.

'아아… 내가 지금 영의 세계에 들어와 있구나. 우리 주님께서 나를 바라보고 계시는구나!'

나는 외쳤다.

"예수님, 어디 계세요?"

산이 있는 쪽 하늘의 왼쪽 위에서 진실로 친근한 그분의 음성이 들렸다.

"그대, 사랑하는 나의 신부여, 나는 그대를 바라보며 그대의 음성을 듣고 있단다."

내가 다시 물었다.

“지금 제가 있는 여기가 대체 어디입니까? 제 주위는 온통 초록색의 연한 새순으로 덮여있습니다.”

주님께서 대답하셨다.

“이곳은 그대를 위해 창조되어 지어지고 있는 행성이란다. 그대는 우거진 푸른 숲을 좋아하지 않느냐. 또한 장대한 나이아가라 폭포수의 장관에 감격하지 않았느냐. 이 행성은 그대의 취향에 꼭 맞게 아름답게 지어지고 있단다. 장차 그대가 다스리며 살아갈 아름다운 행성이 될 것이다.”

주님의 음성은 공기를 통해 소리로 들리지 않았다. 내 영에 그분의 따뜻하고 친근한 음성이 그대로 스며들듯이 전해졌다. 나는 가슴이 벅차오르기 시작했다.

‘아아… 주인님, 나보다 나를 더 잘 아시는 우리의 주인님, 진실로 사랑합니다.’

나는 외쳤다.

“예수님, 제가 지금 어떻게 하면 좋을까요? 알려주세요! 당신이 원하시는 대로 무엇이든지 해드릴게요.”

주님께서 대답해주셨다.

“내 신부야, 오늘 내가 새 노래와 새 방언을 그대에게 주었다. 나를 향해 외쳐보렴!”

나는 산을 향하여 돌아섰다. 조용히 두 팔을 만세를 외치듯이 하늘로 활짝 펼쳤다. 그리고 얼굴을 산 쪽으로 들었다. 살아계신 주님의 임재의 상쾌한 숨결이 회오리바람처럼 온몸과 마음과 영을 감싸고 돌았다. 나는 천천히 입을 열었다. 그분 앞에서 외쳐드리기 위해…. 놀랍게도 방언이 나오기 시작했다. 내 평생에 단 한 번도 들어본 적 없는 언어가 입술 사이로 빠르게 흘러나왔다.

"쉐마 간드리엣 마할리 가리에소모 가스에 민돌오…."

나는 마치 갓난아기가 모태에서 빠져나와 첫울음을 터뜨리는 것 같았다. 마치 말 못 하는 사람이 난생처음 말하게 되어 숨도 쉬지 않고 쉴 새 없이 말하는 것처럼, 평생을 긴 암흑의 터널에 갇혀있던 맹인이 마침내 빠져나와 빛을 처음 보는 것처럼.

풀밭을 헤치고 불어오는 바람의 장중에 싸여서 나는 외치고 또 외쳤다. 이런 나를 또 하나의 내가 100미터 정도 떨어진 먼발치에서 바라보고 있었다. 얼마나 지났을까, 나는 숨을 멈추고 하늘을 우러러보며 주님께 물었다.

"예수님, 당신께서는 오래전 제게 통변의 은사를 주셨습니다. 그런데 어찌 이 방언은 제가 알아들을 수 없습니까?"

주님께서 대답하셨다.

"이 방언은 천국의 언어다. 봉해진 언어이니라. 아담과 하와가 타락 전에 동산에서 사용하던 바로 그 언어다. 훗날 그대가 육신을 벗어나 육체 밖에서 나를 볼 때, 바로 이 언어가 그대의 언어가 될 것이다."

그 순간 주님께서 거룩한 미소를 띠며 설명해주신다는 사실이 영으로 알아졌다. 나는 입을 열어 잠근 동산에서 봉해진 그 신기한 언어를 다시 한번 하려고 시도했다.

그런데 내 입에서 또 다른 알지 못하는 언어가 빠른 속도로 쏟아져 나왔다. 아까 말했던 그 언어가 아니었다. 너무나 신비한 느낌이 나를 감쌌다. 두 번째 새 방언이었다. 그때 방언하는 나를 바라보는 또 하나의 내가 숨을 깊이 쉬는 게 느껴졌다. 나는 눈을 번쩍 떴다.

'여기는 또 어디지?'

나는 아프리카 시골의 교회 안 목양관에 있는 모기장 안에 누워있었다.

'열린 감옥 같은 이곳에 다시 돌아왔구나.'

영의 세계에 올라가면 이 땅에 내려오는 순간이 정말 싫다. 그날은 특히 가슴 떨리게 신비한 그 장면의 여운에서 깨어나기가 싫었다. 창문 밖은 아직 깜깜했다.

'조금 있으면 재활원 아이들이 일어나기 시작하겠지. 오늘 새벽은 세수라도 할 수 있는 물이 나오려나?'

나는 매일 아침 수도꼭지를 틀기 직전에 마음을 졸인다.

'제시카야, 정신 차려! 너는 아직 본향인 천국 집에 도착하지 않았어. 여기는 불타 없어지기 위해 간수된 지구촌 안에서도 아프리카야!'

60 《잠근 동산》, 《덮은 우물》, 《봉한 샘》은 영계의 신호탄이다

샘가의 대화

예수님 **그대, 나의 깃발을 들고 거친 언덕을 올라오는 나의 귀한 용사여.**

제시카 주인님, 저는 그러질 못합니다. 용사는커녕 소심한 겁쟁이입니다. 제 마음이 이 아침에 슬픈 것을 아시지요? 마귀가 '실망'이라는 강력한 무기인 쐐기를 제 마음에 조금씩 천천히 박아넣고 있습니다. 제 마음이 장작처럼 쪼개지고 격동해서 일어서지 못하게 하려는 음모인 것 같습니다.

예수님 **그대는 결코 마귀를 용납지 마라. 마귀는 그대를 건드릴 수 없다. 오직 그대가 마음에 허락하는 만큼만 건드릴 수 있느니라. 그대의 실망은 그대의 선택이다.**

제시카 어제 미국에 사는 제 친구 목사가 우리 책을 가지고 샌프란시스코의 한 기독교 서점에 갔다고 합니다. 요즘은 사람들이 인터넷 때문에 책을 잘 읽지 않아서 책 판매가 하향세라고 해요. 그래도 친구 목사가 동포 사회에서 두어 개도 되지 않는 기독교 서점에 우리 책의 위탁 판매를 의뢰했더니 단칼에 거절하더랍니다. 얼마 전에 누군가가 우리 책을 열다섯 권 주문했는데 찾으러 오질 않았다고 하면서요. 그래서 결국 위탁 판매를 부탁하려고 가져갔던 책들을 서점에 한 권도 놓고 오지 못했다고 합니다.

주님, 마귀가 제게 자꾸 속삭입니다. 사는 사람도 없는 책을 왜 그렇게 열심히 집필하느냐고 비웃습니다. 제 마음이 당혹스러워 울고만 싶습니다.

예수님 **그대, 나의 어여쁜 신부여, 내가 처음부터 이 책은 모두의 것이 아니라고 언급하지 않았느냐.**

제시카 네, 기억합니다. 제가 못나고 믿음이 부족하여 그렇습니다. 마음 쓰지 마십시오. 이러다가 곧 괜찮아질 겁니다.

예수님 **내가 생명을 주어 사랑하는 내 신부인데 어찌 마음이 가지 않겠느냐? 그대의 책은 내가 읽었다. 거룩한 거주지에서는 천군 천사들이 정독하고 흠모하며 읽는 책이다.**

그러니 이 땅에서 환영받지 못하고 감춰지는 책이 되는 것이다. 이 땅은 마귀에게 장악되어 눌리고 억압된 장소이니라. 어느 누가 천국에 속한 보석의 가치를 알아보는 눈이 있겠느냐.

잘 기억하거라! 세 권의 책은 내 나라에서 내가 원하는 시간에 영의 세계에서 신호탄의 용도로 사용될 것이다. 하여 작금에 각 사람이 이 책을 읽을 때, 영의 전투가 시작됨을 알리는 신호탄이 쏘아질 것이다. 원수의 영의 표적이 될 것이다. 그런 까닭에 요즘 그대는 전투에 참여할 준비에 맞는 시험 과정을 거치고 있다.

천군 천사들이 눈과 귀가 없겠느냐. 그들은 나의 육성을 알고 분별한다. 그대의 책들은 땅에서는 환영받지 못하나 천국에서는 흠모를 받는다. 그러니 실망의 쐐기를 뽑아내어 마귀에게 도로 던져주고 일어나거라. 싸움에 능한 나의 용사여, 내가 며칠 전에 그대에게 뭐라고 했더냐? 어찌 내가 준 검을 사용하지 못하는 것이냐?

제시카 주님은 그저께 밤중에 제게 말씀하시길 믿음이 없이는 당신을 기쁘시게 못 한다고 하셨습니다. 당신 앞에 나아오는 자는 반드시 당신께서 살아계신 것과 당신을 찾는 이에게 상을 주시는 분임을 믿어야 한다고 하셨습니다.

예수님 **그대의 믿음이 이 아침에 어디 있느뇨?**

제시카 제 안에 있습니다.

예수님 **내가 그대에게 우리 책을 통해 얼마가 돌아온다고 하였느냐?**

제시카 백만의 영혼이 당신에게 돌아온다고 이르셨나이다. (《덮은 우물》 26. 장미 송이들의 수가 영혼들의 수라고요? 참조)

예수님 (주님은 빙긋 웃으셨다) **그것을 내가 이뤄주마. 한숨을 거두고 일어나거라. 말씀의 검을 휘둘러 원수의 영을 제거하거라.**

제시카 알았습니다, 예수님. (주님은 오른손을 내밀어 주셨다. 나는 두 손으로 못 자국이 움푹 파인 그분의 손을 잡고 일어났다) 모든 불완전한 육신을 가진 자들이 천국에 가면 온전한 육신을 갖게 된다고 들었습니다. 그런데 어찌 주님의 손은 부활하셨는데도 크나큰 흉터가 아직도 남아있습니까? 구멍이 움푹 파인 손을 볼 때마다 제 마음이 서늘합니다.

예수님 (주님은 오늘 처음으로 환하게 웃으셨다) **내가 간직하기로 선택한 지구 방문의 흔적이다. 땅에 사는 사람들의 악한 마음과 행위를 보고 실망할 때면 나는 내 손과 발의 못 자국을 본다. 그리고 내가 얼마나 너희를 죽기까지 사랑했는지를 다시 내 마음에 새긴단다. 이 땅에서 너희가 무지개를 보고 내 사랑의 언약을 확인하는 것처럼, 나는 내 흉터를 보고 내 사랑을 확인한단다.**

제시카 아아… 주님, 당신께서 노아에게 보여주신 무지개, 곧 언약의 징표를 사악한 마귀가 변질시켜 동성연애자들의 죄악의 징표로 남용하고 있습니다. 참으로 가증한 일이 아닙니까.

예수님 **내가 다 알고 있다. 마귀는 자기의 때가 얼마 남지 않은 것을 알고 최대한 많은 수의 어리석은 자들을 미혹하고 있다. 인생들아, 어느 때까지 나의 영광을 욕되게 하며 허사를 좋아하고 궤휼(詭譎)을 구하겠느냐! 멸망의 가증한 것이 내 아버지의 거룩한 징표를 도둑질하여 남용하는 곳에 서 있느니라. 이것은 가증한 일들의 아주 작은 일부일 뿐이다. 인간의 악한 정욕과 욕망을 정당화시키는 인본주의가 극도로 팽배해지는 시대의 서막이 오르고 있다.**

성화의 과정을 적은 내 신부의 기록까지도 비웃고 조롱하는 무리가 곳곳에 독사의 송곳니를 드러내기 시작할 것이다. 독사의 자식인 그들은 나를 믿지 않는 자들이 아니다. 오히려 나를 잘 믿는다고 착각하는 이들이 내 신부를 짓밟으면서 그것이 내 아버지를 잘 섬기는 법이라고 자기의 죄를 정당화할 것이니라.

그러나 성령을 훼방한 죄는 내 영을 거역한 죄다. 나와 함께하지 않는 사람은 나를 반대하는 사람이고, 나와 함께 모으지 않는 사람은 흩어버리는 사람이다. 내가 분명히 말한다. 사람에 대한 모든 죄와 모독은 용서받을 수 있으나 성령에 대한 모독은 용서받지 못할 것이다.

누구든지 나를 욕하는 사람은 용서받을 수 있으나 성령을 욕하는 사람은 이 세대나 오는 세대에서도 용서받지 못할 것이다. 나무가 좋으면 그 열매도 좋고, 나무가 나쁘면 열매도 나쁘다. 열매로 그 나무를 알 수 있다. 독사의 자식들은 사악한데 어찌 선한 말을 할 수 있겠느냐!

마음에 가득 찬 것을 입으로 말하기 마련이다. 선한 사람은 마음속에 쌓인 선으로 선한 말을 하고, 악한 사람은 마음속에 쌓인 악으로 악한 말을 한다.

내가 너희에게 말한다. 사람은 함부로 지껄인 모든 말에 대해 심판 날에 해명해야 한다. 그가 한 말에 따라서 무죄가 되기도 하고 유죄가 되기도 할 것이다.

제시카 주님이 강림하실 때 취함을 받을 신부의 기록으로 말미암아 그런 짓밟힘을 당하면 제가 어떻게 해야 하리이까? 주님, 알려주소서.

예수님 **나의 때가 차서 알려줄 때 그대는 온 세상에 나가 모든 사람에게 이 기쁜 그리스도의 신부의 소식을 전파하여라. 믿고 영과 육에 세례를 받는 사람은 구원을 받고, 믿지 않는 사람은 죄인으로 단정될 것이다.**

그대는 내 이름으로 귀신을 쫓아내고, 배우지 않은 새로운 방언을 하고, 뱀을 만지거나 어떤 독을 마셔도 해를 입지 않을 것이다. 기억하거라, 나의 귀한 용사, 나의 신부여!

제시카 얼마 전에 꿈에서 제가 광대한 풀밭 위에 서서 배우지 않은 새 방언으로 당신께 올리는 기도의 말을 하더이다. 제가 하늘을 향하여 그 방언들을 외칠 때 제 마음에 귀 기울여 듣고 계시는 당신의 영광스러운 임재가 저를 덮음을 알았나이다.

저는 배우지 않은 새 말이 제 영의 깊은 곳에서 터지는 느낌을 압니다. 성령의 포도주는 당신의 사랑하는 자를 위하여 미끄럽게 흘러내려서 영이 잠든 자의 입술을 움직이게 합니다. 잠자는 영을 깨우나이다.

그 순간은 제가 스물여섯 살, 꽃다운 나이에 귀하신 내 주님으로부터 처음 입맞춤을 받은 날의 바로 그 느낌이었습니다. 수십 년 후에 제가 종교관의 때로 찌들어 타락의 나락에서 바깥 어두운 장소를 향해 맹진하던 그때, 당신은 제 이름을 부르며 다시 돌이켜 세워주셨습니다. 그 거룩하고 아름다운 당신의 입맞춤으로 저를 깨워주셨습니다.

아아… 나의 주님, 저는 당신의 입맞춤의 느낌을 심장으로 아는 당신의 신부입니다. 당신의 비천한 계집종을 기억하소서! 마라나타!

61 천사들의 숙소

영의 세계

나는 엄마와 아버지, 그리고 형제자매들과 이민 초창기 시절에 함께 모여 살던 캘리포니아에 있는 바닷가 도시의 집에 있었다.

집은 지은 지 얼마 안 된 것처럼 벽과 천장이 놀라우리만치 눈부시게 희고 깨끗이 청소되어 있었다. 내부와 일상 용품들도 깔끔하게 정리 정돈되어 있었다. 사실 수십 년 전에는 그 작은 집에 대식구가 살았기에 한 번도 깔끔하게 정리된 기억이 없다. 그런데 오늘 영의 세계에서 본 우리 집은 이상하게도 청결했다.

형제자매는 안방에 모여서 여느 때처럼 수다를 떨며 웃음꽃을 피웠다. 중앙에는 여동생 자영이가 싱글벙글 웃으며 신기하게 생긴 큰 과일을 반으로 잘라서 손에 들고 있었다. 그녀는 과육을 큰 숟가락으로 퍼서 모두에게 나눠주었다.

그 과일의 크기와 모양은 열대성 과일인 잘 익은 대형 바라밀(Jack-fruit) 열매 같았다. 그러나 껍질은 달랐다. 바라밀 열매는 표면이 초록색이며 우툴두툴한데, 이 과일은 표면이 황금색으로 매끈매끈했다. 과일의 속은 우유처럼 희고 코코넛 과육처럼 결이 있었다. 나는 그것을 먹지 않고 유심히 들여다보았다. 순간, 그 과일이 이 땅에 속한 열매가 아님을 깨달았다.

나는 슬며시 자리를 떠나서 혼자 거실로 나왔다. 거실에는 큰 호텔의 로비에나 있을 법한 천으로 만든 대형 정사각형 소파가 놓여있었다. 소파의 가장자리에는 여덟 명의 천사가 앉아서 두 명씩 한 조를 이루어 웃고 떠들며 대화를 나누었다. 어떤 천사는 악기를 옆에 두고 있었다. 천사들을 찬찬히 보니 안면이 있는 이들이었다. 나는 남자 형상의 키가 크고 마른 체형에 짧고 연한 갈색 머리카락을 가진 천사에게 물었다.

"천사님, 다들 왜 여기 계세요?"

천사가 대답했다.

"신부님, 우리는 오늘의 임무를 완수하고 서로 마무리하는 대화를 나누고 있습니다. 곧 임시 숙소로 올라가려고 대기 중입니다."

내가 물었다.

"당신들의 숙소가 어디인데요?"

천사는 손으로 예전에 거실 왼쪽 가장자리에 있었던 벽난로 쪽을 가리키며 말했다.

"저기요."

놀랍게도 그 자리에는 벽난로가 사라지고 없었다. 대신 그 위쪽 높은 곳에 눈부시게 흰 난간이 장식된 계단이 있었다. 계단의 입구는 천장 높이 정도에서 시작했으며 계단의 꼭대기는 밝은 빛에 싸여 아예 보이질 않았다.

그때 악기를 곁에 둔 남자 형상의 짧고 붉은 머리카락을 가진 한 천사가 내게 말을 걸었다.

"신부님, 우리 중에는 당신의 남편인 토니 목사를 젊은 시절부터 매우 잘 알고 있는 이들도 있어요. 한때는 그를 떠났다가 지금은 주님의 명을 받고 다시 돌아와서 그의 곁을 지키고 있지요. 토니 목사도 한때는 영의 세계에 속한 사람이었답니다."

내가 말했다.

"네, 알아요. 예수님이 그가 영의 세계를 떠났으나 언젠가는 다시 복귀할 거라고 알려주셨어요. (《잠근 동산》 193. 꽃과 꽃받침의 다른 소명 참조) 그런데 저는 여러분의 임시 숙소가 있는 곳을 보고 싶어요. 저를 데려가 주시면 안 될까요?"

내가 말하자마자 앞에 앉아있던 천사가 눈을 크게 뜨고 나를 보더니 말했다.

"신부님, 우리가 있는 위의 장소에 오려면 우선 여기서 영이 깨어

있는지 알아야 합니다. 그다음 당신의 속에 있는 모든 더러운 배설물을 없애야만 합니다. 그 후에야 정결하게 씻기 위해 위층으로 올라올 수 있습니다. 영의 세계에서 몸을 씻는 행위는 회개와 정결성을 갖는 것을 뜻합니다. 그러니 먼저 화장실이 있는 저쪽으로 가세요."

천사는 손을 들어 복도 쪽을 가리켰다. 그쪽으로 내가 고개를 돌리는 순간, 조금 전까지 거실에 있던 내가 방바닥에 누워있었다. 내 주위에는 형제자매들이 일렬로 나란히 누워 크고 흰 베개를 베고, 깨끗하고 푹신한 흰 이불을 바닥에 깔고 덮은 채 곤히 자고 있었다.

나는 이불 안이 따뜻하고 포근해서 도저히 일어나고 싶지 않았다. 그러나 천사가 내게 화장실에 가서 더러운 배설물을 제거하라고 한 말이 문득 떠올라서 이불을 확 젖히고 잠자리에서 벌떡 일어나 방문을 열고 복도로 나갔다.

복도 끝에 화장실이 있었다. 화장실 문을 열어보고는 깜짝 놀라서 얼굴을 찌푸렸다. 컴컴한 화장실은 그 옛날 내가 어릴 적에 살던 일본식 구조의 집에서 사용했던 마룻바닥이 깔린 화장실이었다. 변기의 나무 덮개를 열면 바로 밑에 배설물이 훤히 보이는 재래식 화장실이었다. 나무 덮개를 여는 순간에 올라오는 오물 냄새를 맡지 않으려고 숨을 참았던 어린 시절의 기억이 생생히 떠올랐다.

화장실 덮개 위에는 하얀 베갯잇을 씌운 큰 베개 3개가 포개져 놓여있었다. 나는 덮개를 열기 위해 베개들을 왼쪽으로 치웠다. 그중 유독 한 베개에 누리끼리한 얼룩이 말라있는 게 눈에 띄었다. 나는 그 베개가 무엇을 뜻하는지 알 수 없었다.

그런데 갑자기 주위가 바뀌더니, 나는 천사들이 모여있는 높은 계단 위의 임시 숙소 같은 휴식의 장소 안에 서있었다. 약간 어둑한 그 집안을 둘러보니 계단을 중심으로 동서남북으로 큰 방들이 줄지어 있었다. 또한 방마다 크고 깨끗한 욕조와 샤워 시설이 있었다. 그때 방문이 열리며 여자 형상의 천사 셋이 나오더니 내게 말을 걸었다.

"신부님, 당신은 이곳에서 반드시 깨끗하게 씻어야만 합니다. 저희 목욕탕에 들어와서 씻으세요."

나는 그들이 있는 방으로 들어갔다. 방 안은 크고 넓었으나 가구가 하나도 없었다. 방 안 왼쪽에 문이 있어 열어보니 깨끗한 샤워장이었다. 나는 세면용품을 가지고 있지 않아서 당황했다. 그러자 한 천사가 말했다.

"신부님, 걱정하지 마세요. 모든 것이 다 구비되어 있으니 저희 것을 사용하시면 됩니다."

천사들은 언제 어디서나 늘 상냥하고 친절했다. 나는 말했다.

"천사님, 고마워요."

나는 샤워장에 들어가자마자 샴푸를 듬뿍 사용해서 거품을 내어 머리를 문지르며 씻었다. 그리고 모든 것을 예비해주시는 주님께 감사와 찬양의 노래를 불렀다.

'영과 혼이 정결하고 상쾌해지는 이 느낌, 아… 너무 좋다!'

눈을 살포시 뜨니 환상이었다.

'꿈에서 위층은 궁창을 뜻하는데… 그렇다면 내가 다시 궁창에 다녀왔나?'

62 믿음의 크기가 사람의 그릇을 결정한다

샘가의 대화

예수님 **입힌 세마포 의복의 향기가 레바논의 향기를 발하는 사랑하는 나의 딸아.**

제시카 죽기에 합당한 이 죄인을 딸이라고 칭하시니 주님의 사랑이 두렵고 떨립니다. 오늘 아침은 어찌 이리도 눈물이 나지요. 거친 인생길에서 제가 많이 지쳐있나 봅니다. 생각해보니 아프리카에 와서 특별히 더 굶은 적도 없고, 육신이 더 고달픈 적도 없고, 마음고생을 더 한 적도 없는 것 같아요. 한평생 사람에 치여서 목회와 사역만 하고 살았습니다. 이 정도 사역은 늘 걷던 길이었습니다. 오히려 환경이나 상황이 더 나빠지지 않은 것을 당신께 감사해야 합니다.

예수님 **그대와 그대의 남편이 아프리카에서 굶은 적은 없어도 평생 입에 익숙하던 음식을 오랫동안 먹지 못한 걸 안다. 메뉴를 선택하지도 못하고 매일 같은 음식을 먹는 것도 안다. 육신이 더 고달프지는 않아도 오랫동안 열린 감옥에 사는 답답함을 안다. 매달 생활고에 쪼들려서 직원들 월급날이면 늘 마음 졸이는 것도 안다. 교회 재정 때문에 전전긍긍하는 것도 안다.**

일반 목사는 제 양들에게 영의 꼴만 먹이면 되는데 너희는 영육 간에 꼴을 먹여야 하지 않느냐. 어느 목사가 제 양들의 의식주를 채우기 위해 일하겠느냐. 희귀한 목양이고 힘든 사역인 걸 내가 다 안다. 심은 대로 거둘 테니 참고 견디어라. 언젠가 웃을 수 있는 추수의 날이 올 것이니라.

제시카 당신은 언제 어디서나 제가 심은 것보다 더욱 넘치도록 거두게 해주셨습니다. 제 손이 일한 것에 복을 주사 기한이 차기 전에 땅에 떨어지는 열매가 없도록 해주셨습니다. 언제나 보호의 울타리를 쳐주셨나이다.

예전에 제가 목회와 사역 때문에 일 중독처럼 일에 치여 살 때는 깨닫지 못했습니다. 그런데 이제 나이가 들어 모든 걸 정리하고 마무리해야만 하니 깨닫습니다. 이 모든 것이 당신의 크나큰 은혜였음을요. 주인님, 그동안 진실로 감사했습니다.

예수님 **나는 그대의 마음의 감사를 받았다. 그대의 목양은 삯꾼의 목양이 아니었다. 충성된 내 종의 양치기 삶을 내가 다 기억한다. 밭의 보화를 사기 위해 대가를 치르는 삶을 살고 있는 것을 내가 다 안다. 그러니 힘내거라, 내 딸!**

제시카 (나는 주님의 칭찬이 진실로 고마웠다. 죽어 마땅한 죄인을 거룩하신 분께서 친히 도구로 사용해주시지 않는가. 게다가 매일 장애아이들에게 줄 곡식과 새 기름을 채워주시는 것만으로도 감사한데… 내가 뭘 잘했다고 이 아침에 위로의 말씀을 주시는지 모르겠다. 부끄럽고 눈물이 난다. 넘쳐흐르는 눈물을 주체할 수가 없다. 오늘 아침은 평소 베갯잇을 적시는 눈물이 침상까지 적시는 듯하다)

예수님 **내가 그대에게 천만의 영을 약속하마. 우리의 책들로 인해 내 앞에 무릎 꿇고 엎드리는 자가 천만이 되게 해줄 것이다. 숫자는 일의 시작과 끝이 있는 약속이니 그대는 이제 숫자에 연연하지 말거라.**

이 땅에서는 우리의 책들로 말미암아 백만의 영혼이 돌아올 것이다. 그렇지만 이 책들은 이 땅에서만 읽힐 기록이 아니니라. 영원한 천국의 많은 세대를 거치고 초월한 내 백성들에게 읽히고 깨우치는 기록이 될 것이다.

하늘과 땅에서 내가 천만의 영을 어찌 못 채우겠느냐. 믿음의 크기가 사람의 그릇을 결정한단다. (**The bigger your faith, the bigger your spirituality will grow.** 주님은 이때 영어로 말씀하셨다)

나는 그대를 세상에서 인도하여 낸 주군인 그대의 신랑이니 입을 넓게 열라. 내가 채우리라. 나는 거짓을 고하지 않는다. 그대의 구원자이며 그대의 영혼에 넘치는 만족함으로 안식을 주는 자인 나 그리스도의 입에서 나간 약속이다. 내가 반드시 이 일을 이루리라. 나의 어여쁜 신부여, 여자들 중에 내 사랑은 백합화 같구나.

제시카 주인님, 그 원대한 믿음을 제게 허락하소서. 제가 비록 간장 종지만 할지언정 저는 거룩하고 신실하신 당신의 모든 약조를 믿나이다.

예수님 **내 종 다윗의 시편 91편을 잘 묵상하여라. 천 명이 그대의 곁에서, 만 명이 그대의 우편에서 엎드러지는 걸 그대의 눈으로 목도하리라.**

그대는 눈에 보이는 이 세상만 보지 말거라. 내 나라인 왕국에는 이 세상보다 더욱 많은 억겁의 세월을 이어온 내 종들이 존재하느니라. 그들이 바로 나의 사자인 천사들이며, 내가 수고하여 모은 알곡의 백성들이며, 이 땅에 남겨둔 종자 씨들이다. 바로 그들을 위해 성령과 신부가 나누는 대화를 그대의 손으로 기록하게 한 것이다.

성령과 신부가 말씀하시기를 오라 하시는도다 듣는 자도 오라 할 것이요 목마른 자도 올 것이요 또 원하는 자는 값없이 생명수를 받으라 하시더라 **계 22:17**

내 입에서 나간 말들이니 생수의 언약이다. 레바논으로부터 흘러내리는 시내인 영을 살리는 글이니라. 그러니 그대는 환경을 보지 말고 나의 약속을 보거라.

그대가 이 땅에서 보는 것은 내가 그대를 위해 예비해둔 모든 영의 수십 분의 일에도 미치지 못한다. 내 사랑, 나의 신부야, 그대는 내게 그런 귀한 존재이니라.

제시카 주님, 저는 이제 나이가 들어 기력이 쇠하여 힘이 없습니다. 예전에는 남들 눈에 보아줄 만했는데 이제는 머리에 서리가 내리고 입의 맷돌질도 느려졌습니다.

매일 씻어도 황토물의 성분 때문인지 온몸에 늘 때가 끼어 있고, 하다못해 손톱 밑까지 새까맣습니다. 저는 원래 깔끔한 성정이라서 이렇게 더럽고 추한 모습으로 살아온 적이 없습니다. 당신 앞에서 창피합니다.

예수님 **그.대.는.** (주님은 크고 또박또박 강조하셨다) **그 어느 때보다 정결함을 간직하고 있다. 세상으로부터 절개를 지켜 자신을 세속에 물들지 않게 하고 있다.**

나의 강림을 예비하며 사는 나의 귀한 신부야, 아무쪼록 힘을 내어라. 아프리카의 붉은 모래바람도, 적도의 내리쬐는 거센 햇볕도, 이 지역을 덮고 있는 어둠의 악한 영도, 그대를 해하려는 인간의 그 어떤 속살거림이나 외침도 결단코 그대를 해하지 못할 것이다.

그.대.는. (주님은 다시 음성을 높이시고 또박또박 말씀하셨다) **내가 기르는 내 어항의 물고기다. 전능자의 날개 그늘 아래 보호를 받는 나의 귀한 여인이다. 신의 성품에 참여시키기 위해 이 땅에서 내가 빚는 자이니라. 그러니 실망과 한숨을 거두고 원수의 영 앞에서 고개를 들라. 모든 일에 당당하게 나의 신부답게 처신하여라.**

내 허락이 없이는 그대를 해할 자가 땅이나 하늘이나 그

어디에도 없다. 나는 그대의 성장을 위해서가 아니면 결코 그것을 허락하지 않을 것이기 때문이니라. 내게 나의 신부들은 모두 그런 존재들이다.

내 아버지께서 귀히 여기시며 내가 친히 기르는 나의 양된 신부여, 어떤 경우에도 나의 사랑을 의심치 말고 흔들리지 말거라. 그대를 해할 것은 아무것도 없다.

내가 이 세 권의 기록으로 인해 천만 영의 엎드러짐을 그대에게 약속했다. 기억하고, 믿고, 기다리거라.

제시카 당신의 계집종은 당신의 약속을 믿습니다. 영원토록 계시며 거룩하신 천지의 대 주재시여. 세세 무궁토록 당신의 위대하신 사랑과 보살핌이 당신의 신부들 위에 머무르나이다. 예수님, 속히 오시옵소서. 마라나타!

차원의 문을 여는 자

6

PART

THE FOUNTAIN OF GARDEN

63 케투바의 증서를 받다

영의 세계

나는 토니와 함께 어느 도시의 길가에 있었다. 큰길과 작은 골목이 눈에 매우 익숙해 보였다. 마치 내가 태어난 부산 초량동 같은 느낌이었다. 마침내 우리는 거리 모퉁이의 한 건물 앞에 도착했다. 그 앞에는 여러 개의 큰 기둥이 있고, 중앙에는 대문 같은 2개의 큰 문이 있었다.

대문 앞에는 약 스무 명의 청소년이 서서 예배가 시작되길 기다리고 있었다. 그들은 여러 나라에서 온 국적이 다른 십 대들로 보였다. 우리는 그들 사이에 끼어있었고, 문득 내 영이 나를 보니 나 역시 청소년의 형상을 하고 있었다. 내 왼쪽에 서있는 토니도 그랬다. 모두 일렬로 줄을 서서 닫힌 대문이 열리길 기다렸다.

마침내 육중한 대문이 열리자 우리는 문 안으로 들어갔다. 그 안은 커다란 강당처럼 열린 공간이 무도회를 하는 날처럼 꾸며져 있었다. 실내는 밝지 않았으나 부드러운 빛이 감돌았다. 어디선가 하나님께 올려드리는 아름다운 찬양과 음악 소리가 은은하게 울려 퍼지기 시작했다. 우리는 누가 먼저랄 것 없이 다 함께 찬양을 부르며 음악에 맞춰 우아한 춤을 추었다.

나도 춤추며 찬양하는데 희락이 내 마음에서 뿜어져 나오며 형언

할 수 없는 영광스러움이 온몸을 감싸는 듯했다. 모두가 파티복도 아니고 일상복을 입고 짝을 지어 춤추기도 하고, 때로 혼자서 추기도 하는데 기묘하게도 참으로 아름답게 보였다.

얼마나 시간이 흘렀을까? 음악과 찬양 소리가 서서히 줄면서 우리는 자연스럽게 옆 방으로 들어갔다. 아담한 방이었다. 둘러보니, 들어가는 문만 있고 창문이 없었다. 나가는 문 역시 보이지 않았다. 그런데 들어가는 문 맞은편의 정면 위쪽으로 가로 40센티미터, 세로 30센티미터 정도의 열린 좁은 문이 보였다. 그것은 마치 다락방으로 올라가는 문처럼 보였고 사람 키의 몇 배 되는 높은 위치에 있었다.

우리는 모두 손에 흰 종이를 한 장씩 들고 일렬로 서있었다. 그 종이가 무슨 증서인지는 알 수 없었지만, 다락방으로 향하는 좁은 문으로 입장하기 위해서는 반드시 지니고 있어야 했다. 그래서 모두 그 종이를 꼭 쥐고 있었다. 그런데 내 손에는 종이가 없었다. 어디선가 흘린 것 같았다.

내 왼쪽에는 토니가 있었고 오른쪽에는 유대인 복장을 한 잘생긴 소년이 서있었다. 소년은 검은 양복을 입고 숱이 아주 많은 검은 곱슬머리에 깊은 눈매를 간직하고 있었다. 우리는 차례대로 줄을 서서 한 명씩 그 높고 좁은 문으로 뛰어올라 문턱에 매달려 몸부림치면서 겨우 문 안으로 들어갔다.

내 차례가 다가오는데 종이가 없어서 점점 불안해지기 시작했다. 다들 들어가고 나만 뒤에 남는다고 생각하니 발을 동동 구르며 울고 싶을 정도로 다급한 마음이 들었다. 그때 내 얼굴을 유심히 보던 유대인 소년이 말을 걸어왔다.

"걱정하지 마세요. 여기 내 종이가 있으니 이것으로 들어가면 돼요!"

말을 마친 소년이 내 손에 자기가 들고 있었던 종이를 쥐여주었다. 나는 깜짝 놀라서 말했다.

"그럼 당신은 어떻게 해요? 당신 역시 그 종이가 필요하지 않습니까?"

소년은 마치 나를 잘 알고 있는 것처럼 깊고 친근한 눈매로 바라보며 대답했다.

"이 집은 내 집이고, 이 문은 내 문입니다. 나는 이 증서가 없어도 좁은 문으로 입장할 수 있습니다."

'아이고, 하나님, 감사합니다!'

그제야 내 손에 들린 종이를 찬찬히 보았다. 맨 위에 "케투바"라고 히브리어로 적혀있었다.

'이 종이가 케투바라고?'

주님께서는 오래전에 이에 대해 내게 예언해주신 적이 있다. '케투바'는 유대인이 결혼할 때 신부에게 주는 결혼 증서로 남편이 아내를 돌보며 그녀의 필요를 채워주고, 또한 기쁘게 해줄 것이라는 언약을 적은 증서다.

'그렇다면 이 결혼 증서를 가진 자만 저 좁은 문에 들어갈 수 있단 말인가? 신랑의 언약을 간직한 신부만이 들어갈 수 있구나.'

마침내 내 차례가 되었다. 문이 너무 높아서 나는 두 손을 높이 들고 젖 먹던 힘까지 내어 팔짝팔짝 뛰어보았다. 그러나 키가 작은 탓인지 손이 아래 문턱에 겨우 닿기만 했다. 그러다 천신만고 끝에 두 손으로 문턱을 쥐었는데 힘이 없어 매달려만 있었다. 바로 그때 내 뒤에 토니가 있는 게 기억났다.

'그래, 토니가 나를 도와줄 거야!'

나는 대롱대롱 매달린 채 큰 소리로 외쳤다.

"여보, 당신 손을 위로 들어서 내 발바닥 밑에 대줘요. 그러면 내가 박차고 문턱 위로 올라갈 수 있어요."

내 요구대로 토니는 손바닥을 내 발바닥에 대고 위로 힘껏 밀어주었다.

만세!!! 마침내 나는 단숨에 한 번 크게 뛰어 그 높고 좁은 문 안으로 들어갔다. 그러나 들어가기는 했지만 통로가 얼마나 좁은지 아무리 몸을 꿈틀거려도 전진할 수가 없었다.

사람의 힘으로 불가능한 일에는 한 가지 해결 방법밖에 없다. 기도만이 해답이다. 나는 주님께 기도하기 시작했다. 예수님의 이름을 외치니 순식간에 좁은 통로 바닥에 생수가 고이기 시작했다. 그러자 내 몸은 물놀이 공원의 물 미끄럼틀에서 미끄러져 내려가듯이 생수의 흐름을 타고 빠르게 전진했다. 성공이다. 할렐루야!

신나게 내려가는데 온몸과 마음이 정말 상쾌했다. 그러다가 눈을 번쩍 뜨며 깨어났다.

집 앞 바나나 나무 사이로 요란하게 지저귀는 새소리에 잠이 깼다. 나는 누운 채로 생각했다.

'내게 케투바를 건네준 잘생긴 유대인 소년은 대체 누구였을까? 천사인가? 내가 사랑하는 예수님인가? 만약 예수님이셨다면 내가 그분과 춤을 추었다는 말인가? 그렇다면 나는 죽어도 그분의 손을 놓지 않았을 텐데… 아이고… 궁금하다!'

양떼의 발자취-간증

나는 영의 세계에서 이 환상을 보고 난 후 4개월 정도가 지나서야 차원의 문을 열 수 있었다. 높고 좁은 문 안의 세상을 말이다. 그러면서 여러 차원의 문들과 그 뒤에 감춰진 영의 세계의 각기 다른 공간의 방이라는 개념들을 아주 조금씩 이해하기 시작했다. 그 방들은 인간이 있는 장소가 아니라 영의 장소들이다. 나는 이것을 아프리카 케냐의 장애청소년 재활원교회에서 보았다.

> 그들을 떠나자마자 마음에 사랑하는 자를 만나서 그를 붙잡고 내 어미 집으로, 나를 잉태한 자의 방으로 가기까지 놓지 아니하였노라
>
> 아 3:4

아가서의 이 구절에서 방은 'room'이 아니다. 히브리어 성경의 원어를 보면 '헤델'이라고 표현한다. 이는 감춰진 하나의 '골방'(The Chamber)을 뜻한다. 골방은 밀폐된 방이며 크기는 상관없다. 영적인 세계에서 '자기 어미의 집'으로, '자신을 잉태한 자의 방'으로 간다는 건 아주 중요하고 의미심장하다.

사람은 각자 마음 안에 크고 작은 방을 가지고 있다. 즉 아가서에서 언급한 "어미 집", "나를 잉태한 자의 방"은 이 땅에 태어날 때 부모에게서 물려받은 '천성의 방'이다. 각자가 소유한 본성을 가진 영혼의 공간이다.

사람의 마음 안에는 선천성과 후천성의 여러 방이 있다. 남도 알고 자신도 아는 방, 자신만 알고 남은 모르는 방, 남은 아는데 자신만 모르는 방, 남도 모르고 자신도 모르지만 존재하는 방 등 이 외에도 여러 단계의 다른 방이 있다.

우리의 영은 시공간의 제한을 받지 않는다. 영의 세계에서 나는 때로 내가 태어난 장소를 방문한다. 부산 초량동의 모습이다. 또 어떤 때는 내 영이 나의 타고난 천성이 들어있는 골방 안에 있을 때도 있다. 바로 그곳이 나를 잉태한 자의 방이다. 영의 세계는 인간의 지혜나 지식이 감히 미치지 못하는 무한한 장소다. (《잠근 동산》 72. 나를 잉태한 자의 방으로 가기까지 참조)

64 소금과 다이아몬드

샘가의 대화

예수님 **지극히 높은 곳에 거하는 자에게 속한 사랑받는 여인이여, 너는 소금과 다이아몬드 중에 어떤 것이 더 좋으냐?**

제시카 소금은 입이 즐거워하는 것이고 다이아몬드는 눈이 즐거워하는 것입니다. 그러나 둘 중에 저는 어느 쪽도 더 좋은 게 없습니다. 저는 소금이나 다이아몬드 없이도 살 수 있습니다. 그러나 주님 없이는 살 수가 없으니 제게는 당신 외에는 아무것도 좋아하는 것이 없나이다.

예수님 (주님은 싱긋이 웃으시며 말씀하셨다) **그래, 알았다. 너는 어찌 그녀와 말하는 것이나 생각하는 것이 이토록 닮았는지…. 잘 생각해보고 답을 말해보아라.** (《봉한 샘》 72. 많이 버린 자가 많이 사랑하는 자이다 참조)

제시카 (주님께서는 막달라에서 온 마리아에 대해 말씀하실 때 늘 '그녀'라고 하신다. 주님은 그녀를 참 사랑하시는 것 같다) 흠… 예전의 저 같으면 세상 신에게 잘 길들여져 당연히 비싼 다이아몬드를 더 좋아했겠지요. 그러나 당신의 모든 생각과 가치관은 세상 신과 정반대라고 하셨으니 아마도 정답은 소금일 것입니다. 저는 당신의 가치관을 닮아가길 원합니다. 그렇지만 왜 소금이 더 좋은지 이유는 잘 모르겠습니다. 왜 제가 소금을 더 좋아해야 하지요?

예수님 **소금은 스스로 녹아 없어지면서 상대방에게 자신의 짠맛을 실어준다. 그러나 다이아몬드는 녹아 없어지지 않는다. 그저 다른 빛에 반사되어 자신의 빛을 발할 뿐이지.**

제시카 그렇다면 다이아몬드가 더 좋은 것 아닙니까? 스스로는 아니지만 빛을 발하니까요.

예수님 **내게는 다른 개체를 위해 자신을 녹여내며 사라지는 소금이 더욱 중요하단다. 소금이 없으면 땅과 바다의 생물체는 살기 힘들다. 그러나 다이아몬드는 그저 반짝거리는 돌일 뿐이다. 그 돌이 없다고 땅과 바다의 생물체에 무슨 영향을 주겠느냐.**

사람들은 산소와 물의 귀한 가치를 잊고 산다. 그들이 큰 대가를 치르지 않았기 때문이지. 하지만 산소와 물 없이 생물체가 얼마나 그 생명을 유지할 수 있겠느냐. 그러므로 너는 모든 사물의 가치를 그 역할을 보고 결정하여라. 사물을 살 때 치르는 돈의 액수를 보고 가치를 결정하는 마음을 버리거라. 소금과 다이아몬드, 이 둘의 결정체를 잘 보거라.

제시카 제 눈에는 둘 다 희고 작은 알갱이로만 보입니다. 결정체의 생김새조차 흡사합니다. 아하… 주님, 이제야 생각났어요. 저는 30년 전 결혼식에서 남편 토니로부터 1캐럿이 훨씬 넘는 다이아몬드 결혼반지를 받았습니다. 목회를 하기 전이라 둘 다 물질적 여유가 있던 시절이었어요. 그래서 잘 때 외에는 항상 반지를 손에 끼고 다녔어요. 주위 사람들로부터 크고 반짝이는 반지가 예쁘다는 소리를 심심찮게 들었지요.

그러다가 하와이로 가족여행을 떠나는 길에 공항에서 잃어버렸어요. 늦잠을 자는 바람에 허둥지둥 서두르다가 손가락이 부어서 반지를 끼지 못한 채 핸드백에 넣었어요. 공항 보안대 금속 탐지기 위에 핸드백을 올린 것이 제 결혼반지를 마지막으로 본 순간이었어요. 컨베이어 벨트 반대쪽에서 기다리고 있는데 제 핸드백이 유난히 늦게 나왔지요.

많은 공항 직원과 여행자들 사이에서 제가 핸드백을 열었을 때 반지는 이미 사라지고 없었어요. 직원들 옷자락을 잡고 물었지만 이상한 여자 취급만 받고 인파에 밀려 한참을 서있었지요.

결국 비행기를 놓칠까 봐 반지를 포기하고 떠나는 수밖에 없었어요. 숙소에 도착하고 정말 오래간만에 온 가족 여행인지라 남편과 자식의 기분이 상하지 않도록 아무 말도 하지 않았습니다.

사실은 주님 앞에서 불평하는 게 두려웠어요.

'목사가 커다란 다이아몬드 반지를 끼고 다니는 게 하나님

과 사람들 앞에서 덕이 되지 않았나 보다. 그래서 주님께서 대신 정리 청소를 해주셨나 보다.'

이렇게 생각하며 스스로 위로했지요. 정직하게 말하면 속은 엄청 쓰리고 아까웠어요. 왜냐하면 목사인 제 월급으로는 평생 다시 살 수 없는 물건이었으니까요.

남편 토니는 유부녀가 결혼반지 없이 다닌다고 두어 번 제게 말했어요. 그러고는 그해 크리스마스에 토니로부터 얇은 은반지를 선물받았지요. 그 후로 몇십 년 동안 그 은반지를 잃어버리지 않고 잘 끼고 있습니다. 물론 아무도 제게 반지가 예쁘다는 소리를 하지는 않지만요. 그런데 곰곰이 생각해보니 제가 단 한 번도 당신과 사람들 앞에서 불평한 적은 없었네요.

주님, 그 일에 대해 저를 좀 기특하게 생각해주시면 안 될까요? 헤헤헤….

예수님 **그 반지는 내가 청소해준 것이 맞다. 나는 내 신부가 유행하는 머리와 금이나 진주나 값진 옷으로 치장하는 걸 원하지 않는다.**

제시카 그럼 주님은 제가 어떻게 꾸미는 걸 좋아하세요? 제가 그렇게 해드릴게요.

예수님 **나는 내 신부가 아담한 옷을 입고 염치와 정절로 자기를 단장하는 걸 원한다. 오직 착한 행실로 단장하거라. 이것이 나를 공경하는 자들에게 마땅하니라.**

내가 그 다이아몬드 반지를 청소한 후에 네게 다른 반지를 2개 주지 않았느냐?

제시카 아하… 제가 예전에 꿈에서 끼고 있던 그 반지요? 제 검지와 약지에 끼워진 반지들을 보았어요. 약지에 낀 반지는 혼인식 은반지 같았어요. 그런데 검지에 낀 반지는 보석 대신 도장같이 뭔가가 새겨져 있었는데 예쁘지는 않았어요. 주님은 부유하실 텐데 이왕이면 예쁜 보석 반지를 주시지 그러셨어요.

예수님 **하하하… 그래? 그 반지가 무슨 반지인지 네가 알았다면 좋았을 것을…. 또한 그 반지를 처음에 주신 이가 누구인지 진실로 알았다면 네가 그에게 반지를 구하였을 것이다.**

제시카 그 반지가 어떤 반지인데요? 반지를 원래 주신 이가 누구입니까?

예수님 **그 반지는 내 신부에게 주는 인장 반지로서 네 신분이 새겨져 있느니라. 또한 네게 반지를 주라고 처음에 명하신 이는 내 아버지 하나님이시다.**

제시카 그래요? 참말이십니까? 아이고… 주님, 이 무식한 여종을 용서해주소서. 어찌 나이를 먹을수록 제 영은 점점 더 모르는 게 늘어납니까? 주님 앞에 참으로 죄송합니다.

그런데 주인님, 제가 무식하여 반지의 가치를 못 알아보았을지언정 다시 거두어 가시면 안 됩니다. 한번 주셨으니 절대로 다시 가져가시면 안 됩니다. 아시겠지요?

예수님 **하하하… 알았다. 그러니 너는 내 아버지의 선물인 그 반지에 합당한 신부답게 살거라. 인장 반지는 이 세상에서 뿐만이 아니라 장차 오는 세상에서도 내 이름으로 권세를 표하는 반지다. 내 아버지의 선물은 영원토록 효력이 있단다.**

제시카 주님, 저는 무지하여 무슨 권세인지 알지 못하지만 하나님께서 주신 선물이라면 어떤 것이라도 무조건 귀중합니다. 부족한 종에게 귀한 선물을 주신 하나님께 너무나 감사합니다.

내 원수인 마귀의 목전에서 상을 베푸시는 주 여호와여, 주님께서는 얼마 전에도 저를 주의 은밀한 곳에 숨기사 사람의 꾀에서 벗어나게 하셨습니다. 여종을 당신의 장막에 비밀히 감추사 구설의 다툼을 면하게 하셨습니다. 영의 세계의 견고한 성에서 그 기이한 인자하심을 보이셨습니다. 그러니 여호와를 찬송하지 않을 수가 없습니다.

부디 반지의 권세 중의 하나가 천국 성에 들어갈 권세이길 간절히 바랍니다. 아멘. 주 예수여, 어서 오시옵소서. 마라나타!

샘가의 대화

예수님 **가을바람 부는 평상 위에 펼쳐놓고 오래 보존하기 위해 말리는 조그맣고 반들거리는 앙증맞은 까만 콩 같은 윤자예야.**

제시카 (주님은 평소 내 한국 이름을 잘 부르지 않으셔서 좀 의아했지만 왠지 더욱 친근감이 들었다) 네, 아버지. 말씀하옵소서. 여종이 듣고 있나이다.

예수님 **이 세상은 참 해괴하구나.**

제시카 왜 그렇지요?

예수님 **나는 사람들을 빚었다. 처음부터 그들을 사랑하고 교제하기 위해 창조했다. 그러나 그들은 나를 사랑하지 않고 교제하기를 버거워하면서 오히려 나를 멀리한다. 정반대로 마귀는 처음 동산에서부터 인간들을 미워하고 파멸하기 위해 그들이 나를 배반하도록 인도했다. 그러나 인간들은 마귀를 사랑하고 교제하기를 심중에 즐거워하며 오히려 가까이한다. 저를 사랑하는 자는 멀리하고, 저를 증오하는 자는 가까이하니 해괴한 일이 아니면 무엇이겠는가!**

제시카 저 역시도 당신의 법을 지키고 살기가 힘들고 부담스럽습니다. 반면에 마귀의 법은 따르고 살기가 늘 쉽고 달콤합니다. 그러니 인간들은 처음부터 바보가 아닙니까!

제아무리 육신의 소욕을 따르지 않으려고 노력해도 인생길에서 한참을 허덕이다 보면, 또다시 죄의 노예로 전락하고 있는 자신을 보고 소스라치게 놀라서 회개하고 당신께 돌아옵니다. 그럼에도 시간이 지나면 한 짓을 또 되풀이합니다. 마치 개가 토한 것을 다시 먹고, 돼지가 몸을 씻고도 금세 다시 진흙탕에 뒹구는 것처럼요. 당신 앞에 참으로 부끄럽습니다.

예수님 **나의 사랑하는 자여, 그럼에도 내게 돌아오는 네가 사랑스럽구나. 실수는 누구나 할 수 있다. 그러나 책임은 아무나 질 수 없다. 용기 있는 사람만 질 수 있느니라. 회개는 지은 죄에 대한 책임을 인정하는 행위란다.** (Everyone makes mistakes. But not everyone takes responsibility. Only the brave can do that. 주님는 이것을 영어로 말씀하셨다)

또한 회개는 반드시 행위의 열매를 동반해야만 참 회개란다. 너는 참 회개를 한 후에 모든 죄를 내 앞에서 먼지 털듯 털어버리면 된다. 그러니 내게서 멀어지지 말거라.

제시카 저를 살리는 생명의 말씀이 당신께 있사온데 제가 어떻게 멀리 갈 수 있나이까. 당신과 멀리 떨어진다는 건 제 영의 죽음을 의미합니다. 그래도 이제는 제가 예전보다 좀 더 당신만을 의지하고, 당신 곁에서 우왕좌왕할지언정 멀리

가지는 않는 것 같습니다. 그렇지 않나요?

예수님 (주님은 싱긋 웃으셨다) **그래, 연한 배같이 싹싹한 나의 신부야. 너는 나이가 들수록 조금씩 변화하고 있다. 특별히 이 척박한 땅인 아프리카에 온 이후로는 더욱 내게 가까이 거하고 있구나. 나는 네가 자랑스럽다. 사랑한다, 내 딸!**

제시카 헤헤헤… 정말이요? 올해 들은 말씀 중에 최고의 칭찬 같습니다. 참, 주님! 제가 어젯밤에 영의 세계에서 마귀를 공격했습니다. 마귀의 코를 잘라버렸어요! 제가 어떻게 그랬는지 기억은 잘 나지 않지만, 평생 처음으로 마귀를 해할 수 있었습니다. 그래서 너무나 기쁩니다. 한평생 마귀에게 해를 입기만 하고 살았거든요. 그래서 기분이 너무 좋습니다.

예수님 **잘하였다. 그러나 방심하지 말거라. 마귀는 호시탐탐 다시 너를 찾아와서 공격할 것이니라.**

제시카 그래요? 무섭습니다. 주님, 저를 지켜주셔야만 합니다.

예수님 **그래, 내가 너를 지켜주마. 실은 지난번 전투에서는 마귀가 네 코를 잘랐느니라.**

제시카 코를 잘린다는 건 무엇을 의미합니까?

예수님 **영의 세계에서 코를 높이 든다는 것은 교만을 상징하지. 그러니 절대로 교만하지 말거라.**

제시카 그렇군요. 사람이 겸손하게 자신의 분수를 지키고 산다는 게 얼마나 힘이 드는지 모릅니다.

예수님 **사람이 높아지고자 하면 낮아지고, 낮아지고자 하면 높아**

진다. 내 눈에 큰 자는 다른 사람을 섬기는 자다. 바로 그것이 내 나라의 법칙이며, 내 성품이기도 하단다. 너는 흐르는 강물처럼 끊임없이 내 성품을 닮아가기에 노력하며 살지니라.

제시카 그렇게 할게요. 제 짧은 인생에 최고로 잘하는 일은 무엇이겠습니까?

예수님 **네가 생각하는 답은 무엇이냐?**

제시카 당신의 성품을 알아가는 일입니다. 매일 당신께 더 가까이 나아가, 당신을 더 많이 알기를 원하고 구합니다.

예수님 (주님은 다시 싱긋 웃으셨다) **그리하라. 그것이 내 신부의 분복이다. 사람은 내가 허락한 만큼만 나를 알 수 있단다. 나는 모두에게 나를 드러내지는 않는다.**

제시카 예수님, 저는 여생을 오직 당신만을 더욱 아는 데 사용하길 원합니다. 당신과 가까이 동행하고 교제하면서, 당신의 성품을 조금씩 알아간다는 건 제게 엄청난 변화를 가져다줍니다. 매 순간 너무나 오묘하고, 신기하고, 기이해서 탄성과 미소가 절로 나옵니다.

나를 웃고 울리시는 주님, 당신 때문에만 제가 웃고, 당신 때문에만 제가 웁니다. 제 눈물은 당신을 통하지 않고서는 나오지 않습니다. 또한 당신께서 저를 웃게 만드셔야만 진정한 웃음이 나옵니다.

제 눈과 마음은 오직 당신께만 꽂혀있습니다. 예전에는 그렇게 살지 못했으나 지금은 그렇게 되어가고 있습니다. 당신 외에는 어떤 상황이 닥쳐도 웃거나 울지 않습니다. 그 상황 너머에서 저를 주시하시는 당신의 불꽃 같은 눈을 의식하기 때문입니다.

예수님 **내 목전에 두고 키우는 귀한 화초 같은 나의 신부야, 너는 많이 성장하였다.**

제시카 네, 꿈속에서 저를 보니 십 대 청소년이 되어있더이다. 마지막으로 보았던 제 영적 나이가 몇 살입니까?

예수님 **열일곱 살이다.**

제시카 한창 예쁠 때군요.

예수님 **너는 내게 언제나 예쁘다. 나는 네가 걸치고 있는 가죽옷을 보지 않는단다.**

제시카 제 가죽옷이 오래되어 많이 낡았습니다. 이제는 쭈글쭈글해요. 매일 적도의 햇빛 아래서 생활하다 보니 거뭇거뭇한 반점도 자리를 잡아 몰골이 가관이 되어버렸네요.

예수님 **나는 새 술을 새 부대에 담는다. 새로운 영은 새로운 행동을 해야 한다는 말이다. 네 가죽옷이 낡을수록 네 영은 새로워져 가느니라.**

물론 그렇지 않은 정반대의 인간들도 많다. 많은 돈과 시간과 노력을 들여 가죽옷을 꿰고 기우며 새것으로 만들려고 한다. 가죽 공예를 하는 듯하지. 그러나 그럴수록 그들의 영은 쇠퇴해서 낡아진다.

제시카 가죽 공예요? 성형수술을 말씀하시는 겁니까? 헤헤헤… 제 주위에도 그런 사람이 많습니다.

예수님 **가죽은 건강하면 된 것이다.**

제시카 주님, 저도 예전에 가죽에 손을 좀 볼까 생각한 적이 있었는데요, 지금은 아니에요. 왜냐하면 그전에는 '사람들이 나를 어찌 볼까' 하는 게 참 중요했습니다. 그러나 이제는 당신께서 저를 어찌 보실지가 더욱 중요합니다. 그래서 결국 제 가죽옷의 성형과 미용보다는 제 영의 정결함과 아름다움에 더 가치를 두게 되었습니다. 더 가치 있는 일에 시간을 더욱 투자하게 되었어요.

이제껏 제 평생에 지어주신 가죽옷의 상태만 해도 분에 넘치게 족합니다. 제 속이 시커먼데 제 가죽옷이 아무리 반짝거리고 윤이 나면 무엇합니까.

예수님 **내 눈에 어여쁜 자여, 너는 그만하면 되었다. 이제 내게 올 날이 가까워지는데 내가 네 가죽옷을 보고 취하겠느냐? 잠근 동산 안에서는 가죽옷이 필요 없단다.**

제시카 마귀가 가죽은 가죽으로 대신한다고 하였으니 제 가죽옷의 가치를 마귀에게 집어던져 버리겠습니다. 그 후에 제 영은 살아서 그리운 님의 품 안에 안기겠나이다. 당신의 품 외에 제 영의 안식처가 어디에 존재하겠습니까.

예수님 **내 누이, 나의 신부야, 너 잠근 동산에 거주하는 자야. 너는 그동안 세상에서 잠근 동산을 왕래하며 살았다. 그러**

나 지금은 잠근 동산 안에 거주하고 있다. 그러니 덮은 우물을 지나 봉한 샘까지의 출구가 그대 앞에 열려있음을 알라. 또한 이제는 감추어진 동산의 샘가도 올 줄 안다. 내가 네게 출입하는 법을 가르쳐주었기 때문이니라.

제시카 저는 우리의 동산 안에 있는 샘가가 정말 좋습니다. 이 고즈넉한 장소에 당신과 둘이 있으니 제 온 마음과 뜻과 성품을 집중하여 당신께만 올려드립니다. 이곳이 더할 나위 없이 좋습니다. 저를 여기서 내보내지 마소서.

예수님 **때가 이르면 너는 생수의 우물가로 나갈 것이다. 이제는 네게 더 이상 우물이 덮여있지 않을 것이다. 그 우물에서 생수를 스스로 길어 내 백성들에게 나눠주거라. 거저 받았으니 거저 주어라. 알겠느냐?**

제시카 명심하겠습니다. 그곳이 끝이니이까?

예수님 **아니다. 너는 생수의 우물 앞에서 다시 새롭게 지음 받을 것이다. 다시 빚어져 네가 가야 하는 장소가 있다. 푸른 바닷가의 파도가 부서지는 장소다. 바위틈 낭떠러지 은밀한 곳에 숨어있는 나의 어여쁜 비둘기가 될 자여, 때가 되면 내가 이르리라.** (《봉한 샘》 45. 붉은 주홍색의 바위산 참조)

제시카 주님, 이 좁은 길은 어찌 천로역정처럼 이렇게도 길이 험하고 끝이 멉니까? 도대체 끝은 있나요? 힘이 많이 듭니다.

예수님 **끝이 있는 길이니라. 너는 그저 나와 함께 가면 된다. 내가 친히 그 길을 인도하마. 네가 믿음으로써 모든 세계가**

내 아버지 하나님의 말씀으로 지어진 줄을 알 것이다.
네가 영의 눈으로 보는 것은 육의 눈앞에 나타난 것으로 말미암은 게 아니니라. 그러니 너는 이 세대를 아무것도 본받지 마라. 오직 마음을 새롭게 함으로 영혼육의 변화를 받아라. 그리하여 아버지의 선하시고 기뻐하시고 온전하신 뜻이 무엇인지 분별하도록 네 영이 깨어있길 바란다.
그러려면 자연적인 사고방식과 가치관의 옷을 벗고 초자연적인 사고방식과 가치관의 옷을 걸쳐야 한다. 방언으로 기도하는 건 초자연에 참여하는 좋은 방법 중 하나다. 방언이 구원의 조건이 될 수는 없으나 구원을 이뤄가는 데 도움을 주는 하나의 관문일 수 있단다.
사람의 인생은 크고 작은 선택의 연속이지 않느냐. 그때 자신의 가치관에 맞는 결과를 내는 것이 좋은 선택 또는 정답이지 않느냐.
네게는 신랑인 나 예수 그리스도가 바로 그 선택이며 정답이길 바란다. 내가 너를 아는 것처럼 너도 나를 알길 바란다. 지금 나는 너를 알고 또한 내게 걸맞는 신부로 훈련하며 성장시키고 있다. 너는 영원한 나에게 속한 자다. 그러니 네가 너인 것을 다른 사람에게 납득시킬 필요는 없다.
이 모든 것을 잘 기억하거라. 사쿠오 호라! 나의 신부여.

(《봉한 샘》 71. 천사의 언어 참조)

사람에게서 취한 영광과 감사는 우리에게 아무 의미가 없다. 나는 섬기는 자리에서 아버지의 눈길 속에 거하며 그분 외에는 아무도 나를 진실로 사랑해주시는 분이 없다는 걸 깨달았다. 사람이 갈망하고 꿈꾸는 사랑은 결코 사람에게서 채워지지 않는 걸 알았다.

그리하여 마침내 깨달은 엄청난 사실은, 내 깊은 곳에 있는 속사람이 사랑하는 단 하나의 존재는 오직 예수님 한 분 외에는 아무도, 아무것도 없다는 진리였다.

제가 연모하는 나의 왕이여,
비천한 여종의 주인이신 예수님.
긴 시간을 건너 그곳에서 달을 꿈꾸는 꽃을 품고
제가 당신을 만났습니다.
다른 사람들은 알 수 없는 비밀스러운 세계에 대한 기억.
그곳에 당신이 계십니다.
저는 당신과의 약속을 기억합니다.
언젠가 시간을 건너 어느 생애엔가 우리가 같이한다면
그 생에서는 당신 곁에서 늘 함께이기를.
그때 우리는 서로 마주 보며 꿈을 꾸고 안고 웃으며
오래오래 서로의 옆에서 영원한 행복에 젖을 겁니다.

66 감사는 영의 전투에서 공격수가 되는 일이다

영의 세계

나는 예전에 나의 천사 신규를 처음 만나 걸으며 대화했던 완만한 경사의 언덕길을 혼자서 올라가고 있었다. 그때는 주위에 밝은 빛이 내려왔는데 이번엔 사뭇 달랐다. 마치 저녁 무렵인 듯 어두컴컴했다.

문득 언덕길 왼쪽에 좁고 더 깜깜한 골목길이 보였다. 골목 입구의 의자에 어떤 이가 앉아있었다. 가까이 다가갈수록 그의 용모가 나타났다. 그는 백인 남자 형상에 키가 크고 마른 중년인데 검고 남루한 양복을 입고 있었다.

내가 그의 앞을 지나칠 때 그와 눈이 마주쳤다. 그런데 그가 증오의 눈길로 나를 째려보았다. 순간, 내 영은 알았다. 그는 사람이 아니라 마귀였다. 앉아있는 큰 마귀 옆에 작은 마귀들이 여럿 모여있었다. 큰 마귀는 마치 치열한 싸움터에서 막 돌아온 듯 피곤한 기색이 역력했다. 몸의 곳곳에 부상을 당해 축 처진 몰골로 의자에 앉았다기보다는 걸쳐져 있었다.

그의 얼굴은 흉측하게 일그러져 있었고 양미간에서 인중까지 코의 살이 깊고 움푹하게 떨어져 나가고 없었다. 다만 그 속이 보이지 않는 시커먼 그늘이 원래 코가 있어야 할 부분을 덮고 있었다.

마귀는 영적 존재이기에 죽지 않는다. 그러나 부상을 당한 마귀는 흉측한 몰골을 한 채 존재한다는 걸 내 영은 알고 있었다. 생명과 회생과 치료는 오직 우리 하나님만이 하실 수 있는 일이다.

평상시의 나 같으면 처참한 마귀의 형상 앞에서 벌벌 떨며 주눅이 들어서 예수님이 어디에 계신지 찾느라 난리가 났을 것이다. 그런데 기이하게도 나는 마귀와 한 번 눈이 마주친 후 냉정하게 고개를 돌리고 두 번 다시 눈길을 주지 않았다. 그리고 걸음을 재촉하며 언덕길을 혼자 묵묵히 올라가기 시작했다.

그때 마귀 옆에 서있던 졸개들이 권총 형태의 무기를 손에 쥐고 있는 게 알아졌다. 그들은 내가 걸음을 재촉하길 기다렸다는 듯 내 쪽으로 총구를 겨누었다. 그러더니 내 머리를 향해 방아쇠를 마구 당겼다. 날아오는 총알의 크기는 건빵 과자 안에 들어있던 작은 별 사탕 정도였다. 그런데 그 안에는 아주 더러운 오물 같은 것이 들어있었다.

신기하게도 나를 향해 계속해서 날아오는 총알들은 내 머리에 해를 끼치지 못했다. 나는 총알을 피할 줄 알며 그로 인해 오물로 머리가 젖지 않는 방법도 알고 있었다. 게다가 알 수 없는 투명하고 탄탄한 싸개가 내 온몸을 보호하며 덮고 있음이 알아졌다.

알고 보니 내 손에도 권총 같은 것이 들려있었다. 나는 작은 마귀를 겨냥해 방아쇠를 당겼다. 그러자 놀라운 일이 일어났다. 나의 총구에서는 작은 총알이 아니라 크고 길쭉한 벽돌만 한 총알이 발사되었다. 총알의 크기가 비교되지 않을 만큼 커서 아예 싸움이 되질 않왔다. 나는 마귀를 더 이상 겁내지 않았으며 놀라거나 두려워하지도 않았다.

내게 총을 쏘는 마귀들을 향해 나는 담대히 대항했다. 그들이 쏘아대는 작은 총알들과 내가 쏘는 큰 총알들의 탄피가 길바닥에 어지럽게 떨어지며 튕겨 나갔다. 그런데 신기하게도 아무리 쏘아도 총알이 떨어지지 않았다.

마귀와의 전투 중에 나는 용감하게 앞으로 발걸음을 내디뎠다. 그때 돌연히 내 앞에 투명한 대형 유리문이 나타났다. 내가 그 문을 열자 작은 마귀들이 더 집요하게 총을 쏘아 댔다. 그런데 유리문은 총탄을 맞아도 깨지거나 금조차 가지 않았다.

내가 유리문을 열고 전투하면서 나아가면 또 다른 유리문이 나타났다. 유리문을 하나씩 열 때마다 총알 세례를 받았다. 나는 다음 유리문을 열기 전에 바닥에 흩어진 내 큰 총알들을 주워 아주 크고 튼튼한 종이 재질의 부대에 다시 넣었다.

마침내 나는 밝고 찬란한 빛이 흘러나오는 크고 긴 대문 앞에 도착했다. 마치 큰 교회나 성당의 창문에서 볼 수 있는 스테인드글라스 문처럼 아름다운 문양이 새겨진 색 유리창 같은 문이었다. 내가 그 앞에 서자 작은 마귀들의 총알 세례가 멎었다.

나는 안도의 숨을 쉬며 한쪽 어깨에 메고 있던 큰 종이 부대를 내려놓고 그 안을 들여다보았다. 부대는 멀쩡했는데 총알들은 간데없고 웬 모자가 10개 남짓 들어있었다.

'이 모자들은 무엇을 뜻하는가?'

미국에서 모자는 각자의 의무나 직책을 상징한다. 그래서 모자가 많은 사람은 해야 할 의무가 많거나 여러 직책을 겸한 사람이라는 의미다.

내가 들어선 대문의 안쪽 영토에는 우리 하나님의 군영이 자리 잡고 있었다. 문을 열고 안으로 들어가니 흙 마당의 중앙에 볼품없는 작은 의자가 놓여있었다. 나는 아군의 진영으로 돌아온 걸 인식하고는 그 의자에 털썩 주저앉았다. 그 순간, 나를 감싸던 싸개가 비눗방울처럼 사라지면서 내 머리카락이 헝클어진 실타래처럼 엉켜있는 게 보였다(내가 나를 보고 있는 건 언제나 참 신기하다).

그때 희고 긴 통옷을 입은 키가 크고 건장한 두 천사가 내 쪽으로 급하게 다가왔다. 천사들은 아무 말을 하지 않았고, 손에 커다란 빗을 들고 있었다. 그들은 내가 앉아있는 의자 뒤쪽 좌우에 서서 내 머리를 깨끗이 닦아내며 빗질하기 시작했다. 차츰 내 머리가 정돈되어 정결해지는 걸 느낄 수 있었다. 한 천사가 내게 물었다.

"신부님, 어떻게 원수 마귀에게 그런 큰 상처를 입힐 수가 있었습니까?"

내가 대답했다.

"제가요? 저는 그런 적이 없는데요. 저는 아시다시피 겁쟁이에 연약한 사람입니다. 늘 마귀에게 맞고 쫓기기만 해요."

좀 창피했지만 정직하게 말했다. 다시 천사가 말했다.

"당신은 전투에서 싸울 수 있고, 또한 무기를 사용하는 방법을 아는 사람입니다. 방어만 하는 신부의 단계를 지나 원수의 영을 공격하는 방법을 알고 있지요. 즉 원수의 영을 해칠 수 있는 계급의 신부님입니다."

나도 모르는 나에 대한 사실을 천사들이 어떻게 알고 있는지 불가사의했다. 어안이 벙벙해서 잠자코 있으니 다른 천사가 말했다.

"신부님, 저희는 신부님의 머리를 정결하게 잘 정돈했습니다. 이제 저희를 감독하는 천사들이 와서 나머지 일을 할 것입니다."

말을 마친 두 천사는 조용히 물러갔다.

그때 어디서 나타났는지 조금 전의 천사들보다 훨씬 더 크고 건장해 보이는 두 천사가 나타났다. 이전 천사들처럼 희고 긴 통옷을 입고 있었다. 그들 역시 손에 큰 빗을 들고 내 뒤쪽 좌우에 서서 다시 내 머리를 빗기며 위로 올려 멋진 스타일을 만들었다. 나는 잠자코 의자에 앉아있었다. 그중 한 천사가 내게 물었다.

"신부님, 우리 군영에 도착하기 전에 캄캄한 골목 앞에서 봤던 큰 마귀를 기억합니까? 그 마귀의 코가 잘린 걸 보셨지요? 그 일은 신부님이 한 일입니다. 영적 무기인 영의 대패로 마귀의 코를 힘차게 밀어버린 겁니다."

나는 놀라서 천사에게 되물었다.

"그래요? 제가 그렇게 용감할 수가 있습니까? 그 마귀의 이름은 무엇입니까?"

천사가 대답했다.

"그의 이름은 '배신자'입니다."

내가 천사에게 물었다.

"제가 어떻게 대패 무기를 사용했습니까? 기억이 나질 않습니다."

천사가 미소를 지으며 대답했다.

"신부님, 불평을 삼키고 하나님께 감사하는 것은 영적 세계의 전투에서 공격수가 되는 일입니다. 이제 당신은 다시 정결하고 아름답게 단장한 주님의 신부의 모습으로 되돌아왔습니다. 저희는 임무를 마쳤습니다."

어느새 나는 궁전의 예식 때 입는 붉은색 예복을 입고, 머리는 기품 있고 아름다운 보석으로 단장되어 있었다.

"아… 천사님, 고맙습니다."

고개를 돌려 뒤를 돌아보니 두 천사는 온데간데없이 사라졌다. 천사가 두 명씩 두 번이나 나타나서 새 둥지같이 헝클어진 내 머리를 깨끗하게 정돈하고 치장해주다니, 나는 황송한 마음이 들었다.

'나 같은 게 뭐라고… 주님, 고맙습니다!'

67 새털 같은 날들

양떼의 발자취-간증

사람들은 새털처럼 많은 날을 살아간다. 평안한 날은 무심한 마음으로 하루를 보낸다. 그러다가 곤고한 날에는 불평을 입에 달고 하루를 마무리한다. 그리고 '내일은 오늘보다는 나아지겠지'라는 막연한 희망을 품고 잠자리에 눕는다.

그렇게 사는 인생인데 시간은 또 얼마나 빨리 가는가. 마치 눈앞에서 공중의 새가 '휘익' 하고 날아가듯이 흔적도 없이 사라져 버린다. 그러던 중 세계가 발칵 뒤집혔다고 해도 과언이 아닌 사건이 일어났다. 일명 '코로나바이러스감염증-19'가 전 세계를 휩쓴 것이다.

중국 후베이성 우한시 화난수산시장에서 시작되어 사람들에게 원인 미상의 폐렴을 일으키는 강한 병원체가 세상에 나타났다. 이름은 수산시장이나 실제로는 다양한 야생 동물도 거래되고 있어 야생 동물이 감염원일 가능성이 높았다.

팬데믹으로 인해 모든 국가는 학교나 교회, 식당, 쇼핑몰, 상점, 은행, 오락 장소 등의 문을 닫는 폐쇄법을 만들었다. 심지어는 통행금지법까지 만들어 신속하게 시행했다. 그 결과 곡식이나 생수, 세정제, 휴지 등의 생필품이 상점에서 빠르게 자취를 감췄다. 외출이 금지된 시민들이 두려움과 공포로 물품을 경쟁하듯이 싹쓸이한 것이다.

한동안 지구촌은 전쟁의 고난으로부터 멀어져 있었다. 그러나 보이지도 않는 미생물 바이러스로 인해 주변 사람들이 죽어 나가자 사람들은 마치 전쟁이 터진 것처럼 행동하기 시작했다. 이 시기를 거친 우리의 모든 생각이나 태도, 그리고 행동은 세계사에 기록될 것이다. 후세는 이 상황을 의아하게 여기고 분석하고 파악하며 이해하려 할 것이다.

중국에서 시작된 이 바이러스는 불과 한 달 만에 아시아와 유럽, 미국, 남미 등을 경유해 전 세계를 순식간에 죽음의 공포로 몰아넣었다. 각국은 또한 실업 대란의 공포에 시달리며 호텔업과 관광업 등에서 정리 해고를 시행했다. 이러한 여행 제한과 봉쇄 조치의 여파로 경제적 불황이 여전히 심각하다.

아프리카도 예외 없이 코로나 감염의 물결에 휩쓸렸다. 케냐 대통령은 바이러스 확진자와의 접촉을 막기 위해 학교와 교회, 상가 등을 폐쇄한다는 성명문을 발표하고 조속히 실행했다. 우리 교회 역시 정부에 등록된 장애인청소년 재활학교를 병행하고 있어서 예외가 아니었다. 우리 마을은 장애아이들 백여 명, 선생님과 교회 직원들 이십여 명, 그들에게 딸린 가족까지 포함해서 백오십여 명 정도가 피해를 입었다.

그중 부모가 있는 아이들도 있지만, 고아원이나 사회복지 기관에서 온 아이들이 더 많기에 대부분은 돌아갈 곳이 없었다. 어느 사회나 마찬가지로 장애인들은 비장애인들의 사각지대에 산다. 특히 산아 제한이 없는 아프리카에는 버려진 아동이 유난히 많다.

결국 케냐 대통령이 모든 학교에 기약 없는 영구 휴학령을 선포했고, 토니 목사와 나는 아이들 때문에 버틸 수 있는 날까지 교회와 학교 문을 닫지 않고 견뎠다. 하지만 학교 문을 닫아야 하는 날이 찾아왔고, 끝내 백여 명의 아이들을 해산시켰다(우리가 처음 이곳에 왔을 당시는 아이들이 칠십여 명이었는데 2년 정도 지나며 백 명을 웃돌았다). 부모가 데리러 온 아이들을 제외한 대부분은 교문 앞에서 훌쩍거리며 울고만 있었다.

작별하는 자리에서 자기를 꼭 기억해달라고 불편한 손으로 그린 그림을 내게 준 아이도 있었다. 어떤 아이는 몸이 불편하여 떨리는 손으로 직접 만든 작은 수공예품을 내 손에 건네주었다. 또 어떤 아이는 나를 꼭 안고 그 자리에서 움직이지 않으려고 했다. 나는 가슴이 아파서 도저히 아이들의 얼굴을 대할 수가 없었다.

결국 소심한 나는 바깥에 서있을 수가 없어서 목양관 안에 혼자 앉아 눈물을 닦아냈다. 그리고 참담한 마음으로 기도했다.

"주님, 이 병의 환란이 얼마나 갈지 저는 알 수가 없습니다. 우리 아이들을 언제 다시 볼 수 있을까요? 바라옵건데 단 한 명도 병에 걸리지 않고 무사히 예배당에 돌아오게 해주세요. 모두 모여 다시 당신을 찬양하고 경배를 올려드릴 기회를 허락해주세요. 저는 이미 미셸을 제 가슴에서 파내어 당신 앞에 올려드리고 고향을 떠났지 않았습니까. 그러니 당신께서 주신 이 아이들을 또 데려가시면 안 됩니다. 저는 그렇게 강한 사람이 못 됩니다."

이별의 순간이 지나고 하루하루 시간이 흘렀다. 아침에 목양관 앞에서 조잘거리던 아이들의 소리가 들리질 않으니 일어나도 맥이 빠졌다. 점심시간에 텃밭을 지나서 마당으로 향하는 아이들의 모습이 안 보이니 마음이 저려오며 눈물이 핑 돌았다. 저녁에 석양이 지면 식사를 기다리는 아이들이 긴 줄을 서서 삼삼오오 짝을 지어 웃고 떠들던 모습이 눈에 선했다. 주말이면 풀밭이나 열린 교실 문턱 또는 창문턱에 앉아 수다를 떠는 아이들의 모습이 어른거렸다.

나는 조금씩 우울해지기 시작했다. 남아있는 선생님과 직원들 그리고 가족들까지도 풀이 죽은 듯 보였다. 그럼에도 나와 토니는 주일이 되면 빈민굴 교회에 가서 예배에 참석했다. 마을 사람들은 빈민굴에 출입하는 우리를 극구 만류했다. 코로나는 전염을 피하기 위해 물로 손을 자주 씻어야 하는데, 우리 마을은 고사하고 읍내마저도 마실 물이 귀하니 어떻게 손을 자주 씻을 수 있겠는가!

당연히 빈민굴 동네는 전기와 물이 아예 공급되지 않아 위생 시설이라고는 찾아볼 수 없었다. 그런 곳을 우리가 주일마다 가서 종일 있다가 오니 행여 병균이라도 옮겨 올까 봐 마을 사람들은 질색했다. 자기들을 위험에 빠뜨릴 수도 있다고 생각하는 것 같았다. 그들은 우리가 미웠을 수도 있다.

빈민굴 교회는 몇 년 전에 우리가 아이들만 데리고 거의 개척하듯이 예배를 시작한 교회다. 처음 빈민굴에 갔을 때는 교회가 없었다. 그곳 사람들의 말로는 한때 '교회'라고 불리는 모임이 있었는데, 목사에게 월급이 나오지 않자 어느 날 이전 목사가 떠나버렸다고 했다.

우리는 그런 곳을 2년 정도 다녔다. 그러다 보니 자연스럽게 빈민굴 교회의 담임목사가 되어버렸다.

친분이 있는 읍내의 원주민 목사들은 우리를 의아해했다. 그들도 오래전에 빈민굴 교회에 갔었는데 두어 시간 예배를 드리고 나왔더니 길에 세워둔 자동차의 거의 모든 부품이 몽땅 사라져 버렸다고 했다.

또 어떤 원주민 목사는 양복을 입고 골목 안에 들어서는 순간, 돌멩이 세례를 받고 코피를 흘리며 도망쳐 나왔었다고 했다. 이후 그는 두 번 다시 빈민굴에는 들어가지 않는다며 정색했다.

그런데 인종도 외모도 다르게 생긴 토니와 내가, 어떻게 무법천지인 빈민굴에 주일마다 가서 칼침을 맞지 않고 무사히 나오느냐는 거였다. 어떻게 그 미로 같은 골목 안에서 강도를 당하거나 잃어버린 물건이 없이 멀쩡하게 걸어 나올 수 있느냐며 고개를 갸웃거렸다.

나는 주님께서 가라고 하셨기에 순종했을 뿐이라고 했다. 처음부터 몸이 상하는 것이나 죽음까지도 각오하고 그들과 함께 예배를 올리기 위해서 간 거였다. 그런데 기이하게도 하나님은 우리를 품에 안으시고 그들에게로 인도하셨다. (《봉한 샘》 83. 예수님의 방문 참조)

처음에는 빈민굴 교회에 흑주술(Black Magic)을 생계로 삼는 무당의 자녀들 몇 명만 나왔다. 아이들은 믿음이 있어서 교회에 나오는 게 아니었다. 케냐인의 주식인 우갈리(옥수수빵)만 겨우 먹는 그들에게 우리가 주일마다 읍내에서 구입한 과자나 사탕을 주니 그걸 먹으러 오는 거였다. 그러다 보니 아이들은 일주일 내내 주일과 우리를 기다리는 교인이 되었다. 우리는 매주 한 손에는 성경을, 다른 손에는 마른 식빵, 과자, 사탕 등이 든 봉지를 들고 갔다. 재활원교회의 남아있는 아이들까지 먹여야 하는 재정 형편으로는 그런 류의 식품이 우리의 최선이었다.

빈민굴 교회 사람들은 매일 옥수수빵만 먹다가 주일에 한 조각씩 먹는 밀가루 식빵을 정말 좋아했다. 하지만 수도 시설이 없어서 물도 없이 마른 식빵 한 쪽만 건네는 내 마음은 편치 않았다. 예배 이후에 나는 빵을 건네주면서 늘 입버릇처럼 약속했다.

"언젠가는 땅콩잼이나 과일잼을 발라서 줄게요. 그럼 더 맛있어요."

그러면 그들은 고개를 끄덕이며 빵을 받았다. 그런데 나는 담임목사로서 한 번도 그 약속을 지키질 못했다.

빈민굴 교회에는 남편이 없는 맹인 엄마가 다섯 명 정도 있었다. 자녀들이 그 엄마들의 눈이 되어 작대기를 짚고 시장통으로 동냥하러 다녔다. 매달 우리의 월급을 쪼개서 적은 금액이나마 그들에게 생활비를 대주었다. 그리고 아주 가끔 고기를 먹을 수 있는 날에는 함께 웃었고, 배고픈 날에는 함께 울며 기도했다.

새털처럼 많은 시간이 흘러가면서 나는 주님 안에서 조금씩 확실히 변하고 있다. 그리고 그들 역시 조금씩 변하고 있다. 그들과 한 동족인 원주민 목사가 고개를 저을 정도로 말이다.

모든 건 우리를 불쌍히 여기시는 주님의 은혜다. 나는 적도의 해 아래서 그렇게 울고 웃으며, 때론 미안해하며 세월을 보내고 있다.

'예수님, 이 모든 날을 기억해주소서. 또한 흩어지고 가난한 우리 교회의 장애아이들과 빈민굴의 양 무리와 당신이 없으면 생존할 수 없는 우리를 기억해주소서!'

68 너도 가려느냐?

케냐 대통령이 국제 공항을 봉쇄하겠다고 발표했다. 그래서 미국 대사관에서도 직원들은 특별기로 모두 떠났다는 알림 이메일을 보내왔다. 민간인 신분의 모든 미국 시민은 수요일 밤 이전에 미국행 비행기에 탑승하라는 공문도 왔다. 케냐는 의료진과 위생 시설이 너무 열악하고 의사도 인구 만 명에 두 명꼴이라는 통계를 밝히며 만약 미국행 비행기에 탑승하지 않으면 스스로 생명을 위험에 빠뜨리는 것이라는 경고문이었다.

동시에 미국 교단 총회에서도 빨리 본국으로 귀환하라는 명령이 떨어졌다. 코로나 사태로 이미 많은 선교사와 미국인이 각자의 본국으로 가기 위해 케냐를 떠난 상황이었다.

실제로 케냐는 병원 시설이 너무 열악해서 코로나에 걸리면 치료받기가 힘들다. 사실상 우리가 사는 곳에서는 병원이나 의료 시설이 너무 멀다. 게다가 마스크는커녕 손 세정제, 감기약조차도 구하기 힘들다.

그럼에도 나와 토니 목사는 기도 후 케냐에 남기로 결정했다. 그래서 마지막 미국행 비행기에도 타지 않았다. 오갈 데가 없어 남아 있는 아이들을 두고 갈 수는 없었다.

마지막 순간까지 주님께 충성하다가 살면 살고, 죽으면 천국으로 가면 된다. 만약 내가 순교의 사명을 갖고 이 지구에 왔다면 그 사명을 주님께 이뤄 드리고 이 땅을 떠나면 된다고 믿는다.

사망의 음침한 골짜기에 들어가며 두려웠던 그날, 주님과 나눈 샘가의 대화를 기록한다.

샘가의 대화

예수님 **생채기가 나서 그늘에 숨어있는 어린 노루같이 안쓰러운 나의 신부야, 괜찮으냐?**

제시카 아니요, 주님. 이틀 전 이 나라의 대통령이 오늘 밤 자정부터 케냐의 모든 공항을 봉쇄한다고 특별 담화 지시를 내렸습니다. 미국 대사관에서 모든 미국 시민은 오늘 자정 전에 미국행 비행기를 탑승하라는 이메일 공문도 보내왔고요. 미국 교단 총회에서도 빨리 귀환하라는 명령이 떨어졌어요. 이미 제 주위의 많은 선교사와 외국인들이 각자의 본국으로 떠났습니다.

이제 1시간만 더 있으면 미국의 집으로 돌아갈 수도 없습니다. 마지막 미국행 비행기의 편도 요금이 4천 달러라고 합니다. 그 후에는 이 나라에서 떠나는 비행기도 없고, 돌아오는 비행기도 없습니다. 코로나 때문에 아프리카는 자국 격리를 시행하기 시작했어요.

당신께서 아시다시피 여기는 병원 시설이 너무 열악해서 코로나에 걸리면 치료 받기도 힘듭니다. 마스크는커녕 손 세정제도 없습니다. 그럼에도 저와 토니 목사는 기도한 후에 남기로 결정했습니다. 우리 아이들을 두고 갈 수는 없으니까요.

마지막 순간까지 주님께 충성하다가 살면 살고, 죽으면 딸과 엄마를 천국에서 만나게 해주세요. 유황 개천에서 영벌을 받아 마땅한 죄인을 사용해주시는 주님의 은혜에 너무 감사해서 오늘 많이 울었습니다.

예수님 **집으로 돌아가고 싶으냐?**

제시카 정직하게 말씀드리면, 미국 캘리포니아 북가주에 혼자 두고 온 미셸이 걱정됩니다. 남가주에 홀로 계신 늙은 어머니도 염려되고요.

미국 역시 시민들에게 법적 자가 격리를 시행 중이라고 합니다. 그래서 식량이나 생필품을 비축하려는 사람들로 상점마다 3,4시간씩 줄을 선다고 하네요. 철없는 미셸이나 팔순이 넘은 노모가 그런 긴 줄에 서서 버틸 수나 있을지 염려됩니다.

그러나 가족에게 돌아가고 싶은 것이지, 집으로 가고 싶은 건 아닙니다. 천국에 있는 제 집인 아름다운 성을 당신께서 이미 보여주지 않으셨습니까. 이제 제가 이 땅에 존재한다는 건 잠시 거주할 장막에 있는 것입니다. 지구는 제 진짜 집이 아닙니다. 당신께서는 이미 제 심중 깊은 곳을 꿰뚫어 보고 아시나이다.

예수님 **옳도다. 네가 제대로 보고 있구나. 너는 이 땅의 집이나 고향에는 마음을 두지 말거라. 피붙이인 형제자매들도 마찬가지다. 누가 네 어머니요, 누가 네 동생들이냐?**

네 어머니와 동생들은 내 아버지의 말씀을 듣기만 하는 자가 아니다. 듣고 행하며 우리 아버지의 뜻을 이루는 자들이니라. 또한 네가 돌아갈 집과 본향도 마땅히 내가 거하는 곳에 함께 있단다.

제시카 그런데 주님, 어찌 이리 흉악한 전염병을 저희에게 보내는 것을 원수 마귀에게 허락하셨습니까? 지금 지구촌의 수많은 사람이 죽고 있습니다. 주님께서는 절대로 사람에게 이유 없는 환란을 허락하시지 않는 분인데요.

예수님 **내가 어찌 이유 없는 환란을 허락했겠느냐. 이 환란을 통해 수많은 믿는 자가 내 아버지의 저울에 달리고 있다. 지금 전 세계적으로 조속한 신부 추수가 이루어지고 있다. 짧은 시간 안에 가장 효율적인 신부 영성의 추수가 이루어지고 있단다.**

그러니 너는 어떤 일이 벌어지더라도 믿음에 바짝 붙어서

하나님의 저울에 합격해야 한다. 합격하는 자의 수는 희귀한 숫자다. 그러므로 너는 바짝 긴장하고 반드시 아버지의 저울에 미달되지 말거라.

제시카 엄청 무서운 말씀이십니다. 지금 이 글을 쓰는데도 너무 떨립니다. 당신의 말씀을 듣고 아프리카에 남기로 결정하기를 조금도 망설이지 않겠습니다.

예수님 **이 환란은 추수를 위한 나의 선제공격이다. 이를 통해 알곡은 내게 더욱 가까이 오고, 쭉정이는 더욱 멀어질 것이다. 알곡은 빨리 추수될 것이고, 쭉정이는 다 나가 떨어져 버릴 것이다. 지금은 영적인 대 추수 기간이다.**

알곡과 쭉정이가 환란을 거치지 않고 어떻게 신속하게 추수되겠느냐. 빈 쭉정이가 이 환란에서 살아남을 수 있겠느냐. 속이 가득 찬 알곡이 어떻게 추수에 거두어지지 않겠느냐. 그 알곡들을 영적 겨울이 오기 전에 나의 곳간에 들여야 할 게 아니냐.

나는 절대 손해 보는 걸 허락하는 자가 아니니라. 잘 기억하거라. 지금 불의를 행하는 자는 장차 그대로 불의를 행할 자다. 지금 더러운 자는 장차 그대로 더러울 자다. 지금 의로운 자는 장차 그대로 의를 행할 자다. 지금 거룩한 자는 장차 그대로 거룩하게 행할 자다.

제시카 아아… 주님, 심히 무섭고 떨리는 말씀입니다. 병이 전염될까 우려하여 사람들이 모이는 것을 각 나라의 정부가 폐지

해버렸습니다. 심지어 교회의 예배까지 금하는 중입니다. 위반하면 벌금과 감옥행까지 불사해야 합니다. 그런 법을 지키고 사는 건 너무 힘겹습니다. 아마 한 달만 예배를 못 드려도 쭉정이들은 거의 다 날아가 버릴 겁니다.

예수님 **예배란 나를 심장에 품고 하나님께 올려드리는 각자의 몰약 향낭 같은 삶 자체다. 그런데 언제부턴가 이 땅에서는 '예배당'이 교회로 변해버렸다. 예배를 올려야 하는 장소가 종교 놀이를 하는 회당으로 전락했다. 나는 이 사실이 가슴 아프다. 현 세대의 변질된 종교인들의 생각과 행동에 분노가 차오른단다.**

그러나 나는 긍휼이 있는 전염병의 심판을 베풀었다. 회개의 기회를 허락하시는 내 아버지의 긍휼 있는 심판이 이루어지고 있음에 진실로 감사하라. 긍휼 없는 심판이 내려져 이 악한 행위들을 보좌 앞에서 해결하기를 원하느냐? 그때가 닥치면 회개의 기회란 없다.

제시카 지금 교회에 다니던 수많은 사람이 교회에서 예배를 못 드리게 하는 법에 화를 내고 있어요. 아이러니하게도 평소에 교회 출석을 잘 하지 않던 사람들까지도요.

예수님 **사람이 어디서 예배를 드리는가는 내게 별로 중요하지 않지만, 어떤 중심과 목마름으로 예배를 드리는지는 내게 아주 중요한 문제다. 인간들은 어찌 이리 내 마음을 헤아리지 못하느냐.**

제시카 예수님, 제가 그리스도의 신부라면 그리스도의 심정을 알아드려야 하는데 저는 당신의 깊은 뜻을 헤아리지 못했습니다. 정말 송구합니다. 이 환란에서 알곡으로 살아남으려면 무엇을 어떻게 해야 하는지요? 늦었지만 주님께서 알려주시면 부족한 여종이지만 실행하겠나이다.

예수님 **첫째로, 환란 중에 입술로 불평함으로 범죄하지 말거라.**
둘째로, 환란 중에 진실한 감사를 올려라. 불평을 삼키고 감사하는 것은 영의 세계에서 공격수가 되는 일이다.
셋째로, 집에서 예배를 드릴지언정 간절한 영혼의 목마름으로 예배를 올려라.
넷째로, 금식하며 회개하는 중에 영이 깨어나 신부 추수에서 알곡으로 내 마음을 기쁘게 하는 것에만 전념하면 되느니라.

제시카 저는 입 다물고 있겠습니다. 아프리카 시골에 주소조차 없는 장소에 감춰져 있는 제가 뭐라고 한들 누가 믿겠습니까. 저는 대형 교회 목사도 아니고 유명한 부흥 강사도 아닙니다. 제 믿음 하나 간수하기도 힘든 이 시점에 괜히 입을 열었다가 종교인들에게 돌을 맞기 십상이니, 그저 납작 엎드려 매일 방언 기도하고 환란의 먹구름을 겸비함으로 넘기겠습니다. 제 삶에 언제 닥칠지 모르는 여호와의 저울 심판에 대비할 기회를 놓치지 않기 위해 바짝 긴장하고 있을 것입니다.

어젯밤만 해도 중요한 물건을 여행 가방에 넣고 떠날 준비를 하던 저였습니다. 그런데 아침에 **'너도 가려느냐?'**라고 물으시는 뇌성과 같은 당신의 음성을 들었습니다. 너무 놀라서 마지막으로 속옷을 챙기다가 뒤로 벌렁 나자빠졌습니다. 한참을 덜덜 떨다가 정신을 차렸습니다.

주님께서는 어찌 그리 천둥 벼락같은 음성을 가지고 계십니까. 당신의 음성을 듣고 너무 놀라서 케냐에 남기로 결심했습니다. 마지막 순간이 오더라도 당신께서 저희에게 맡기신 아이들과 생사를 함께하겠습니다.

만약 우리가 이곳을 떠나면 남아있는 장애아이들은 누가 돌보겠습니까. 아마 그들은 굶어 죽을지도 모릅니다. 당신께서 제게 보살피라고 주신 아이들입니다. 당신의 눈에 가장 소자이면 제 눈에도 가장 소자입니다. 저를 이 아프리카에 보내신 이유가 이때를 위함이 아닐는지요.

오늘 자정에 나이로비 공항이 폐쇄된다는 소식을 듣고 비행기 표가 매진되어 수많은 선교사가 옆 나라에 열려있는 공항으로 이미 떠났습니다. 한국 선교사들은 한국행, 미국 선교사들은 미국행으로요.

아아… 주인님! 저는 종일 눈물로 회개하는 중입니다. 저희 비행기는 직항이 아니고 유럽을 경유하는 비행기라서 가장 값싼 항공권입니다. 그래서 반환도 안 되어 아깝지만 주님께서 제게 무엇을 원하시는지가 더욱 중요합니다.

그런데 이 와중에도 주님은 너무 멋지십니다. 예수님, 사랑합니다!

69 백마를 타고 온 두 천사와 약 가루

영의 세계

케냐에서도 코로나 감염 확산을 방지하기 위해 대통령이 모든 교회의 예배를 폐지했다. 위중한 상황인 만큼 법을 위반하면 고액의 벌금을 내거나 감옥에 가야 했다.

이곳에서는 병에 걸리면 의료 혜택을 기대할 수 없다. 외국인 신분으로 영주하는 토니와 나도 마찬가지다. 더군다나 이런 작은 시골의 오지에서 무엇을 기대하겠는가. 우리는 선교사로서 남아있는 장애아이들과 한 지붕 아래 거주하는 외국인 목사일 뿐이다.

나는 토요일 밤에 '어차피 내일 주일 예배를 함께 올리지 못한다면 잠이라도 푹 자고 휴식을 취해야겠다'라고 마음먹었다. 그래서 주일에 목양관 안방 침대에 누워 늦잠을 잤다. 스물여섯 살에 주님을 영접한 이후로 주일에 편안한 마음으로 늦잠을 자는 건 처음이었다.

해가 떴으니 일어나야 하는데 마음이 해이해져서인지 비몽사몽 누워있었다. 옆에 토니의 온기가 없는 걸 보니 아마도 그는 거실에 있는 것 같았다. 그런데 갑자기 침대 맞은편의 왼쪽 창문 뒤에서 사람의 나지막한 말소리가 들렸다.

'토니가 바깥에서 교회 직원 누군가와 대화하고 있겠지.'

나는 누운 채로 창문 쪽을 바라봤다. 그런데 이게 웬일인가! 창문 옆 벽에 한 사람이 들락날락할 정도의 크고 긴 구멍이 뚫려있었다. 그리고 눈부시게 밝은 빛이 흘러 들어오고 있었다. 나는 깜짝 놀라 침대에서 벌떡 일어났다. 바로 그때 한 남자가 그 구멍을 통해 안방으로 걸어 들어왔다.

너무 놀라서 입을 쩍 벌리고 쳐다보고 있는데 그가 나를 보더니 싱긋 웃었다. 마치 나를 잘 아는 친구처럼. 그는 백인으로 예수님 시대의 장거리 여행자처럼 남루한 흰색 통옷에 허리띠를 하고 머리에는 짧은 두건을 썼다. 나이는 사십 대 후반으로 보이고 턱수염이 있었다.

나는 잠옷을 입은 채 세수조차 하지 않았다. 화장은커녕 미용실 같은 곳은 구경도 못 한 지 오래다. 그래서 긴 머리가 위로 뻗쳐 헝클어져서 도저히 손님을 맞을 준비가 안 된 상태였다.

나는 눈을 동그랗게 뜨고 거의 고함치듯 물었다.

"옴마야, 대체 누구세요?"

그가 대답했다.

"나는 이 땅을 두루 다니는 천사이며 주님께서 보내셔서 왔습니다. 신부님께 드려야 할 것이 있습니다."

주님께서 보내서 왔다는 그의 말에 나는 겨우 정신을 차리고 안심했다. 고개를 돌려 창문 바깥을 보니 눈부시게 흰 말의 형상을 한 생물이 잔디밭 위에 서있었다. 그러나 지구상의 보통 말보다는 훨씬 컸다. 대형 백마 옆에는 눈앞에 있는 천사와 복장이 비슷한 또 다른 남자 형상의 천사가 서있었다. 그는 눈앞의 천사보다는 몸집이 약간 작고 더 젊어 보였다.

모든 일이 순식간에 일어나서 어안이 벙벙했다. 나는 침대 위에서 엉거주춤한 자세로 안방에 서있는 천사를 쳐다보았다. 놀랍게도 어느새 천사의 앞에는 사람의 허리 높이 정도의 작고 아담한 직사각형 탁자가 놓여있었다. 탁자 위에는 희고 반짝이는 미세한 가루가 고깔 같은 형태로 부어져 있었다. 그 가루는 양쪽으로 나뉘어 있었다. 나는 천사에게 물었다.

"천사님, 이건 무엇입니까?"

그가 대답했다.

"코로나 때문에 두 가지 약을 전해드리러 당신께 왔습니다. 첫 번째는 입으로 먹는 알약이고, 두 번째는 코로 들이마시는 흰 가루입니다. 토니 목사는 방금 먹는 약을 복용했습니다. 이제 신부님만 먹으면 됩니다."

그는 윗옷의 가슴께로 오른손을 넣더니 작은 주머니를 하나 꺼내어 열었다. 그 안에서 아주 작고 둥근 흰색 구슬 같은 환약을 손바닥에 굴리며 꺼냈다. 그리고 내 쪽을 보더니 왼손으로 가볍게 손짓했다.

"이제 일어나 이것을 복용하십시오. 주님께서 두 분을 위해 보내셨습니다."

나지막하게 말하는 천사의 명에 거역할 수 없는 위엄이 실려있었다. 나는 어린아이 같은 마음으로 얼른 일어났다. 그리고 침대에서 내려와 천사의 곁으로 가서 그의 손에 있는 환약을 집어 입에 넣었다. 약은 입에 넣는 순간 아무 느낌 없이 수증기처럼 사라졌다. 나는 고개를 들어 천사를 바라보았다. 그러자 그가 말했다.

"이 탁자에 양쪽으로 나뉜 흰 가루는 코로 들이마시면 됩니다. 하나는 토니 목사의 것이고 다른 하나는 신부님의 것입니다."

나는 머리를 숙여 고깔같이 쌓인 반짝거리는 가루 위로 코를 가까이 댔다. 그런데 가루가 돌연히 하얀 연기 바람에 휩싸이더니 살아 움직이듯 가늘게 꼬인 실처럼 날아서 내 콧속으로 들어와 버렸다. 순식간에 일어난 일이었지만 얼마나 실제 같은지, 미세한 가루가 내 콧구멍 안으로 들어올 때의 간지러운 촉감과 살짝 묵직한 느낌이 생생하게 남아있었다. 나는 천사에게 물었다.

"천사님, 저와 남편은 이제부터 영원히 코로나에 걸리지 않는 것입니까?"

천사가 한쪽 눈썹과 입꼬리를 찡긋 올리고 피식 웃으며 나를 보더니 대답했다.

"신부님, 그건 아닙니다. 이 땅에 존재하는 것은 영원한 게 없습니다. 앞으로 이 전염병은 여러 종류의 변이가 있을 것입니다. 마귀가 인간의 생명을 노리는 일에 얼마나 집요한지 모릅니다. 그러나 이 약은 향후 3년 동안 당신을 그 전염병으로부터 지켜줄 것입니다.

3년 동안 열매를 내지 못한 포도원의 무화과나무를 찍어버리라고 하신 주인을 기억하십시오. 영의 세계에서 추수한 것은 이 땅에 오면 3년은 효능이 있어야 합니다. 모든 열매가 그런 건 아니지만요. 영계에서 3이라는 숫자는 중요한 의미가 있습니다."

천사는 마치 어린아이를 이해시키려고 노력하듯이 무지한 내가 알아들을 수 있는 범위 내에서 차분히 설명해주었다.

그런데 문득 언제 나타났는지 토니가 내 옆에 서있었다. 그는 평상시처럼 폴로셔츠에 국방색 바지를 입고 있었다. 그리고 모든 정황을 다 아는 듯 방금 내가 한 대로 머리를 숙이더니 가루를 들이마셨다.

우리를 지켜보던 천사는 싱긋 미소를 짓더니 작별의 목례를 가볍게 했다. 그는 아무 말도 하지 않고 벽에 뚫린 큰 구멍 쪽으로 몸을 돌렸다. 동시에 우리 앞의 탁자도 사라졌다.

천사는 백마가 있는 쪽으로 성큼성큼 걸어갔다. 토니가 그의 뒤를 따라 함께 나갔다. 그리고 그들이 대화를 나누는 소리가 들렸는데 목소리가 작아서 무슨 내용인지는 알 수 없었다. 나는 유리창을 통해 작별 인사를 나누는 두 천사와 토니를 바라보았다.

'천사에게 이름이라도 물어볼 걸… 경황이 없어서 거기까지 생각을 못 했네.'

문득 눈이 뜨였다. 영의 세계의 환상이었다. 눈부신 아침 햇살이 침실 안을 비추고 있었다. 나는 뛰는 가슴을 누르며 부랴부랴 거실로 뛰어나가 토니에게 고함을 질렀다.

"여보, 지금 뭐 하고 있어요? 방금 나한테 무슨 일이 일어났는지 알아요?"

토니는 식탁에 앉아 성경을 읽고 있었다. 고개를 돌려 나를 바라보는 그의 눈가가 젖어있었다. 나는 깜짝 놀라서 물었다.

"당신 왜 그래요?"

토니가 대답했다.

"응, 내가 어젯밤 잠자리에 들기 전에 주님께 여쭤본 질문이 있었어. 내게는 아주 중요한 질문이었지. 그런데 지금 아침 묵상 시간에 주님께서 로마서 9장을 통해 명쾌하게 대답해주셨어. 평생 로마서를 읽었는데 어떻게 여태 이 구절이 내 마음에 닿지 않았나 몰라. 그래서 감사 기도를 올리는 중이었어."

그는 한 손으로 눈물을 닦으며 내게 말했다.

'예수님, 당신께서 남편을 빚는 중이셨군요. 아… 감사해요. 그리고 코로나 치료약도 고맙습니다. 사랑합니다, 주님!'

70 미국의 친구 목사에게 보낸 서신

귀하신 우리 목사님, 건강하신지요?

저는 케냐에서 조용히 지내고 있습니다. 우리는 읍내의 재래시장이 코로나로 인한 대통령의 명으로 문을 닫기 직전에 임시 식량을 좀 구했습니다. 이곳의 문제는 코로나보다 하루 벌어 하루치 식량을 사는 원주민들이 일을 못 가니 생활고를 겪는 것입니다.

시장이 문을 닫으니 웃돈을 주지 않으면 음식을 못 사는 형편입니다. 사흘을 굶으면 사람이 짐승이 되는 것 같아요. 읍내에서는 사람들이 폭동을 일으키고 있습니다.

지난주 읍내에서는 선진국에서 기부받은 옥수수 가루를 배급하는 과정에서 젊은 여자 두 명이 밟혀 죽었습니다. 또한 경찰이 폭도에게 쏜 총에 열세 살 아이가 죽었습니다. 그런데 신문이나 텔레비전에서는 언급조차 하지 않습니다.

여기는 시골인데도 폭도가 곳곳에 떼로 몰려다녀서 안전 문제가 심각합니다. 그래서 경비 회사에 전화해서 낮에는 한 명, 밤에는 두 명을 고용했습니다. 비록 지난달 월급을 못 주었지만 그들은 성실하게 출근을 해줍니다. 우리와 갈 곳이 없어 남은 아이들과 직원들과 그들의 가족은 아예 교회 대문 바깥으로 나가지 않습니다.

여기서는 마스크를 구입할 수가 없어서 미국 웹사이트에서 주문했는데 아직 기다리는 중입니다. 빚은 조금씩 생기지만, 그래도 아직 식량이 남아있어서 괜찮습니다. 그러니 선교금은 보내지 않으셔도 됩니다. 물질은 하나님께서 반드시 채우십니다.
굶으면 금식하면 되고, 전기가 끊어지면 손전등을 켜면 되고, 물이 끊어지면 안 씻으면 됩니다. 모두 별것 아닙니다. 아프리카에 선교사로 와서 이 정도 고생도 안 하고 돌아가면 오히려 주님 앞에 부끄러운 일일 것입니다.
풍토병인 패혈증, 대형 교통사고 등으로 거의 죽을 뻔했을 때도 주님께서 살려주셨습니다. 그럼에도 제 영은 기쁩니다. 우리가 주인님이 기억하시는 종이 될 수 있도록 목사님의 기도를 부탁드립니다.
건강하십시오. 감사합니다.

- 붉은 사막의 땅에서 윤 선교사 올림

영의 세계

나와 토니는 대형 학교에 학생 신분으로 있었다. 학교의 규모가 엄청나게 컸으며, 셀 수 없이 많은 학생이 건물 안에 있었다. 내 영은 학교의 이름을 잘 알고 있었다. '연합'(UNITED)라고 불리는 학교였다. 무슨 뜻인지는 몰라도 그 이름을 부를 때 내 영이 아름답고 충만하며 만족스러운 느낌이 났다. 학교는 안팎으로 컴컴했지만 사물을 분간할 수 있을 정도였다.

그런데 우리는 이 학교를 반드시 떠나야만 한다는 걸 알았고 속히 탈출하려 했다. 또한 여기서 벗어나는 순간, 자동차가 있어야만 신속하게 멀리 벗어날 수 있다는 것도 알았다. 우리는 서로 말하지는 않았지만 탈 수 있는 자동차의 열쇠를 찾기 위해 여러 교실을 헤매고 다녔다.

마침내 한 작은 방에서 벽에 걸린 차 열쇠를 발견했다. 우리는 그 방에 몰래 숨어들어 마침내 열쇠를 손에 쥐고 안도의 숨을 쉬었다. 기이하게도 우리는 바깥으로 나가기 전에 30년 전 결혼식 때 한 서약을 다시 한 번 점검했다. 나는 토니에게 말했다.

"여보, 어떤 일이 있어도 동행해야만 탈출에 성공할 수가 있어요. 만약 흩어지면 다시 만나지 못할 수도 있어요."

토니는 대답 대신 고개를 끄덕였다. 실제로도 말이 별로 없고 조용한 성격인 그는 영의 세계에서도 말이 없었다.

우리는 학교 건물의 바깥으로 나와 주차장으로 향했다. 우리가 탈 차는 아주 오래전에 내가 학교 주차장에서 탔던 작고 흰 트럭이었다. 우리는 조용하고 신속하게 차를 타고 학교를 빠져나간 후 어디론가 한참을 운전해서 갔다. (《잠근 동산》 100. 천국의 학교 참조)

마침내 우리는 오래돼 보이는 다리 형태의 대형 육교 앞에 차를 세웠다. 다리 폭이 자동차로 건너기에는 턱없이 좁아서 도보로 건너야만 했다. 이유는 알 수 없지만, 우리가 반드시 다리를 함께 건너야만 안전할 거라는 사실을 둘 다 알고 있었다.

다리의 입구는 다리 건너편 세계로 건너가길 희망하는 사람들로 붐볐다. 입구 역시 컴컴했으나 사물을 구분할 수는 있었다. 밝은 빛이 없는 걸 보니 천국은 아니라는 걸 직감적으로 알았다.

우리는 함께 손을 잡고 계단을 걸어 올라가 다리 입구로 들어섰다. 대형 육교 위에는 양쪽으로 아주 작고 협소한 천막을 친 가게들이 빼곡히 있었다. 그 사이를 비집고 군데군데 허름하고 작은 사과 상자 같은 것들을 앞에 두고 앉거나 서있는 상인들도 보였다. 그들은 육교 가장자리 벽에 등을 기댄 채 상자 위의 무언가를 팔고 있었다. 그런데 모두 남루하고 해진 옷을 입었으며 매우 가난해 보였다. 상자 위에는 보잘것없는 허름한 물품들이 있었다. 손으로 셀 수 있을 정도로 적은 수량이었다.

이상하게도 나는 무언가를 사고 싶었다. 평소 거리에서 파는 물건은 별로 사질 않는데 말이다. 나는 천천히 걸으며 상인들이 파는 물건을 관찰하기 시작했다. 어떤 상인이 내게 말을 걸었다.

"신부님, 여기 이 동전을 보세요. 이것은 당신이 지녀야 하는 작은 기념품이랍니다."

그는 나를 '신부님'이라고 불렀다.

'그렇다면 이들이 천사라는 말인가? 천사도 보통 사람처럼 초라한 옷을 입고 다닐 수가 있나?'

나는 그들을 다시 유심히 보았다. 그 순간, 내 영의 눈이 열렸다(영의 눈은 자신의 의지에 따라 열리는 단계가 다르다). 천사들은 한두 명씩 조를 이루어 상자 뒤에서 무언가를 팔았다. 천사가 내민 동전은 지름이 약 3센티미터 정도로 상형문자가 새겨진 기념주화 같았다. 나는 동전을 건네준 천사에게 물었다.

"값이 얼마입니까? 제가 지불할게요."

천사가 대답했다.

"아니요. 이 동전은 당신을 위해 만든 물건이라서 당신이 가져가야만 하는 것이니 가격을 매기거나 받을 수 없습니다. 무료이니 간직하고 가길 바랍니다."

천사가 하도 강권해서 나는 아무것도 그에게 줄 수가 없었다.

또다시 몇 걸음 앞쪽으로 가다가 실내에 두는 작은 장식용 조화를 파는 천사에게 물었다.

"이 꽃을 사겠습니다. 얼마인가요?"

천사는 조금 전에 만난 천사와 동일하게 대답했다. 난 무료로 선물을 받고 그다음 천사에게로 갔다. 그렇게 행상인처럼 보이는 여러 천사에게 작고 예쁜 기념품들을 잔뜩 받았다. 대부분은 둥글거나 세모, 네모, 오각형, 육각형 등의 형태로 기념주화처럼 무언가가 새겨져 있었다. 각 주화는 재질과 형태가 달랐으며 다른 뜻을 간직하고 있었다.

마침내 우리가 다리 반대쪽에 도착했을 때, 나와 토니의 손에는 무료 기념품이 잔뜩 들려있었다.

'그런데 여기서부터는 어떻게 가야 하나? 자동차도 없는데….'

바로 그때 놀라운 일이 벌어졌다. 눈앞에 건장하고 큰 말 한 마리가 나타났다. 주황색이었으며 기품이 있어 보였다. 털은 마치 기름을 바른 것처럼 윤기가 흘렀고, 통통한 궁둥이의 자태가 정말 아름다웠다.

나는 아프리카에 살며 가끔 바로 눈앞에서 초원의 얼룩말을 본 적이 있다. 얼룩말은 야생 동물이라 그런지 보통 말보다 살이 올라서 궁둥이의 곡선이 참 아름답다. 원래 나는 승마를 좋아해서 말의 형태와 성격을 잘 구분한다.

그런데 우리 눈앞에 나타난 말은 지구상의 동물이 아니고, 우리처럼 또 하나의 피조물이라는 사실을 내 영은 알고 있었다. 나는 요한계시록에 나타난 하나님의 보좌 앞에 있는 이십사 장로들이 천사가 아니라는 걸 알고 있다. 그들은 인간도 아니다. 그들이 어떤 생물인지는 오직 하나님께서만 아신다. 이사야서에 의하면 하나님의 보좌 앞에는 한 몸에 네 얼굴을 가진 생물체도 있다.

'그렇다면 말의 형상을 한 이 생물은 도대체 무엇인가? 왜 우리 앞에 나타났지? 왜 다리의 건너편에서 우리를 기다리고 있는가?'

영의 세계는 내 머리로는 이해할 수 없는 무궁무진한 세계다. 그러나 우리 인간들은 우물 안 개구리처럼 하늘이 둥글다고 믿으며 그게 전부인 줄 착각하고 산다. '만물의 영장' 운운하며 제일 우등한 피조물인 것처럼 말이다. 참으로 부끄러운 일이 아닐 수 없다. 모든 진실은 침묵하고 계시는 우리의 창조주 하나님만이 아신다. 참으로 두려운 일이다. 나는 숨을 깊게 내쉬며 환상에서 깨어났다.

72 나팔 불 때 나의 이름 불러주소서!

양떼의 발자취-간증

저녁을 먹고 설거지를 한 후에 조금 휴식을 취하려고 누웠다. 나는 친구 목사와 인터넷 통화를 하는 중이었다. 케냐는 인터넷이 정말 느리다. 동영상 재생은 거의 불가능하고 사진이라도 하나 전송받으려면 한참이 걸린다. 그래도 인터넷이 있다는 것만으로도 주님께 감사하다.

문득 전화기 알림창에 남편 토니가 보낸 문자가 떴다.

'한 지붕 밑에서 거실에 있는 사람이 왜 문자를 보낸 것일까? 쑥스럽게시리….'

나는 친구와 대화를 나누며 무심코 문자 확인을 눌렀다.

여보, 시카고 병원 응급실에서 우리 엄마가 방금 돌아가셨다는 전화가 왔어. 내가 지금 충격으로 너무 힘들어서 의자에서 못 일어나겠어. 빨리 나 있는 데로 좀 와줘.

전화기를 쥐고 있는 손이 떨리기 시작했다. 너무 놀라 간이 오싹하게 오그라들면서 마음이 얼어붙는 듯했다. 마치 건강하게 웃으면서 정기 종합검진을 받으러 갔다가 전문의로부터 시한부 선고를 받은 직후의 마음처럼 말이다.

참으로 드물지만 한 번이라도 갑자기 모든 세상이 정지한 것 같은 느낌을 경험한 사람은 절대 그 순간을 잊지 못한다. 나는 낯설고 물선 아프리카에 와서 죽음의 문턱을 넘으려고 할 때 그런 느낌을 몇 번 받았다. 그런 느낌이 들 때마다 아마도 생명이 조금씩 단축되지 않을까 싶었다. '십 년 감수했다'라는 말도 있지 않은가.

나는 통화하던 친구에게 말했다.

"내가 지금 갑자기 일이 생겨서 말하기가 너무 힘들어. 다음에 말해줄게."

황급히 전화를 끊고 거실로 뛰어나갔다. 컴컴한 거실에 토니가 불도 켜지 않은 채 즐겨 앉는 안락의자에 전화기를 손에 쥐고 멍하니 앉아있었다. 내가 물었다.

"여보, 그게 무슨 말이에요? 다시 말해봐요."

내 귀를 의심한 채 악몽을 꾸고 있는 건 아닌지 확인하고 싶었다. 토니가 나를 보자마자 고개를 푹 숙이더니 갑자기 소리를 내며 흐느끼기 시작했다. 아마도 내게 간신히 문자를 보낸 후 온몸이 얼어붙은 듯 어둠 속에 침묵하며 앉아있던 것 같았다.

살면서 돌연히 쏟아지는 소나기처럼 마음에 고통이 퍼부어지는 순간이 찾아올 때가 있다. 쏟아지는 빗소리처럼 마음이 깨지는 소리를 내면서 산산조각으로 부서질 때 말이다. 아프리카에서 우리의 삶에는 유난히 대형 사건들이 도둑처럼 불쑥불쑥 찾아왔다. 전부 고난과 역경이란 이름으로 받는 훈련이었다. 그런 순간에는 사람의 말이 상대방에게 아무 위로가 되지 못한다는 걸 우리는 알고 있었다. 그 때가 바로 그런 순간이었다.

나는 소년처럼 엉엉 우는 남편을 두 팔 벌려 꼭 껴안았다. 그리고 아무 말을 하지 않은 채 컴컴한 어둠이 깔려오는 저녁을 아주 오랫동안 함께 보냈다.

시부모님은 둘 다 미국 출생인 폴란드인의 후손이다. 토니의 조부님은 영어보다 폴란드어가 더욱 편했다고 한다. 열한 명의 자녀를 둔 대가족인 시댁의 가족 모임에 가면 조부님은 일부러 손주들에게 영어만 사용하길 강요했다고 한다. 미국에서 살려면 미국인처럼 영어를 모국어로 사용해야 좋은 직장을 잡을 수 있다고 하면서 말이다.

이민 1세인 조부모님이 미국에서 자리를 잡느라 얼마나 고생을 했는지, 미국 시민권을 취득했을 때 두 분이 엉엉 우셨다는 얘기를 들었다. 당시는 유럽계 이민자들뿐 아니라 낯선 외국에 정착하는 누구든 흔히 겪는 일이었을 것이다. 한국이 먹고살 만하게 된 지금이야 '뿌리' 운운하며 이민자들이 자국 언어를 지키려고 노력하지만, 수십 년 전에는 또 다른 시대였다.

이민 1세인 내 부모님과 외할머니도 미국에 정착할 때, 남편의 조부님 같은 말씀을 하셨다. 부모님도 미국 시민권 선서의 날에 법정에서 우셨다고 했다. 키 크고, 건장하고, 영어 잘하는 백인 사회에서 키 작고, 왜소하고, 영어가 어눌한 아시안이 그들과 같은 화이트칼라 부류의 직장을 잡기는 쉽지 않았다. 특히 백인 사회에서 지도자 대우를 받으려면 영어를 모국어처럼 사용하는 건 필수 조건이었다.

시댁은 미국의 전형적이고 평범한 중류 가정이었다. 그중에서도 미국인 시어머니는 북유럽 전통 방식의 가정에서 성장한 깐깐하고 새침한 성격의 소유자였다. 구순이 넘어서 머리숱이 별로 없어도 미장원에서 금방 다듬은 것 같은 잘 손질된 가발을 항상 착용하셨다. 그리고 늘 화려하고 밝은 색 립스틱을 바르셨다.

나는 이제껏 한 번도 시어머니의 흐트러진 모습을 본 적이 없다. 그런 시어머님이 갑자기 코로나로 돌아가셨다. 토니는 부고를 듣고 엄청난 충격을 받았는지 멍했다. 대화하면서도 이성적 판단을 잘 내리지 못하는 것 같았다. 내가 물었다.

"여보, 병원에서 어머님의 사망 원인이 뭐라고 하는데요?"

토니가 대답했다.

"기침을 너무 심하게 해서 3일 전에 응급실에 가셨대. 그런데 급성 폐렴 판정이 나서 입원을 했는데 아무래도 코로나에 다시 감염되신 것 같아. 지금 미국의 모든 병원 응급실이 코로나 환자들로 넘쳐나잖아. 코로나 사망자가 많아서 영안실이 만원이라고 빨리 엄마의 시신을 수습해 가라고 그러네. 여기 공항은 봉쇄되어 아무도 나갈 수 없는데 이 일을 어떻게 하지?"

구순이 넘은 시어머님의 형제자매는 이미 다 돌아가셨다. 나는 눈물과 한숨 속에서 죄책감이 엄습해왔다.

'결국 나처럼 남편도 목회와 사역 때문에 부모님의 임종을 지키지 못했구나!'

심장이 미어지는 듯했다. 거실에 우두커니 혼자 앉아있는 토니를 바라보며 방에 들어와서 무릎을 꿇고 주님께 울부짖었다.

"예수님, 저희 인생에서 정말 고비마다 위기의 순간이 찾아옵니다. 이 일을 어떻게 하지요? 몇 달 전에 우리는 케냐의 아이들 곁에 남기로 굳은 결심을 했습니다. 지독한 전염병이 돌아 내일의 생명을 기약할 수 없는 장소에서 우리는 당신께 생명을 바치는 헌신의 기도를 했습니다. 그 마음은 지금도 변함이 없습니다.

적은 월급조차 오랫동안 받지 않으며 우리가 가진 모든 걸 낮은 곳에 있는 소자들에게 아낌없이 주었습니다. 아니, 그보다 더한 것이라도 우리가 소유했다면 줬을 것입니다. 그러니 우리를 부모처럼 믿고 의지하는 성하지 않은 아이들을 이대로 두고 떠날 수가 없습니다.

그런데 지금 떠나면 고향에서 시어머니의 시신을 둘 장소도 없고, 장례를 도울 사람도 없습니다. 단 한 명 있는 시누이는 장례식을 맡아서 치를 처지가 못 됩니다. 이 고비를 잘 넘기지 못하면 아마도 남편의 가슴에 못이 박혀서 평생 후회가 남을 것 같아요. 살려주세요. 예수님, 지금 어디 계세요?"

토니는 밖에서 울며 기도하고, 나는 안에서 방언으로 울며 기도하기 시작했다. 우리의 삶에서 사방이 막히고 옥여쌈을 당할 때, 무엇을 어떻게 간구해야 할지조차 생각나지 않는 순간에 방언 기도를 할 수 있는 건 엄청난 축복이다.

얼마나 지났을까? 한참을 눈물 콧물 흘리며 방언 기도를 하는데 마음에서 부드럽고 따뜻한 예수님의 음성이 속삭이듯이 들렸다.

"눈물을 거두고 일어나라. 이제 너희가 가리라!"

그 순간, 나는 놀라 뒤로 벌렁 자빠졌다.

"네? 주님? 뭐라고 하셨습니까? 이것이 주님의 음성이 맞습니까? 그렇다면 아이들은요? 우리 아이들은 우리가 떠나면 굶어 죽습니다. 또한 지금 케냐 전국의 공항이 봉쇄되어서 비행기가 가지도 오지도 못하는 상황이 된 지 몇 달이 지났습니다.

설령 전용기가 있다고 해도 정부에서 폐쇄한 공항을 우리가 무슨 수로 강제로 열게 하여 떠납니까? 그렇다고 지구의 반 바퀴를 배를 타고 갈 수도, 헤엄을 쳐서 갈 수도 없는데요. 아이고… 주님이시여!"

나는 주님의 음성을 듣고 충격을 받아서 더욱 서럽게 울었다. 한참을 그러다가 그대로 쓰러져 잠이 들었다. 얼마나 시간이 지났는지, 어느 순간 몸에 한기를 느끼며 스르르 눈이 떠졌다. 창문 밖이 짙게 푸르스름한 것을 보니 이른 새벽인 것 같았다. 나는 밤새 기도를 해도 시원찮은 판국에 쓰러져 잠을 잔 거다.

방 안을 둘러보니 토니는 모기장 안에서 혼자 낮게 코를 골며 자고 있었다. 아마도 내가 바닥에 엎드려 있으니 기도하는 중인 줄 알고 방해하지 않으려 한 것 같았다. 살짝 죄책감이 들었다. 사람은 참 짐승 같은 면이 있다.

'이렇게 슬픈데 어떻게 잠에 빠질 수 있지? 슬퍼 울면서도 어떻게 배가 고플 수 있지? 참나….'

나는 잠든 토니를 안 깨우려고 살그머니 자리에서 일어나 거실로 나왔다. 그러고는 무심코 전화기를 켜서 통화나 문자의 부재 알림이 있는지 살펴보았다. 아무것도 없었다. 다시 이메일을 열어보았다. 일주일에 한 번씩 미국 대사관에서 정규 이메일이 왔다.

케냐를 떠나지 않고 아직 남아있는 소수의 미국 시민을 위해 보내는 것인데, 주로 케냐의 코로나 위험 경보 단계와 미국 내의 코로나 대처 소식을 겸하여 알리는 내용이었다. 나는 아무 생각 없이 이메일을 열었다.

그런데 이게 어찌 된 일인가! 눈이 의심되는 믿을 수 없는 소식이 와있었다. 일본이 코로나에 늦게 대처해서 소수의 일본 대사관 직원을 탈출시키는 소형 비행기가 내일 새벽에 출발한다는 내용의 이메일이었다. 이번이 케냐의 마지막 탈출 비행기가 될 것이니 일본을 경유해서 미국으로 입국을 시도하라는 안내문이었다.

그러나 이 비행기는 일본 시민에게 우선권이 있으니 오늘 중 일본 대사관에 속히 연락해서 여분의 자리가 있는지 우선 확인하라고 했다. 아마도 고가의 금액을 치러야 할 것이라는 경고도 쓰여있었다. 놀란 나는 안방으로 뛰어 들어가며 소리쳤다.

"여보, 여보… 빨리 일어나 보세요. 지금 나이로비 일본 대사관으로 가봅시다. 내일 새벽에 뜨는 비행기가 있대요!"

토니가 벌떡 일어나더니 눈을 크게 뜨고 나를 보았다.

"아니, 그게 사실이야? 국제 공항이 봉쇄된 지가 언젠데…?"

우리는 반신반의하며 신용카드를 꺼냈다. 그러고는 세수나 양치질도 하지 않고 무작정 나이로비로 떠났다.

나는 차 안에서 케냐의 교단 총회장과 두어 주 전에 새로 부임한 우리 부목사에게 전화해서 간략하게 자초지종을 밝혔다. 물론 항공료가 빚으로 고스란히 남겠지만, 시어머니의 시신을 수습하고 장례를 치르기 위해 감수할 각오를 했다.

겨우 일본 대사관에 도착했을 때, 이미 긴 줄이 꼬리를 물고 서있었다. 우리 차례가 되어 대사관 직원 앞에 서자 가슴이 쿵쾅거렸다. 토니가 직원에게 자초지종을 간략하게 설명했다. 사람이 할 수 있는 일은 사람이 하면 된다. 게으르지 않게 말이다. 그러나 사람의 힘으로 할 수 없는 일은 최선을 다하되 결과는 주님께 맡기면 된다.

일본인 직원이 우리의 사정을 듣더니 말했다.

“지금 탈출 비행기의 좌석은 모두 예약이 찼습니다. 우리에게는 단 한 좌석만 남았습니다. 하지만 그 좌석은 일본인에게 돌아가야 합니다. 그러나 내일 새벽에 공항에 나와보시길 바랍니다. 항공료가 워낙 거액이라서 혹시 신용카드 불량으로 매표가 안 되는 경우가 발생할 수 있으니까요.”

우리는 맥이 풀렸다. 그러나 여기서 포기할 수는 없었다. 우리는 비행기가 떠날 시간을 정확하게 물어보고 집으로 돌아왔다. 풀이 죽은 토니에게 내가 말했다.

“여보, 만약 좌석이 하나만 있으면 당신이 미국으로 떠나세요. 제가 케냐에 남을게요. 장례식은 꼭 하고 돌아오세요.”

토니가 물끄러미 나를 쳐다보다가 가까이 다가와 나를 가만히 안더니 울먹이는 목소리로 찬찬하게 말을 이었다.

“여보, 이 비행기는 특별기예요. 케냐 공항이 봉쇄되었는데 내가 장례식이 끝났다고 어떻게 마음대로 돌아올 수 있겠소? 만약 내일 새벽에 떠나면 언제 돌아올지 기약할 수 없는 일이요. 그러니 당신을 아프리카에 두고 나 혼자 갈 수는 없소. 함께 갈 수 있으면 가고, 그럴 수 없다면 같이 포기합시다. 전염병이 창궐하는 이 판국에 당신을 아프리카에 남겨두고 혼자 떠나지는 않을 거요.”

나는 아무 말을 하지 못했다. 문득 어젯밤 내가 잠들기 전에 주님께서 속삭이신 말씀이 떠올랐다. 그러나 토니가 행여 내일 새벽에 실망할까 봐 감히 입을 떼지는 못했다.

사실 나는 좀 덜렁거리는 편이다. 그런데 기이하게 정말 큰일이 닥치면 마음이 가라앉아서 허둥거리질 않는다. 그래서 큰 위기가 오면 모든 결정을 오히려 이성적으로 한다. 토니는 나와 정반대다. 평상시에는 아주 침착한데 큰 위기 앞에선 많이 당황하여 이성적인 결정을 빨리 내리지 못하는 성격이다.

나는 서둘러 교회 사무실의 원주민 부목사에게 갔다. 만약 우리가 떠나게 되면 이후에 케냐가 어떤 상황으로 변하든지 아이들을 위한 대처를 해줘야겠다는 어미의 마음이 들었다. 부목사에게 수중의 현찰을 모두 주며 이제부터는 그가 교회의 모든 일과 업무에 책임을 지고 행해야 한다고 일렀다.

나는 아이들의 식량 확보를 위해 직원들을 집합시켜 달라고 했다. 부목사는 무거운 짐을 들 수 있을 남자 직원만 열 명쯤 불렀다. 그들에게 코로나 사태로 재래시장이 문을 닫았으니 친구를 찾아가든지, 친척을 찾아가든지 어떤 경로를 통해서라도 아이들이 몇 달 동안 먹을 식량을 확보해달라고 했다. 그리고 부목사가 직원들에게 돈을 나눠주었다. 직원들은 임무를 띠고 교회 바깥으로 나갔다.

토니와 나는 읍내 은행에 가서 개인 계좌의 비상금 잔고를 모두 출금했다. 집에 돌아온 우리는 빈민굴 교회에 우리가 세운 장로님을 급하게 불렀다. 그는 놀라서 일하던 중 점심시간에 왔다. 우리는 자초지종을 설명하고 돈을 주면서 부탁했다.

"장로님, 우리가 돌아올 때까지 우선 빈민굴의 급한 가족들 식비만 매주 조금씩 나눠주세요. 한 번에 다 주시면 안 되고 조금씩 나눠줘야만 합니다."

장로님은 눈물을 닦고 돈을 받으며 말했다.

"목사님, 저희가 장례비라도 모아 드리는 게 예의인데, 다들 형편이 못 되어 너무 죄송합니다."

나는 장로님의 해지고 너덜거리는 옷을 보고는 토니의 남아있는 겨울옷과 신발을 전부 챙겨주었다. 내가 케냐를 못 떠나면 토니라도 떠나보내기로 단단히 결심했다. 그런 생각을 하며 내 옷과 신발까지도 마저 다 챙겨서 왕복 버스비와 함께 장로님에게 주었다.

'토니라도 일단 미국에 도착하면 의류는 그때 가서 주님께서 알아서 하시겠지.'

저녁 무렵이 되니 남자 직원들이 옥수수 가루와 콩이 든 자루를 머리에 이고, 등에 지고 들어오기 시작했다. 우리는 직원들의 손에서 받는 대로 아이들의 식량 창고에 차곡차곡 쌓았다. 밤중이 되자 마지막 직원까지 모두 돌아왔고 창고는 더 이상 들어갈 데가 없을 정도로 꽉 찼다. 이 정도면 3,4개월은 아이들 식량 걱정이 없을 것 같았다. 나는 식량 창고의 문을 닫으며 열쇠를 부목사에게 건네주었다.

다음 날 새벽이 되기도 전에 우리는 랩톱과 여권, 속옷, 성경만 챙겨 나왔다. 그러고는 미리 부탁한 부목사에게 공항까지 데려다 달라고 했다. 부목사는 오랫동안 공항이 봉쇄된 사실을 알기에 어머님 장례식 때문에 떠날 것 같다는 우리의 말을 믿지 않는 것처럼 보였다.

캄캄한 새벽, 우리가 공항에 제일 먼저 도착했는지 공항 문은 열려 있는데 아무도 보이질 않았다. 토니가 부목사에게 차 안에서 우리가 돌아오길 기다려달라고 했다. 만약 2시간 안에 돌아오지 않으면 교회로 혼자 돌아가라고 했다. 그리고 우리가 케냐에 다시 돌아올 때까지 아이들의 식비와 생활비, 직원들의 월급 등을 보내주겠다고 약속했다.

우리는 주차장에 그를 남겨두고 공항 안으로 들어갔다. 일본인처럼 보이는 사람들이 삽시간에 집합했다. 다들 전쟁 영화에서나 봤던 피난민처럼 큰 이민 가방을 들거나 대형 백을 메고 대합실에 몰려 들어왔다. 백인은 토니 한 사람밖에 없었다. 잠시 후에 일본 대사관 직원이 탑승자 명단을 호명하기 시작했다.

긴급 탈출 비행기라서 좌석표 같은 것도 없이 국제선 입구로 호명된 사람만 한 명씩 들여보냈다. 우리는 문 앞에서 들어가는 일본인들을 보며 간절히 기도했다. 이제 케냐에는 수중의 돈도 없고 입을 옷과 신발도 없었다. 남아있는 건 '오직 예수님뿐'이라는 절박한 심정이었다.

낯선 곳에서 탈출 비행기에 탑승할 수 있도록 내 이름이 불리길 간절히 기다리는 조마조마한 심정을 상상해보라! 휴거 시 마지막 나팔을 불 때 다른 사람들은 하나둘 올라가는데 홀로 남아 주님께서 내 이름을 불러주시길 간절히 기다리는 순간을 상상해보았는가? 남겨진 자가 되지 않길 바라는 그 절박한 심정을 어떻게 글로 다 표현하겠는가!

가슴이 쿵쾅거렸다. 대사관 직원이 마지막 이름이라며 호명했다. 바로 토니와 나의 이름이었다. 눈물이 왈칵 솟구쳤다. 그 순간, 신용카드 빚 문제 따위는 하나도 생각나질 않았다. 우리가 믿는 하나님은 진실로 살아계시는 분이다. 할렐루야! 그렇게 우리는 일본행 탈출 비행기에 극적으로 올랐다.

'예수님, 진실로 고맙습니다. 저희는 아프리카에서 마지막까지 최선을 다했습니다. 부디 저희가 아프리카로 다시 돌아와 아이들의 얼굴을 보는 순간이 있게 하옵소서! 종일 쓰레기를 파서 번 돈으로 끼니를 때우는 빈민굴 아이들에게 다시 빵을 나눠주는 예배 시간이 반드시 오게 하소서!'

73 수치를 모르는 자는 주님께 수치스러운 존재다

샘가의 대화

제시카 주님, 비행기 유리창 밖에 솜구름을 좀 보세요. 마치 빙산 언덕 위에서 얼음으로 덮인 크고 작은 하얀 얼음덩어리를 내려다보는 것 같지 않나요?

저는 알래스카의 햇빛이 쏟아져 내리는 적막한 빙산 안에 있었던 적이 있어요. 그때 청옥색을 띤 거대한 얼음산 안에 또 다른 수정의 세계가 있는 걸 알았지요. 정말 멋있었어요. 지금 제 옆에 보이는 구름 산이 꼭 그날의 빙산 같아요.

예수님 **내가 언젠가 다시 너를 그곳으로 데리고 가마. 너는 나르는 금속을 타고 구름을 보는 걸 항상 좋아하는구나.**

제시카 정말요? 저는 그곳에서 오로라도 한번 보고 싶습니다.

예수님 **그것은 매섭게 추운 장소라야만 볼 수 있는데… 알았다. 그것도 보여줄 것을 약속하마. 이다음에 오로라 앞에서 데이트를 하자꾸나. 이전에 나이아가라 폭포 앞에서처럼 말이다.**

제시카 오케이! 저는 주님과의 데이트가 너무 좋아요. (《잠근 동산》 186. 예수님의 나이아가라 폭포수 물과 나의 물 한 방울의 사랑 참조)

예수님 **그동안 힘들었느냐? 끝까지 입을 지키고 잘 참아주어서 고맙다. 너는 많이 성장했다.**

제시카 (순간 나는 전염병의 환난 가운데 백오십여 명과 함께 지나온 몇 달간의 긴장이 떠올랐다. 매일이 마치 살얼음 위를 걷듯이 초조하고 불안했다. 코로나로 교회 식구들이 먹을 식량을 사기도 힘들었고 전기세와 물세 등의 납부도 버거웠다. 직원들의 월급날에는 골방에 숨고만 싶었다.

그런 순간들이 주마등처럼 스치며 떠올랐다. 괜히 서러운 마음에 뜨거운 것이 목구멍에 왈칵 하고 올라왔다. 그 지독한 폭풍의 눈 안에서 내가 살아서 나왔구나! 오, 하나님, 진실로 고맙습니다. 제가 아직도 살아있습니다. 저를 데려가셔도 괜찮았는데 말이지요)

주님, 제가 정말 참 선교사가 맞습니까? 저는 평생 나이롱 목사로 살았는데 왜 저같이 철딱서니 없는 자를 선교사로 지명하셨는지요?

종교인으로 살았던 과거를 회개하고 참 회개의 열매를 맺어드리고자 여기까지 천신만고 끝에 왔습니다만… 돌아보니 후회뿐입니다. 익숙한 모든 걸 떠나서 낯선 모든 걸 사랑하기 위해 노력하는 게 힘들었습니다. 선교는 너무 힘듭니다. 저 같은 자가 할 수 있는 사역이 아닌가 봅니다. 그러나 최선을 다했습니다.

예수님 **나도 이 지구라는 곳에 선교하러 왔지 않느냐. 우주를 거쳐 내 아버지의 뜻을 이 땅에 사는 우리의 백성들에게 전하기 위해서 말이다. 나는 태초에 지구가 창조되기도 전에 이미 있었던 '나는'이라는 존재다.**

제시카 오… 주님, 그렇군요. 당신께서 이 땅에서 얼마나 불편하셨을까요. 저는 겨우 2년 동안 낯선 음식과 생활의 관습 안에 살면서도 얼마나 불편했는지 모릅니다. 당신께서 저와 동행하지 않으셨다면 아마도 보따리를 최소한 열 번은 싸서 떠났을 거에요. 도시에서 태어나 도시에서만 자란 저 같은 사람에게는 깨끗하고 맑은 물을 마음대로 사용하지 못하는 게 얼마나 악몽 같은 여건인지 모릅니다.

샤워를 하지 못해서 스스로를 청결하게 유지할 수 없다는 게 너무 불편했어요. 입에 맞는 음식을 매끼 먹고 마시는 일상의 환경이 익숙한 제게는 적도의 낯선 곳에서 처한 상황들이 정말 힘들었습니다.

닭장 앞에 쪼그려 앉아 힘들어서 운 적이 한두 번이 아니었어요. 주님, 제가 너무 철이 없지요? 배가 고파서 죽는 것도 아닌데 그 정도의 환경조차 견디지 못하고 힘들어하며 훌쩍거리던 제가 안쓰러우셨지요? 지난 세월을 돌아보니 당신 앞에 죄송한 마음뿐입니다. 저는 공주처럼 자라지도 않았는데 도대체 왜 그렇게 힘들었는지요?

예수님 (주님은 수다를 떠는 나를 보시며 빙그레 웃으셨다) **무엇이 가장 힘들었느냐?**

제시카 흠… 먹고 싶은 음식이랑 불편한 환경은 그럭저럭 참을 수 있었어요. 그런데 명절이나 절기 때 미국에 혼자 있는 미셸이 그리워서 제일 힘들었어요. 평생에 아이를 이렇게 긴 시간 동안 혼자 있게 한 적이 한 번도 없었거든요.

예수님 **그렇지… 그렇지.** (주님은 고개를 끄덕끄덕하셨다) **언젠가 네가 나를 영접하고 얼마 되지 않은 '아기 크리스천'이었을 때, 한동안 나를 떠난 적이 있지 않았니? 나도 그때 힘들었단다. 내 딸이 내 안에서 환하게 웃는 미소가 보고 싶어서….**

제시카 그래요? 그걸 왜 지금 알려주세요? 그때 당신의 심정을 제가 알았다면 절대 주님을 떠나지 않았을 텐데요.

예수님 **모든 일에는 나의 때가 있단다. 너에게 그런 시절이 있었기에 네가 나를 떠난 이들을 상담할 때 판단하지 않고 그들의 마음과 태도를 잘 이해하지 않느냐.**

제시카 아하, 그러네요. 그래도 죄송해요, 주님.

예수님 **나도 네가 한 바퀴 빙 돌고 제자리를 찾아와 주어서 고맙다. 가장 기뻤을 때는 언제였느냐?**

제시카 《봉한 샘》이 출간된 날이 제일 기뻤어요. 당신께서 기뻐하시는 일이라는 것을 믿었기에 제 마음이 기뻤습니다.

예수님 **옳도다. 네 말이 맞다. 네가 기뻐하는 것을 볼 때 내 마음도 기뻐진단다.**

제시카 그럼 우리 둘은 늘 함께 기뻐하겠네요.

예수님 **바로 그것이란다. 너와 나는 하나다. 네게 가장 슬픈 날은 언제였느냐?**

제시카 남편 토니가 아프리카 풍토병인 패혈증에 걸려서 혼절하고 목욕탕 바닥에 쓰러진 날이요. 시골이라 병원이 없어서 함께 울면서 의사를 찾아 돌아다닌 날이 가장 슬펐어요.

(《봉한 샘》 87. 악몽의 하루 참조)

예수님 **그날은 정반대로 네가 가장 기뻐해야 하는 날이었단다.**

제시카 왜요? 저는 쓰러진 토니를 어깨에 메고 교회 직원 한 명과 병원을 찾느라고 엄청 눈물을 뿌리며 발을 동동 굴렀어요.

우리 둘은 하나니까 제가 기뻐할 때 당신도 함께 기뻐하시고, 제가 슬퍼할 때 당신도 함께 슬퍼하시는 줄 알았는데요.

예수님 **토니에게는 풍토병으로 쓰러진 그날로 인하여 천국에 많은 상급이 준비되었단다. 그가 이제껏 미국에서 술과 마약 중독자와 노숙자를 위한 재활원 목회를 몇십 년 한 것보다 그날 하루에 취득한 상급이 더 크단다. 선교사로 파송 받은 이후 내 이름으로 가장 곤욕을 치른 날이니 내가 어찌 잊어버리겠느냐.**

제시카 토니는 경영학 석사 공부한 것을 교회 경영에 다 쏟아부어서 목사 생활 23년 동안 수천만 달러를 교회 재정으로 만들었습니다. 제가 아는 어떤 목사보다도 기부금을 가장 많이 창출해낸 목사입니다.

예수님 **귀한 자의 딸아, 그런 행위가 나와 무슨 상관이 있느냐?**

제시카 그런 엄청난 액수를 교회와 총회에 가져다주었는데 주님과 상관이 없다면 어떡합니까. 그렇다면 어떤 것이 당신과 상관이 있습니까?

예수님 **내게는 사람의 영혼이 가장 중요하다. 영혼의 성장과 추수에 관련된 일이 아니면 모두가 부수적인 것밖에 되지 않는단다. 그러니 토니가 교회와 교단을 살찌우는 사역을 한 날들보다 오히려 아프리카에서 선교하다가 패혈증으로 쓰러져 죽음 직전까지 갔던 그날 단 하루가 내게는 더**

욱 중하고 귀한 사건이다. 평생을 제 뜻대로 목양한 늙은 목사가 바깥 캄캄한 곳에 던져지는 자가 되기도 하는가 하면, 정반대로 겨우 찰나를 내 뜻대로 목양한 젊은 목사가 영생을 약속받는 자가 되기도 한다.

내가 오죽 답답하면 먼저 된 자가 나중 되고 나중 된 자가 먼저 된다고 탄식했겠느냐! 각자는 가진 것을 굳게 잡아 초심을 잃지 말지니라. 잘 듣고 토니에게 그렇게 전하면 된다. 그는 잘 알아들을 것이니라.

교회를 조금만 키우면 주의 일을 한답시고 자기 의에 충만해서 나를 오해하는 목회자들이 얼마나 무수히 널려있는지 모른다. 마치 비가 온 다음 날에 흙을 뚫고 군데군데 솟아오르는 요란한 색깔의 독버섯처럼 말이다.

흙은 흙으로 존재하는 자신을 알아야 하는 거란다. 너는 나와 마음이 합해지는 일에 더욱 전념하길 바란다. 나의 심정을 알아야 나의 사람이 될 게 아니냐.

제시카 옴마야! 잘 알았습니다. 사실 저 역시 초심을 잃고 오랫동안 견고한 제 의지의 성을 쌓고 그 안에 당신의 임재가 있다고 착각했습니다. 그러면서 혼자 씩씩하게 잘 전진했습니다. 얼마나 수치스러운 일인지요.

예수님 **수치를 모르는 자가 내게는 수치스러운 존재니라. 무릇 염치와 정절을 지키고 내 앞에서 수치와 부끄러움을 깨달아 간직한 자가 내 백성이라고 칭함을 받을 자다. 너는 내**

백성답게 처신하고 살아야 한다. 알겠느냐?

제시카 네, 아버지. 잘 알겠습니다. 주님께서도 저에 대해 단 한 가지만 기억해주세요!

예수님 (주님은 싱긋 웃으셨다) **무엇인고?**

제시카 그냥 주님만 사랑합니다. 아주 많이요. 다른 것은 내세울 게 아무것도 없습니다. 영혼 외의 다른 것은 주님 앞에 별로 가치 있는 것들이 아니니까요.

예수님 **하하하… 알았다! 내가 그리하마. 많이 자랐구나, 나의 어여쁜 자야.**

제시카 지난 이틀 동안 얼마나 바빴는지 모릅니다. 완전히 번갯불에 콩 구워 먹는 시간이었습니다. 저희가 어머님의 장례식을 치를 수 있도록 길을 열어주셔서 고맙습니다.

예수님 **저울에 잘 달아져 합격했기 때문이다.**

제시카 (나는 눈이 동그래졌다) 제가 저울에 달려있었습니까? 그동안이 저를 달아보시는 시간이었습니까? 저는 몰랐습니다.

예수님 **사람들은 영이 깨어있지 않기에 여호와의 저울에 달린 때와 시를 잘 모른다.**

제시카 워매… 일단 합격이 되었다니 다행입니다. 긴장이 풀리니 졸음이 쏟아져요. 제가 눈을 좀 붙일 테니 주님께서는 저를 떠나시면 안 됩니다. 아셨지요? (나는 주님의 대답을 기다리기도 전에 눈을 스르르 감으며 깊은 잠에 빠졌다)

74 신부의 연서

우거진 수풀 가운데

사과나무같이 귀한 우리 예수님,

당신께 발견되기를 원합니다.

당신을 만나기를 원합니다.

당신을 사랑하기를 원합니다.

당신과 사랑에 빠지기를 원합니다.

당신만을 보기를 원합니다.

당신만을 생각하기를 원합니다.

제가 아는 모든 것 위에

오직 당신만을 두기를 원합니다.

오직 당신 곁에만 머물러있기를 원합니다.

하여 당신께서 계시는 곳에 제가 있고,

제가 있는 곳에 당신이 계시길 원합니다.

마침내 당신과 나, 우리가 영원히 하나 되길 원합니다.

나의 주인님, 이런 제 소망을 이뤄주시겠습니까?

저는 당신께서 이 소망을 이루고 계시는 사실을 믿습니다.

저는 당신의 숨으로부터 나왔습니다.

그러니 처음 제가 나왔던 당신의 안으로

되돌아가는 건 자명한 일입니다.

이미 정해진 일이었으니까요.

주님께 바라옵기는,

당신께서 지어주신 이 가죽옷 안에

제가 갇혀서 사는 동안에

당신을 향한 제 심장인 안테나의 촉각이

잘 작동하게끔 도와주시겠습니까?

제가 훈련받기 위해 도착한 이 행성에서

혹시 제 안테나가 고장 나서 당신을 잊어버리고

제 본래 정체성을 잃어버리면 안 되니까요.

고향은 고향이고 타향은 타향이니

제가 본래 주인을 기억하는 삶을 살아야

당신께서 기뻐하실 것을 압니다.

가죽옷 안에 갇힌 당신의 작은 단 하나의 숨이

이 찬란한 부활절 아침에 외칩니다.

"예수님, 나의 주인님, 진실로 사랑합니다!"

75 너를 나 있는 곳에 데리고 오마

샘가의 대화

제시카 주님, 지난 2년간 마치 긴 꿈을 꾸고 깨어난 것 같아요. 제가 모르는 어떤 미지의 세계에서, 제가 모르는 사람들 사이에서, 제가 모르는 일을 시도하며 살다가 어느 날 문득 깨어 제정신이 돌아온 것 같습니다.

예수님 **하하하… 나는 네가 무슨 말을 어떤 심정으로 하는지 처음부터 끝까지 잘 알고 있단다.**

제시카 어떻게요? 제게 있었던 모든 일을 어떻게 말로 다 설명할 수 있겠어요. 아직도 그 일들이 잘 믿기지 않는데요. 제게 전혀 익숙하지 않은 다른 세상을 보고 느끼고 왔습니다.

예수님 **나 역시 부활 승천하여 이 땅을 떠날 때 같은 마음이었단다. 내가 내 백성이라고 부르는 무리에게 장차 네가 측은한 마음이 들기 시작하면, 너는 이 땅에서 할 일을 다한 것이다. 그때 너를 나 있는 곳에 데리고 오마.**

제시카 그러려면 수백 년을 기다리셔야 할 겁니다. 지금 제 영악한 마음 안에는 긍휼함이 없습니다.

예수님 **괜찮다. 나의 신부는 내가 그렇게 빚을 것이다. 나는 내가 원하는 누구에게나 정한 새 마음을 부어줄 능력이 있느**

니라.

제시카 그렇다면 제게도 다른 사람을 측은히 여기는 마음을 허락해주소서.

예수님 **내가 그리하리라, 나의 신부여. 그러나 내가 그 마음을 붓기 전에 네가 먼저 행할 일이 있다.**

제시카 주의 계집종에게 말씀만 하옵소서. 제가 실행하리이다.

예수님 **너는 매일 세마포를 빨아 입어 스스로를 정결하게 세상으로부터 지켜야만 한다. 바로 그것이 세상으로부터 분리되는 일이다. 절개를 지킨 나의 신부가 마땅히 걸어야 할 길이니라. 나는 더러운 곳에 나의 정한 영을 붓지 않는다.**

제시카 제가 그리할 것입니다. 당신의 명을 받들겠나이다.

76 고난과 역경의 수레가 가는 언덕길

영의 세계

남편 토니와 나는 경사가 완만한 언덕을 걸어 올라가고 있었다. 위로부터 환한 빛이 내리쬐었다. 우리는 나란히 서있지 않았다. 토니는 저만치 앞에서 걸어가고 나는 뒤따라갔다. 둘 사이에는 가로가 약 8미터에 세로가 약 10미터인 대형 수레와 같은 직사각형 통나무 판이 있었다. 통나무의 두께는 15센티미터 정도밖에 되지 않고 수레는 옆면이 없이 평면으로 열린 바닥 형태였다. 바닥의 아랫부분에는 좌우로 6개의 작은 바퀴가 달려있었다.

수레 위에는 우리 재활원교회에서 함께 사는 백여 명의 장애청소년이 줄지어 앉아있었다. 지적 장애아이들은 바닥에 앉고, 지체 장애아이들은 휠체어에 타고 앉아있었다.

수레의 앞쪽 바닥에는 좌우로 작은 구멍을 내어 굵은 밧줄이 걸려있었다. 토니가 그 밧줄을 어깨에 메고 힘겹게 끙끙거리며 대형 수레를 끌고 어딘가를 향해 조금씩 나아갔다. 나 역시 온몸에 힘을 실어 젖 먹던 힘까지 짜내어 뒤에서 밀었다. 수레는 튼튼해 보이지도, 잘 만든 것 같지도 않았다. 그렇지만 밑에 바퀴가 달려있어서 천천히 전진할 수는 있었다.

그러나 불행하게도 수레 바깥에서 우리를 도와주는 사람은 아무도 없었다. 우리는 그 사실을 잘 알고 받아들였다. 목회 사역에 어떤 일이 닥쳐도 지나고 나면 결국 마지막에는 우리 둘밖에 없었다. 전도사나 목사 시절의 30여 년은 늘 그랬다. 흥하건 망하건 예외 없이 남는 건 둘뿐이었다.

목회자의 삶이란 그런 거라고 생각한다. 교회 안에 사람이 많아도 정작 자신을 비워 생명을 걸어야 할 순간에는 목사와 사모 외에 남는 이가 없다. 물론 그들이 먼저 줄행랑을 치는 경우도 종종 있다.

그렇지만 나는 그 심정도 이해한다. 오죽하면 어떤 자가 예수님을 따르겠다고 청하자 주님께서 "여우도 굴이 있고 공중의 새도 거처가 있으되 오직 인자는 머리 둘 곳이 없다"(마 8:20)라고 탄식하셨겠는가!

한참을 토니는 끌고 나는 밀며 전진했다. 그런데 언덕의 경사가 조금씩 더 가팔라지기 시작했다. 점점 더 힘에 부쳤다. 돌연 날씨까지 흐려지더니 기온이 급강하했다. 어디서부턴가 차가운 삭풍까지 불어왔다. 너무나 힘든 인내와 고난의 시간이었다.

마침내 우리와 아이들이 도착한 언덕 끝에 엄청나게 크고 가파른 계단들이 나타났다. 경사가 거의 45도 정도인 데다 계단의 수가 셀 수 없을 정도로 많았다. 설상가상으로 계단의 끝이 얼마나 높은지 위쪽은 구름에 가려 잘 보이지도 않았다. 이미 지칠 대로 지쳐서 걸어 올라가기에는 도무지 힘든 경사로였다.

조금 전까지만 해도 '지금은 힘들어도 어떻게든 언덕만 올라가면 쉴 수 있을 거야'라는 실낱같은 희망이 있었다. 그래서 비틀거리면서도 수레를 밀었다. 그런데 저 계단은 또 무엇이란 말인가!

언덕 끝에서 어깨에 밧줄을 걸치고 깜짝 놀란 얼굴로 뒤돌아보는 토니와 눈이 마주쳤다. 고양이를 피해 도망가던 생쥐가 막다른 골목 끝에서 고양이 쪽으로 고개를 돌리면 바로 저런 얼굴이 아닐까. 너무 놀라 망연자실하여 희망의 촛불이 꺼져버린 슬픈 얼굴. 우리는 젖 먹던 힘까지 끌어모아 최선을 다해 전진했지만 더 이상 길이 없었다.

수레 앞에서 나를 응시하는 토니의 힘없는 눈을 보며 어느새 내 눈에 눈물이 고였다. 마음이 답답해 찢어질 것만 같았다. 나는 목놓아 울며 하늘을 올려다보았다. 그리고 내 속사람을 다 쥐어짜듯이 울부짖었다.

"예수님, 지금 어디 계세요? 당신의 신부는 아프리카의 이 현장에서 최선을 다했습니다. 그러나 이제 할 수 있는 일이 아무것도 없습니다. 여기가 우리의 마지막입니다. 주님, 제 부르짖음을 듣고 계십니까?"

나는 너무 추워서 하얀 입김을 뿜어내며 엉엉 울기 시작했다. 바로 그때 놀라운 일이 벌어졌다. 하늘에서 천천히 흰 싸락눈이 내렸다. 조금씩 내리던 눈발이 곧 함박눈이 되어 펑펑 쏟아지기 시작했다. 나와 토니와 아이들의 머리 위에 굵은 눈송이가 소복하게 덮였다. 우리의 열린 수레의 가장자리와 계단에도 눈이 쌓였다. 한참이 지나자 모두의 위에 눈이 수북이 쌓였다. 그러자 우리 앞을 가로막은 울퉁불퉁한 계단이 함박눈에 덮여 더 이상 보이질 않았다.

그런데 이게 웬일인가! 우리를 떨게 했던 그 강한 바람이 계단 위로 불기 시작했다. 차가운 바람이 거센 소리를 내면서 계단을 휩싸기 시작하더니 순식간에 계단을 덮고 있던 눈뭉치가 단단한 얼음이 되었다. 얼음으로 덮인 계단은 더 이상 울퉁불퉁한 계단의 형체가 아니라 빛나고 매끄러운 대형 스케이트장 같은 얼음길로 변해있었다.

얼음길 위에서는 수레를 밀고 끄는 게 별로 힘들지 않을 것 같았다. 토니와 나, 아이들은 기뻐서 환호했다. 그때 하늘에서 우렁찬

소리가 들렸다.

"나는 환경을 변화시키지 않는다. 대신 그것을 이기는 힘을 공급한단다!"

77 생수가 흐르는 수정 파이프 위의 천사

영의 세계

나는 환한 빛이 내리쬐는 곳에 있었다. 햇빛은 아닌 걸 보니 영의 세계에 들어와 있음을 직감했다. 주위를 둘러보니 큰 강의 하류 부근이었다. 강에서 흘러 내려오는 물을 저장하기 위한 저수지 같았다. 시와 때에 맞게 여러 목적지로 물을 골고루 알맞은 분량으로 흘려보내는 물의 원천 같은 곳이었다.

발밑을 보는 순간, 소스라치게 놀랐다. 나는 지름이 49센티미터인 투명한 크리스털로 만든 물 파이프 위에 서있었다. 내게 줄자도 없는데 어떻게 그 길이를 정확하게 아는지 모르겠다. 그러나 내 영은 하나님의 완전한 숫자인 7을 일곱 번 곱한 수인 49센티미터가 파이프의 지름임을 알았다. 영의 세계에서는 말이나 설명이 필요하지 않다. 자신이 처한 환경을 눈으로 보고 아는 게 아니라 그저 환경을 알고, 이해하고, 다스릴 수가 있다.

그 파이프는 하나가 아니었다. 마치 바둑판의 격자 모양으로 이음새가 되어 수백수천 개로 이어져서 한 물줄기가 흐르고 있었다. 격자 모양의 파이프 이음새는 큰 정사각형이나 긴 직사각형 형태로 나름 서로 조화를 이루며 끝없이 펼쳐져 있었다. 투명한 파이프 안에는 영의 강에서 흘러 들어온 수정같이 맑고 깨끗한 물이 어딘가로 흐르고 있었다.

그때 누군가가 내 옆에 함께 서있다는 걸 알았다. 고개를 돌려 보니 하얀 통옷을 입은 건장한 남자 형상의 천사였다. 나는 그에게 질문했다.

제시카 천사님, 여기는 어디며, 이 파이프와 물은 무엇이고, 제가 왜 이런 곳에 들어와 있나요?"

천사 (그는 마치 나를 예전부터 잘 아는 것처럼 친근한 음성으로 대답했다) 신부님, 동방의 에덴에는 동산 안의 땅을 적시는 발원지가 있습니다. 그곳에 4개의 강의 근원이 있습니다.
첫째 강은 '비손'이라고 부릅니다. 정금이나 진주, 호마노 등이 그곳에서 납니다. 당신은 그 강으로 이미 초대를 받은 자입니다. 언젠가 그분의 때가 되면 비손 강으로 반드시 갈 것입니다.
둘째 강은 '기혼'이라고 부릅니다.

셋째 강은 '힛데겔'이라고 부릅니다.

넷째 강은 '유브라데'라고 부릅니다.

신부님이 서있는 이 장소는 그중 아주 작은 일부입니다. 이곳은 에덴에서 흘러 내려오는 강의 물줄기를 다스리는 장소입니다. 이 물은 영적인 생수로서 수많은 목마른 영혼에게 하나님의 생명수를 공급해서 그들이 살아나게 합니다. 우리 주님은 자비하신 분입니다. 비록 에덴동산의 문은 잠겨있으나 흙에게 생명을 주는 물줄기는 수많은 세월을 변함없이 흐르고 있습니다.

사람의 원체는 흙입니다. 이 물은 하나님의 긍휼의 선물입니다. 그분의 아들인 예수님을 구세주로 믿는 영혼들에게는 이 생수가 공급됩니다. 예수님을 주인님으로 믿는 영혼은 말라비틀어진 세상의 영혼 중에서 확연히 구별됩니다.

예수님이 주시는 물을 마신 사람은 영원히 목마르지 않습니다. 그분이 주시는 물은 사람 속에서 영생하도록 솟아나는 샘물이기 때문입니다. 이 물은 사람의 영혼을 소성시킵니다. 네 강에는 각각 흘러내리는 생수를 저장하는 크고 작은 장소가 있습니다. 이곳 역시 물줄기를 조절하고 물꼬의 출입을 다스리는 여러 장소 중 하나입니다.

제시카 그런 깨끗하고 정결한 장소에 어찌 저같이 더러운 죄인이 서있습니까? 제 속의 추함은 누구보다 제가 잘 알고 있는데요. 심히 두렵습니다. 저 같은 존재는 이런 장소에 들어

올 자격이 안 됩니다. 어서 저를 나가게 해주세요.

천사 이 장소는 신부님의 저수지입니다. 하나님의 심정을 진정과 신령으로 전달하는 신부님들에게는 각자가 관리하는 생수의 물을 저장하는 영적인 저수지가 존재합니다. 신부님이 기록한 저서나 선포하는 설교, 집회, 유튜브 영상 등을 영혼들이 접할 때, 이 파이프의 물꼬가 열립니다. 우리 주님께서 들을 귀를 허락하신 사람에게는 이 생수가 파이프를 통해 흘러 들어갑니다.

회석되지 않은 참 진리의 복음을 듣는 자는 반드시 그 영이 살아납니다. 당신은 세상과 타협하지 않는 진리의 복음만을 증거해야 합니다.

제시카 아이고… 저는 자신이 없습니다. 사람들에게 하나님의 말씀대로 계명을 지키고 살라고 하면 싫어합니다. 제 주위가 한산해집니다. 또 제가 주님의 음성을 듣는다고 정직하게 말하면 사람들은 비웃습니다. 요즘 세상에 그런 게 어디 있냐고 머리를 흔들어 댑니다. 저를 미친 사람 취급합니다.

천사 그래서 신부님이 잃어버린 게 뭐가 있습니까?

제시카 뭐… 잃어버린 건 별로 없어요. 저는 그다지 유명한 사람이 아니니 명예를 잃지도 않았고요. 장애아이들을 데리고 목회하다 보니 높은 직책에 있는 것도 아니지요. 저희는 대형 교회가 아닌 아무도 찾지 않는 시골 교회여서 성도

수에 지장을 받지 않아요. 실상은 교회 건물도 없어요. 식당에서 예배를 올리거든요. 이처럼 아프리카의 낮은 데로 갔다가 지금 임시로 돌아왔는데 더 이상 낮아질 데도 없어요.

그러고 보니 저는 잃을 게 별로 없는 목사입니다. 그래도 이런 저수지의 생수 공급소를 관리하기에 적합한 자는 아닙니다.

천사 (그는 '씨익' 미소를 지었다) 바로 그 이유입니다. 당신을 그런 척박한 환경에 인도하신 이가 바로 우리 주님이십니다.

더 이상 쫓겨 내려갈 곳이 없는 낮은 장소가 아프리카 사막 아닙니까. 거기서 당신을 정죄하지 못하는 지체 장애아이들 속에 항상 머물러있는데 누가 왈가왈부하겠습니까.

정죄하는 자들이 모든 걸 버리고 붉은 사막에 와서 이 척박한 목회를 대신해주지도 못할 건데요. 그들은 입만 살아있는 종교인입니다. 그러니 무엇이 문제가 됩니까.

신부님은 잃을 것이 없는 사람이니 마음껏 물꼬를 여십시오. 주님께서 당신과 함께하십니다. (천사는 기쁜 듯이 들떠서 말했다)

제시카 저는요… 이 땅에서는 잃을 게 별로 없는 사람이지만, 천국에서는 잃을 게 있는 사람입니다. 옛날에는 아파트가 있었는데 지금은 성이 지어지고 있거든요. 제가 보았습니다.

천사 (그는 아까보다 더욱 크게 미소를 지었다) 신부님, 맞습니다. 그러니 이 땅에서 열심히 생수를 흘려보내는 일을 하셔서 천국에 열심히 건축자재를 쌓으시길 바랍니다. 불에 절대로 타지 않는 자재로요.

제시카 알았습니다. 사람들에게 미친 사람으로 조롱이나 핍박을 받더라도 제가 들은 예수님의 음성을 열심히 기록하겠습니다. 책을 출간하고, 여러 나라 언어로 번역하여 세계만방에 퍼뜨리겠습니다. 미쳐도 주님께 미치면 저 같은 죄인에게는 영광입니다.

천사 영의 세계에서 이곳은 신부님의 영적 생수를 관리하는 장소입니다. 그러니 사람의 영을 잘 분별해야만 합니다. 부적합한 영에게 물꼬를 열어서 귀한 생수를 낭비하지 마십시오. 진주를 돼지에게 던지면 안 됩니다. 반드시 영혼이 가난하여 주님의 생수의 가치를 아는 사람에게만 물줄기의 위치를 판단하고 물꼬를 여십시오. 잘 관리하셔야 합니다.

저는 그 일을 돕기 위해 여기 머물러있는 천사입니다. 부디 복음의 생수를 통해 신부님의 천국 영토를 침노하고 넓히십시오.

제시카 아아… 주님, 썩어 문드러져야 할 이 죄인 중의 괴수에게 어찌 이런 막중한 임무를 주십니까. 최선을 다해 이 생수를 우리 백성이 마시게 하겠습니다. 연약한 당신의 계집종을 도우소서, 아멘!

78 유튜브를 지배하는 짐승의 영

나는 천장이 엄청나게 높고 큰 강당 같은 곳에 있었다. 마치 파티장 같았다. 강당의 규모는 맞은편 벽이 보이지 않을 정도로 컸다. 그러나 닫힌 공간임을 내 영은 알고 있었다.

그 안에는 여러 인종의 사람들로 붐볐다. 한 사람의 이름으로 방문한 개인도 서있었고, 서너 사람의 이름으로 방문한 작은 단체도 서있었다. 어떤 사람들은 큰 단체로 모여서 많은 무리를 형성하여 웅성거리고 서있었다.

비록 그들의 인종과 숫자는 천차만별이었지만 모두 한 주인에게 초청장을 받고 온 방문객임을 내 영은 알았다. 다들 각자의 일에 심취해서 매우 바쁘게 왔다 갔다를 반복했다. 때로 한 장소에 서서 열심히 토론하는 자들도 보였다. 그런데 정작 이 수많은 사람을 초청한 주인은 보이지 않았다.

나는 동행 없이 혼자 서있었다.

'왜 내가 여기에 왔으며 어째서 혼자 서있는 것일까?'

의아해하며 문득 고개를 들어 강당의 높은 천장을 올려다보았다. 바로 그때 금색의 번쩍이는 광택을 가진 생물체가 천장에서 미끄러지듯이 날며 움직이는 걸 발견했다. 천장이 너무 높고 멀어서 명확하게 보이지는 않았지만, 내 영은 그 물체를 자세히 보려고 마음을 먹었다. 그러자 나는 순간 이동을 했는지, 방금 보았던 생물체의 바로 아래에 서서 그것을 올려다보고 있었다.

우와… 이게 웬일인가! 그 생물체는 온몸이 번쩍이는 금 비늘로 덮인 크고 긴 몸체를 가진 용이 아닌가! 용은 아래쪽에서 떠들며 북적거리는 인파에 전혀 상관하지 않았다. 그저 거만하고 도도한 행색으로 천장 쪽에서 제멋대로 날아다녔다.

용의 몸통 지름은 약 50센티미터이고, 길이는 약 6미터 정도였다. 모든 비늘은 매끄럽게 빛이 나는 노란 정금으로 이루어져 있었다. 용이 몸을 구불구불하게 구부릴 때마다 빛이 반사되어 번쩍거렸다.

순간, 황금 비늘을 가진 이 용이 유튜브의 세상을 지배하는 원수의 영이라는 게 알아졌다. 이 원수의 영은 자기의 초대에 응해서 온 수많은 사람을 좋아하지 않고, 오히려 미워하고 경멸한다는 사실이 알아졌다.

용은 아래에 있는 사람들 쪽으로는 아예 눈길조차 주지 않은 채 고개를 빳빳이 들고 거만한 몸짓으로 천천히 위쪽을 날아다녔다. 닫힌 강당의 실내 전체는 용이 지배하는 영토 같았다. 황금 용은 마치 자신의 영토를 순찰하는 권세를 가진 지배자처럼 교만해 보였다.

내 영은 용을 자세히 보기를 원했다. 그러자 갑자기 눈에 확대경을 댄 것처럼 용이 크게 보였다. 용의 비늘은 물고기의 비늘과 흡사했다. 로마 시대 군인들이 사용했던 양날이 날카롭게 선 넓은 검의 끝부분을 잘라서 이어 붙인 것 같았다. 번쩍이는 황금색 비늘은 거울처럼 매끄러워 보였으며 아름답기까지 했다. 비늘의 끝부분은 칼끝처럼 날카로워서 닿으면 살이 가차없이 베일 것 같았다.

용의 등은 상어의 등지느러미처럼 보였지만 많은 수의 지느러미가 가지런하고 뾰족뾰족하게 튀어나와 있었다. 그런데 각 지느러미의 가장자리가 얼마나 예리하고 단단한지 마치 칼끝처럼 번쩍이는 황금 날이 서있었다. 용의 다리들은 짧지만 강하고 단단한 황금 발톱을 갖고 있었는데, 영토 안의 무엇이든지 움켜쥘 수 있는 막대한 힘이 있었다. 용은 몸통 전체가 황금 비늘로 싸여있었고, 몸의 주위에는 짙은 주황색의 뜨거운 불 연기가 덮고 있었다.

내가 선 채로 영안을 열어 용을 찬찬히 관찰하자 용의 눈이 움찔했다. 그러더니 갑자기 고개를 숙여서 내 쪽을 바라보았다. 순간, 나와 용의 눈이 마주쳤다. 용은 자신이 다스리는 세계에 거추장스러운 방해 존재가 들어온 걸 직감한 듯 몸을 구불구불하게 움츠리더니 내 위를 빙빙 돌기 시작했다. 용이 침입자를 어떤 방식으로 순식간에 처리할 것인지 생각하고 있음이 알아졌다.

'아이고… 큰일 났다! 내 영은 용을 대항해 전투를 벌일 만한 힘이 없는데 어쩌면 좋지!'

나는 너무나 놀라 머릿속이 하얘졌다. 주님께서는 여러 가지 다른 방언의 은사를 내게 주셨다. 각 방언은 소리가 다르다. 그런데 내 입에서 가장 급할 때 주님께 직통으로 올리는 방언이 터져 나오기 시작했다.

"사람 살려요! 예수님, 어디 계세요? 왜 저를 이런 이상한 영의 세계로 데리고 오셨어요? 제발 여기서 좀 나가게 해주세요!"

그때 주님의 친근하고 익숙한 음성이 들렸다.

"너는 그 용을 조종하여라. 그리하면 네가 다스릴 수 있느니라. 내 신부는 모든 것을 정복하고 다스릴 수 있다."

"옴마야… 주님, 저는 아니에요. 너무 무서워요. 살려주세요! 사람 살려!"

용은 위에 있고 나는 아래에 있는데 무슨 재주로 맞서 싸울 수가 있단 말인가! 용과 싸우려면 내가 그와 눈높이가 같아야 한다는 생각이 들었다. 위로 올라가서 전투하는 방법 외에는 없었다. 용을 잡으려면 그 위에 올라타야만 했다.

그러자 내 영이 마치 마술처럼 위로 '붕' 떠올랐다. 용은 내가 자기처럼 날 수 있는 존재임을 알자 멈칫하며 제자리에 떠있었다. 나는 공중에 떠서 용의 등을 보았다. 양날이 선 황금 비늘 하나하나가 날카로운 칼끝이 되어 한 줄로 길게 등에 박혀있었다.

나는 겁이 나서 도저히 용의 등에 탈 수 없었다. 올라타는 순간, 내 사타구니는 저 날 선 비늘에 베여서 두 동강으로 찢길 것이다. 나는 다급하게 주님께 말했다.

"예수님, 저는 용의 등에 탈 수가 없어요. 어떻게 하지요?"

주님께서는 나의 거부하는 말에 낮게 한숨을 쉬셨다. 그리고 부드럽게 속삭이셨다.

"네 믿음이 부족하니 할 수 없다. 한 손바닥으로 등 위의 비늘을 젖혀라. 이후 네 다른 팔로 용의 몸통을 둥글게 둘러서 잡으면 된다. 네가 올라타지 않아도 용의 옆쪽 몸통을 팔로 꽉 잡고 있으면 그가 날아가도 떨어지지 않을 것이다."

나는 죽으면 죽으리라는 비상한 결심이 섰다. 그래서 주님의 명령에 즉시 순종하여 용의 몸체가 있는 쪽으로 날아갔다. 손바닥으로 용의 등 위쪽에 한 줄로 박힌 비늘을 휙 밀었다. 그리고 나머지 팔로 용의 몸통을 잽싸게 둘러 감아버렸다. 내가 용의 몸통에 밀착하자마자 용의 몸이 빠르게 위로 치솟았다가 다시 아래로 내려갔다가 하며 난리를 부렸다.

용이 길길이 날뛰면 날뛸수록 나는 팔에 더욱 힘을 주어 떨어지지 않으려고 사력을 다해서 붙어있었다. 나와 용은 한참을 그렇게 공중에서 승강이를 벌였다.

그러나 신기하게도 겁이 나지 않았다. 일단 주님의 음성에 즉각 순종하여 용과의 전투에 죽음을 각오하니 나를 옥죄던 두려움이 싹 사라졌다. 마침내 용이 포기했는지 더는 요동치지 않았다.

그때 내 영은 이 거칠고 교만한 황금 비늘의 용을 조종하고 다스릴 수 있다는 사실을 알았다. 내가 날기 위해서 노력하지 않아도 용이 날면 나도 날 수 있었다. 용과 같은 눈높이가 되어서 그가 높이 날면 나도 높이 날고, 낮게 날면 나도 낮게 날면 되었다.

그런데 그 순간, '내가 만약 처음에 주님의 말씀에 순종하여 두려움 없이 용에게 올라탔다면' 하는 후회가 밀려왔다. 만약 그랬다면 나는 유튜브의 세계에서 훨씬 쉽게 움직이며 편하게 날아갈 수 있었을 것이다. 그러나 지금은 한쪽 팔만 겨우 걸치고 날 수밖에 없었다. 한 팔로 용에게 매달려서 떨어지지 않고 날려면 유튜브의 세계에서 앞으로 얼마나 힘이 들겠는가!

그러나 순간의 선택이 영원을 좌우한다. 영의 세계에서 불순종한 나의 선택은 이미 이루어졌다. 장차 너무 힘들겠지만, 다행히 나는 용을 다스릴 수 있게 되었다. 용이 지배하는 유튜브의 영토 안에 있지만, 더는 용의 다스림을 받는 사람이 아니었다. 바로 이것이 주님께서 내게 원하시는 것이었나 보다. 비록 주님의 뜻에 온전하게 순종하진 못했지만 실패는 가까스로 면했다.

나는 전에 알지 못하던 영의 세계의 한 영토에서 주님의 은혜로 겨우 승리했고, 이제는 다스릴 힘도 얻었다. 물론 장차 엄청 힘이 들겠지만 말이다.

'예수님, 감사합니다. 할렐루야!'

79 천사들의 연회장

남편 토니와 나는 함께 어둑한 재래시장 같은 곳을 걸었다. 시장은 사람들로 붐볐다. 그런데 벽에 붙어 서있는 두 명의 젊은 백인 여자가 눈에 띄었다. 그들은 이스라엘 근방 여인들이 사용하는 히잡을 쓰고 몹시 초라한 행색이었다. 둘 다 누군가에게 쫓기는 듯 불안한 눈빛으로 연신 주위를 살폈다. 나는 그들을 도와야겠다는 생각에 다가가서 말을 건넸다.

"실례합니다만, 두 분은 도움이 필요해 보이네요. 무엇을 도와드릴까요?"

불쌍하게 보이는 한 여자가 대답했다.

"네, 우리가 여기서 빠져나가게 해주세요."

내가 낮게 말했다.

"우리와 떨어지지 말고 바싹 붙어서 따라오세요."

두 여자는 두건으로 얼굴을 가리고 우리와 일행이 되어 빠른 걸음으로 그곳을 빠져나왔다.

신기하게도 토니와 나는 번잡한 시장통을 벗어나 한적한 길로 가는 출구를 잘 알고 있었다. 한참을 요리조리 길을 선택하면서 가자 마침내 다락방의 입구처럼 생긴 높고 큰 대문 앞에 이르렀다.

그 벽에 달린 대문은 너무 높아서 보통 사람의 키나 능력으로는 들어갈 수 없었다. 언젠가 내가 토니의 도움을 받아 한 번 들어간 적 있는 그 문이었다.

그러나 어찌된 영문인지 이번에는 들어가는 방법이 떠오르질 않았다. 우리는 입구에서 난감해하며 서성거렸다. 그때 우리와 같은 영의 계급을 가진 사람들과 천사들이 대문 앞으로 다가왔다. 그들은 우리에게 목례를 하더니 가볍게 뛰어오르듯 두 발로 땅을 차고는 마치 날개가 달린 것처럼 심히 높은 대문턱을 사뿐히 넘어 안으로 들어갔다.

나도 그들이 한 것처럼 똑같이 두 발로 땅을 차보았다. 그러자 몸의 무게로부터 이탈한 느낌이 들었다. 내 몸이 새털처럼 휙 나르더니 대문 안으로 순식간에 빨려 들어가는 게 아닌가!

대문 안은 터널처럼 되어 있었다. 이전에 들어왔던 기억이 생생히 떠올랐다. 그러나 그때는 문 안의 세계에는 미처 들어가 보지 못하고 영의 세계에서 깨버렸었다.

빛이 흘러나오는 터널의 반대쪽에 다다라 내 두 발이 지면에 닿았다고 느끼는 순간, 눈앞에 펼쳐진 광경을 보고 깜짝 놀랐다. 엄청난 규모의 밝은 강당 같은 연회장이 보였다. 그 안에서 영의 세계를 출입하는 사람들과 천사들이 먹고 마시며 친교를 나누고 있었다. 그들은 긴장을 풀고 서로에게 자기의 경험과 지식을 공유하며 대화했다.

곳곳에 배치된 식탁 위에는 맛있는 음식과 향기로운 음료 등이 성대하게 차려져 있었다. 천국을 방문한 이래로 내가 본 영의 세계는 늘 어둡고 춥고 살벌한 전쟁터에 있는 느낌이었다. 그런데 이 공간은 밝고 따뜻하고 풍요롭고 내가 당연히 올 수 있는 아군의 아지트에 도착한 것처럼 마음이 평안했다.

나는 내 영이 몇 달 전 다락방 입구 같은 문을 통과한 후에 그동안 일련의 훈련 과정을 지나서 새로운 영의 단계로 접어든 것을 알았다(영의 세계에서는 자기의 영의 나이나 단계를 누가 가르쳐주지 않아도 스스로 안다). 그런 생각을 하면서 옆을 보자 어느새 토니와 두건을 썼던 여자들이 연회장 안에 들어와 서있었다.

그런데 여자들은 아까 같은 초라한 행색이 아니라 마치 중세 시대의 연회복 같은 옷을 입고 있었다. 머리도 곱게 땋은 올림머리였다. 나는 놀라서 고개를 좌우로 돌리며 나와 토니의 행색을 살폈다. 우리는 단정한 흰 통옷을 입고 있었다. 그런데 순식간에 여자들이 우리 곁을 떠나더니 다른 천사들 무리에 끼어 보이지 않았다. 토니와 나는 개의치 않고 휴식을 취하며 천천히 주위를 둘러보았다.

잠시 후에 아까 들어왔던 터널의 바깥 장소인 높은 문으로 통하는 출구 쪽을 보았다. 반대쪽 문 역시 아주 크고 높은 천장 높이에 다락방 같은 형상으로 만들어져 있었다.

그 출구 아래 오른쪽에는 긴 테이블이 놓여있었는데, 그 위에는 짙은 쪽빛인 사파이어색의 긴 망토들이 곱게 개어져 많이 진열되어 있었다. 테이블의 뒤쪽에는 연회복을 입은 두 천사가 서있었다. 그들은 다시 바깥으로 돌아가는 사람들과 천사들에게 망토를 나눠주었다.

그때 아까 사라졌던 두 여자도 어느새 망토를 받아서 입었는지 바닥을 덮을 정도로 긴 망토를 걸치고는 들어왔던 그 대문으로 날아서 나가고 있었다. 한 여자는 거의 천장에 닿을 듯한 높이에 나있는 문 앞에서 공중에 떠있다가 나와 눈이 마주치자 손을 흔들었다. 그러고는 발을 충분히 덮고도 질질 끌릴 정도의 긴 망토를 펄럭거리며 한 바퀴를 휙 돌더니 문 바깥의 세상으로 날아가 버렸다. 우리가 그를 이 장소로 데려와 준 것에 감사 인사도 하지 않은 채 말이다.

그들이 사람인지 천사인지 정체를 알 수가 없었다. 그만큼 영의 세계에서 내 영은 아직도 미숙하여 분별력이 성장하지 않은 상태였다. 테이블 뒤에 선 천사 중 하나가 내게 물었다.

"신부님, 토니 목사와 바깥세상으로 다시 나가려면 두 분 역시 이 망토를 걸치셔야 합니다."

그들이 건네주는 사파이어색 긴 망토를 걸치는 순간, 나와 토니는 아까 문 바깥에서처럼 땅을 발로 차지도 않았는데 몸이 공중으로 가볍게 떠올랐다. 그리고 우리 밑으로 펼쳐진 커다란 연회장을 바라보는데 몸이 휙 돌아가더니 아까 들어왔던 터널의 문 쪽으로 빨려 들어갔다. 쪽빛 망토를 걸친 우리는 문 안으로 들어올 때의 속도와는 비교할 수 없을 정도로 순식간에 문 바깥으로 나왔다. 그러고는 숨을 깊이 들이마시며 영의 세계에서 깨어났다.

샘가의 대화

예수님 **향기로운 술 곧 석류즙의 향기를 발하는 나의 신부야.**

제시카 주님, 밤새 충전한 제 전화기가 아침에 일어나자마자 이메일 한 통을 읽고 나니 돌연 배터리가 다 떨어져 버렸어요. 새로 산 지 얼마 되지 않았고 그동안 한 번도 그런 적이 없었는데, 이게 무슨 일이지요? (주님께 흥분해서 말을 하다가 스스로 참 낭만이 없는 피조물이라는 생각이 문득 들었다. 주님은 이런 철딱서니 없는 나를 '향기로운 석류즙'이라고 예쁜 이름으로 불러주셨는데… 참으로 부끄럽다. 주님, 진실로 죄송합니다!)

예수님 **내가 그랬느니라. 세상 글 그만 읽고 나랑 대화 좀 하지 않겠느냐?**

제시카 헤헤헤… 제가 잘못했어요. 죄송합니다. 그런데 주님은 너무 재미있는 분이세요.

예수님 **너 나랑 마지막으로 대화한 게 언제인지 기억이나 하는 게냐?**

제시카 음… 한 달쯤 전인가요? 아차, 그러고 보니 대화한 지 꽤 오래되었네요. 정말 죄송합니다, 주님. 시어머님 장례식 때문에 미국으로 오긴 왔으나 케냐 공항이 봉쇄되어 귀환을 못 하고 있습니다. 저는 곧 돌아갈 줄 알았는데 예상보다 지연되는 것 같아요.

예수님, 케냐에서는 재래시장이 완전히 문을 닫아서 식량을 사기가 힘들다고 합니다. 우리 아이들이 굶지 않게 해주세요. 몸이나 정신이 불편한 아이들인데 영양실조까지 걸리면 어떡합니까? 전염병으로부터도 잘 지켜주세요.

예수님 **아이들은 나의 천사들이 잘 돌보고 있다. 내 눈은 언제나 사람들에게서 잊혀진 곳에 거하는 남겨진 자들에게 머물러있단다.**

제시카 저는 당신의 세심한 배려의 마음이 얼마나 감사한지 모릅니다. 요즘은 딸 미셸 곁에서 함께 시간을 보내니 너무 좋습니다. 아이가 나이가 찼으니 곧 시집을 갈 수도 있잖아요. 앞으로 함께 보낼 날이 정해져 있음을 알기에 아이에게 더욱 따뜻하게 잘 대해주고 싶습니다. 케냐로 떠나기 전에 잠시나마 아이와 함께할 시간을 허락해주셔서 정말 고맙습니다.

예수님 **여행 가방 하나로 생활하는 건 괜찮으냐?**

제시카 네, 몇 년 전에 처음 케냐로 떠나기 위해 대기하며 기다리는 중에도 여행 가방 하나로 살았습니다. 언제 떠날지 모르니 1년을 그렇게 살았지요. 케냐에 도착한 이후에도 낯설고 물선 곳이라 짐과 마음을 풀지 못한 채 다시 2년을 그렇게 살았습니다. 그러니 장장 3년 넘게 저는 여행 가방 안에 들어가는 물품들로만 산 셈이지요.

그런데 어찌 아직도 이런 삶에 익숙하지 못한지요? 제가 나이가 들어서인지 변화에 대한 생각을 바꾸는 게 참 힘듭니다. 저는 늘 가구나 일상용품, 심지어 음식까지도 그때그때 필요한 만큼만 삽니다. 노숙자같이 집이 없는 마음으로 매일 떠날 준비를 하면서 살지요. 오늘도 마찬가지입니다.

예수님 **바로 그것이 나의 사람들이 세상을 향해 품어야 하는 마음이다. 이 세상은 네 집이 아니니라. 내 나라에 이르기까지는 당도할 곳에 이르지 않은 나그네의 마음으로 언제나 살지니라. 이 세상의 어떤 것도 소유하지 않은 객의 마음으로 보고 판단하거라. 그리하면 결정의 순간마다 어떻게 판단해야 할지 잘 알 수 있느니라. 네가 케냐에 있을 때 네 소유의 집이 없어서 마음이 상하였느냐?**

제시카 아니요, 언제 떠날지 모르는데 집을 소유하면 뭐합니까. 떠날 때 거추장스럽기만 할 텐데요.

예수님 **좋은 가구나 편리한 일상용품이 없어서 속이 상했느냐?**

제시카 아니요, 떠날 때 다 놓아두고 갈 텐데 사면 뭐합니까. 두고 갈 때 괜히 아까운 마음만 들 텐데요. 저는 편하면 편한 대로, 불편하면 불편한 대로 그냥 살았습니다.

예수님 (주님은 싱긋 웃으셨다) **이 세상을 살 때 지금 그 마음을**

항상 기억하고 살거라.

제시카 아이고, 주님, 혹시 그래서 저희를 먼 아프리카로 보내셨나요?

예수님 (주님은 미소를 지으며 고개를 끄덕끄덕하셨다) **그 이유도 있지.**

제시카 진작 일러주셨으면 제가 젊은 시절부터 그런 마음으로 살아드리려고 최대한 노력했을 텐데요. 저는 몇십 년을 목회하는 동안 집 없이 교회 목양관에서만 살았습니다. 그래서 그런 마음을 품기가 일반인보다는 훨씬 쉬웠을 텐데요. 왜 이제야 말씀해주십니까?

예수님 **사람의 성정은 강팍하여 자기가 직접 가지 않은 길을 생각만으로 배우기는 힘들다. 자신이 직접 걸었던 길은 마음에 새겨져 잠시라도 간직하게 된다. 그럼에도 일단 개구리가 되고 나면 올챙이 시절을 잘 기억하지 못하느니라. 네가 직접 그 길을 가야만 다른 사람에게 그 길을 제시할 수 있단다. 그나마 네가 오랜 기간을 목양관에서 살았기에 이제 그 훈련에 조금씩 적응이 되는 것이니라.**

제시카 철없이 날뛰는 망아지 같은 저를 제대로 훈련시켜주셔서 진심으로 고맙습니다.

예수님 **너는 잘하고 있다.**

제시카 그런데 이 힘든 훈련은 언제 끝나나요?

예수님 **내가 어디로 인도하든 네가 잘 따라올 때까지니라.**

제시카 주님께서는 천국까지 저를 인도하실 테니, 그렇다면 제가 죽을 때까지겠네요.

예수님 **그렇다. 네가 시온산의 내 앞에 서서 새 노래를 부를 때도 마찬가지다. 지금부터 영원토록 내가 어디로 인도하든지 따라와야 한다. 너는 여자와 더불어 더럽히지 아니하고 순결해야 한다. 네 입술에서 거짓을 제거하고 마음에 흠이 없는 사람이 되거라.**

믿는 사람 가운데서 영혼육의 속량함을 받은 자만이 나의 왕국에서 처음 익은 열매가 될 수 있단다. 그래야만 내 아버지와 나에게 속한 자가 될 수 있다.

제시카 제가 여자인데 어떻게 여자와 더불어 더럽혀지겠나이까?

예수님 **신랑인 내게 절개를 지키지 못하고 세상의 영과 더불어 간음하는 자들이 바로 더렵혀진 자들이다. 세상을 덮고 있는 사악한 바벨론 음녀의 영을 뜻한다.**

제시카 저도 그녀의 영을 보았습니다. 제가 하와이에서 목회 초기 전도사 시절에 당신께서 환상으로 보여주셨지요.

끝없이 짙푸른 바다가 펼쳐져 있었어요. 바다의 깊음보다 더욱 엄청나게 큰 여자 신상이 얼굴을 하늘 쪽으로 두고 누워있었어요. 실오라기 하나 걸치지 않은 나체에 무릎을 구부린 채 사타구니를 넓게 벌리고 음탕한 웃음을 흘리고 있었습니다. 벌거벗고 누운 음녀의 신상이 얼마나 큰지 몸이 반쯤은 바다에 잠겨있었고, 반쯤은 마치 섬처럼 물 위에 드러나 있었습니다. 섬처럼 드러난 그녀의 육체 주위에는 수많은 커다란 나무 상자 같은 것들이 세상의 더럽고 불결하고 부정한 것으로 가득 차서 달려있었어요. 심지어 마약이 들어있는 상자도 있었지요.

더욱 놀라운 건, 바닷물 위에 여신상의 크기에 비하면 흡사 개미 크기 정도의 인간들도 있었어요. 그들이 상자 주위에 다닥다닥 붙어서 꼬물거리고 있었습니다. 마치 인적 없는 바닷가의 큰 바위 위에 닥지닥지 붙어있는 작고 까만 고둥들 같았지요.

그들은 먹을거리를 찾아서 헤매는, 부귀와 권세에 배고픈 인간들임을 제 영은 알았습니다. 굳게 닫힌 상자, 아주 조금 열린 상자, 반쯤 열린 상자들 위에서 돈과 권세와 쾌락의 힘에 속아 넘어간 자들이었어요. 그들은 하나같이 상자 안으로 들어가려고 발버둥을 쳤습니다.

아아… 주님, 정말 소름 끼치도록 충격적이고 참담한 광경이었습니다. 얼마나 무서웠으면 제가 수십 년이 지난 지금도 잊지 못하고 기억하겠습니까. 저는 그 장면을 지금이라도 그릴 수 있을 정도로 생생하게 기억합니다.

예수님 **이세벨의 영이다.**

제시카 아이고, 영의 세계가 무엇인지조차 모르던 무식한 제게 그런 공포 영화 같은 장면을 왜 보여주셨습니까?

예수님 **내가 보여주었기에 네가 마음을 단단히 먹고 하와이에 사**

는 동안 그나마 정신을 놓지 않았던 것이다. 그 음녀의 영에 한 번 홀리면 개인의 삶은 물론 가정과 식구들까지 풍비박산되느니라.

제시카 참으로 참담한 일입니다. 왜 사람들은 그 사실을 알지 못할까요? 무식한 제 눈에도 보이는데요.

예수님 **음녀가 쳐놓은 덫은 사람의 의지나 힘으로는 거부할 수 없는 올무다. 미끼에 속아 자신이 선택한 상자 위에서 꼬물거리는 그 개미 같은 자들은 상자 안에 발을 딛는 순간에 최후를 맞는다.**

제시카 예수님, 무서워요. 제 코에 숨이 붙어 사는 동안 제 곁을 떠나시면 안 됩니다. 주님께서 부재하시면 저 같은 건 마귀의 밥입니다. 한 입 거리도 안 될 거예요.

예수님 **너는 내 곁에서 멀어지지 말거라.**

제시카 설령 멀어지더라도 주님께서 저를 낚아채어 주님의 얼굴 앞으로 다시 돌려주셔야만 합니다. 약속해주세요! 저는 어리석고 연약합니다.

예수님 **나는 지금까지 그렇게 해왔단다. 네 영이 비록 졸고 있어도 말이다. 그래서 내 신부가 지금 살아있는 것이다.**

제시카 예수님, 최고! 짱이에요! 그리고 정말 죄송합니다. 앞으로는 주님과의 대화를 게을리하지 않겠습니다. 정말 조심하겠습니다.

샘가의 대화

제시카 주님, 케냐 공항이 며칠 후에 열린다고 합니다.

예수님 **그래, 이제 떠날 준비를 하거라. 섭섭하냐?**

제시카 네, 익숙한 곳을 떠나는 건 늘 힘듭니다. 저는 치아가 건강하지 않아서 부드러운 음식들이 그리울 것 같아요. 케냐의 고기는 마치 고무를 씹는 것 같거든요. 아무리 씹어도 목구멍에 반은 넘어가고 반은 입속에 남아있어요. 또한 따뜻한 샤워 물줄기가 그리울 것 같아요. 케냐의 제가 사는 곳은 물이 병아리 눈물처럼 방울방울 떨어지거든요.

당신께서 듣고 싶어 하시는 말을 해야 하는데 그렇지 못해서 죄송합니다.

예수님 **내가 어떤 말을 듣기 원하는 것 같으냐?**

제시카 음… 제가 아프리카 케냐를 그리워한다는 말이요. 기쁜 마음으로 돌아가고 싶다고 말하고 싶은데… 즐거운 마음으로 마을 사람들과 아이들에게 빨리 돌아가고 싶다고 말해야 하는데, 그런 마음이 별로 들지 않습니다.

그렇지만 당신께서 인도하시는 대로 따라가겠다는 결심은 어느 때보다 충만합니다. 그래도 너무 죄송합니다.

예수님 **아니다, 그렇지 않다. 나는 있는 모습 그대로를 드러내는 그대가 좋다. 가진 모든 마음을 정직하게 털어내는 그대가 대견하다. 수많은 나의 백성이 입으로는 나를 존중하며 가까운 척한다. 그러나 마음은 내게서 먼 자들이 얼마나 많은지 모른다. 그대는 그런 자들에게서 돌아서거라.**

제시카 제 주위에 누가 그런 두 마음을 품은 자인지 잘 모릅니다. 어떻게 그런 자들을 분별할 수 있습니까?

예수님 **그대에게는 쉽지 않은 일이다. 그들조차 그런 외식하는 마음에 사로잡힌 채 자신이 속고 사는 줄 깨닫지 못하는데 어찌 그대의 눈에 보이겠느냐?**

다만 그들의 마음 밭에 무화과나무가 심기지 않았는데 어찌 무화과가 열리겠느냐. 포도원에 포도 열매가 열리지도 않았는데 어찌 밭의 소출을 바라겠느냐. 그러니 그들의 삶의 열매를 보거라. 삶에 좋은 열매가 전혀 열리지 않는 자들이 바로 두 마음을 품은 자들이니라.

제시카 한마음을 품은 사람들은 어떤 사람들입니까?

예수님 **빛은 밝히라고 있는 것이니, 한마음을 품은 사람들은 내 앞에서 흠 없는 빛을 반사하여 비추기 위해 스스로를 정결하게 씻으며 닦는단다. 나는 불을 켜서 바가지 밑에 두지 않는다. 산 위에 올려서 널리 비추어 밝히게 하느니라.**

제시카 어찌 저는 감추십니까?

예수님 **드러나고 싶으냐?**

제시카 아니요. 이전에 당신께서 제게 소리 내지 말고 조용히 감추어져 있으라고 명하신 게 기억나서요. 사실 저는 골방에서 주님과만 있는 게 최고로 좋습니다. 밖으로 나서기가 무섭습니다. 바깥에 나가면 저를 할퀴고 해할 악한 영들이 부지기수로 달려들 것만 같아요.

한번은 직통 계시 운운하며 저를 시기하고 정죄한 자가 있었습니다. 사람이 어떻게 주님의 음성을 듣느냐고 제게 돌을 던지는 자도 있었습니다. 조소하는 자는 그나마 낫지요. 저는 이제 더 이상 그들에게 씹을 거리를 제공하고 싶지 않습니다.

예수님 **그런 자들을 두려워하지 마라. 2천 년 전에 내게도 그런 무리가 따라다녔느니라. 자신의 끝을 깨닫지 못하는 자들이 남을 비판하고 정죄한다. 그들은 성령을 훼방하는 자들이다.**

그대는 나의 궁휼 안에서 비추이기 위해 준비되는 중인 것을 기억하라. 준비되지 못하고 성급히 피운 불꽃은 빨리 꺼진다. 잠자리조차 고치에서 제 날을 채우지 못하고 나오면 날 힘이 없어서 말라 죽느니라.

제시카 제 연약함을 아시는 주님, 저는 골방이 편합니다. 저를 여기서 나가게 하지 마소서.

예수님 **그대는 골방의 출입을 연습하는 중인 것을 알고 있느냐?**

제시카 네, 알고 있습니다. 단 하루도 거른 적이 없습니다. 매일 영의 골방과 이 세계 사이를 넘나들고 있어요. 그런데 일단 영의 골방에서 나오면 그곳의 일들이 잘 생각나질 않습니다. 퍼즐 조각을 맞추듯이 그림 하나씩은 선명한데 큰 그림으로 이어지지가 않아요.

예수님 **그 큰 그림을 보는 눈이 선견자의 눈이니라.**

제시카 저는 이미 선견자의 눈이 있는 줄 알았습니다.

예수님 **그대는 차원의 문을 여는 자다. 각 은사는 더 큰 은사를 사모해야 한다. 또한 은사에도 격이 있다. 선지자의 예언도 격이 있고, 선견자의 환상도 격이 있느니라.**

각 사람의 은사는 품격에 따라 맺는 열매의 질도 다르다. 그러나 어떤 은사든지 아버지께 영광이 되지 못하고, 교회와 사람들에게 덕을 끼치지 못하면 내가 준 참 은사가 아니니라.

각자 자신이 그릇에 담고 있는 만큼만 남을 가르칠 수 있단다. 염소 목사는 염소를 가르치고 양 목사는 양을 가르친다. 가르치는 자와 배우는 자가 일반이기 때문이다.

그대는 제자가 스승보다 높지 못하고, 종이 주인보다 높지 못하다는 말을 기억하거라. 그러니 스스로의 격을 쌓으며 훈련받아야 한다.

제시카 저를 어디까지 훈련시키려 하십니까?

예수님 **골방의 훈련은 그대가 내 나라에 오기까지 할 것이다. 신부와 신랑이 골방에서 나올 때가 있느니라.**

신랑을 그 방에서 나오게 하며 신부도 그 골방에서 나오게 하고 욜 2:16

제시카 예수님, 저를 아프리카의 골방으로 이끌어주십시오. 당신이 어디로 이끄시든 따라가기를 원합니다.

예수님 **내가 그리하리라.**

제시카 주님께서는 왜 제가 무엇을 구하든지 늘 승낙해주십니까?

예수님 **하하하!** (주님은 유쾌하게 웃으셨다) **그 이유는 내가 그대를 사랑하기 때문이다. 그러나 사랑하기에 매를 들 때도 있다. 그대는 사생아가 아닌 나의 딸이기 때문이다. 아비는 그 기뻐하는 자식을 징계하느니라. 내가 그대를 아끼고 친히 다스리는 줄 아느냐?**

제시카 주님이 저를 사랑하시는 이유는 제가 당신의 사랑을 받기에 합당한 존재이기 때문이 아니라는 건 압니다. 제가 그 사랑에 걸맞는 멋진 신분이기 때문은 더더욱 아닌 걸 압니다. 저는 그저 땅에서 빚어진 아무짝에도 쓸모없는 흙 한 덩어리에 지나지 않기 때문입니다.

예수님 **그렇다면 내가 그대를 사랑하는 이유가 무엇이겠느냐? 그대는 답해보라.**

제시카 주님은 단지 당신의 긍휼에 의해 빚어진 피조물을 그냥 조건 없이 사랑하십니다. 왜냐하면 당신은 온전한 사랑의 본체이시기 때문입니다.

때로 사람은 하나님을 자신의 꿈과 야망을 이뤄주는 마술 램프의 요정 지니처럼 착각합니다. 마치 우리가 사랑받기에 합당하게 태어난 자처럼 말입니다.

그러나 아담과 하와가 하나님보다 높아지려는 행동을 범한 이후에 아무도 사랑받기에 합당한 사람은 없다는 사실을 압니다. 제가 알고 명심해야 하는 점은, 삶의 모든 문제의 물음은 예수님밖에는 궁극적인 해답이 없다는 것입니다.

예수님 **잘 대답하였도다. 이를 그대에게 깨닫게 한 이는 내 아버지의 성령이다.**

제시카 무지하여 이치를 알지 못하는 여종에게 알려주셔서 고맙습니다. 지금부터 영원토록 당신의 인도하심에 오직 순종만 하는 종의 삶이 되게 하소서. 주님을 기쁘시게 해드리는 피조물이 되고 싶습니다.

예수님 **내가 그리하리라.**

제시카 만세에 영원토록 찬송을 받기에 합당하신 주님이시여, 여종이 당신을 지극히 사랑하나이다. 아멘. 주 예수여, 어서 오시옵소서!

영의 세계

나는 컴컴하고 열린 공간에 서있었으며 그곳이 영의 세계의 아주 작은 일부라는 걸 알고 있었다. 내 눈앞에는 크고 아름답게 잘 지어진 성이 펼쳐져 있었다. 견고하게 보이는 성의 재질은 돌이나 나무가 아니라 붉고 투명한 루비였다. 성벽이나 성곽과 성문 등이 기능과 형태에 따라 크거나 작게 깎아 조화를 이룬 루비로 이루어져 있었다. 성의 전체 분위기는 품위 있고 고고한 여성의 향기가 났다.

나는 성의 안팎을 더 자세히 보길 원했다. 그러나 성의 가장자리가 짙은 구름으로 둘러싸여 있어서 불가능했다. 더군다나 그 성은 땅에 기초가 세워진 게 아니고 공중에 조금 떠있는 상태였다. 그렇지만 성의 건축은 완전히 마무리된 상태였다.

결국 나는 성을 자세히 보고 싶다는 갈망을 포기했다. 영의 세계는 오직 주님께서 보여주시는 만큼만 볼 수 있기 때문이다.

얼마나 지났을까. 짙은 구름 안의 성이 또 다른 성으로 바뀌어있었다. 크고 웅장하며 근접할 수 없는 위엄이 서린 고풍스러운 성이었다. 놀랍게도 그 성 역시 돌이나 나무가 아니라 짙은 군청색의 투명한 사파이어로 만들어져 있었다. 성벽이나 성곽과 성문 등도 사파이어로 이루어져, 성 전체에서 장엄한 남성의 향기가 나는 듯했다.

이 짙푸른 성도 모든 건축과 장식이 완전히 마무리된 상태임이 알아졌다. 그러나 역시 가장자리가 짙고 빽빽한 구름에 둘러싸여 있었고, 공중에 들려있는 상태인지라 나는 장식품들을 자세히 볼 수 없었다.

다시 시간이 흘렀다. 나는 움직이지 않고 같은 장소에 그대로 서 있었는데 짙은 구름 안의 성이 또다시 바뀌어있었다. 눈앞에 나타난 성은 멋지고 상큼해보였다. 성의 대부분의 재질은 선명하고 투명한 초록색 에메랄드였다. 성벽이나 성곽과 성문 등은 있으나 아직 건축이 마무리되지 않은 상태였다. 전체 분위기는 밝고 경쾌하며 아름다운 처녀의 향기가 나는 듯했다.

밝은 초록색 성은 매끈하고 반짝거려 보는 내 마음조차 괜히 두근거렸다. 앞서 보았던 두 성과는 달리 에메랄드 성은 옅은 구름에 싸여있어서 훨씬 잘 보였다. 그러나 성의 세부적인 단장이 아직 끝나지 않고 지어지는 중인지라 볼거리가 많지는 않았다. 이 성 역시 땅에 붙어있지 않고 공중에 떠있었다.

나는 한참 동안 붉은색 루비, 군청색 사파이어, 초록색 에메랄드로 지어진 성을 한 장소에 서서 보았다. 건축물 각각의 개성이 저토록 뚜렷하게 나타나는 게 참 신기했다. 또한 왜 주님께서 멋지고 아름다운 세 성을 보여주셨는지 그분의 의도가 매우 궁금했다.

나는 긴 숨을 들이쉬며 영의 세계에서 깨어났다.

예수님 **안녕! 가장 작은 몸집으로 가장 빠른 날갯짓을 하는 앙증맞고 귀여운 콩벌새 같은 상큼한 나의 신부야.**

제시카 아… 내 사랑, 나의 주인님. 제 곁에 계셨어요?

예수님 **물어보거라.**

제시카 헤헤헤… 주님, 며칠 전에 비밀에 싸인 세 성을 왜 보여주셨어요? 두 성은 이미 완공되었고 마지막 성은 아직 공사 중이었어요. 그 보석으로 치장된 성들이 저랑 무슨 상관이 있나요? 저는 이 땅에서 쌓은 공적이 별로 없어서 천국에 거처도 없는 자라는 걸 잘 알고 있는데요.

예수님 **천국은 누구의 나라냐?**

제시카 당신께서 만드셨고, 당신께서 주인이시니 당연히 왕 되신 주님의 나라입니다.

예수님 **내 것으로 내가 그대에게 주었으니 그대는 그저 내게 감사하면 되느니라.**

제시카 옴마야… 주님, 제게 주셨다니요! 건축물들이 마치 살아 있는 사람처럼 성격을 갖고 있었어요. 개성의 멋이 서린 그 건축물들이 정말 제 성입니까? 과연 그렇습니까? (너무 깜짝 놀라서 간이 '쿵' 하고 떨어지는 것 같았다. 가슴이 뛰며

설레기 시작했다)

예수님 **기쁘냐?**

제시카 기쁘긴 하지만 제게는 성이 필요 없습니다. 제가 천국에 가면 하루 24시간, 주 7일을 당신에게만 껌딱지처럼 찰싹 붙어있을 것인데 성이 왜 필요합니까. 성안에 들어가 있으면 주님을 항상 따라다니지도 못할 테니 저는 싫습니다.

예수님 **하하하… 저 성은 그대의 공적을 기념하는 의미에서 내가 내리는 하사품이니라. 진주문 안의 생명 강가에 자리하고 있을 것이다. 어떻게 사용할지는 그대가 원하는 대로 하라. 반드시 사용할 때가 있을 것이다.**

제시카 네? 저 같은 것이 무슨 공적이 있습니까?

예수님 **첫째로 본 홍보석 성은 그대가 기록하여 나의 음성이 실려 있는《동산의 샘》을 기념하기 위해 주는 선물이다.**

둘째로 본 청보석 성은 그대가 기록하여 나의 음성이 실려 있는《생수의 우물》을 기념하기 위해 주는 선물이다.

셋째로 본 녹보석 성은 그대가 기록하여 나의 음성이 실려 있는《레바논의 시내》를 기념하기 위해 주는 선물이다.

《잠근 동산》,《덮은 우물》,《봉한 샘》과 함께 그대가 나를 사랑하는 심장으로 기록한 이 책들은 천국의 진주문 안으로 들어올 나의 숨결이 서린 기록이다. 사람뿐만이 아니라 천사와 다른 피조물도 함께 읽으며 내게 영광을 올릴 기록이다. 이 세상에서뿐만 아니라 장차 올 세상에

서까지도 내 신부들에게 읽힐 책들이다. 나와 나의 신부들에 의해 천국 성문 안의 거룩한 장소에서 소중하게 간수될 것이다. 또 지구라는 작은 별의 수많은 영적인 역사 기록물 중 하나가 되어 영원히 읽힐 책들이니라.

불타 없어질 쓰레기통 같은 지구에서 내가 추수해 올린 걸작품들이 나의 신부들이다. 심히 천한 곳에서 건져 올린 심히 귀한 존재들이다. 그들이 내게 바친 인생의 시간과 공간 중에서 그들에게 귀한 것은 내게도 귀한 것이니라. 나는 그들을 지극히 사랑하기 때문이다.

그대의 책은 이미 수많은 천군 천사들이 흥미를 갖고 흠모하는 사랑의 기록이 되었다. 왜냐하면 나의 신부들은 장차 올 영원한 천국에서 그들이 사랑하고 섬길 존재들이기 때문이다. 사람의 기록으로 내 신부에 대해 이 정도 설명했으면 되었다. 수고했구나, 나의 사랑하는 귀한 신부야.

제시카 저는 이제 겨우 네 번째 책의 집필을 마무리했어요. 전반기의 세 권은 이미 출간된 상태지만 후반기의 세 권은 아직 다 나오지도 않았는데 어찌 벌써 상을 준비하십니까?

또한 사람들에게 많이 팔리거나 읽히지도 않았습니다. 그래서 이 무익한 종은 어안이 벙벙하여 할 말이 생각나질 않습니다. 저같이 미숙하고 천한 여종이 사람의 말로 표현할 수 없는 높고 귀한 주님으로부터 이런 상을 받아도 되는지 제 머리로는 이해가 되질 않습니다.

예수님 **그대는 이 땅에서 모든 것을 이해할 필요가 없다. 어차피 모든 율례와 법도와 이치는 내 나라에서 새것으로 배워야 한다. 처음부터 이 책들은 이 세상을 위해 만들어진 게 아니라 장차 올 나라를 위해 쓰인 기록이다. 그러니 이 땅에서의 판매량은 아무 의미가 없다. 이 책은 내게로부터 안약을 사서 바른 자가 아니면 처음부터 그 손에 들리지도 않을 책들이다. 나는 손해를 보는 자가 아니다.**

나는 진주를 돼지에게 던지지 않는다. 또한 그대가 첫 책을 다 기록하기도 전에 이미 세 번째 책까지 천국의 도서관에서 다 보지 않았느냐? 내 나라는 시간과 공간에 종속되어 있지 않다. (《잠근 동산》 194. 천국의 도서관을 보다 참조)

이처럼 그대가 아직 나머지 책들을 다 기록하지 않았으나 나는 책들이 나올 날과 내용을 이미 알고 있느니라. 나는 시공간에 종속되지 않고 그것들을 다스리는 자다.

그대의 형질이 지어지기도 전에 이미 그대를 보았고 알았다. 나의 모든 신부의 이름과 삶과 행로를 알고 있다. 아직 태어나지 않은 신부들이라도 말이다. 그들은 내게 그런 존재다. 지구는 그들을 감당하지 못하며 그들이 잠시 스쳐 가는 임시 거주지일 뿐이다. 우리에게는 영원한 천국이 기다리고 있느니라.

제시카 아아… 예수님, 마귀를 버리는 쓰레기통 같은 이 지구에서 뽑아 올린 이 분비물 같은 인생에게 어찌 '우리'라는 단어를 사용하십니까! 가죽옷에 둘러싸여 있는 사람은 그저 고기일 뿐입니다. 그러지 마소서.

예수님 **나는 내 신부를 사랑한다. 그들 자체가 가치 있는 것이 아니고, 그들이 나의 사랑을 입었기에 가치가 생긴 것이다. 또한 그들은 모두 그 진리를 알고 있다.**

제시카 지극히 큰 영광 중에 거하시고 감춰진 모든 크나큰 지혜의 원천이신 주님이여, 당신만을 존경하고 섬기나이다. 이 세상의 모든 신은 썩어질 헛것이며 오직 당신만이 유일한 참 신이십니다. 찬양과 경배를 받기에 합당하신 천지의 대 주재시여, 모든 면류관을 벗어 오직 당신께만 올려드립니다. 내 영혼아, 내 목숨보다 더욱 그를 섬기고 사랑하라. 할렐루야!

예수님 **사랑하는 자야, 손을 내게 주거라. 우리 좀 거닐자꾸나. 붉은 사막의 열린 감옥에서 지내기가 얼마나 답답하냐. 내가 다 안다.**

제시카 주님, 이 감옥은 세상에서 최고로 행복한 감옥입니다. 당신의 방문과 임재가 있으니까요. (나는 눈물이 주체할 수 없이 흘러내렸다. 아무 이유가 없다. 그저 주님 앞에서는 눈물이 하염없이 난다)

성령과 신부가 말씀하시기를 오라 하시는도다
듣는 자도 오라 할 것이요 목마른 자도 올 것이요
또 원하는 자는 값없이
생명수를 받으라 하시더라

계 22:17

THE FOUNTAIN
of
GARDEN

동산의 샘

초판 1쇄 발행 2023년 1월 31일
초판 9쇄 발행 2025년 3월 26일

지은이 제시카 윤

펴낸이 여진구
책임편집 김아진 정아혜
편집 이영주 박소영 최현수 구주은 안수경 김도연
책임디자인 마영애 | 노지현 조은혜 정은혜
홍보 · 외서 진효지
마케팅 김상순 강성민
제작 조영석 허병용
마케팅지원 최영배 정나영
경영지원 김혜경 김경희

303비전성경암송학교 유니게 과정
이슬비전도학교 / 303비전성경암송학교 / 303비전꿈나무장학회

펴낸곳 규장

주소 06770 서울시 서초구 매헌로 16길 20(양재2동) 규장선교센터
전화 02)578-0003 팩스 02)578-7332
이메일 kyujang0691@gmail.com
홈페이지 www.kyujang.com
페이스북 facebook.com/kyujangbook
인스타그램 instagram.com/kyujang_com
카카오스토리 story.kakao.com/kyujangbook
등록일 1978.8.14. 제1-22

책값 뒤표지에 있습니다.
ISBN 979-11-6504-404-6 03230

규 | 장 | 수 | 칙

1. 기도로 기획하고 기도로 제작한다.
2. 오직 그리스도의 성품을 사모하는 독자가 원하고 필요로 하는 책만을 출판한다.
3. 한 활자 한 문장에 온 정성을 쏟는다.
4. 성실과 정확을 생명으로 삼고 일한다.
5. 긍정적이며 적극적인 신앙과 신행일치에의 안내자의 사명을 다한다.
6. 충고와 조언을 항상 감사로 경청한다.
7. 지상목표는 문서선교에 있다.

하나님을 사랑하는 자 곧 그의 뜻대로 부르심을 입은 자들에게는 모든 것이 合力하여 善을 이루느니라(롬 8:28)

규장은 문서를 통해 복음전파와 신앙교육에 주력하는 국제적 출판사들의 협의체인 복음주의출판협회(E.C.P.A:Evangelical Christian Publishers Association)의 출판정신에 동참하는 회원(Associate Member)입니다.